开放型经济下的关税政策研究

"开放型经济下的关税政策研究"项目组　主编

中国财经出版传媒集团

经济科学出版社
Economic Science Press

·北京·

图书在版编目（CIP）数据

开放型经济下的关税政策研究/"开放型经济下的
关税政策研究"项目组主编. --北京：经济科学出版社，
2021.9

ISBN 978 - 7 - 5218 - 2938 - 9

Ⅰ.①开…　Ⅱ.①开…　Ⅲ.①关税政策 - 研究 - 中国
Ⅳ.①F752.50

中国版本图书馆 CIP 数据核字（2021）第 201381 号

责任编辑：于　源　冯　蓉
责任校对：隗立娜
责任印制：范　艳

开放型经济下的关税政策研究
"开放型经济下的关税政策研究"项目组　主编
经济科学出版社出版、发行　新华书店经销
社址：北京市海淀区阜成路甲 28 号　邮编：100142
总编部电话：010 - 88191217　发行部电话：010 - 88191522
网址：www. esp. com. cn
电子邮箱：esp@ esp. com. cn
天猫网店：经济科学出版社旗舰店
网址：http：//jjkxcbs. tmall. com
北京季蜂印刷有限公司印装
710 ×1000　16 开　22.5 印张　380000 字
2022 年 3 月第 1 版　2022 年 3 月第 1 次印刷
ISBN 978 - 7 - 5218 - 2938 - 9　定价：88.00 元
（图书出现印装问题，本社负责调换。电话：010 - 88191545）
（版权所有　侵权必究　打击盗版　举报热线：010 - 88191661
QQ：2242791300　营销中心电话：010 - 88191537
电子邮箱：dbts@ esp. com. cn）

前　　言

　　中国经济由高速增长阶段转向高质量发展阶段（以下简称"转型期"），需要构建更高水平开放型经济新体制，却面临发达经济体对第二次经济全球化进行战略调整，这可能将世界经济发展带入国内经济稳定和增长优先于对外贸易的新阶段。关税政策是连接国内市场和国际市场的桥梁和纽带，转型期构建更高水平开放型经济新体制离不开关税政策创新，亟须开展深入研究。为此，世界银行贷款中国经济改革促进与能力加强项目（TCC6）支持实施了"开放型经济下的关税政策研究"子项目，在研究成果基础上编写了本书。

　　全书分为上下两篇。上篇"主要经济体工业化及其转型期的关税政策国际比较"，综合运用经济史和经济学说史相结合的方法，从贸易战略和经济增长关系的视角，对主要经济体工业化及其转型期的关税政策进行了国际比较研究。下篇"中国关税政策：经验、挑战与对策"，在系统梳理中国关税政策演变的基础上，通过计算基于全球价值链的关税有效保护率，比较研究美欧贸易和关税政策改革经验，展望了中国关税政策改革方向。

　　本书由张磊、魏浩负责。张磊、魏浩、汪红驹、张鹏等撰写，其中，张磊撰写了导论、第一章、第二章、第三章、第五章、第六章，张磊和张鹏撰写了第四章，魏浩、熊豪、马茂清撰写了第七章、第八章、第九章、第十章，汪红驹撰写了第十一章，魏浩和李原撰写了第十二章，汪红驹、魏浩等撰写了第十三章。全书汇总和校对工作由张磊和魏浩负责。

　　本书编写过程中得到了张卓元、黄群慧、房汉廷、闫坤、柴瑜等专家学者的指导和帮助，在此一并表示感谢！

　　限于笔者水平和编写时间，书中不足之处敬请读者批评指正。

笔者

2022 年 2 月

序

    2019 年 9 月至 2021 年 8 月，世界银行贷款中国经济改革促进与能力加强项目（TCC6）支持实施了"开放型经济下的关税政策研究"子项目，由中国社会科学院经济研究所张磊研究员和北京师范大学经济和工商管理学院魏浩教授牵头的课题组承担。该子项目运用经济史和经济学说史相结合的方法，立足于主要发达经济体和发展中经济体转型期经济发展特点，重点围绕两次经济全球化进程，进行关税政策的国际比较，并针对发达经济体对第二次经济全球化战略调整带来的新一轮转型挑战提出建议和对策。该子项目最终形成《开放型经济下的关税政策研究》一书，由经济科学出版社出版。

    项目研究认为，两次经济全球化是当时的生产率中心经济体英国和美国出于应对由鲍莫尔病引发的增长结构性减速需要推动形成的，并希望由此实现通过产业转移促进产业创造和升级。经济全球化一度给外围经济体提供了产业国际转移的战略机遇期和相对宽松的政策干预空间。然而，比较优势趋同可能带来的贸易利益损失，特别是由利益相关者治理缺陷引发的本土新产业及其市场创造能力削弱，最终会迫使生产率中心体对经济全球化进行调整，带动战略机遇期变化，对外围经济体的选择性政策干预形成更为严格的限制。

    在此基础上，本书剖析了当前经济全球化所面临的问题，指出由于第二次经济全球化削弱了以美国为首的发达经济体本土新产业的培育和市场的创造能力，导致它们从贸易自由化后撤，对经济全球化进行战略调整。这揭示了当前经济全球化遭遇逆流、中美发生经贸摩擦的深层次原因。本书进一步指出，当前经济全球化调整的重心：一是在世界范围内引入利益相关者治理，二是修正对发展中国家的特殊和差别待遇。前者限制了传统的选择性关税和非关税壁垒的作用，而后者则为设立碳边境调节机制、数字关税等提供了可能。这为未来关税政策调整指出了可能的发展方向。

本书还系统梳理了中国贸易和关税政策的历史发展，对中国关税税率水平进行国际比较，开展关税结构分析，并基于全球价值链计算关税有效保护率，从理论和实践角度分析关税调整影响，提出政策建议。特别是，本书分析了"十四五"时期中国面临的国际国内环境与挑战，提出了"十四五"时期中国关税政策的基本原则，并对"十四五"时期中国关税政策调整方向和思路进行了前瞻性研究，具体建议包括：一是完善价值链上下游关税税率梯度设置，持续优化结构性关税；二是不断丰富贸易救济等策略性关税工具箱，提高应对国际贸易摩擦能力；三是推进自由贸易港建设，打造开放型经济新高地；四是积极推动多双边谈判，促进高标准自贸区建设；五是"一带一路"沿线国家关税政策合作交流；六是探讨研究碳边境调节机制，助力实现双碳目标；七是跟踪研究数字贸易关税，促进数字经济发展。

中国正经历贸易战略从发展外向型经济到构建新发展格局的历史性跨越，对贸易战略及关税政策的演变亟须进行系统梳理和深入分析。但迄今为止，有关中国贸易战略和关税政策演变的分析仍不够充分，满足不了构建新发展格局的需要。《开放型经济下的关税政策研究》在国际比较研究基础上，结合新的发展实际，对中国贸易战略和关税政策演变进行了更为系统和深入的研究，对工业化转型的关税政策改革重点和方向展望具有一定的创新，相信能为对外开放理论研究和有关部门实际工作提供有益借鉴和帮助。

张卓元

2021 年 11 月于北京

目录
Contents

上篇　主要经济体工业化及其转型期的关税政策国际比较

下篇　中国关税政策：经验、挑战与对策

导　　言

要把中国建设成为社会主义现代化强国，除了要实现高速工业化经济增长，还要完成向创新驱动的高质量发展转型。在劳动生产率部门发展不平衡和广义恩格尔定律需求变动共同作用下，率先实现工业化的发达经济体最早面临这样的增长结构性减速转型挑战。因此，研究发达经济体在工业化以及其后转型期经济发展特点和关税政策选择无疑对中国具有借鉴意义。

一、发达经济体增长转型挑战与经济全球化

一国经济增速可以分解为各产业部门比重和该部门劳动生产率变动的乘积。工业化的完成会促使产业结构在供给和需求两方面发生变化，引发增长结构性减速。

第一，根据广义恩格尔定律，随着工业化的完成，服务业比重持续提高，制造业比重持续下降。所谓广义恩格尔定律，是指随着居民收入水平的提高，物质消费占消费支出的比重逐步下降，非物质的服务消费比重不断上升，同时消费不断高品质化。广义恩格尔定律由经典恩格尔定律推广而来。根据定义，经典恩格尔定律是指在其他条件相同的情况下，居民消费支出中用于食品部分的数量，可以作为其消费水平高低的标志。具体地讲，食品开支在收入中的百分比随着收入的提高而下降。因此，经典恩格尔系数可以用于衡量工业化带来的消费水平提高。而广义恩格尔定律，特别是住房及相关服务、交通通信等改善型需求以及金融服务和科教文卫体等知识消费支出稳步上升，则能够反映高质量发展（见图 0 - 1）。正是在广义恩格尔定律引导下，除了韩国发展较为滞后外，无论以国内生产总值（GDP）增加值还是以就业人数衡量，主要发达国家在工业化完成的 1973

年以后均出现第二产业比重下降和第三产业比重上升的趋势，这在就业人数上表现得尤为明显（见图0-2、图0-3、图0-4和图0-5）。

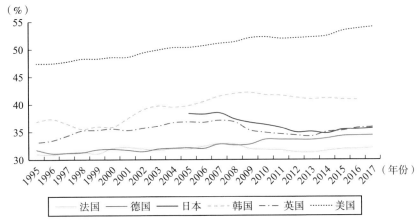

图0-1　发达国家知识消费比重

注：①资料说明：依2008年SNA体系编制。知识消费及其形成的广义人力资本投资是指消费的国际分类中"医疗""文化娱乐""教育""餐馆与旅馆""杂项"五项的总和。由于采用中国常用的八分法，知识消费及其形成的广义人力投资在此处是指"教育文化及娱乐""医疗""其他"三项的总和。

②日本2005~2017年数据根据2008年SNA体系计算所得，之前数据因没有可比性未加入。

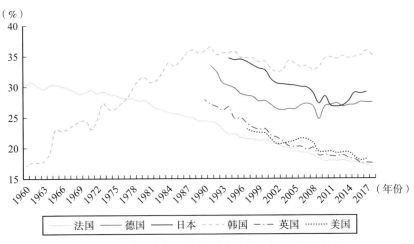

图0-2　发达国家第二产业（含建筑业）占GDP比重

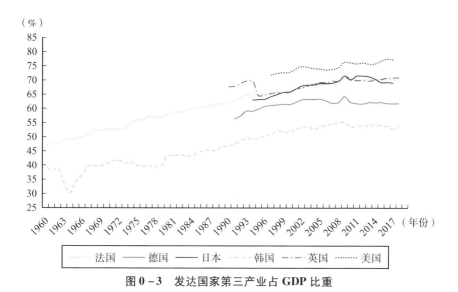

图 0 - 3　发达国家第三产业占 GDP 比重

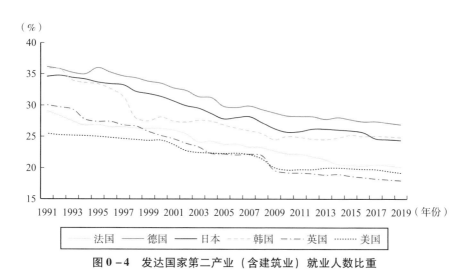

图 0 - 4　发达国家第二产业（含建筑业）就业人数比重

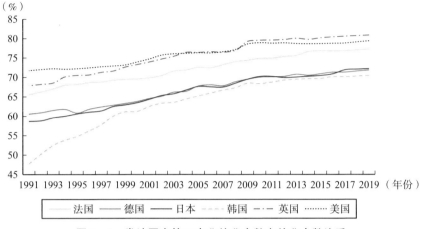

图 0 - 5　发达国家第三产业就业人数占就业人数比重

资料来源：WDI 数据库。

　　第二，受可贸易性不足的限制，服务业部门难以获取规模经济，使其劳动生产率提高慢于制造业部门。如图 0 - 6 和图 0 - 7 所示，以 2011 年不变价格计算，发达国家第二产业和第三产业劳动生产率尽管都出现了一定程度上升，但第二产业的表现更为突出。这在图 0 - 8 所示的发达国家第二、第三产业相对劳动生产率上更为明显。

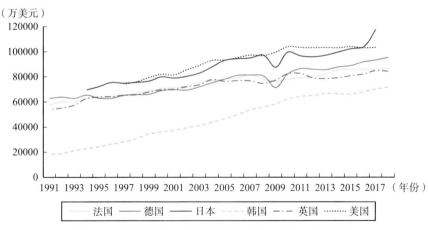

图 0 - 6　发达国家第二产业劳动生产率（2011 年不变价）

（万美元）

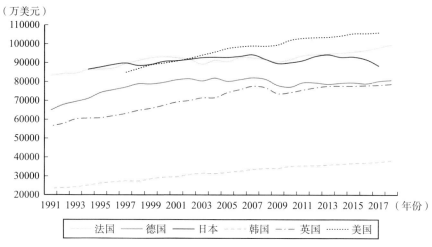

图 0－7　发达国家第三产业劳动生产率（**2011 年不变价**）

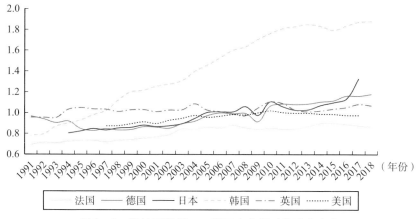

图 0－8　发达国家第二、第三产业相对劳动生产率

资料来源：WDI 数据库。

　　发达经济体服务业比重上升和服务业劳动生产率提高滞后的双重结构变化引发生产率提高难于消化要素成本攀升带来的鲍莫尔病，最终拖累整体的经济增速①。如表 0－1 所示，除了韩国，在 20 世纪 90 年代，其他主要发达国家由长期平均增速衡量的潜在增长率均出现明显减速趋势。这就

—————————

　　① 所谓鲍莫尔病，是指由于生产率特别是生产率增速不同的产业部门要求相同的工资水平，导致低生产率或生产率停滞部门的成本和相对产出上升，最终拖累经济增速。

是完成工业化并进入高收入水平的发达经济体遇到的经济减速难题。

表 0 - 1 　　　　　　　　发达国家潜在增长率 　　　　　　单位：%

年份	法国	德国	日本	韩国	英国	美国
1961 ~ 1970	4. 61	0	8. 13	6. 8	2. 46	2. 85
1971 ~ 1980	3. 02	2. 89	3. 33	7. 47	2. 04	2. 14
1981 ~ 1990	1. 93	2. 19	3. 95	8. 65	2. 77	2. 37
1991 ~ 2000	1. 66	1. 59	1. 04	6. 06	2. 32	2. 19
2001 ~ 2010	0. 6	0. 95	0. 57	3. 89	1. 03	0. 82
2011 ~ 2018	0. 9	1. 7	1. 19	2. 43	1. 18	1. 5

资料来源：WDI 数据库。

为了应对这样的增长结构性减速难题，以美国为代表的生产率中心经济体积极倡导贸易自由化，推动形成经济全球化和开放型世界经济。开放型世界经济主要通过两种技术路径缓解生产率中心经济体经济减速压力[①]。一是促使中心经济体将低附加值产业转移出去，把释放的资源更多地用于高附加值产业扩张，这样可以通过生产率持续提高来消化不断攀升的工资成本。二是将贸易自由化拓展至服务业部门，提高服务业可贸易性，减少与制造业劳动生产率的差距。这是一种通过产业转移促进产业创造和升级的发展战略。这里所述的产业同时涵盖了制造业和服务业部门。

二、经济全球化的周期性及其对发展中 经济体贸易和关税政策的影响

正如谚语所说，世界上没有免费的午餐。发达经济体通过产业国际转移促进产业升级，却可能会带来贸易利益损失，特别是削弱本土的新产业及其市场创造能力，以致丧失可持续性。

---

① 欧洲 15 世纪和 16 世纪的航海发现，以及 18 世纪的工业革命形成了统一的世界经济。世界经济也由此被区分为高生产率的中心国家和低生产率的外围国家，其中生产率水平最高的国家构成了世界生产率中心经济体。

（一）比较优势趋同导致贸易利益损失

发达经济体上述发展战略可能带来的贸易利益损失在比较优势趋同威胁论中得到集中的反映。在古典和新古典贸易理论中，比较优势是一国贸易福利的主要来源，以技术差异或要素禀赋差异为基础的产业间贸易将影响福利。纳入垄断竞争是国际贸易理论的重要突破，产业内贸易和高生产率企业在一定程度上主导了当代国际贸易，并开辟了新的贸易利益来源。芬斯特拉（Feenstra，2010）提出，与传统比较优势模型相比，垄断竞争条件下的国际贸易模型存在三条从贸易中获益的渠道：一是进口使产品种类数量增长；二是贸易促进竞争效应使企业成本加成率下降；三是企业的自选择效应使生产率提高。

不过，对发达经济体而言，不仅新的贸易利益分配具有不确定性，需要运用战略性贸易和关税政策倡导互惠贸易，而且传统的部门间贸易利益还可能因比较优势趋同而受损。在以比较优势为基础的产业间贸易模型中，生产率冲击只能通过贸易条件效应在贸易伙伴间传导。如果一国的生产率增长偏向于出口导向型部门，则往往会给贸易伙伴带来好处。与此同时，如果一国比较劣势部门的生产率增长更快，则会弱化贸易伙伴的比较优势，使贸易伙伴的福利受损（Hicks，1953）。这一观点被称为"比较优势趋同威胁论"。海曼斯和斯塔福德（Hymans and Stafford，1995）研究了贸易伙伴间在比较优势部门的生产率收敛问题，认为这种收敛会导致在这一部门中具有比较优势的"领导"国家遭受实际收入损失。萨缪尔森（2004）研究了发展中国家生产率的增长，发现较大的相对技术差异导致贸易收益增加，当各国变得更加相似时，福利就会减少。戈莫里和鲍莫尔（Gomory and Bowmore，2018）运用整数规划方法对比较优势趋同威胁论的机制进行了模拟。具体地讲，外围国家可以随着原来比较劣势产业生产率的提高，提升相应的工资水平和国内产品价格，即产品价格提高可由工资增长得到补偿。与此相反，失去产业市场份额的对应经济体则除了接受产品价格提高、支付更高的进口成本之外，得不到任何补偿。即使考虑产业转移接受国产品价格上升导致部分产业可能的逆向转移或回流，由于此时外围国家工资仍远远低于中心国家，中心国家依然面临利益损失。根据李建萍（2020）的研究，比较优势趋同威胁论得到实证研究成果的广泛支持（Di Giovanni et al. ，2014，Levchenko and Zhang，2016，Hsieh and Ossa，2016）。

（二）股东主义治理缺陷削弱发达经济体新产业及其市场创造能力

与比较优势趋同可能带来的贸易利益损失相比，由股东主义引发的治理缺陷对发达经济体本土新产业及其市场创造能力削弱的影响则更加严重。从理论上讲，即使存在比较优势趋同带来的贸易利益损失和生产率收敛，只要始终保持本土新产业及其市场创造能力，不断提高生产率水平，发达经济体仍可继续保留作为开放型世界经济的生产率中心国际地位。相反，作为最重要的增长分化力量，这样的生产率提高效应一旦丧失，就有可能引发中心和外围关系逆转。

很显然，如何确保生产率水平持续提高才是发达经济体面临的最重要挑战。毕竟工资套利驱动的产业转移固然易行，但新产业带来的生产率提高却具有不确定性。究其原因，新产业面对的是产品和客户都高度不确定的双边或多边市场，这就意味着新产业及其市场只有通过全球化的股东和本土的经营者、员工、客户等其他利益相关者协同才能创造出来，并且可以提高生产率中心经济体的生产率。如果股东和其他利益相关者存在明显冲突，由新产业及其市场创造带来的生产率提高效应就不一定能够得到保证。

正是由于伴随着非中介金融市场的极端发展而兴起的股东主义，阻碍了利益相关者治理的发展和完善，使得作为世界经济生产率中心国家的美国产业创造跟不上产业转移速度，第二次经济全球化的推动没能完全实现发达经济体通过产业转移促进产业升级、应对结构性减速的政策初衷。布雷顿森林体系固定汇率制瓦解以后，非中介金融市场发展同浮动汇率和资本流动相结合，实现金融全球一体化，促进股东主义在世界经济范围内形成。金融全球一体化尽管促进了有利于股东利益分配的资产回报率提升，并推动了部分高新技术产业发展，但由此带来的股东主义却低估了东亚新兴市场经济体作为离岸生产商分享知识外溢效应的潜力，特别是忽视了当生产从外包发展到离岸时可能给本土生产网络和创新生态完整性带来的负外部性。离岸生产商对知识外溢的分享和股东主义对产业创新能力的损害，分别导致美国产业过度转移和新产业创造不足，造成产业创造跟不上产业转移速度，最终拖累经济增速，并引发金融不稳定。东亚新兴市场经济体和美国生产率差距明显缩小，迫使美国进行经济全球化战略调整，从贸易自由化后撤，转向弥补股东主义带来的治理缺陷，以修复新产业及其市场创造能力。

（三）经济全球化的周期性对外围经济体影响更为巨大

经济全球化提供了工资套利驱动的产业国际转移战略机遇，推动了在开放型世界经济中的技术扩散，可以加速外围经济体的工业化和经济增长。更为重要的是，产业国际转移战略机遇期还给外围经济体提供了相对宽松的政策干预空间。人类历史上经历过两次经济全球化，这两次经济全球化提供的产业国际转移战略机遇期，对确保产业政策干预及其配套的保护关税效果至关重要。毕竟任何政策干预效果都可能因贸易伙伴的政策对冲大打折扣。因此，两次经济全球化提供的产业国际转移战略机遇期对生产率水平偏低、政策干预能力也偏弱的外围经济体来说弥足珍贵。

然而，产业国际转移始终是首先服务于中心经济体发展新产业以及提高生产率，经济全球化的周期性决定了外围经济体贸易政策转型难度。以第二次经济全球化为例，美国全球化战略的调整加剧了新兴市场经济体战略机遇期面临的挑战。以美国为代表的发达经济体对经济全球化的战略调整，集中于修正发展中经济体的特殊与差别待遇和在世界经济范围内引入以环境、社会责任和公司治理（environment，social responsibility，corporate governance，ESG）为代表的利益相关者治理两大重点，以减缓产业转移压力，并修复有可能被股东主义损害的发达经济体本土新产业及其市场的创造能力。这样的经济全球化战略调整会对外围经济体提出承担更多互惠责任的要求，并根据发展和完善利益相关者治理的体制趋同理由，对政策干预空间进行更严格的限制。

因此，以发展中国家为代表的外围经济体在贸易和关税政策方面的挑战尤为艰巨。一方面，要积极抓住世界生产率中心经济体提供的产业国际转移战略机遇期，积极实施贸易和关税政策干预，努力提高生产率；另一方面，在贸易和关税政策转型过程中，还要充分发挥贸易和关税政策的策略性工具作用，继续为培育产业国际竞争力保驾护航，并在此基础上，根据提升自身市场创造能力的需要，承担互惠责任和开放国内市场。

三、世界经济发展的新阶段和关税政策创新

发达经济体对第二次经济全球化的战略调整有可能将世界经济发展带入国内经济稳定和增长优先于对外贸易的新阶段，并对创新贸易和关税政策的运用方式提出时代要求。

两次经济全球化的经验已充分证明了贸易和关税政策干预的难度。即使在政策干预空间相对宽松的产业国际转移战略机遇期，实现应有政策效果的经济体也寥寥无几。世界生产率中心经济体，英国和美国分别在1846～1873年和1973～1998年推动形成第一次和第二次经济全球化形成，并由此提供了相应的产业国际转移战略机遇期。然而，在第一次经济全球化中，只有美国和德国实现了对当时世界经济生产率中心国家——英国的经济赶超，在第二次经济全球化中，也只有以中国为代表的东亚新兴经济体成功缩小了与发达经济体的生产率差距。产业国际转移战略机遇期最终消失导致的贸易和关税政策转型表现更是乏善可陈。第一次经济全球化贸易和关税政策转型就以全球化解体、世界经济崩溃和国际市场分割而告终。这给我们提出一个值得深思的问题，在政策干预空间受到更严格的限制之后，究竟需要采取什么样的全球治理措施才可以保证贸易和关税政策转型的效果，并继续维护开放型世界经济，将贸易转化为经济增长的动力呢？

随着中心和外围经济体生产率差距的明显缩小，继续维护开放型世界经济的关键在于，如何抑制各种市场外部性治理方式沦为贸易保护工具。根据一般均衡理论，依靠市场价格体系这一看不见的手就足以实现资源最优配置。然而，当存在市场外部性，特别是面临产品和客户均高度不确定的双边或多边市场时，这一理论并不适用。因此，需引入政策干预以及包括股东在内的利益相关者广泛参与，才能进行有效的市场协调，实现对相应外部性的治理。只有这样，才能充分发挥政府、企业和平台等组织在新产业及其市场创造中的不可替代作用。

新产业及其市场创造离不开多种治理方式的共同作用来缓解市场协调难题，但这些方式又有演变为贸易保护工具的风险。这就要求在充分发挥各种方式治理市场外部性作用的同时，提高治理透明度，实现可验证的监督，抑制贸易保护主义的发酵。只有这样，各经济体才能在完善市场外部性治理、培育自身的新产业及其市场基础上，维护多边贸易体系和开放型

市场经济，继续在世界经济范围内获得规模经济。

　　发达经济体对第二次经济全球化的战略调整将对贸易和关税政策运用方式产生深远影响。具体地讲，修正发展中经济体的特殊与差别待遇将限制传统的（产业）选择性关税和非关税壁垒的作用。在世界经济范围内引入利益相关者的治理则为碳边境调节机制和数字关税等新型治理性措施、国际经贸规则合作和全球治理改革开辟了空间。

四、开放型经济中的中国经验和关税政策挑战

　　改革开放后，以 2001 年 12 月 11 日正式加入世界贸易组织（WTO）为契机，中国成功地抓住了第二次经济全球化提供的产业国际转移战略机遇，充分参与了垂直专业化生产和全球价值链建设，实现了快速工业化的高增长，成为世界瞩目的中国奇迹。

　　中国的关税政策在抓住产业国际转移战略机遇上发挥了至关重要的作用。从 2002 年 1 月 1 日起，中国开始正式履行关税减让义务，到 2010 年 1 月 1 日，已经履行完毕全部入世降税承诺，关税总水平也由 2001 年的 15.3%，降至 9.8%。2018 年，中国 4 次实施自主降税，关税总水平进一步降至 7.5%，略高于欧盟（5.1%），总体上适应了中国经济和贸易地位的提升①。2019 年，中国加权平均进口关税税率降到 3.4%，已经接近发达经济体水平（低于 4%）②。中国在降低平均关税税率的同时，还调整优化了关税结构，在关税政策上对特定产业进行了有效保护。根据对全球价值链下关税有效保护率的计算，2005～2015 年，中国加权平均关税税率从 6.1% 降至 5.4%，如果剔除出口加工贸易区的影响，同期我国关税有效保护率却从 14.6% 升至 15.2%③。

　　党的十九届五中全会通过《中共中央关于制定国民经济和社会发展第十四个五年规划和二〇三五年远景目标的建议》，明确提出加快构建以国内大循环为主体、国内国际双循环相互促进的新发展格局。这有利于应对世界经济发展进入国内经济稳定和增长优先于对外贸易的新阶段。世界经

---

　　①　关税总水平简单指平均进口关税最惠国税率，参见本书第八章。

　　②　2019 年，在主要发达经济中，只有韩国加权平均进口关税为 8.5%，超过 4%，参见本书第八章。

　　③　参见本书第十一章。

济发展新阶段并非要退回封闭经济，而是要求各经济体发展和完善包括股东在内的利益相关者治理，在提升本土新产业及其市场创造能力基础上，重构全球价值链，实现开放型世界经济的可持续发展。很显然，若中国脱离了自身的新产业及其市场创造能力，将制约新发展格局的构建。这就要求对关税政策运用进行创新，积极参与国际经贸规则合作和全球经济治理改革，包括但不限于如下措施：（1）完善价值链上下游关税税率梯度设置，持续优化结构性关税；（2）不断丰富贸易救济等策略性关税工具箱，提高应对国际经贸摩擦能力；（3）持续优化关税政策，推进海南自由贸易港建设；（4）积极推动多双边谈判，促进高标准自贸区建设；（5）加强"一带一路"沿线国家关税政策合作交流；（6）探讨研究碳边境调节机制，助力实现"双碳"目标；（7）跟踪研究数字贸易关税，促进数字经济发展。

五、研究方法和内容安排

与大多数国内政策相比，经济体所面临的发展阶段及其在国际产业分工中的地位会对贸易和关税等对外经济政策选择产生更大影响。究其原因，与国内政策相比，贸易和关税等对外经济政策更多的是经济体互动博弈的结果。发展程度和生产率水平不同的经济体博弈能力无疑存在明显差距，并会进行动态调整。生产率中心经济体不仅能够根据自身面临的发展阶段选择贸易和关税政策，还可以对外围经济体的政策干预提出限制条件。两次经济全球化正是当时的生产率中心经济体英国和美国出于应对增长结构性减速需要推动形成的，并希望由此实现通过产业转移促进产业创造和升级。正如第二次经济全球化所揭示的，经济全球化一度给外围经济体提供了产业国际转移的战略机遇期和相对宽松的政策干预空间。然而，比较优势趋同可能带来的贸易利益损失，特别是由利益相关者治理缺陷引发的本土新产业及其市场创造能力削弱，最终会迫使生产率中心体对经济全球化进行调整，导致战略机遇期变化，对外围经济体的选择性政策干预形成更为严格的限制。

因此，研究主要经济体所面临的发展阶段，特别是转型期的特点对贸易和关税政策选择的影响，仅仅从国别角度探讨主要经济体贸易和关税政策的经验和教训是不够的，还需要使用经济史和经济学说史相结合的方法，在统一的世界经济体系背景下，重点剖析主要经济体政策博弈互动，才能更好地把握和理解有关国家贸易和关税政策的成因和效果。

本书将立足于主要发达经济体和发展中经济体转型期经济发展特点，重点围绕两次经济全球化进程进行贸易和关税政策的国际比较，并针对发达经济体对第二次经济全球化战略调整带来的新一轮转型挑战提出建议和对策。在此基础上，我们将集中探讨开放型经济中的中国关税政策经验和挑战。

本书由导言、上篇和下篇组成。上篇包括第一章至第六章，下篇包括第七章至第十三章。各章内容安排如下：第一章，主要围绕两次全球化梳理世界经济发展的典型化事实；第二章，从贸易和增长的关系视角回顾贸易和关税政策演变；第三章和第四章，分别对主要发达经济体和发展中经济体贸易和关税实践进行简要国际比较；第五章，总结全球化的经验及其面临的治理挑战；第六章，提出维护开放型世界经济的对策；第七章，对改革开放以来的中国对外贸易和关税政策进行整体回顾；第八章，主要针对中国关税税率变化进行国际比较；第九章，按照 HS 和 BEC 分类进一步细化进口关税结构分析；第十章，主要从中间品、资本品和消费品关税结构探讨中国关税政策经济影响；第十一章，基于全球价值链计算和评估中国关税政策有效保护率；第十二章，区别于世界经济体系视角的研究，主要从国别角度总结美欧贸易和关税政策的国际经验及其对中国的启示；第十三章，总结中国关税政策改革对策。

上　篇

主要经济体工业化及其转型期的关税政策国际比较

第一章 两次全球化中世界经济 发展的典型化事实

　　欧洲 15 世纪、16 世纪的航海发现，以及 18 世纪的工业革命形成了统一的世界经济。在世界经济发展过程中，两次经济全球化影响最为广泛和深远。第一次经济全球化发生在第一次工业革命完成后的 19 世纪 40 年代，以英国为主导，显著的迹象是德国和美国的崛起，英国相对衰落。而后随着第一次和第二次世界大战的发生，英国虽然取得胜利，但国力严重受损，将其在经济全球化中领导者的角色拱手让给美国。第二次经济全球化发生在 1973 年石油危机之后，这一次经济全球化以美国为主导。第二次经济全球化建立在第二次世界大战结束后对世界经济体系修复基础之上，首先是整体促进了西欧的复兴和日本的崛起。此外，得益于积极拥抱经济全球化和产业政策的合理干预，韩国、新加坡、中国等为代表的东亚经济体也成功实现了工业化和经济转型。特别是 20 世纪 80 年代以来，基于垂直专业化生产的全球价值链贸易得到蓬勃发展，成为第二次经济全球化和生产贸易网络化的主要推动力。

　　这里我们对工业革命以来第一次经济全球化和第二次经济全球化引起世界经济大发展的典型化事实进行归纳概括，从而了解各主要国家经济发展情况，为下文研究在不同阶段所采取的特定外贸和关税政策以服务于国家经济发展奠定基础。

　　典型化事实一：第一次经济全球化带来人类历史上空前规模的经济增长、融合，商品出口快速增长既是经济全球化的显著特征，也是经济全球化到来的必然结果，世界一些主要国家成功实现了工业化。

　　第一次经济全球化始于 1750~1850 年的英国革命，在 1870~1913 年期间达到高潮，1913~1950 年因两次世界大战和 1929~1933 年全球经济大萧条的冲击而结束。1870~1913 年通常被称为自由秩序期间，无论是在所有主要国家还是在世界范围内，商品出口增速均超过了各自的经济增速，迎来第一次经济全球化高潮。然而，在随后的 1913 ~ 1950 年，经济全球化开始解体，其主要原因在于第一次世界大战和全球经济大萧条后，主要资本主义国家为了自身利益，民粹主义和关税保护主义占据上风，采取了外汇管制、提高关税以及其他非关税壁垒限制等措施，结果导致贸易壁垒剧增，自由贸易受阻。这一方面阻碍了世界经济一体化进程，导致外贸骤减和经济滑坡；另一方面，伴随着经济的萧条也使得民粹主义抬头，为了转移危机，客观上加速了第二次世界大战的爆发。因此，第一次经济全球化遭遇空前的阻力。如表 1 – 1 和表 1 – 2 所示，在此期间，主要国家和世界出口增速均出现明显滑坡，并低于各自的经济增速。第二次世界大战后，随着经济一体化重启，贸易自由化重新成为主基调。20 世纪 50 ~ 80 年代，资本主义经济快速增长，主要经济体经历了通常被称为黄金时期的 1950 ~ 1973 年快速平稳增长，世界贸易规模才重新回到或超越一战前的水平。

表 1 – 1　　　世界和主要国家在第一次经济全球化中的 GDP 增长率

(年均复合增长率)　　　　　　　　　　单位：%

国家和地区	1820 ~ 1870 年	1870 ~ 1913 年	1913 ~ 1950 年
英国	2.05	1.90	1.19
德国	2.01	2.83	0.30
美国	4.20	3.94	2.84
法国	1.27	1.63	1.15
世界	0.93	2.11	1.85

表 1 – 2　世界和主要国家在第一次经济全球化中的商品出口实际增长率

(年均复合增长率)　　　　　　　　　　单位：%

国家和地区	1870 ~ 1913 年	1913 ~ 1950 年	1950 ~ 1973 年
英国	2.8	0	3.9
德国	4.1	− 2.8	12.4
美国	4.9	2.2	8.2
法国	2.8	1.1	6.3
世界	3.4	0.9	7.9

资料来源：安格斯·麦迪森：《世界经济千年史》中译本，北京大学出版社 2003 年版。

典型化事实二：第一次经济全球化带来的最重要经济事实是美国和德国抓住了国际产业转移提供的战略机遇，完成了对第一个工业化的国家——英国的经济赶超，成为新的世界生产率中心。

如表1-3和图1-1所示，1820~1870年，在第一次经济全球化进入高潮之前，作为第一个完成工业化的国家，英国不仅初始收入水平较高，而且经济增速仅略低于美国而高于同期的德国和法国。根据国际吉尔瑞-开米斯元（Geary-Khamis dollar）衡量，1870年与1820年相比，英国与德国和法国的收入差距实际是拉大的，德国和法国人均GDP不足同期英国的60%[①]。不过，进入1870~1913年第一次经济全球化高潮期以后，德国和美国经济增速均明显超过了英国，导致1905年美国人均GDP超过英国，1913年德国人均GDP也达到了英国的3/4，即使是增长相对较慢的法国人均GDP也达到英国的70%（见表1-3、图1-1和图1-2）。更为重要的是，美国、德国、法国与英国收入差距缩小并非源于自然资源的获得或贸易条件的突然改善，而是成为新的世界生产率中心带来的。如表1-4所示，美国的劳动生产率表现尤为突出，由1870年不到英国的90%上升到1913年接近英国的120%；德国劳动生产率也由1870年占英国的60%上升到1913年占英国的70%。

典型化事实三：第二次经济全球化以美国为主导，美国成为全球的生产率中心，时至今日形成了以美国、欧洲和日本为创新及服务业中心，中国、东盟为全球制造业中心，广大亚非拉国家为基础资源供给中心的一体化全球网络。在发展中经济体中，东亚新兴经济体先后通过雁行模式和垂直专业化生产，成功地抓住了美国主导的第二次经济全球化提供的产业国际转移战略机遇期，取得出色的经济发展成绩，并缩短了与中心国家的生产率差距。

表1-3　　主要国家在第一次经济全球化中的人均GDP　　单位：1990年国际元

国家	1820年	1870年	1913年	1950年
英国	1707	3191	4921	6907
德国	1058（62）	1821（57）	3648（74）	3881（56）

[①]　吉尔瑞-开米斯元是多边购买力平价比较中将不同国家货币转换成统一货币或国际元的方法。

国家	1820 年	1870 年	1913 年	1950 年
美国	1257（74）	2445（77）	5301（108）	9561（138）
法国	1230（72）	1876（59）	3485（71）	5270（76）

注：括号内为以英国人均 GDP 为标准的百分比。

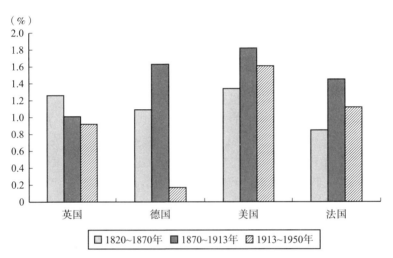

图 1-1　主要国家在第一次经济全球化中的人均 GDP 增长率（年均复合增长率）

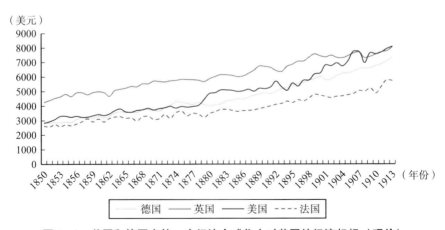

图 1-2　美国和德国在第一次经济全球化中对英国的经济赶超（现价）

表 1-4　　　主要国家在第一次经济全球化中每工作小时创造的 GDP
（劳动生产率）（美国 = 100）

国家	1870 年	1913 年	1950 年
英国	113	84	63
德国	69	59	32
法国	61	56	46

资料来源：安格斯·麦迪森：《世界经济千年史》中译本，北京大学出版社 2003 年版。

　　第二次世界大战后，以美国为首的资本主义阵营和以苏联为首的社会主义阵营展开了争霸格局。为了巩固自身的阵营，美国对西欧开展马歇尔计划和对日本开展道奇计划，以促进西欧和日本从战时崩溃边缘转向正常经济发展轨道。在美国的支持下，西欧和日本在 1973 年第一次石油危机前普遍经历了高速增长。长达 20 多年的高速增长创造了资本主义发展史上少有的超长景气周期。

　　从表 1-5 可以看出，伴随经济快速增长的是贸易的超高速增长，第二次世界大战后至 1973 年第一次石油危机前，西欧和日本商品出口贸易增长率普遍都在两位数以上。以日本和德国为例，1949～1973 年年均增长率分别为 23.58% 和 20.98%，远超同期美国的水平。随着日本和西欧经济步入快车道，美国相对优势下降，资本净流出和贸易逆差扩大，布雷顿森林体系趋于瓦解。为了摆脱对美国经济的过度依赖，西欧一体化进程加快，欧共体范围扩大，同时日本利用先发优势积极推动比较优势产业向亚洲四小龙和东南亚转移，区域内贸易比例快速上升，区域经济一体化趋势越来越明显。在经济全球化与区域化浪潮并行的背景下，产业结构和贸易结构的国际化特征往往呈现"板块状"格局，即处于同一区域的各国和地区产业结构间存在着相互关联、相互依存的紧密关系，形成了一个动态的跨国经济群体。

表 1-5　　　　　　　战后欧美日商品出口贸易增长率　　　　　　单位：%

年份	法国	德国	意大利	日本	英国	美国
1949	38.22	24.53	4.09	97.67	4.09	-4.76
1950	10.82	102.34	7.58	61.76	-8.00	-17.08
1951	37.61	74.36	36.65	63.76	19.92	39.77

年份	法国	德国	意大利	日本	英国	美国
1952	- 4.60	16.00	- 15.84	- 6.07	—	- 5.47
1953	- 0.67	9.43	8.65	0.47	- 0.78	- 7.13
1954	7.32	18.93	8.69	27.76	3.24	4.83
1955	15.00	16.74	13.31	23.45	8.97	11.18
1956	- 6.43	19.99	15.63	24.37	9.72	21.29
1957	12.54	16.55	18.69	14.27	5.61	12.47
1958	- 1.80	2.87	1.18	0.52	- 3.22	- 16.05
1959	9.59	11.32	13.66	20.29	4.80	0.24
1960	22.15	16.41	24.85	17.33	6.61	19.62
1961	5.21	10.82	14.41	4.46	4.38	2.87
1962	2.59	4.69	11.54	16.05	2.71	3.88
1963	10.70	10.07	8.34	10.90	7.77	6.93
1964	10.99	11.33	17.92	22.40	5.07	14.55
1965	11.75	10.37	20.73	26.64	7.22	3.93
1966	7.92	12.53	11.67	15.68	6.95	10.04
1967	5.14	7.96	8.31	6.81	- 1.88	5.29
1968	11.74	14.37	17.00	24.22	6.68	10.12
1969	17.76	15.93	15.14	23.27	14.13	9.60
1970	19.12	18.63	12.59	20.81	10.12	15.79
1971	14.98	13.49	14.39	24.21	13.73	0.75
1972	27.09	20.32	23.20	21.23	8.54	12.97
1973	38.64	44.56	19.44	27.26	23.56	43.95
1949～1973 年平均	12.94	20.98	13.27	23.58	6.66	7.98
1974	26.15	32.27	37.07	49.85	28.88	40.40
1975	14.79	0.90	14.85	0.63	13.68	9.47
1976	7.11	13.29	6.51	20.58	4.45	7.29
1977	14.52	15.57	21.58	20.47	23.16	5.47
1978	21.87	20.65	23.81	21.12	21.53	18.40

续表

年份	法国	德国	意大利	日本	英国	美国
1979	26.86	20.60	28.78	4.16	27.27	27.78
1980	15.23	12.26	8.13	27.51	27.47	21.04
1981	-8.28	-8.72	-1.32	16.14	-7.16	5.83
1982	-9.14	0.21	-4.25	-8.65	-5.14	-9.33
1983	-1.81	-3.97	-1.24	6.20	-5.53	-4.99
1984	2.76	1.37	2.31	15.47	2.47	8.92
1985	4.21	7.10	2.89	4.40	7.85	-2.30
1986	22.89	32.29	26.70	18.96	5.77	3.81
1987	18.76	20.98	20.07	9.74	22.56	11.87
1988	13.08	9.84	9.55	14.51	10.60	26.88
1989	6.92	5.54	9.93	3.43	4.95	12.84
1990	20.73	23.41	21.16	4.98	21.55	8.19
1991	0.24	-4.34	-0.49	9.46	-0.11	7.15
1992	8.65	6.75	5.13	7.97	2.72	6.27
1993	-6.04	-11.61	-5.01	6.58	-4.54	3.71
1994	13.06	12.32	13.08	9.60	13.07	10.30
1995	20.19	22.61	22.16	11.61	16.03	14.07
1996	1.44	0.23	7.93	-7.27	8.65	6.90
1997	-1.10	-2.24	-4.71	2.45	8.46	10.26
1998	6.12	6.02	2.24	-7.85	-2.30	-1.02
1999	1.53	-0.04	-4.16	7.65	-0.65	2.00
2000	0.64	1.52	2.10	14.76	4.04	12.38
2001	-1.29	3.59	1.65	-15.81	-3.00	-6.75
2002	2.58	7.73	4.06	3.28	2.45	-4.94
2003	18.18	22.04	17.65	13.22	9.68	4.57
2004	15.32	21.07	18.19	19.89	13.31	12.43
2005	2.50	6.71	5.47	5.17	12.50	10.58
2006	7.00	14.13	11.72	8.70	15.32	13.86

续表

年份	法国	德国	意大利	日本	英国	美国
2007	12.86	19.23	19.91	10.45	-1.53	11.91
2008	10.12	9.46	8.58	9.39	6.86	12.13
2009	-21.33	-22.55	-25.03	-25.68	-24.99	-17.97
2010	8.04	12.40	9.93	32.56	17.32	21.06
2011	13.88	17.08	16.98	6.94	21.47	15.96
2012	-4.65	-4.94	-4.20	-2.99	-6.19	4.26
2013	2.15	3.14	3.38	-10.45	14.20	2.19
2014	0.07	3.40	2.22	-3.48	-6.58	2.59
2015	-12.92	-11.24	-13.74	-9.46	-8.80	-7.28
2016	-1.00	0.61	1.04	3.22	-11.81	-3.43
2017	6.79	8.53	9.89	8.26	7.34	6.57
2018	8.70	7.76	8.30	5.70	10.30	7.61
2019	-2.07	-4.57	-3.07	-4.42	-3.62	-1.10
1949~2019平均	8.87	12.29	9.71	13.08	6.67	7.71

资料来源：WTO数据库。

目前，世界上主要存在三个区域性经济协作单元，分别为北美区域、欧盟区域与东亚区域。随着区域性国际分工的深化和全球生产网络的逐步形成，产品生产已经不再局限于一国之内，而是把产品的不同工序环节布局在全球最具有比较优势的地区生产，然后通过半成品、零部件等中间产品贸易把全球各地的增值环节联系起来，从而形成了全球价值链。全球价值链的形成过程就是分布于全球各地不同增值环节上的企业通过商品或服务贸易，获取技术与服务，不断创造价值与获取价值的过程。显然，全球价值链是跨国公司基于各国比较优势而形成的垂直专业化生产体系，把产品价值创造与增值的不同工序与环节进行分离。例如，研发设计主要出自欧、美、日等发达地区和国家，零部件生产、加工组装则布局于中国、东盟等新兴市场国家和地区，原始材料和资源供给来自非洲、南美等地区，然后通过中间品贸易把所有这些参与价值创造、增值和利润分配的环节相互联系起来。

在雁行模式的区域合作传统基础上，以中国为代表的东亚新兴经济体从垂直专业化生产和全球价值链建设中获益最多，成功地抓住了第二次经济全球化提供的产业国际转移战略机遇期。如图 1-3 和图 1-4 所示，自 1994 年关贸总协定（GATT）乌拉圭回合谈判结束，第二次经济全球化步入高潮，以中国为代表的东亚新兴经济体迅速崛起，缩小了与作为世界经济中心的发达经济体的生产率差距。2018 年，中国人均 GDP 基本达到 1 万美元。

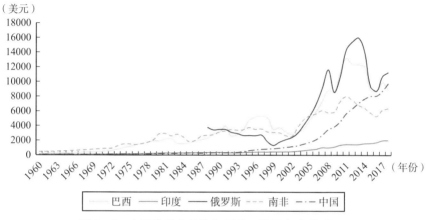

图 1-3　主要发展中经济体 1960~2017 年人均 GDP

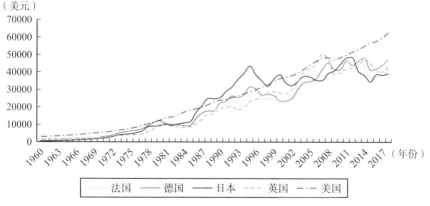

图 1-4　主要发达经济体 1960~2017 年人均 GDP

资料来源：WDI 数据库。

与此同时，曾经长期坚持进口替代政策的以俄罗斯为代表的苏联和东欧经济体以及以巴西为代表的拉美经济体则先后陷入经济波动，人均 GDP 在 1 万美元左右停滞不前，大有跌进中等收入陷阱之势，基本错失第二次经济全球化提供的产业国际转移战略机遇。资源出口特征明显的南非经济发展表现更加令人失望。2018 年，南非人均 GDP 已经倒退到不足 6400 美元。印度尽管也是第二次经济全球化产业国际转移的受益者，但其经济发展表现与以中国为代表的东亚新兴经济体相比要逊色得多。2018 年，印度人均 GDP 才刚刚达到 2000 美元。

典型化事实四：无论是在第一次经济全球化中，美国和德国对当时的世界经济生产率中心国家——英国的经济赶超，还是在第二次经济全球化中，以中国为代表的东亚新兴经济体与发达经济体生产率差距的缩短，都离不开经济全球化提供的产业国际转移战略机遇期，从而能够在世界范围内获得规模经济，并由此加速了投资和工业化。

经济全球化提供的产业国际转移战略机遇期对生产率水平低下的外围经济体作用至为关键。正是由于经济全球化提供了产业国际转移战略机遇，旨在将资源导向现代制造业部门的产业政策干预及其配套的保护关税效果才可得到保证，从而加速投资和工业化。否则，所有产业政策干预及其配套的保护关税都可能因贸易伙伴的政策对冲而徒劳无功。

典型化事实五：伴随着现代制造业部门不断扩大，特别是世界经济外围国家与中心国家生产率差距的明显缩小，经济全球化提供的产业国际转移战略机遇期终将面临挑战，并提出继工业化之后的新一轮转型要求。

对世界经济中心国家而言，产业国际转移的本意是释放被低附加值产业束缚的资源，用于高附加值产业的扩张，以生产率提升来消化不断攀升的工资成本。外围国家则由此获得工业化扩散的战略机遇。除非新的高附加值产业能够源源不断地产生，否则这样的产业转移不会是毫无限制的。随着工业化不断扩散，世界经济中心国家的产业国际转移动力终将趋于衰竭。届时将会要求贸易伙伴，特别是生产率得到提升的外围国家承担更多互惠责任，并制约产业政策干预及其配套的保护关税发挥空间。显然，经济全球化提供的产业国际转移战略机遇期的最终变化会给世界经济和贸易政策转型带来严峻挑战。第一次经济全球化解体就曾付出过世界经济崩溃和国际市场分割的惨重代价。历史教训要求我们充分发挥关税作为策略性政策工具的作用，促进多边、区域和双边等多种形式的贸易政策协调，达到修复世界经济和缓冲第二次经济全球化调整冲击的目的。

第二章　贸易和关税政策理论演变

自统一的世界经济形成，世界就分为了对整体经济提供积累和"变革模式"的发达"中心国家"，与消极跟随或者说至少在由"中心国家"决定的参数范围内发展的落后"外围国家"。对中心和外围的区分源自杜能（1966）。杜能认为，由于空间距离和运输成本的存在，只有距离生产制成品城镇中心最近的地主才能攫取最高超额租金，距离越远，则获得的超额租金越少，与此同时，也只有生产率最高的城镇中心才能消化如此之高的租金成本。这样的生产空间布局，并不仅仅局限于农业，可以扩展至所有低附加值的产业。简言之，就是中心生产高附加值产业，外围生产低附加值产业，在两者之间还可以加入半外围区域以及相应中间程度的附加值产业。随着中心和外围的区分，贸易和增长关系问题从此成为争论的核心。围绕如何将贸易变成增长的工具，先后产生了李嘉图贸易战略和卡尔多贸易战略。

一、李嘉图贸易战略

李嘉图在 1815 年运用贸易—增长模型倡导自由贸易政策，最早提出有关中心—外围国际生产分工和贸易的战略设想（李嘉图，1951）。具体地讲，就是中心国家出口制成品，外围国家出口初级产品的设想。根据当时古典经济学的传统，李嘉图将英国社会区分为资本家、工人和地主三个阶级，其中只有资本家具有资本积累功能。为了提高利润和激励资本积累，资本家将工资固定维持在保证工人生存的自然工资率水平上，并通过自由进口初级产品（如谷物），来压低英国土地租金。考虑到土地是不变生产要素，初级产品出口国家也可以从贸易条件长期改善中获益。

然而，李嘉图的推论存在一个停滞状态，即世界经济最终会受土地要素供给不变的制约而停滞，届时租金上升不仅会压抑中心国家——英国制成品部门利润和资本积累，而且可能刺激奢侈消费，进而损及外围谷物出口国的增长。直到 1869 年，穆勒才通过抛弃过时的"工资基金"理论打破了李嘉图停滞状态（霍布斯鲍姆，2016）。穆勒提出，工人工资不必停留在仅能维持生存的自然工资率水平上，高工资不仅有助于开拓市场，而且可以通过不断提高生产率加以消化。显然，只要中心国家能够保持足够的生产率提升，就能够消化外围国家的租金成本，李嘉图倡导的自由贸易就可以长盛不衰，并造福世界经济。

中心—外围的理念也被世界体系理论或依附型发展理论学说吸收，这类理论通过论证初级产品出口国贸易条件恶化，强调了欠发达的外围国家利益可能因自由贸易受损的可能性。刘易斯（1954，1969）论证了在二元经济条件下，自由贸易导致外围的南方国家贸易条件恶化的机制。假定存在两个区域，只有一种生产要素劳动力，劳动力只在区域内流动，区域之间不流动，其中北方区域同时生产粮食和制成品钢铁，且其粮食的劳动生产率更高，南方区域则生产粮食和初级产品咖啡，这三种产品都是可（自由）贸易的。在这样的世界经济中，粮食的劳动生产率决定了两个区域各自的劳动力机会成本。换言之，北方区域要获得生产制成品的劳动力，南方区域要获得生产初级产品的劳动力，就必须支付劳动者足以放弃粮食生产的工资。与此同时，这样的机会成本也决定了制成品和初级产品用粮食表示的价格。在刘易斯的原有设定中，北方和南方分别在制成品和初级产品上具有更高生产率，北方出口制成品，南方出口初级产品，粮食则由发生贸易赤字的一方出口。

在这样的世界经济中，任何一个地区只有通过提高其粮食生产率，才能改善其贸易条件；相反，该地区专业化产品的生产率提高反而会恶化贸易条件。这是因为当粮食生产率保持不变时，咖啡和钢铁生产率的更快提高则意味着咖啡和钢铁相对价格降低，单位咖啡和钢铁相能换到的粮食会越来越少，增长的收益将全部转移至进口国。出口国只有在同时消费咖啡和钢铁时，才能分享增长的收益。

贸易条件恶化长期前景对南方国家尤为不利。正如刘易斯所指出的那样，收入水平低下（由低农业生产率决定）加上尚未实现工业化和产业种类单一的南方对出口初级产品几无消费能力，如马来西亚的橡胶、加纳的可可等，贸易带来的增长反而恶化了其福利。刘易斯证实，作为仅有的两种生产率明显增加的热带作物，橡胶和糖的价格在 1880 ~ 1884 年以及

1960～1964 年发生快速下跌。

南方区域所隐含的劳动力无限供给二元经济使得初级产品出口国改善贸易条件前景更为黯淡。从理论上讲，如果在刘易斯模型中引入市场需求的变化，初级产品出口国贸易条件是有可能得到改善的。比如工业化国家消费者偏好发生改变，使得在既定的价格和收入下，对初级产品需求增加，假设相应初始产出不变，就会抬高初级产品价格，并从粮食生产中吸引劳动力增加初级产品生产，直至恢复至原来的价格水平。在此过程中，就可能缓解粮食生产中的土地稀缺压力，提高粮食的劳动生产率，达到改善初级产品出口国贸易条件的目的。

然而，来自南方区域的中国和印度近乎无限的劳动力供给使得降低劳动和土地比率、改善贸易条件的希望极为渺茫。19 世纪后半叶，农业国家的发展受到两股国际移民大潮的推进（梅尔和劳赫，2004）。大约有5000 万人离开欧洲前往温带地区定居，其中约 1300 万人到被称为气候温和的新国家居住，如加拿大、阿根廷、智利、澳大利亚、新西兰和南非。与此同时，则有 5000 万来自中国的移民作为契约劳工在热带地区从事种植、采矿或建筑工程工作。正是这种劳动和土地比率差异，使得热带地区所代表的南方初级产品出口国贸易条件改善困难重重。与此形成鲜明的对照，部分温带地区的农业出口国却借助禀赋优势，在改善贸易条件、实现工业化和经济增长方面捷足先登。

由热带地区所代表的南方初级产品出口国只能寄希望于北方制成品出口国工资套利行为和产业转移。根据刘易斯模型，由于北方区域粮食的劳动生产率更高，北方由粮食表示的劳动力成本也更高，随着增长的持续，北方制成品出口国就有向低劳动力成本的南方转移生产的动力，从而给南方初级产品出口国提供了改善贸易条件和刺激经济增长的契机。由此可见，在二元经济条件下，外围的南方初级出口国不仅可能长期遭遇贸易条件恶化，而且会造成工业化和经济增长滞后。

二、卡尔多贸易战略

正是由于初级产品出口贸易条件恶化的可能性，对外围国家提出了实现工业化的要求。松山（Matsuyama，1992）完善了刘易斯基于二元经济的贸易—增长模型，将贸易问题的争论焦点转向如何获得实施自由贸易政策的先决条件，即寻求最优的"内部"贸易条件，消除二元经济。这就为提出外围国家实现工业化的发展模式和贸易战略创造了条件。

松山认为，经济中存在着两个部门，即由恩格尔定律决定的收入需求弹性小于1的农业部门和具有"干中学"的生产率增长效应的制造业部门。这两个部门相辅相成，极为关键。首先，如果农产品不是缺乏足够的收入需求弹性，农业生产率的提高在增加收入的同时，就会导致对农产品更大比例的需求，要求在农业部门雇用更多的劳动力，进而削弱制造业部门的扩张。其次，制造业发展则是决定经济增长成败的关键，这就要求制造业雇用更多劳动力，进行产出扩张，通过干中学提高制造业部门生产率，进而带动经济增长。如果把具有上述特点的农业和制造业分别对应通常使用的传统部门和现代部门，我们就可以得出二元经济最优"内部"贸易条件。具体地讲，就是在现代部门中如何确立资本品和消费品之间的最优积累率，并由此决定为给现代部门融资而需向传统农业部门征收的税率。显然，在封闭经济条件下，农业生产率的提高意味着可以有更多的资源用于制造业部门扩张，农业革命是工业革命的前提。

但在开放经济条件下，最优的"内部"贸易条件却可以通过对外贸易来实现，即相对于国内需求的任何农产品短缺，都可以用出口制成品交换进口农产品的方法来弥补。高效的农业劳动生产率不再是为制造业解放劳动力和为制造业产品产生需求所必需。相反，高效的农业劳动生产率可以使农场主从制造业部门吸引工人，提升工业化成本，从而降低收入增长率。这是一种广义的"荷兰病"，泛指一个经济体经历了资源的繁荣（或者是贸易条件的改善，或者是新资源的发现）时，制造部门趋向于缩减而缺乏规模经济，生产率增长缓慢的非贸易部门反而趋于扩张，直至最终拖累经济增速。

经过完善的刘易斯贸易—增长模型提出了与李嘉图贸易战略大相径庭的发展模式和贸易战略，其关键在于引入了制造业部门的规模经济。制造业部门规模经济的存在为出口导向工业化模式的产生提供了可能，其核心内容包括把对外贸易变成了寻求最优的"内部"贸易条件工具，实现工业化并促进经济增长。与出口导向工业化模式配套的贸易战略通常又被称为卡尔多贸易战略（施瓦茨，2008）。

卡尔多贸易战略的核心是实现经济和产业的国际再分工，试图在较大城镇（高生产率的中心区域）的农业或低价值工业品供给带上的某个地方建构起一座新城（新生产率中心）。卡尔多贸易战略设想围绕这样的新生产率中心来为生产重新确定方向，并且最终创造出足够的需求来包容和化解来自那些原有较大城镇的压力。相反，李嘉图贸易战略则接受了一种由原有的城市中心所创造的国际分工地区定位，并且设法从这种接受中实现获利的最大化。

三、进口替代政策

卡尔多贸易战略和李嘉图贸易战略各自的优缺点是互相显现的。尽管李嘉图贸易战略始终存在对原材料和初级产品需求不足而停摆的危险，但由于是建立在要素禀赋的比较优势基础上，李嘉图式的出口在世界市场上至少是有竞争力的。卡尔多式的出口则相反，在最初阶段是不具竞争优势的，需要保护幼稚产业，对其进行政策扶持。幼稚产业保护寄希望于产量扩张可提升生产率，因此进行投资，而这种投资又使出口变得更有竞争力。

然而，作为第三方权威，政府尽管能够卓有成效地通过政策干预增加可能具有规模经济的幼稚产业投资，但政府职能的过度扩张却会导致提升生产率和形成出口竞争力的努力化为泡影。究其原因，作为第三方权威的政府不仅垄断暴利，而且拥有终极裁判权，其职能过度扩张有可能会弱化市场激励，甚至是扭曲价格，损害对产权保护的可信承诺。提升生产率和形成出口竞争力却又恰恰离不开市场激励和相关机制，来处理分散和隐藏的多样性知识。正是由于能够实现经济赶超的愿望，外围国家极易青睐和滥用卡尔多贸易战略和相应的幼稚产业保护政策，以致陷入进口替代的路径依赖，向出口导向工业化转型变得遥遥无期。

第二次世界大战后，发展中国家的进口替代政策实践充分证实了这一点。当时以普雷比什（Prebisch，1950）为代表的发展经济学家在出口悲观预期基础上，提出进口替代政策主张。普雷比什（1950）认为，对初级产品出口不利的国外市场条件和制成品出口竞争力的缺乏，限制了发展中国家通过出口产品来获得高额的经济增长。因此，发展中国家应转而拓展制造业导向的国内市场，其中工业保护可以起到加速工业化和改善贸易条件的作用。钱纳里和斯特劳特（Chenery and Strout，1966）更是运用储蓄—投资和贸易收支双缺口模型，将对发展中国家出口的悲观预期推向极端，倾向于完全忽视世界市场价格弹性，并假设发展中国家赚取外汇能力只受到外国需求而不是国内供给的限制（琼斯和凯南，2008）。

对出口这样的悲观预期，相当于假设经济体受到贸易制裁或遭遇贸易壁垒，无疑反映了 20 世纪 30 年代大萧条和现实地缘政治的影响。正是在这样的历史背景下，直到 20 世纪 80 年代，进口替代政策被主要拉美经济体，如墨西哥、巴西、阿根廷等，一些南亚国家尤其是印度、前苏联、中欧和东欧的社会主义国家以及改革开放前的中国广泛采用。

然而，这样的进口替代政策缺陷显而易见。主要有以下三点：

第一，对初级产品贸易条件恶化的误判，导致贸易保护和汇率高估盛行，造成贸易收支失衡和外汇短缺，进而阻碍经济增长。普雷比什（1950）运用 1870 年至 20 世纪 30 年代将英国进口初级产品和出口制成品联系起来的净易货贸易条件证实，发展中国家贸易条件长期趋于恶化。普雷比什论据的问题在于，英国净易货贸易条件是否充分反映了与初级产品生产者相关的制成品出口者，将所有初级产品都包括在内是否使结论有偏差（一些初级产品由发达国家出口）。后续的研究证实，初级产品贸易条件在长期趋于稳定，但存在周期性波动（Sprao，1980）。在 20 世纪 30 年代大萧条中，初级产品贸易条件恶化得尤为严重。1920～1929 年初级产品对制成品的平均贸易条件比 1871～1913 年下降了 7%（刘易斯，2014）。

正是出于对初级产品贸易条件恶化的恐惧，上述发展中国家试图通过贸易保护和汇率高估抬高出口产品价格，来改善似乎不利的贸易条件，结果只能削弱出口竞争力和恶化贸易收支。然而，工业化本身又需要输入越来越多的资本品和中间产品。进口替代政策导致贸易收支恶化和外汇短缺，造成经济增长陷入走走停停状态。

第二，幼稚产业过度保护对市场竞争的弱化，在付出严重扭曲国内产业结构代价的同时，却没有实现培育制造业国际竞争力的初衷。正如林毅夫、蔡昉、李周（1999）所指出的那样，进口替代在本质上是一种与发展中国家自身要素密集度相悖的发展战略，不可避免地会扭曲国内产业结构，特别是造成农业发展严重落后。随着对资本更加密集的耐用消费品、中间产品和资本品进口替代，对非耐用消费品生产同样会产生阻碍，国内产业结构变得越来越扭曲。

更为严重的是，如此惨痛的产业结构扭曲代价，并没有培育起制造业国际竞争力，形成新的比较优势产业，变成新的增长引擎。进口替代的本意在于通过对制造业"干中学"的外部效应进行补贴，先在国内市场实现规模经济，再在国际市场最终获得规模经济和相应的竞争力。然而，过度保护使得这样的政策设计在现实中被扭曲为保护国内公司免遭国际竞争，制造业不仅没有获得应有的生产率提升，而且几乎只能依赖高估外汇的影子价格在日益狭小的国内市场幸存，进口替代转变为出口导向变得遥遥无期。究其原因，正如克拉维斯（Kravis，1970）所指出的那样，贸易在增长中可以起辅助作用，即贸易可以通过使国内价格和成本与外部价格和成本保持联系，成为检查新型工业是否合适的角色。进口替代保护国内公司免遭国际竞争，恰恰破坏了贸易这一重要功能，从而产生严重后果。

第三，进口替代还对生产率增长源泉理解有误，重资本积累、轻技术进步，以致培育制造业国际竞争力事倍功半。"干中学"能够带来生产率增长效应的关键在于实现整个行业范围内的知识外溢，而不是单纯依靠产出扩张。企业的"干中学"实质上是在经历"联合生产"，即企业同时生产商品和技术。但这种技术属于只可意会不可言传的默会知识（tacitness），不能成为专利。当商品售出时，这种知识通过多种渠道，比如企业之间人员往来和工业领域的"观察和谈话"，溢出到竞争企业当中去。由此可见，仅仅依靠投资引进技术和产出扩张是不够的，确保知识外溢效应的发挥才是培育制造业生产率和国际竞争力的重中之重。只有这样，贸易和外国直接投资作为技术引进的载体，才能帮助发展中国家从进口替代最终走向出口导向，成为经济增长的引擎。

很显然，上述进口替代政策实践低估了市场机制在资源配置中的基础性作用，从而使得政策效果大打折扣。一方面，对初级产品贸易条件恶化的误判，损害了补贴工业化外部性的税收来源。在二元经济条件下，补贴工业化外部性的税收只能来自传统的初级产品部门，对初级产品贸易进行保护会损害相应的补贴能力。另一方面，对卡尔多贸易战略和相应的幼稚产业保护政策的滥用严重削弱了市场激励，以致危及生产率提升和出口竞争力形成。尽管工业化外部性要求通过政策干预将资源从传统农业部门导向现代制造业部门，但在价格严重扭曲、产权保护不力的条件下，难以呈现提升生产率和形成出口竞争力的应有政策效果。

四、出口导向政策

正是由于受制于上述一系列缺陷，这样的进口替代政策不仅取得的成效差强人意，而且跟实施出口导向政策的东亚经济体比较起来更是相形见绪。这些出口导向的东亚经济体既包括原来在 1965～1990 年取得增长奇迹的经济体（HPAEs），即日本，亚洲"四小龙"——中国香港、韩国、新加坡、中国台湾，以及东南亚的 3 个新兴工业化国家（NIES）——印度尼西亚、马来西亚和泰国，还扩展到 20 世纪 90 年代以来日益呈现经济一体化特征的东亚地区其他新兴经济体，特别是中国。

日本和东亚新兴经济体出口导向政策与上述进口替代政策最大的区别在于，积极的产业政策干预并没有压抑市场机制发挥作用。与进口替代政策类似，东亚经济体出口导向工业化同样通过政府干预来缓解现代产业部门发展的（市场）协作失败难题。现代产业部门发展具有双重特点：一方面，现代产业部门的生产活动存在规模经济，整个行业产出扩张能够带来回报增长；另一方面，与现代产业部门生产相关的关键投入（技术）的可贸易能力很低。这样的特点表明协作投资的回报率会很高，但单个投资的回报率却只能保持在低水平，从而可能导致协作失败。当经济同时具有丰富的人力资本和物质资本，协作失败最不可能发生，因为即使企业家没有采取协作方式，现代产业部门也有正收益而得到自发发展。但在只有丰富的劳动力资源而物质资本和相应技术匮乏的二元经济中，（市场）协作失败则是切实的挑战，亟须政府积极干预加以缓解。

概括起来，二元经济遭遇的协作失败源自两种类型的集体行动难题。

其一是由经济增长巨大潜力和资本积累严重不足引发的投资难题。这与格申克龙（Gerschenkron，2009）提出的后发劣势有关。尽管从表面上看，一个经济体起飞越晚，似乎越可以从引进外来技术、充分获得知识外溢效应中获得补偿，然而，考虑到投资相互依赖，其低下的收入水平和严重的资本积累不足将制约经济增长潜力的发挥。因此，围绕投资的集体行动困难又被称为格申克龙难题。

其二是由需要知识本土化引发的生产率提升难题。正是由于与现代产业部门生产相关的关键投入（技术）的可贸易能力很低，技术引进必须经过知识本土化过程才能发挥对经济增长的应有作用（Roderick，2009）。具体地讲，就是任何一个经济体都需要自身的企业家去找到哪些新的生产活动成本较低、有利可图。为此，企业家必须对新的产品线进行各种尝试，同时对现有的国外生产技术加以改造，使其适应国内特殊的经济和社会条件。这样的知识本土化过程，对企业家而言无疑是一种社会效益高而个人回报低的经济活动。考虑到卡尔多贸易战略目的就在于培育新的生产率中心，这种围绕生产率提升的集体行动困难又被称为卡尔多难题。

　　东亚经济体通过补贴金融中介动员储蓄，进而间接补贴投资外部性，从降低融资成本和提高投资回报率两个角度发力缓解了投资不足的压力。东亚经济体对知识本土化外部性补贴则是通过发展面向出口的产业集群得以实现，有效发挥了技术引进的知识外溢效应，从而达到提升生产率的目的。显然，东亚经济体出口导向成就得益于在遵循自身要素密集度决定的比较优势基础上，通过政府干预缓解了两种类型（市场）协作难题，确保了投资和知识外溢效应的发挥，进而实现生产率的提升。

　　不过，与进口替代政策不同，东亚经济体在积极进行出口导向政策干预的同时，较好地解决了政府和市场的边界，从而确保了政策干预效果。如果在二元经济中只存在投资外溢不足的格申克龙难题，进口替代和出口导向政策本不应存在本质区别，产业政策本身就足以保证将资源从传统的农业部门导向现代制造业部门。正是由于同时存在知识外溢不足的卡尔多难题，才需要将产业政策干预跟市场机制结合起来。考虑到只有市场机制才能有效地处理分散和隐藏的知识，离开面向出口的产业集群自身发展，知识本土化本身将不复存在，更不必奢谈对外溢效应进行政策补贴了。更为重要的是，知识本土化及其外溢效应还有助于保证金融中介和投资双重补贴的可持续性。因此，产业政策干预和市场机制的结合在缓解现代产业部门发展协作失败难题中发挥了极其重要作用，不仅激励了现代制造业投资，而且达到提升生产率和产业国际竞争力的目的。

　　东亚经济体产业政策干预和市场机制的有效结合充分反映为其内部有限的价格扭曲。世界银行（1995）运用两个事实对此进行了验证。第一，实绩优良的 HPAEs 的关税税率和贸易壁垒都调整得比大多数发展中国家水平低；第二，对实际国民生产净值（GNP）进行比较研究发现，HPAEs 可贸易产品的国内可比价格与其他地区经济相比更接近国际价格。

五、出口导向政策和战略机遇期

　　尽管产业政策干预和市场机制的有效结合功不可没，但东亚经济体出口导向政策的成功还是与 1950～1973 年世界经济繁荣带来的产业国际转移战略机遇期存在莫大关系。究其原因，出口导向政策背后的核心逻辑是，只要产业存在规模经济，生产率中心的空间布局就具有不确定性，从而给外围国家经济赶超提供了战略空间。然而，外围国家的战略空间却可能会遭到中心国家打压而收缩。出口导向政策归根结底是要把外围国家发展成新的生产率中心，这势必会对旧的生产率中心利益提出挑战，从而引发中心国家的反制。因此，只有在产业国际转移的战略机遇期条件下，出口导向政策才可能收到应有的成效。否则，外围国家任何政策干预效果都可能因中心国家的政策对冲而大打折扣。

20世纪80年代兴起的新贸易理论对产业规模经济引发的贸易冲突进行了全面分析。新贸易理论本意是解释收入水平相近，特别是发达国家间的产业内贸易现象，揭示除要素禀赋差异以外，还存在规模经济效应这一新的贸易利得来源。新贸易理论创新基于两个假定：（1）存在差异产品生产部门，并且各国存在对多种产品的需求；（2）每种差异产品的生产都具有内部规模经济。正是由于内部规模经济的存在，各国专业化生产各产业内的差异化产品，从而产生产业内贸易（Krugman，1979；Lancaster，1979）。艾希尔（Ethier，1982）将同样的分析逻辑拓展到中间产品贸易上。艾希尔假定，一种同质的最终产出是由无穷多种中间产品生产出来，而每种中间产品又都具有可替代性和内部规模经济，最终产出成本将随着中间产品品种数目的增加而下降，并获得相应的国际规模经济。显然，中间产品贸易在专业化生产和技术进步间建立起联系。产业内贸易除了增加消费者选择直接改进福利外，还会发挥每个中间产品和最终消费品品种的规模经济，提高相应的产出水平，使得经济从降低资源平均使用量和价格中获益。

然而，规模经济的存在却使得产业内国际生产分工和贸易利得分配产生不确定性，为贸易冲突埋下伏笔。规模效应和垄断竞争的结果是本土市场效应（接近消费市场或中间商市场）和产业空间聚集。为此，如果考虑到运输成本，企业将在较大的国家生产差异化产品。一个企业会选择在一个能生产最多商品而不需要额外成本的市场上进行生产，然后将产品出口到较小的国家。这样的产业聚集空间布局就是为了获得规模经济。产业内贸易有陷入囚犯困境的危险，一方面，规模经济效应的充分发挥需要消除贸易壁垒；另一方面，所有国家偏偏又有使用贸易壁垒从而在产业聚集上获得竞争优势的激励。正是由于规模经济产业空间布局的不确定，产业内贸易使得贸易政策从传统的无条件追求自由贸易目标，至少退守为以战迫和的策略性手段。正是在这个意义上，新贸易理论又被称为战略性贸易理论。新贸易理论为中心国家对冲外围国家出口导向政策提供了重要理论基础。

中心和外围国家潜在的贸易冲突从产业转移成本视角得到进一步细致分析。希克斯（Hicks，1953）最早提出有关贸易伙伴国生产率增长带来影响的思想。贸易伙伴国在其出口部门的技术进步和生产率提高对本国有利，可以比以前更为廉价地购买进口商品，但贸易伙伴国在进口竞争部门的进步则可能恶化本国贸易条件。多恩布什、费希尔和萨缪尔森（Dornbush，Fisher and Samuelson，1977）运用一个可以分析无数种商品的李嘉图模型丰富了希克斯的思想，再度证实技术和产业从高工资国家向不太先进的低工资国家转移可能损害高工资国家的福利。戈莫里和鲍莫尔（2018）运用整数规划方法模拟了规模经济产业的国际转移，更为动态地分析了产业转移影响，并揭示出相应的运行机制。他们认为，无论规模经济是产生于最小有效市场规模的市场准入门槛还是生产的学习效应，只有两个经济体收入（主要工资水平）差距较大时（不少于3倍），自由贸易政策和相应的规模经济产业的国际转移才是对双方都有利的。当收入差距缩小到3倍以内，继续发生规模经济产业国际转移，双方就会进入零和博弈的贸易利益冲突区。具体机制为继续获得规模经济产业国际转移和相应市场份额的经济体，随着产业生产率提高会提升其工资水平和国内产品价格，产品价格提高可由工资增长得到补偿；而失去产业市场份额的经济体除了接受产品价格提高，支付更高的进口成本之外，得不到任何补偿。即使产业转移接受国产品价格上升可能导致部分产业的逆向转移或回流，结论也是如此，这是因为此时外围国家工资仍远远低于中心国家。这一系列研究证实，外围国家进口竞争部门，特别是进口替代转变为出口导向部门的生产率提高，对其自身总是有利，对贸易伙伴则具有不确定性，并最终带来损害。以上这一系列研究被统称为针对生产率中心国家的"比较优势趋同威胁论"。

正是由于涉及生产率中心空间布局主导权的竞争，中心和外围国家潜在的贸易利益冲突显而易见，贸易伙伴国生产率增长只有在对方特别落后时才对其有利。此时，中心国家可以通过工资套利驱动的产业转移来减轻投资报酬递减压力，应对鲍莫尔病的挑战。这意味着尽管存在对中心–外围国家都有利的贸易利益相容区，但能够给出口导向工业化模式和配套的卡尔多贸易战略提供的战略机遇期却极为有限。戈莫里和鲍莫尔（2018）提出，成为中心国家理想的贸易伙伴国必须具备三个特征：（1）该贸易伙伴国必须是少数贸易品的生产者，有着相对较低的工资（不到中心国家工资的1/3）和较小的世界收入比重；（2）在其生产的产品中，该贸易伙伴国必须是一个最有效率的厂商；（3）该贸易伙伴国必须是其他所有商品的无效率生产者，这样才不至于给这些产业带来竞争的威胁。换言之，只有在中心国家的贸易伙伴国最初生产少量商品情况下，才会存在产业转移空间。

然而，一旦该贸易伙伴在世界产出中的份额超过理想贸易伙伴的少量水平，那么外围国家在其最初没有生产的商品上的生产率提高有可能导致中心国家实际收入下降。戈莫里和鲍莫尔通过计算模拟证实，只要各国的劳动力规模相似，一国理想贸易伙伴生产的商品总是恰好占世界商品的24%。这样的理想贸易伙伴就是李嘉图贸易战略里出口初级产品、进口制成品的外围国家。考虑到规模经济具有不可逆性，即规模经济产业一旦获得就不会轻易丧失，一旦失去就可能永远失去，这更加剧了中心和外围国家潜在的贸易利益冲突。

卡尔多贸易战略的研究背景正在于外围国家通过先进口替代、后出口导向的方式对李嘉图贸易战略的国际产业分工提出挑战，最终变成原中心国家的非理想贸易伙伴。因此，外围国家偏爱的卡尔多贸易战略只有在极为特殊的战略机遇期中才能同中心国家偏爱的李嘉图贸易战略并行不悖，并得到成功实施。这样的战略机遇期对内要求外围国家存在明显的二元经济特征，需要政府补贴投资外部性和知识本地化，对外要求中心国家有工资套利驱动的产业转移需要。否则，外围国家即使是对投资外部性和知识本地化的合理补贴，也可能被视为贸易壁垒而受到中心国家反制，使得补贴效果大打折扣。

六、本章小结

根据上述分析，贸易和增长的关系具有不确定性。（1）贸易条件恶化可能使得贸易成为增长之敌。初级产品出口国贸易条件周期性波动，外围国家进口替代部门或出口导向部门生产率提高到一定发展阶段之后，会恶化中心国家的贸易条件，这些都是典型的例子。（2）贸易可以对政府产业政策干预形成有效的外部约束，提高市场激励，成为增长之友，有利于经济增长。（3）贸易能够在世界范围内形成规模经济，成为增长的动力。特别是外围国家可以借助产业国际转移提供的战略机遇，分享中心国家知识外溢，改变生产率的空间布局，实现经济赶超。

由此可见，贸易并不必然能够成为增长动力，这就需要贸易政策在促进贸易和增长良性互动方面发挥至关重要作用。一个经济体的贸易政策很大程度上由其所处的发展阶段和在国际产业分工中的地位所决定，产业国际竞争力越强的中心经济体越倾向于自由贸易政策，与此同时，外围经济体贸易政策的自主权和自由度较低。中心经济体最初会倡导自由贸易政策，推行出口（高附加值）制成品、进口（低附加值）初级产品的李嘉图贸易战略。与此形成鲜明对照，由于深受初级产品贸易条件周期性波动的影响，外围经济体更本能地倾向于通过贸易实现工业化的卡尔多贸易战略和配套的保护贸易政策。

得益于能够更好地实现产业政策干预和市场机制的有效结合，外围经济体出口导向政策在推行卡尔多贸易战略方面比进口替代政策取得更大成功。然而，外围经济体保护贸易政策要想真正得到实施，也只有在极为特殊的产业国际转移战略机遇期才会取得应有成效，否则，外围经济体任何政策干预效果都可能因受到中心国家政策对冲而大打折扣。

尽管中心经济体应对鲍莫尔病给外围经济体提供了工资套利驱动的产业国际转移战略机遇期，但这样的时期会较为短暂。究其原因，中心经济体自由贸易政策只是周期性现象，当其产业国际竞争力优势不再，会更多转向互惠贸易，强调对贸易政策的策略性使用。

作为重要的贸易政策工具，关税政策发挥着特殊的作用。以中心国家为例，关税政策通常要经过财政关税、保护关税和互惠关税的演变。

第一，关税政策最早主要发挥财政关税的收入作用，主要目的是用于统一国内市场和保障税收收入。成立于1834年的德意志关税同盟直到19世纪70年代以后才转变为保护贸易手段，美国的保护关税作用也直到内战结束之后才表现得更为明显。

第二，尽管只是次优政策，在现代税收制度得以完善之前，关税在很大程度上发挥了产业政策干预的作用。就培育产业国际竞争力而言，对投资和知识本土化外部性进行直接补贴效果更佳，然而，财政收入的不足限制了产业政策干预作用的发挥。与数量限制等非关税壁垒相比，关税政策对市场机制的损害更小，成为更好保护贸易政策的工具。首先，数量限制等非关税壁垒更易激励寻租，带来更大的成本保护。其次，关税是价格工具，而不是数量工具，使得外国价格的变化更容易在国内市场上反映出来，带来的扭曲较少。相反，数量限制等非关税壁垒则可能把国内经济和世界经济分割开来，违背其自身要素禀赋状况，损害产业国际竞争力培育。因此，关税一度成为最为重要的保护贸易政策工具，并很好地发挥了产业政策干预作用。

第三，正是由于关税政策在战略机遇期才可能取得实际效果，兼之次优性质，随着生产率空间布局的变化，关税政策逐步演变成推行互惠贸易的策略性工具，以适应外围国家对中心国家提出的产业国际分工挑战。

第三章　主要发达经济体贸易和关税政策实践

进入近代以来，英国和美国主导的两次经济全球化在世界经济发展中尤为重要。因此，回顾作为世界经济中心的主要发达经济体在两次经济全球化进程中的贸易和关税政策博弈，有助于我们丰富对世界经济发展中可能出现的战略机遇期及其转型面临的政策挑战的理解。

一、第一次经济全球化中的贸易和关税政策博弈

（一）重商主义政策和英国工业化

自从法国重农学派提出自由放任（laissez-faire）的思想以来，由国内自由竞争推演出的对外自由贸易就一直成为贸易政策争论的焦点。然而，即使是第一个实现工业化的国家，英国在其发展早期也是主要受到重商主义政策的影响。重商主义通常在时间上被界定为 1620～1776 年，在地理上则可界定为西欧一些主要的重商经济国家，特别是英国和法国，并在一定程度上包括了意大利、荷兰和西班牙，其核心内容是将地主所拥有的经济租金通过政府扶持的方式最大可能地向贸易与制造业转移，这样就可以提高资本家的利润，并有利于增强国家权力和积累国民财富（马格努松，2001）。正是在这个意义上，重商主义者才特别强调出口和贸易顺差的重要性，在他们看来，制成品的生产和出口相当于将贸易伙伴的经济租金转化为本国的制造业利润。

重商主义的政策主张主要是针对当时困扰着欧洲的一个"幽灵"，这便是担心像西班牙一样，因富于黄金、贫于生产，以及可怕的贸易逆差而被毁灭。西班牙正是由于美洲黄金的输入，导致物价飞涨和产业国际竞争

力丧失，患上了后来所谓的"荷兰病"，使得经济增长停滞。重商主义者提出，只能通过政府培育制造业国际竞争力对此进行纠正。

亚当·斯密继承和发展了重商主义培育制造业国际竞争力的逻辑。尽管斯密驳斥了重商主义追求贸易顺差的教条错误，但在其分析中，出口市场的扩大可以促进本国的劳动分工和资本积累，无疑可以成为财富增长的源泉[1]。斯密对自由贸易添加了许多限制措施（Grampp，1944）。

首先，斯密认为自由贸易不得危及国家安全。因此，必须限制那些会损害英国军事力量的贸易。斯密特别强调《航海法案》的价值，这部法案增强了英国商船运输的实力，并对国防做出了贡献，属于所有已制定的管制法令中最英明的法案之一。在一个著名讲演中，斯密说："国防比财富要重要许多倍。"

其次，斯密强调了策略性关税的使用。斯密认为，在两种情形下征收进口关税是有利的：其一是征税可诱致外国减少对英国货物征税，其二便是迅速而完全地废除关税，将会造成大量人员失业。斯密建议，应当做的事情是渐进地、有保留地、审慎地降低关税。

最后，斯密也肯定了关税对产业竞争优势的保护作用。斯密明确认为，相比于自由市场，保护性关税会使一个产业迅速成长起来，但也会付出资源浪费的代价。然而，斯密并不反对保护，特别不反对对英国历史悠久的制造业——毛纺织品制造业的保护。斯密倡导对出口羊毛征税，以便塑造英国生产者对外国竞争者的优势，而这种在毛纺织品制造业上的（绝对）优势正是英国从对外贸易中获得利益的源泉。

此外，亚当·斯密同重农学派的分道扬镳更充分揭示了斯密的贸易和关税政策是围绕培育产业国际竞争力来设计的。重农学派是从批评柯尔贝尔重商主义政策没有扶植起法国的制造业国际竞争力发展起来的，并提出了通过优先提高农业生产率、降低工人的实际工资和相应的制造业成本，来间接获得制造业国际竞争力的发展策略（洪特，2016）。斯密认为重农学派的产业发展顺序完全是错误的，只有借助欧洲当时更为自由的城市，不断提高商业和制造业的生产率，进而扩大农产品的需求，才能激励农业生产率的提高，并消化制造业不断攀升的成本。因此，培育制造业国际竞争力才是重中之重，包括贸易和关税政策在内的所有措施都应为此服务。

正如奥斯特罗姆（2012）所指出的那样，即使是竞争性市场本身也是

---

① 一国过度追求贸易顺差将限制贸易伙伴的进口支付能力而不可持续。

一种公益产品，重农学派所鼓吹的那种不受任何规则约束的自由放任市场经济事实上不可能存在。一旦形成了一个竞争性市场，个人不管是否为市场的创建和维持付出过代价，都可以自由使用。没有各种公共制度和政策作为支持基础，任何市场都会迅速沦为公地的悲剧，不能长期存在下去。与重农学派形成鲜明的对照，亚当·斯密强调在自由贸易代表的市场经济中运用关税政策进行产业干预的必要性，其对政府和市场关系的理解无疑更为正确。

英国贸易政策实践正是按照亚当·斯密政策干预和市场机制相结合的思路展开的。英国长期实施的重商主义政策在率先实现工业化方面发挥了至关重要的作用。英国重商主义政策最初集中体现在《航海法案》上。1651 年，为了打破荷兰对海上贸易的垄断，克伦威尔主导颁布了《航海法案》，标志着英国正式进入重商主义时期①（李明倩，2011）。该法案规定，自 1651 年 12 月 1 日起，不经英国政府允许，任何外国商船所载的任何货物或商品皆不准输入或带进英国及其所属的领土。所有进口至英国领土的货物必须由英国的船舶运输，其船员只能是该船所属地的臣民；欧洲商船可以进入港口，但只能携带本国商品，配备本国船员。这样一来，荷兰商人就被彻底地排除在与英格兰的贸易之外。经历了 1652～1654 年的第一次英荷战争，英国取得了海战的胜利，签订了《威斯敏斯特和约》，迫使荷兰接受了《航海法案》。

1660 年、1663 年，英国又通过新的《航海法案》，将政策目标的重点从打破荷兰的贸易垄断转向对殖民地经济的严格控制，试图使殖民地完全成为其原料来源地和产品销售市场，而不会与其在国际市场上竞争。例如，1660 年的《航海法案》又被称为《航海条例》，该法包括三项内容：首先，只有英国船只才能从美洲殖民地进出口货物，具体而言，除非采用英国国民所有的、英国本土制造的、且船长及 3/4 以上船员都是英国国籍的船舶之外，英国在亚洲、美洲或非洲的任何殖民地的货物均不得输入或输出；其次，只有英国国民才能与殖民地人民进行贸易往来，换言之，殖民地人民的所有必需品都只能从英国或爱尔兰进口；最后，诸如蔗糖、烟草和羊毛等殖民地产品只能出口到英国港口，而其他没有在列举范围内的

---

①　17 世纪的荷兰号称海上马车夫，在其鼎盛时期，荷兰拥有海运商船 16000 多艘，是法国商船数的 16 倍，总吨位超过英、法、葡、西 4 个国家商船的总吨位，荷兰的资本积累超过了欧洲各国的资本总和（弗格森，2012）。荷兰甚至也承担英属殖民地的海外贸易运输，据说当时西印度地区进行海上运输的 40 只货轮中有 38 只来自荷兰（李明倩，2011）。

货物可以被运送到外国港口，但要使用英国船只。

其后，由于英国未能在 1664 ~ 1667 年及 1672 ~ 1674 年两次英荷战争中取胜，《航海法案》有所放宽。荷兰的奥兰治亲王实际上成了英国的领导者，而荷兰商人也成为英属东印度公司的大股东，英荷矛盾最终通过 1688 年形成的英荷联盟得到解决（弗格森，2012）。1688 年的英荷联盟让英国人首次得以了解荷兰几家重要的金融机构，以及它们先进的机制。1694 年，英国成立英格兰银行，负责管理政府借贷和国家货币，与 85 年前成功创建的阿姆斯特丹银行类似。伦敦也引入了荷兰的国家公共债务系统，通过一个能够自由买卖长期债券的证券交易所融资。这使得政府能够以很低的利息贷款，从而增强了开展大规模项目，包括发动战争的实力。布鲁尔（Brewer，1989）强调英国军事开支的庞大，即使最小的军舰建造花费也要大于当时大多数的工业投资。18 世纪晚期优质轧棉机的制造费大约是 5000 英镑，这个费用是 17 世纪晚期三流船只建造费用 15000 ~ 17000 英镑的 1/3，在 1765 年晚期的"维多利亚时代"，类似的造船费用更是高达 63147 英镑。英国从荷兰获得的低融资成本技术价值由此可见一斑。

因此，英荷战争虽导致《航海法案》的经济职能有所削弱，但其提升英国海军实力的安全职能却一直得到保持，以致 1805 年终于获得了到第一次世界大战都不受挑战的海军优势。正是在这样独霸海洋的海军优势支持下，英国又经过五次战争，最终沉重打击了法国这一主要对手[①]。直至英国工业革命完成后的 1854 年，《航海法案》才寿终正寝。英国开始确立海运自由主义政策原则，并踏上自由贸易的道路，外国商船被准许从事英国沿海的贸易。

英荷联盟之后，《航海法案》被削弱的产业保护职能通过其他重商主义政策得以巩固和延续。英荷联盟在英国和荷兰之间达成了一个交易，即将印度尼西亚和香料交易留给了荷兰人，而把较新的印度纺织品贸易留给了英国人去发展。印度纺织品贸易不仅激励了英国的进口替代，更为重要的是，引发了产业保护和出口鼓励政策。与荷兰等国不同，英国的经济目标并未被商业与金融利益集团完全支配，而是越来越被制造业压力集团所主导。这些工业势力最早是事关财政大计的毛纺织业，以后则是其他行

---

① 即西班牙王位继承战争（1702 ~ 1713）、奥地利王位继承战争（1739 ~ 1748）、七年战争（1756 ~ 1763）、美国独立战争（1776 ~ 1783）、法国大革命与拿破仑战争（1793 ~ 1815）（霍布斯鲍姆，2016）。

业。工业和商业之间的斗争在东印度公司问题上体现得最具戏剧性。到1700 年终于在国内市场决出胜负，此时，英国工业生产商争取到了贸易保护，禁止了印度纺织品的进口。然而，在海外市场，工业势力的胜利尚待1813 年。同年，东印度公司被剥夺了在印度的垄断权，从此兰开夏棉纺织品开始大举涌入，由此打开了南亚次大陆"去工业化"的闸门。正是在这样的重商主义政策大力扶持下，英国棉纺织业被培育成先行的主导产业部门。

根据熊彼特（Schumpeter）的定义，主导产业就是一种创新集群，它创造出需求量大、以更新更便宜的能源形式来制造的新产品，并且通过更新更便宜的运输方式来分送这些新产品。熊彼特（1939）由此提出，18世纪 80 年代至 19 世纪 20 年代的棉纺织品、铁和水力集群就是一种主导产业。不过，在这一阶段，铁的生产尚未成为重要产业。英国对铁的总消费量在 1720 年不足 5 万吨，即便在工业革命阔步前进的 1788 年，也不可能超过 10 万吨（霍布斯鲍姆，2016）。对于钢的需求，按该金属当时的价格，几乎可以忽略不计。铁的最大民用市场很可能仍在农业领域，犁之类的农具、马掌、轮毂等有了大幅增长，但还没有大到可以触发一场工业革命。铁和煤领域真正的工业革命要等到铁路时代的到来，铁路不仅为消费品而且为资本货物提供了大批量市场。

得益于重商主义政策对棉纺织业的长期培育，并借助独霸海洋带来的对欠发达地区市场的垄断和海上运输的改良，英国在 1750 ~ 1850 年率先完成工业革命，成为当时唯一的工业化国家。1700 ~ 1750 年，英国国内产业增长 7%，出口产业却增长了 76%，1750 ~ 1770 年，二者又分别增长了7% 和 80%。棉纺织业开始扩张的时间更早，而且一直比其他行业增长得更快。拿破仑滑铁卢战败后的 25 年里，棉纺织业以每年 6% ~ 7% 的非凡速度持续扩张，英国的工业扩张也迎来了一个高潮（霍布斯鲍姆，2016）。

（二）自由贸易政策和英国成为世界工厂

英国重商主义政策及时转型，避免了对市场机制的严重损害，使其进入经济发展的全盛时期。英国成为唯一的工业化国家以后不久，就遇到主导产业棉纺织业利润下滑和海外市场扩张缓慢的困难。随着工业化的发展，生产成倍增长，制成品价格节节下降，生产成本却无法按同样的节奏来降低。拿破仑战争结束带来的通货紧缩更是倾向于压低制造业利润。如表 3 - 1 所示，棉纺织业就是利润率受到挤压的典型案例。

表 3 - 1   1 磅棉纱的成本与售价

年份	原料	售价	其他成本和利润
1784	2 先令	10 先令 11 便士	8 先令 11 便士
1812	1 先令 6 便士	2 先令 6 便士	1 先令
1832	7.5 便士	11.25 便士	3.75 便士

资料来源: 艾里森 (Ellison T., 1886)。

利润下滑趋势因海外市场扩张不足难以逆转。海外市场在英国棉纺织业发展中占据着极其重要的地位。在拿破仑战争结束后的几十年间，全部英国出口值中，有一半属于棉纺织品，在其巅峰的 19 世纪 30 年代中期，原棉占到全部净出口的 20% （霍布斯鲍姆，2016）。海外市场扩张困难对英国棉纺织业利润的影响由此可见一斑。海外市场扩张的难点在于，一方面，半外围的发展中国家同样执行产业保护政策，不愿意进口英国纺织品，英国重商主义的产业保护政策更加剧了这一点；另一方面，外围的不发达国家对英国产品吸纳能力有限。

海外市场扩张的困难导致当时世界上唯一的工业经济体，也是唯一像样的制成品出口国，英国居然在商品贸易中无法维持顺差。海外市场扩张的困难同样拖累了英国的资本积累，使得工业革命引发的经济增长又面临终结的危险。英国净投资占总收入的比率在 18 世纪的大部分时间里均未超过 5% ~6% ，只是在该世纪最后 10 年，当工业革命已进入全面高潮之际，才达到 7% ~8% 的水平。该比例低于工业化通常所必需的 10% 这一水平，更远低于新兴国家快速工业化或发达国家现代化所经历的 30% 这一水平（Deane，1961）。正如马克思和恩格斯在 1848 年所指出的那样，这样黯淡的增长前景使得共产主义的幽灵在欧洲徘徊①。

正是为了应对这样的增长停滞危机，英国开始抛弃由来已久的重商主义政策，全面转向在世界经济中倡导自由贸易。19 世纪 40 年代，英国产业国际竞争优势使其在世界范围内推广自由贸易政策具有得天独厚的条件。一方面，英国仍然独占着不发达地区的制成品市场，而许多不

①　马克思，恩格斯．共产党宣言 [M]．中共中央马克思、恩格斯、列宁、斯大林著作编译局，编译．北京：人民出版社，2014.

发达国家基本上也只能向英国出口商品，因为英国是当时唯一的现代经济体。甚至到 1881～1884 年，英国的人均消费仍是其他国家的两倍以上，几乎消费了欧洲糖消费总量的一半，而且，因为有几个欧洲大陆国家靠自产甜菜来满足本国的糖需求，所以英国在欧洲进口蔗糖总量中占了大半以上（霍布斯鲍姆，2016）。另外一方面，较先进经济体正在进入快速工业化阶段，其对进口的需求，尤其是资本和资本货物的需求，已经到了近乎无限的程度。

1846～1873 年，正是得益于英国的推动，世界经济进入了自由贸易高潮。1841～1846 年，伴随着《谷物法》的最终废除，英国率先在通向自由贸易的道路上迈出了一大步。1815 年实施的《谷物法》，主要目的在于抑制拿破仑战争结束后谷物（用美国人的说法是小麦）价格下跌。1832 年的议会选举法修正案颁布，将众议院中的主要选票从具有"腐败选区"（在这些选区，议席由个别贵族控制，而不是通过民主程序选举产生）的农业地区转移到城市，从而增强了制造商寻求出口市场的支持力量。1846 年，借助马铃薯晚疫病传播导致北欧和爱尔兰的大部分地区几乎颗粒无收的契机，《谷物法》在皮尔首相的支持下被废除。在此期间，不仅谷物法被废除，而且 600 多种关税被取消，另外 1000 多种商品的关税也在"财政改革"的口号下被降低，即取消那些收入很低、但征收费用很高的关税（金德尔伯格，2003）。《谷物法》废除后不久，木材关税和《航海条例》（其中，经过与许多国家的双边谈判，后者已变得几乎无限复杂）也被废除。

1860 年英法签订的科布登－舍瓦利耶条约更是掀起一场世界自由贸易的潮流。科布登－舍瓦利耶条约规定，英国废除对法国白酒的歧视（有利于西班牙和葡萄牙）；作为交换，法国为英国制成品提供更广阔的市场（金德尔伯格，2003）。除了科布登－舍瓦利耶条约之外，欧洲主要工业国之间的其他一系列条约实现了关税税率的决定性降低（法国—比利时，1861 年；法国—普鲁士，1862 年；法国—德意志关税同盟，1866 年；普鲁士—比利时，1863 年和 1865 年；普鲁士—英国，1865 年；普鲁士—意大利，1865 年；其他协议不可胜数）（兰德斯，2007）。即使是作为当时维护保护主义政策最为突出的经济大国，美国也在 1832～1860 年和内战期间实行了关税的降低。

在 1846～1873 年自由贸易潮流推动下，新的主导产业钢铁、蒸汽机和铁路集群得以形成，英国从中获益最多。如表 3－2 所示，发端于 19 世纪 40 年代的英国的铁路建设热至少持续到 19 世纪 80 年代。这些铁路很大程度上是用英国的资本、英国的材料和设备修筑的，经常还是由英国承包商承建的。原来困扰英国的煤炭和钢铁需求不足难题由此被一扫而空。正是铁路，让煤和铁的产量在 20 年中增加了 3 倍，并几乎创造出了一个钢铁行业（霍布斯鲍姆，2016）。英国的总资本形成率也在 19 世纪 40 年代铁路大繁荣时期终于跨越 10% 的工业化门槛，从而使得经济增长具备了可持续性（迪恩，1961）。否则，毫不夸张地说，英国工业革命很可能陷入马尔萨斯陷阱而无法转化为现代经济增长。

很显然，1846～1873 年自由贸易推动的铁路大繁荣使得英国经济和产业国际竞争力进入全盛时期（见表 3-2）。李嘉图贸易战略正是英国全盛期产业国际竞争优势的真实写照。在李嘉图贸易战略中，英国作为生产率最高的中心国家出口制成品，所有其余外围国家出口初级产品，成为与英国完全互补的农产品和原材料供应来源。这样的国际产业分工格局对英国无疑是最理想的。

表 3-2 　　　　　　　　 每十年开通的世界铁路里程 　　 单位：英里，取千位吨数

年份	英国	欧洲（含英国）	美洲	世界其他地区
1840～1850	6000	13000	7000	—
1850～1860	4000	17000	24000	1000
1860～1870	5000	31000	24000	7000
1870～1880	2000	39000	51000	12000

资料来源：霍布斯鲍姆（2016）。

（三）英国贸易政策出现失误：德国和美国的经济赶超

进入全盛时期的英国却开始在处理政府和市场关系方面出现明显的失误，并最终为此付出了失去作为世界经济生产率中心的代价。英国所推崇的自由贸易在突破自身增长停滞的同时，也给半外围区域国家产业转移提供了契机。这些经济体尽管最初不得不进口英国的中间产品和制成品，但随着其生产率不断提升，最终成为英国有力竞争者，不仅先将英国产品挤出其国内市场，进而在英国本土市场有效展开竞争，而且侵蚀英国在欠发达的第三方市场的独占优势。1873～1896 年的通货紧缩带来长期萧条，给半外围区域国家提供了获得产业国际转移的战略机遇期。

1873 ~ 1896 年的通货紧缩显然是国际金本位的产物。最初只有英国（1823 年）和与英国有很大贸易关系的葡萄牙（1854 年）采用金本位制，其余国家多采用银本位或复本位制。19 世纪 60 年代，英国在倡导自由贸易的同时，也向世界输出了意在稳定币值的金本位制。1871 年，欧洲第二大工业大国德国采用金本位制，这对金本位制的推广起到了至关重要作用。丹麦、荷兰、瑞典和拉丁货币同盟（法国、比利时、瑞士和意大利）随后也采用了金本位制，以便同德国开展贸易。至此，欧洲主要国家均采用了金本位制。美国采用金本位制的过程更为复杂，尽管在 1879 年就已建立，但直到 1900 年才得以完成（艾森格林，2014）。因此，通常将 1870 ~ 1914 年视为国际金本位制运行时期。

国际金本位制将货币体系建立在黄金（以及其他贵金属等）基础之上，使得全球的货币供应不能通过政策决定来增加。国际金本位制的优缺点同样突出。一方面，这样的货币制度安排使得金属货币以及与金属货币紧紧联系在一起的纸币体系免受通货膨胀干扰，保持汇率稳定；另一方面，这也同时决定了在通货紧缩时期不能通过增加货币供应量来稳定经济。因此，作为实质性的固定汇率制，国际金本位制在便利资本自由流动的同时，也存在着应对通货紧缩的短板，迫使当时财力不足的世界各国不得不更多依赖贸易保护政策来稳定经济。

除了英国，当时世界主要国家纷纷趁机恢复关税保护。在法国，从未停止对低贸易保护的新政策的抵抗。一开始，制造业利益的代表们就把法案扔在一边，公开指责与英国的协议是滥用职权和欺诈性的法令。法国工业的一切问题都被归罪于科布登－舍瓦利耶条约，而每一个成功都被认为是无视这个条约才取得的。1867 年卢森堡危机期间，争取重返保护主义的运动声势愈发壮大，在第三共和国早期便取得了一些小小的成功，最终以 1892 年梅利纳关税条约的通过而完全达到目的。在德国，由于 19 世纪 70 年代的经济衰退，俾斯麦赢得工业资本家和容克地主新联盟的支持，在 1879 年废除了传统的低关税政策，建立了黑麦和钢铁关税。德国传统的低关税政策曾在 1873 年发展到极致，甚至对生铁进口采取零关税。意大利在 1887 年，也实行了高度保护主义的政策；奥地利和俄罗斯则分别在 1874 年、1875 年和 1877 年回到保护主义的老路上来；西班牙在 1877 年和 1891 年制定了新的关税税率。整个欧洲大陆皆是如此。美国在其内战以后颁布的每一部新关税法都使进口关税不断提高（兰德斯，2007）。

更为致命的是，现代经济的高度专业化分工以及由此产生的相互依赖性意味着关税保护一旦启动，势必最终实现产业高关税的全覆盖。至此，关税税率不仅是贸易保护的利器，更是国际关系中讨价还价的资本，这两者相互间不断强化。因此，即使 1897～1914 年通货紧缩消除以后，保护关税趋势仍得以继续，世界关税水平一直呈螺旋式上升，直至进入战争年代的经济隔绝之中，人们才恍然发现早期的限制看来已是相当自由了。

在 1873～1914 年这股保护贸易潮流中，只有英国坚持了自由贸易政策，也为此付出了制造业国际竞争力丧失的沉重代价①。尽管 19 世纪 80 年代早期，英国的"公平贸易"运动也要求取消单方面自由贸易，至少采取报复性关税，对新的保护贸易潮流做出积极反应，但由于英国像当年的荷兰一样，对贸易、运输和金融利益的考量压倒了工业利益，这样的政策主张无法得到落实。其中 20 世纪 90 年代约瑟夫·张伯伦（Joseph Chamberlain）的关税改革失败就是明证（库特 Koot，1987）。张伯伦关税改革的实质在于，在帝国范围内实现关税同盟，对帝国之外的经济体征收保护关税，在帝国内部实行特惠关税，以充分利用帝国范围内的规模经济，帮助英国重新夺回制造业国际竞争力。直至 1932 年渥太华贸易会议召开时，这场帝国特惠制运动才得以实质性展开。

英国对自由贸易政策的坚持，迫使其采取这样的国际竞争策略，即在对美、德发动的制造业竞争退让的同时，加强对欠发达地区市场的独占，并通过贸易和金融部门的服务顺差来弥补可能出现的商品贸易赤字。由于两个发达经济体之间的贸易比一个发达经济体与落后经济体，以及两个欠发达经济体之间的贸易紧密和深入得多，英国单方面的自由贸易政策和对发达市场的拱手相让，无疑加速了产业向其他发达经济体的转移。

早在 1890～1895 年，美国和德国钢产量双双超过英国。英国在 1873～1896 年通货紧缩时期失去了世界工厂的地位，仅仅成为三大工业强国之一，特别在化工产业、电力和市内有轨电车集群以及内燃机、石油和汽车集群这两大新的主导产业中还是表现最弱的一个。在整个 19 世纪期间，法国缩短了与英国的差距，但未能彻底弥合这种差距，人均工业生产从 1860 年约为英国水平的 1/3 增加到 1913 年的将近一半。德国人均工业生产从 1860 年大约是英国水平的 1/4 发展到 1913 年的约为 3/4，同时由于

---

① 从 19 世纪 80 年代起，除英国外，欧洲只有瑞士、比利时、丹麦和荷兰还在坚持自由贸易政策。

德国人口更多，按总量计算，德国在 1913 年的生产总值实际超过了英国
（施瓦茨，2008）。1870～1913 年，英国工业生产（包括采矿和食品加工）
增长了 1 倍多一点，而同期德国增长了 5 倍（兰德斯，2007）。美国的工
业化成就则更加突出。1890～1907 年，美国单位劳动生产率每年提高
2%，同期英国的提高幅度只有 0.1%；到 1909 年，美国在 15 个主要产业
中的生产率是英国的两倍半（Marcello，1984）。1895 年，美国成为最大
的工业生产国。

　　尽管当时英国的产业结构更为优化，贸易和金融优势还得到进一步扩
大，但仍掩盖不了制造业国际竞争力的丧失和经济增长的颓势。1891～
1896 年，只有英国农业就业和产出比重分别下降到 10% 和 8%，同期的美
国仍高达 35% 和 16%，德国更是达到 39% 和 20%（兰德斯，2007）。到
1913 年，英国拥有价值 40 亿英镑的海外资产，相比之下，法国、德国、
比利时、荷兰、美国总共拥有不足 55 亿英镑的海外资产。19 世纪 50 年代
后期，英国船只承运了大约 30% 进入法国和美国港口的货物，到 1900 年，
英国船只承运了法国货物的 45%、美国货物的 55%（霍布斯鲍姆，
2016）。然而，根据广义的恩格尔法则，所有经济体都需要不断创造出新
的制造业和服务业以替代已经成熟的产业，但如果增长速度缓慢，则暴露
出创新能力的下滑。1870～1913 年，美国的国内生产总值每年增长
4.9%，德国的国内生产总值每年增长 3.9%，而英国的国内生产总值每年
只增长 2.6%（施瓦茨，2008）[1]。这充分说明英国新产业的创造赶不上制
造业转移的速度，拖累了经济增长。

　　根据戈莫里和鲍莫尔（2018），在与其他曾经半边缘的国家差距明显
缩短之际，英国理应按照互惠要求重新保护产业国际竞争力，但其对自由
贸易的坚持却反而加速了产业外流，意外地延长了提供给这些发达贸易伙
伴的战略机遇期。美国和德国成功地抓住了英国倡导自由贸易带来的产业
转移战略机遇期，并充分利用其加速产业外流的政策失误，成功地实现了
经济赶超，从而成为新的世界生产率中心。

　　即使到了两次大战期间，面对产业国际竞争力持续削弱和生产率中心
地位逐步丧失，英国仍未能做出有效反应。英国的保守党少数派早在 20
世纪之初就主张，英国从世界领导地位退出来，领导帝国内部的经济（金

---

　　[1]　麦迪森（2003）计算的 1870～1913 年美国、德国和英国国内生产总值增长率分别为
3.94%、2.83% 和 1.9%，基本结论一致。

德尔伯格，2007）。20 世纪 20 年代，澳大利亚的布鲁斯为帝国派提出的口号是"人、货币与市场"。"人"包含着一个帮助向帝国移民的计划。"货币"的基本意思是，帝国内部借款人可以优先在伦敦资本市场借款，但也可以引申为包括英镑集团的安排。"市场"是指帝国的关税优惠。但这些政策主张同早产的张伯伦关税改革一样，并未得到有效执行。

首先，帝国特惠关税正式建立姗姗来迟，未能对英国重新培育产业国际竞争力充分发挥作用。为了应对战争，1915 年英国开征旨在节约海运空间的所谓麦肯那（McKenna）关税，征税对象为进口的小轿车、摩托车、自行车、钟表、乐器、胶卷，在自由贸易的大堤上打开了一个缺口，以后这一关税作为保护性关税得以保留，让英国汽车业长久地蒙受恩惠（霍布斯鲍姆，2016）。自 1919 年开始实施帝国市场与发展计划，英帝国内部国家得到优惠。1921 年，以国家防卫为由，《工业安全法》向工业产品征收 33%的从价关税。不过，将保护政策推而广之并去除临时立法的非正式性，这最后一步直到 1932 年《进口关税方案》的颁布才宣告完成（兰德斯，2007）。

其次，恢复金本位制代价高昂，更使得对产业国际竞争力重新培育捉襟见肘。英国在 1925 年成功地恢复到金本位制，英镑对美元的汇率回到了战前的水平，但这种强力逆转是通过系统性的通货紧缩来达到的，为此要付出经济总产值和工业稳定两方面的巨大代价。此外，英镑还被轻微高估，这对于已经在外国市场上处于防御地位的产业更是雪上加霜①（金德尔伯格，2007）。尽管被高估的英镑将使进口商品更为便宜，而英国又极度依赖食物和原料的进口，但这种短期好处会造成长期恶果，势必造成英国的出口商品被逐出世界市场。相反，1926 年，法国为了最大限度地推动出口，将其汇率定得比较低。美国则倾向于通过增加黄金储备的方法来冲销经常项目盈余，避免美元升值，以继续获得世界经济中的需求。显然，贸易伙伴非平衡的汇率政策进一步恶化了英国产业国际竞争力。

由此可见，保护关税政策滞后叠加英镑高估继续恶化产业国际竞争力，使得英国丧失了保留生产率中心地位的最后机会。

---

① 有关购买力平价的多数计算表明，英镑估值过高。财政大臣温斯顿·丘吉尔在向下议院提交金本位议案发表演讲时说，根据其指数数字，美国和英国只有 5 个百分点的差距。后来的实证研究表明批发价格引起的估值过高只有 3%，但根据更广泛的指数计算，估值过高达 10%～12%（金德尔伯格，2007）。

（四）第一次全球化解体

英国生产率中心地位的丧失也使得世界经济付出了昂贵的转型成本，其中新兴的生产率中心德国和美国的政策则加剧了这一点。从理论上讲，在生产率中心转移的过程中，生产率上升的国家理应承担更多的互惠责任，并开放国内市场。然而，德国的战备经济和美国的孤立主义恰恰均表现出与此背道而驰的政策。

德国急于获得"应得的世界主导地位"引发了邻国担忧，并联合起来对其进行包围。德国由此开始步入战备经济的不归路。由于民意不愿在没有得到领土的情况下停战，第一次世界大战（以下简称"一战"）的战败不仅没有使德国幡然悔悟，而且还提供了引发第二次世界大战（以下简称"二战"）"背后袭击"的极佳借口（金德尔伯格，2007）。二战前，德国战备经济特征更加突出（兰德斯，2007）。从一开始，德意志第三帝国就预期到了战争的可能性，并决心不再重犯一战的错误。在所有的领域，国家都努力推动自给自足目标的实现。如果在某一方面不可能做到这一点，就倾向于从那些战时有望继续保持联系的国家获得供给。对于为战备目的兴建的国家企业来说，只要情况必要，它们将不考虑商业盈利，对铁矿等国内资源进行开发利用；国家在石油、橡胶和棉花等进口原料的替代品方面花大力气进行研究。毋庸讳言，这种政策导致了对工业生产的直接干涉。政府不仅强迫或劝说业主投资于高成本和高风险的技术产业，而且强迫生产者大量生产以防止短缺，尽量国产以减少进口，尽可能使用人造材料而非自然原料，即便是以牺牲质量为代价也在所不惜。战备经济的自给自足特征反映在对外经济上就是一种极端的保护贸易。

直到二战结束，美国始终未能摆脱孤立主义的束缚，也对世界经济生产率中心转移造成极大伤害。南北战争以后，得益于第一次全球化提供的战略机遇期，美国北部的工厂开始向南部和西部扩展，美国工业结构和外贸结构都发生重大的转变，使美国从一个农业国迅速成长为世界头号工业强国。到1890年，美国的工业产值几乎等于英、德、法三个主要工业国工业产值的总和。高关税政策也间接地促进了美国劳动力的就业，推动劳动力从农村到城市的转移，加速了美国的城市化。20世纪初，美国在工业上的优势更为突出，1913年工业产品已占世界工业总产品的1/3以上，比英、法、德、日四国工业产品的总量还多①。从 1897 年开始，美国出口超过进口，成为国际经济体系中的贸易顺差国。第一次世界大战结束时，世界共有 20 个国家欠美国的债务，协约国欠美国债务达到 100 亿美元左右，美国由英国和欧洲的债务国，变为英国和欧洲的债权国，由国际负债者转变为世界最大的债主。

尽管美国崛起一直被视为内向型发展的典范，但海外资本、移民和技术在其中发挥了极为关键的作用。产业国际竞争力如此突出的美国，面对战争带来的巨大创伤，即古典的金本位遭到彻底破坏，贸易和投资壁垒林立，本应接过英国自由贸易大旗，在促进世界经济的修复中实现生产率中心转移。

然而，美国却选择了更多孤立主义色彩的政策。1914～1920 年，美国的贸易和金融业在全球范围内一度得以平稳扩张，但其后很快出现了逆转。美国的出口在 1920 年达到顶峰，但这个水平在整个 20 世纪 20 年代都未能突破，一直到 1943 年才超过这一纪录（美国商务部，1960）。美国的水上运输业在 1920～1921 年的经济萧条后开始衰退，到 20 世纪 20 年代末期，美国又回到了以前依赖外国船只的状况②（西拉、蒂利和托特拉，2002）。大多数根据《艾奇法》新建立的银行都夭折了。在 1920 年，美国银行在国外的分支银行飙升至 180 家后，又于 1925 年减少到 107 家，到 1920 年秋，在纽约的英国银行家对美元承兑汇票的使用变得十分谨慎，于是在与拉丁美洲和远东地区进行贸易时重新使用了英镑信用证。

与此形成鲜明的对照，到 20 世纪 20 年代中期，尽管英国不再是最大的国际放贷者，还负债于后来居上的美国，但英国海外投资的收益却创出历史最高水平，更让人刮目相看的是，金融和保险服务等无形投资收益也同样超越过去。究其原因是金本位制下的英国金融竞争优势。具体地讲，外围国家把钱以低利率借给英国的银行，这反映出英国银行所固有的信誉和贷款的短期性。接着，这些英国银行转过头来把这些钱以高利率借回给外围国家，这反映出贷款的长期性和海外借款人所固有的信用不佳。然而，考虑到跨期对冲风险的困难和本土资产偏好，这样的金融竞争优势必须建立在英国制造业和生产率优势基础之上，只有这样才能创造出足够的经济增长和相应的国内储蓄水平，从而提高金融风险承受能力。这样的产

---

① 此段数据均来自汪红驹、李原（2019）。

② 1913 年美国对外贸易中使用的船只有 14% 是美国的；1920 年这一比例达到 50.8%；1929 年为 37.6%（Sturnmey，1962）。

业国际竞争力一旦丧失，仅仅依靠吸收外围国家资金进行放贷就会增加金融的脆弱性。

此外，就美国工业而言，以福特公司为代表，将流水化的装配生产和以前的集群结合起来，并不真正代表任何一种科技上的优势，福特公司最初的硬技术之中并没有特别新颖之处。福特公司的制度是一种管理上的革新，主要在制造业生产上取得突破。在诸如电气工程和化学制品之类的众多技术领域，美国实际上仍落后于欧洲，尤其是德国。

正是部分源自金融竞争力不足，部分出于对制造业国际地位不牢的顾虑，美国继续选择了更具保护作用的培育产业国际竞争力的政策，而非承担更多互惠责任的政策。1921～1928年，在当时商务部部长赫伯特·胡佛的强力领导下，美国践行了一种新重商主义政策（Barber，1985）。

胡佛认为，美国政策压倒一切的优先考虑应该是在美国构建一个新的耶路撒冷，而非全球范围特别是旧世界重建自由贸易。胡佛的新重商主义政策具有维持高工资和实现充分就业的双重核心目标，为此，既要组织和建设能够防止对美国工资标准侵蚀的贸易关系，又要强劲地推动出口，以扩大美国的就业。在20世纪20年代，农业是美国最困难的部门，也是新重商主义关注的重点。与以高于世界市场的价格补贴国内农产品生产大相径庭，胡佛式的新重商主义农业政策主要包括两方面内容：其一，当涉及的产品可在国内生产时，只对进口农产品，如亚麻、羊毛与糖等征税。如果生产这些产品的报酬更有吸引力，农民们会将资源配置到对他们有利的产品生产中，土地利用的转移会阻止其他农产品的价格下跌。其二，通过对工业部门的关税保护，并优先推动制成品出口，来创造人口由农场向工厂转移的机会，进而改善农村人口的经济条件。由此可见，胡佛的新重商主义政策实质上就是扶持高附加值的工业，以最终消除二元经济。

那么，这样的新重商主义政策又如何消除贸易顺差而具有可持续性呢？胡佛的答案是美国进口产品具有高收入弹性和低价格弹性特点，美国的经济增长及其带来的繁荣会自动解决这一难题。此外，美国的繁荣还为欧洲债务人在经常账户获取美元创造了最优条件，保证了欧洲对战争债务的偿还能力。

然而，在美国产业国际竞争力优势明显的情况下，无论是欧洲贸易收支失衡，还是战争债务偿付，只能依靠美国贷款来解决。在美国没有开放国内市场之前，贷款只是将最后一天算总账的时间推迟。因为如果资本流动被切断，暗藏的问题不仅依然存在，而且将会由于新增债务积累而更加恶化。只有在美国继续贷款的情况下，这种制度才能运行下去。然而，一旦美国的经济和政策发生突变，就会导致资金流动的戛然而止。实际经济也是如此演绎的。

1929 年 3 月，胡佛将其在商业部长任上形成的重商主义战略带到美国总统职位上，被证明是灾难性的。在 1929 年股市大崩盘之后，只有很少的资本流向海外。没有最后贷款人或是买家，大多数国家试图通过关税以封杀进口的方式来产生贸易盈余。其中，美国 1930 年通过的斯穆特－霍利（Smoot－Hawley）法案是始作俑者，尽管有超过 1000 位经济学家呼吁胡佛否决这一法案，但胡佛以保护美国就业与工资水平的紧迫性为由拒绝。在大萧条的冲击下，1931 年 9 月，英国被迫放弃金本位制。数月之间，英联邦国家、斯堪的纳维亚国家以及日本都步英国后尘放弃了金本位制，不到两年就轮到了美国。大萧条和金本位制解体引发双边协定盛行，并将世界市场分割成几大集团。第一个集团以英国为中心，包括英国的殖民地、领地，以及英国几个比较重要的贸易伙伴，如阿根廷和丹麦；第二个集团以德国为中心，包括东欧；第三个集团以美国为中心，包括加拿大和拉丁美洲的部分地区；第四个集团以日本及其东北亚帝国为中心。

至此，第一次全球化正式落幕。世界制成品贸易在 1929 年才刚刚恢复到 1913 年的水平，又马上锐减 1/3；1929 年的暴跌令世界制成品贸易值缩水一半，到 1939 年都未完全恢复（霍布斯保姆，2016）。1929～1932 年，国际贸易衰退了 2/3，这反过来又压垮了农业边缘地区。1928～1933 年，41 个最大的初级产品出口国的出口收入下跌了 50%。除了阿根廷和英国的正式领地之外，41 国的其他各方随即又陷入外债拖欠之中（施瓦茨，2008）。反过来，英国政府对外国贷款采取直接控制，而美国的私人资本流动完全枯竭。直至 20 世纪 70 年代，世界贸易流量和资本流量才恢复到第一次世界大战前的水平，且直到 20 世纪 80 年代中期，才超越此水平（McKeown，1991）。

第一次全球化落幕对英国的打击尤为沉重。英国原本还是蒸蒸日上的国际流通体系中的世界枢纽，却突然发现自己所依赖的国际流通量正在迅速消失。到二战爆发时，英国的海外资产减少了 1/3 还多，其所残存的金融竞争优势也变得岌岌可危。由此，在德国的战备经济和美国的孤立主义转型战略双重夹击下，世界经济为生产率中心的转移付出了第一次经济全球化解体的惨痛代价。

（五）小结

综上所述，根据亚当·斯密提出的自由贸易例外三原则，只有将政策干预与市场机制结合起来，才能有效配置资源。英国贸易政策实践按照这样的原则推行，一度取得辉煌的成就。英国最初系统运用重商主义的政策全面扶持产业发展，并借助同荷兰的结盟关系独霸海洋和欠发达区域的市场，避免像西班牙那样陷入荷兰病，1750～1850 年率先完成以棉纺织品、铁和水力集群为主导产业的工业革命，成为第一个工业化国家。1846～1873 年，英国在全面取得产业国际竞争优势之后，及时倡导自由贸易，推动新的主导产业钢铁、蒸汽机和铁路集群形成，使其总资本形成率在 19 世纪 40 年代铁路大繁荣时期一举跨越 10% 的工业化门槛，成功打破马尔萨斯陷阱，顺利实现向现代经济增长转型。英国由此一举成为世界工厂并倡导自由贸易。

然而，在进入经济发展全盛期之后，出于贸易、运输和金融利益压倒工业利益的考量，英国对政府和市场关系的处理却开始步入误区。面对伴随 1873～1896 年通货紧缩而起的世界经济贸易保护潮流，英国仍片面坚持自由贸易政策，未能做出及时和有效的反应，不可避免地恶化制造业国际竞争力，并造成产业外流。两次世界大战期间，英镑高估进一步加剧了保护性关税政策滞后对产业国际竞争力的损害，使得英国丧失了保留生产率中心地位的最后机会。

与此同时，德国和美国成功了抓住英国倡导自由贸易和推动第一次全球化带来的产业国际转移战略机遇期，并充分利用英国加速产业外流的政策失误，成为化工产业、电力和市内有轨电车集群以及内燃机、石油和汽车集群这两大新的主导产业领导者，并发展成新的世界生产率中心。一战后，在德国的战备经济和美国的孤立主义双重夹击下，1929～1933 年全球经济大萧条引发第一次经济全球化解体，严重削弱了英国最后残存的金融竞争优势，并使世界经济为此付出沉重代价。

二、第二次经济全球化中的贸易和关税政策博弈

根据前面的分析，美国孤立主义是导致第一次经济全球化解体的重要

因素之一。因此，在深入探讨美国对第二次经济全球化起主导作用之前，简要回顾一下美国贸易和关税政策的演变十分必要。道格拉斯·欧文（2019）将美国的贸易政策目标概括为三个"R"，即：增加财政收入（revenue）、限制进口以保护国内制造业（restriction）、减少贸易壁垒和扩大出口以实现国际互惠（reciprocity）。

（一）美国第一次贸易和关税政策重大调整：保护关税和工业化

在对第二次经济全球化起主导作用之前，美国先后经历了收入关税和保护关税政策两个不同时期。

1789~1860年，美国处于以收入关税为主要特征的时期。该时期是以美国1789年第一部关税法案出台为标志，一直延续到美国南北战争之前，优先目标是获取财政收入。究其原因，在新中国成立之初，关税是美国联邦政府的主要收入来源，比重一度高达90%左右。美国联邦政府财政收入对关税的高度依赖直到1913年开征个人所得税和公司所得税才宣告结束（美国人口普查局，1975）。在1913财年，海关税收还占到联邦收入的45%。到了1916财年，这个比重就已下降到28%，一战后更是跌到5%以下[1]。

尽管通过保护关税实现工业化的思潮在美国由来已久，但受制于财政收入的捉襟见肘，直到美国内战之前，保护关税并未得到持续有效实施。汉密尔顿1791年提交的《关于制造业问题的报告》对关税的关注点集中在财政收入上（Irwin，2004）。汉密尔顿把直接的定向补贴视为促进制造业发展的最佳途径，并将补贴重点放在新创企业而非成立已久的制造业企业。相反，汉密尔顿对保护关税抱有怀疑，因为这会庇护低效的厂商，使消费者付出更高的价格，并会鼓励逃税和走私，削减政府财政收入。

1824年，克莱更是提出"美式体制"（American system），对保护关税进行系统辩护（欧文，2019）。克莱首先描述了国家的经济疲弱与"弥漫全国的普遍萧条"，把经济灾难归咎于"我们根据欧洲的一场特殊战争与不复存在的外国市场打造自己的产业、航运和贸易"。尽管在特殊的战争时期可能出现过对美国产品和服务的巨大外国市场，但这些市场早已消

---

[1] 本书美国关税税率均援引自欧文（2019）。

失。过度依赖海外市场让农民和种植园主受不可靠的需求支配，并使国内工业面临强大的海外竞争对手的威胁。为扭转对外国市场的这种过度依赖，克莱认为，美国应集中发展国内市场，并开出国家经济问题的相应处方，即"修改我们的外国式政策，采纳真正的美式体制。我们必须借助各国已发现的唯一有效手段，即通过充分的保护抵御外国人的压倒性影响，以此培育自己国家的工业，这只能通过建立关税制度实现"。克莱的"美式体制"主张一度使得美国平均关税税率从 19 世纪 10 年代早期的 20% 左右提高到 19 世纪 20 年代后期的近 60%。由此可见，克莱的"美式体制"主张推动了美国历史上第一次保护关税政策实践，试图对 1808～1814 年拿破仑战争和第二次英美战争期间发展起来的美国进口替代制造业，特别是棉纺织业进行有效保护。

然而，这一保护关税政策实践由于受到主张自由贸易的南部抵制和英国倡导自由贸易的影响而未能贯彻始终。主张自由贸易的南部坚决抵制，甚至酿成南卡罗来纳州威胁退出联邦的严重政治危机，最终 1833 年双方达成妥协方案，关税税率转入下降轨道。1833 年妥协方案要求 1834～1842 年分阶段降低关税税率，到过渡期结束时将实行统一的 20% 关税。得益于同年英国废除《谷物法》的推动，1846 年的《沃克关税法案》更是带来了当时最深远的进口关税削减（James and Lake，1989），应税产品的平均关税税率大幅下调，从 1845 年的 34% 降至 1848 年的 26%。与 1833 年妥协方案不同，此轮下调不是分阶段完成，而是立即生效。因此，美国平均关税税率从 1830 年顶峰时期的 62%，下调至 1859 年的不足 20%。1846 年的《沃克关税法案》自由贸易倾向是以美国西部作为"全世界谷仓"为背景，与克莱的美式体制明显背道而驰。

1860～1934 年，美国才真正进入以保护关税为主要特征的时期。该时期贸易政策的主要目标变成了限制进口，保护特定产业免受外国竞争。保护关税主导的美式体制一直延续到美国内战结束后，政治权力由主张低关税的南方民主党人转移到主张高关税的北方共和党人手中，贸易政策的目标由关税收入变成进口限制才转化为现实。贸易政策的变化导致应税进口产品的平均关税税率从 1859 年的不到 20% 提升至内战期间的约 50%，并在此水平上维持了数十年。内战期间，为了应付北方的巨大战时开支，1862 年《国内税收法案》引入了广泛的国内新税种，包括所得税、遗产税，以及对国内产品和服务（如铁路和电报等）生产的高额税收。在征收国内税收的同时，国会还大幅上调了关税税则中的税率。这一修正的主要目的是平衡进口产品与国内厂商的税负，由于后者现在被直接征税，前者的税收也必须做相应调整，以避免有利于外国厂商的歧视。经过数次调整，美国应税进口产品的平均关税税率从1861年的19%提高到1865年的48%。美国这一保护关税政策趋势直到1913年《安德伍德—西蒙斯法案》出台，才一度有所松动。得益于1913年个人所得税和公司所得税开征，《安德伍德—西蒙斯法案》实现了《沃克关税法案》颁布以来最大幅度的进口关税削减，并切断了保护性进口关税与政府收入需求之间最后的联系。

美国通过保护关税政策干预实现工业化的意图十分明显。根据本塞尔（2008）的研究，1877~1900年，当时美国执政的共和党政府逐步探索出国内统一市场、金本位制和保护关税政策组合，成功应对了民主政体下工业化带来的财富再分配压力。国内统一市场的形成背景在于随着英国棉纺织业主导的工业革命完成，美国棉纺织业同样面临投资报酬递减的压力，这就要求及时引入铁路革命，培育钢铁等新的主导产业（马格尔，2019）。美国国内统一市场的形成无疑有助于发挥这些新主导产业的规模经济。金本位制则能够适应当时美国金融竞争力的弱势，保持美元汇率稳定，激励资本尽可能多地留在美国国内。为了配合国内统一市场形成和实行金本位制，美国围绕保护性关税组织了广泛的同盟，希望通过政策干预实现工业化，这样就能够以分享经济繁荣的方式缓解保护贸易成本分配不均和财富再分配的压力。

组建保护性关税同盟最初集中在制造业内部，现代经济的高度专业化分工以及由此产生的相互依赖性，使得保护关税更可能带来进口高关税的产业全覆盖。1890年的《麦金莱关税法案》更是将进口保护扩展到农产品领域。尽管小麦、棉花和大麦等大宗商品的进口微不足道，但共和党仍然开始对农产品征税，力争将中西部农业州拉入贸易保护主义阵营。《麦金莱关税法案》将加拿大的农产品拒之门外，并且限制英国羊毛制品进口，进一步影响了对澳大利亚的羊毛需求。《麦金莱关税法案》造成国际社会的不安，使大英帝国感到紧张，引发英国及其自治领内的贸易保护情绪兴起，呼吁在大英帝国的版图内建立一个采用优惠关税的贸易集团。1897年，美国通过了被称为"有史以来保护最全面且保护范围最广的关税法案"，即《丁利关税法案》。该法案在美国实行了13年之久，直到1909年才被废除，成为美国历史上生效时间最长的关税法案（Stanwood，1903）。《丁利关税法案》使得美国平均税率从1897年的42%上升到1899年的52%，略高于1891年《麦金莱关税法案》出台后的关税水平。除了

1913～1922 年的一个短暂时期，1861～1934 年，美国长期保持着明显的保护关税政策。

由于得到国内统一市场和金本位制的配合，美国保护关税政策并未损及市场机制，在促进工业化方面发挥了至关重要的作用。正如弗尔克斯（Falkus，1971）所证实的那样，美国经济活动总水平对一战后的进口"提供了几乎唯一的'解释'"，并且"价格变动只起很小的作用"。这些结论表明，20 世纪 20 年代的美国关税政策比通常所认为的温和，也是美国当时坚持保护关税和克莱的"美式体制"底气所在。

正是由于较好地处理了政策干预和市场机制关系，并得益于第一次经济全球化提供的产业国际转移战略机遇期，保护关税政策帮助美国成功实现了工业化。美国由此变成化工产业、电力和市内有轨电车集群以及内燃机、石油和汽车集群这两大新的主导产业领导者，并和德国一起成为新的世界生产率中心。然而，美国产业国际竞争力的空前提升并没有改变其保护关税的政策趋势，甚至在世界经济大萧条特征十分明显的 1930 年，仍出台了具有高度保护色彩的《斯穆特—霍利关税法案》，给世界经济及其自身带来惨痛代价。

1929～1932 年，将应税进口产品的平均关税从 1929 年的 40% 提升到 1932 年的 59%，上调的关税税率和通货紧缩共同作用，使得美国出口额和进口额分别下滑了 49% 和 40%，贸易下滑幅度远远超过了实际 GDP 下滑幅度（这一时期的实际 GDP 下滑了 25%）（美国人口普查局，1975）。《斯穆特—霍利关税法案》遭到 40 多个国家报复，引发了全球贸易体系瓦解和国际市场分割。尽管《斯穆特—霍利关税法案》并不是导致美国经济陷入"大萧条"的主要原因，但确实代表了一种破坏性的国际贸易发展态势[①]。

全球贸易体系瓦解和国际市场分割对缺乏巨大帝国市场的美国打击尤其沉重。英国脱离金本位制一个月后，历来青睐贸易保护和帝国特惠制的保守党在大选中胜出，主导了英国政府。1931 年 11 月，英国议会制定了《非常进口税法案》，赋予贸易委员会上调不超过 100% 的关税决定权。1932 年又通过了《进口税法案》，将进口关税普遍上调 10%，并于当年正式建立帝国特惠制（Jones，1934）。帝国特惠制使得美国在加拿大和英国这两个最大出口市场（占其出口总量的 1/3 以上）受到歧视。到了 1937

---

① 1929 年，应税进口额在 GDP 在 GDP 中的占比只有 1.4%（欧文，2019）。

年，英国对英联邦国家的出口以及从英联邦国家进口的货物中，约一半享受到关税优惠，而且优惠力度平均达到20%。这样的歧视性贸易集团是造成美国在"大萧条"期间出口比进口下滑更加厉害的重要原因（Macdougall and Hutt，1954）。

面对全球贸易体系瓦解和国际市场分割带来的严峻挑战，美国从1934年颁布《互惠贸易协定法案》开始，致力于消除歧视性贸易集团给美国出口商带来的不利影响。美国关税政策也经历了继内战之后保护关税的又一次重大转变，进入互惠关税阶段。1934年，应罗斯福总统要求，国会颁布了《互惠贸易协定法案》，授权总统在美国与其他国家谈判达成的贸易协定中下调进口关税（幅度不超过50%），以减少贸易壁垒来换取出口扩大。《互惠贸易协定法案》赋予了美国行政部门前所未有的权力，改变了贸易政策的决策程序，有力地减轻了国会受制于利益集团、互投保护关税票的陋习。作为行政部门的最高领导人，总统代表着全国选民的选择，能够摆脱特定生产商的狭隘保护贸易利益诉求，从而使得关税削减有了更多可能（欧文，2020）。自1930年以来，美国国会没有批准过任何一般性关税法案，即使从20世纪70年代起国会收回贸易协定最终批准权以后也是如此。换言之，国会不再就单个产品关税税率，而是对整个贸易协定进行投票。

尽管有决策程序上的进步，也引入了最惠国待遇原则，但由于《互惠贸易协定法案》开始采用的是双边谈判机制，并就具体产品有选择地降低关税，而非全面削减美国关税，该法案取得的成果极为有限。贸易协定没有改变美国19世纪后期关税基本结构，只是使关税水平略有下降。应税进口产品的平均关税从1934年的46.7%下降到1939年的37.3%，略低于1929年《斯穆特—霍利关税法案》颁布之前的40.1%。因此，尽管到1940年时，美国与21个国家签署了协定，占美国贸易总额的近2/3，但由于上述一系列缺陷，《互惠贸易协定法案》的最初运转实际上只是确认了国际市场分割的事实（美国关税委员会，1948）。

（二）关贸总协定和资本主义经济增长的黄金时代

直到二战后通过引入多边谈判机制，并最终成立关贸总协定，美国打破国际市场分割的努力才取得成效。二战结束后，出于帮助欧洲战后重建和地缘政治上对抗苏联的需要，美国没有重蹈一战后固守保护关税和克莱的"美式体制"覆辙，转而开放国内市场，切实抓住了战争提供的主导全球贸易体系重建的机会。当时的现实情况是，由于战争的严重破坏，美国几乎成了二战后唯一的重要生产国和出口顺差国，没有美国国内市场的开放，世界经济举步维艰。面对英国和西欧国家与美国间的巨额逆差和美元短缺，美国维持强势出口的方法就是增加进口，让其他国家能够赚取所需的美元购买美国商品。因此，就需要美国对进口商品开放本国市场，并通过关税谈判帮助减少贸易壁垒，从而促进欧洲经济复苏并增强自身的国家安全。

一战后，美国选择保护国内市场，同时提供进口美国商品贷款，加剧了世界经济和金融的脆弱性。与此不同，杜鲁门政府选择了短期的金融援助（对英贷款和马歇尔计划）和长期的开放贸易（《关贸总协定》谈判）。1947 年 10 月，《关贸总协定》（GATT）的达成具有深远影响。第一，GATT 引入了《互惠贸易协定法案》所缺乏的多边谈判机制；第二，GATT 确立了无条件最惠国待遇、非歧视（在国内税收和法规方面实施国民待遇）和禁止使用进出口数量限制等贸易自由化原则；第三，GATT 引入了横向的关税减让谈判机制，每一个契约方承诺协商关税减让；第四，GATT 明确提出支持发展中国家贸易发展。

很显然，GATT 充分体现了美国的战略意图，为消除国际市场分割并最终瓦解帝国特惠制埋下了伏笔。美国希望，根据最惠国待遇原则来全面削减关税。这样对任何降低了一国进口货物关税的国家而言，将不得不降低所有拥有最惠国地位的进口国的进口货物关税。根据最惠国方式削减关税，瓦解帝国特惠制只是个时间问题。尽管帝国特惠制在 GATT 中是作为例外情况处理，但受到不得再扩大特惠幅度的限制。《渥太华协议》中采用从量税而非从价税的关税优惠被通货膨胀逐渐削弱，英国和英联邦之间的平均贸易优惠幅度在 1937 年约为 11%，但到 1953 年时降至了 6%（麦克道格和霍特，1954）。帝国特惠制在 1973 年英国加入欧洲经济共同体时被逐步取消，并在 1977 年被完全废除，曾被视为 GATT 谈判最大障碍的帝国特惠制就这样淡出舞台。由此可见，GATT 不仅促进了世界经济复苏，而且还继英荷联盟之后，又一次成功实现美英世界生产率中心迟到的交接。

与第一次经济全球化不同，GATT 最初建立在国内经济稳定优先于国际贸易的制度框架之上，并且基本只覆盖制成品贸易，发展中国家最可能具有国际竞争力的农产品和纺织品被长期排除在外（见专栏 3–1 和专栏3-2)。这种状况直到1973年布雷顿森林体系解体和浮动汇率开启，各国开始放松国际资本流动管制时才得以改变。

专栏3-1：农产品贸易

农产品贸易长期被排除在GATT规则之外。早在1935年，美国就通过《农业调整法修正案》，引入了农产品（主要是棉花）价格支持政策，无论农民出口多少商品，他们的价格都能得到保证。1948年的《农业调整法案》将价格支持的范围延伸到牛奶、花生和土豆等其他产品。在日内瓦会议上，美国还在农产品价格支持问题上拿到了GATT义务的豁免权。GATT已经允许各国在实施政策减少国内生产的时候限制进口，1955年的豁免权更使美国在不限制国内作物生产或销售的时候也可以限制进口（鲁杰，2003）。其他国家也紧随美国，纷纷拿到了这样的豁免，实际上将农业政策排除在GATT规则之外（Leddy，1963）。

1962年，欧共体以正在制定共同农业政策为由，拒绝考虑农业税问题。在GATT第六轮谈判，即肯尼迪回合中，美国在预备会议期间就提出谈判必须包括农产品，农产品应跟工业品一样进行全面、统一的关税减让，以打破六国的共同农业政策。这是因为美国是世界上最大的棉花、小麦和烟草叶出口国，农产品出口在美国全部出口中占据相当大的比重，出口对象主要是欧洲，其中，对欧共体的出口占美国全部农产品出口比重的1/4。欧共体成立以后，其农产品对内按共同价格自由流通，对外则征收滑准税，即关税根据世界价格和国内价格上下波动。这种共同的农业政策对美国农产品的出口是一个沉重的打击（Henry，2005）。由于欧洲六国"共同农业政策"的目的和美国力图向六国倾销其剩余农产品的打算根本不可能相容，因此，在农产品问题上仍没有取得任何实质性协议。

直到20世纪90年代末，农业才重新回归世界贸易组织（WTO）权限之内。乌拉圭回合农业协议在名义上使农业贸易符合总协定机制：一切形式的保护制度应转换为关税，而关税在1995~2000年应减少36%；禁止新的出口补贴，并且补贴出口量应下降21%；农场补贴总量（包括与保护制度无关的补贴）应降低20%（施瓦茨，2008）。

2005年12月18日通过了《香港宣言》，在农业、非农、棉花以及发展问题上取得了一些积极进展：发达成员和部分发展中成员同意2008年前向最不发达国家提供免关税和免配额市场准入；发达国家2006年取消棉花出口补贴；发达国家2013年底取消农产品出口补贴（Dunning，

2000）。不过，在削减农业补贴、降低非农产品关税等关键领域，谈判仍未能取得关键性进展。美国仍不愿意放弃对棉花的出口补贴，甚至于 2001 年颁布的《农业法案》中提高了农业补贴，广大发展中国家对发达国家采取具体措施削减农产品补贴的呼吁没有得到切实落实。

专栏 3-2：纺织品贸易

纺织品贸易也长期被排除在 GATT 规则之外。1955 年，为了应对日本棉纺织品和成衣进口的增长，美国产业界在战后首次要求保护。当时，进口总额在消费量中仅占 2%（施瓦茨，2008）。1957 年，美国要求日本自愿限制出口。第一次的自愿出口限制（VERs，实质上是一种双边进口配额）成功地规避了 GATT 规则，为保护制度设定了新的模式。肯尼迪政府为了获得更大的贸易谈判授权，积极推动与农产品进口配额类似的纺织品配额。1961 年 7 月，美国国务院促成了美国与其他进口商（欧共体、英国和加拿大）和出口商（日本、中国香港、印度）的棉纺织短期安排（STA）。这些出口商同意对其纺织品出货量设置为期一年的数量限制（本质上就是出口配额）。一项为期五年的长期安排（LTA）在 1962 年 2 月达成。长期安排限制了棉纺织品出口的增长速度，并将涵盖的产品范围扩大至羊毛、人造纤维和丝织品。长期安排涉及 19 个国家，并规定了 5% 的配额最低年增长率（欧文，2019）。该安排引入了"市场混乱"这一概念，即使没有像例外条款要求的那样证实确已造成伤害，但进口急剧上涨仍足以触发额外的进口限制。长期安排在 1967 年获得延期，并将范围扩大到其他出口商和产品。

美国对进口纺织品的限制具有全球影响。随着亚洲生产商将部分纺织品出口从美国转向欧洲，欧共体开始想办法保护自己的产业免受进口增长的影响。在欧共体奋力争取下，1973 年《多种纤维协定》得以签署，用于作为管理纺织品和服装贸易的总体框架[1]。《多种纤维协定》构成了一个对纺织品和服装贸易进行双边限制的多边体系，涉及 18 个国家，占全球棉花、羊毛和人造纤维进口量的 3/4。另外还与其他 10 个出口国达成非正式协议（"谅解"）：如果这些国家的出口增长太快，则有可能对它们施加限制（欧文，2019）。其后《多种纤维协定》每隔几年便予以展期。至此，美国和日本在 1957 年为控制棉纺织品贸易而达成的"短期安排"已

---

[1] 《多种纤维协定》于 1973 年 12 月 30 日签署，1974 年 1 月 1 日生效。

演变为极为复杂的多边协定，涵盖了数十个国家和多种纤维。

直到乌拉圭回合谈判，对纺织品和服装贸易的限制才得以放宽，配额将在十年内被逐步取消，配额增长率将会扩大。

农产品和纺织品贸易被长期排除在关贸总协定规则以外，使得1950～1973年世界经济发展基本属于发达经济体俱乐部内部事务，其中，欧共体的成立给美国主导的全球贸易体系重建带来的挑战最为巨大（见专栏3－3）。直到1973年布雷顿森林体系瓦解和浮动汇率开启，各国开始放松国际资本流动管制，这种状况才得以改变。

专栏3－3 欧盟：从关税同盟到经济一体化

欧洲区域一体化源于应对前苏联地缘政治压力和美国生产率冲击的双重挑战，并得到当时美国的支持和马歇尔计划的推动。美国国会在1948年经济合作法案序言中，要求欧洲仿效美国，形成一个全大陆范围的经济市场。美国主持马歇尔计划的保罗·霍夫曼在1949年10月31日的演讲中，重复了同样的思想，敦促欧洲"成为一体"。美国的意图十分明显，就是希望这些欧洲地缘政治盟友能够通过区域一体化的政策干预重新统一被分割的市场，并修复被战争破坏的经济。欧洲区域一体化经历了从关税同盟到经济一体化的演变。其中，关税同盟成就较大，经济一体化则暴露出许多潜在问题。

欧盟发展时间表

（1）1951年4月18日，法国、联邦德国、意大利、荷兰、比利时和卢森堡六国在巴黎签订《欧洲煤钢联营条约》，决定建立煤钢共同市场。

（2）1957年3月25日，以上六国在罗马签订了《建立欧洲经济共同体条约》和《建立欧洲原子能共同体条约》（统称《罗马条约》，Treaty of Rome）。《罗马条约》确立了有关欧洲一体化的一系列原则，如建立关税同盟，统一内部市场，实现商品、要素的自由流动，甚至统一各国对外贸易政策等。

（3）1965年4月8日，以上六国又签订了《布鲁塞尔条约》（Brussels Treaty或Merger Treaty），决定将欧洲煤钢共同体、欧洲原子能共同体和欧洲经济共同体统一合并，统称欧洲共同体。该条约最终于1967年7月1日生效，使得欧洲共同体迅速转变成为关税同盟（吴弦，2008）。

（4）1986年2月，欧共体签署了《单一欧洲法案》（Single European

Act)，内容包括通过实行"特定多数表决制"来提升欧洲议会影响力，从而改革内部决策机制，加快推动欧洲统一大市场的建立。

（5）1992年2月7日，欧共体签订了推动"欧洲经济货币联盟"和"欧洲政治联盟"的《欧洲联盟条约》（Treaty on European Union），通称《马斯特里赫特条约》（Maastricht Treaty，简称《马约》）。1993年11月1日，《马约》生效，宣告欧洲联盟正式成立，同时欧洲三大共同体（经济、煤钢、原子能）纳入欧盟。这标志着欧共体从经济实体向经济政治实体过渡，发展共同外交及安全政策，并加强司法及内政事务上的合作。

（6）2007年12月13日，欧盟通过了《里斯本条约》（Treaty of Lisbon），结束了欧盟长达6年的制宪进程，欧洲共同体的地位和职权由欧盟全部取代，即欧共体不复存在。

关税同盟的成就

欧洲经济共同体组建之初就朝着关税同盟的目标努力。欧洲经济共同体不仅需要确保各成员国生产的商品能够在共同体内部自由流动，而且还要求进入成员国的第三国产品同样可以自由流动。这显然是一种关税同盟的制度设计，而并非成员国只有统一的对（区域）内关税而保持独立对外关税的自由贸易区。

欧共体关税同盟的发展主要包括三方面内容：

（1）统一并逐步消除共同体内部的关税和非关税壁垒。根据《罗马条约》的约定，在共同体内部的关税安排上，首先要求取消各成员国之间的进口关税。一方面，各成员国应该避免增加新的关税或其他类似措施；另一方面，不能提高已有税目的征税水平。在此基础上，各成员国计划分三阶段逐步取消相互之间的进口关税。对于商品货物的出口限制，各成员国需要在第一阶段的减税计划期限之前，取消对出口货物的关税以及其他措施。

到1968年7月1日，共同体内部关税壁垒比原计划提前18个月得以全部消除，法国、联邦德国、意大利、荷兰、比利时和卢森堡六国间实现了免税的自由贸易。欧洲共同体还致力于消除成员国之间的数量限制，各国被要求将过去的双边配额转换成向其他成员国开放的全球配额，需要逐年增加配额水平，并且在过渡期结束之后将各种配额全部取消。类似地，对于成员国之间的出口数量限制，各国也需要在第一阶段的减税计划结束之前全部取消。

（2）在欧共体成员国实现免税自由贸易的同时，共同对外关税税率也随之确定，关税同盟得以建立。在建立共同对外关税税率时，由于初期法国、德国和意大利的总体关税水平较高，均在15%以上，而比利时、荷兰和卢森堡的关税则较低，各国将进口产品分为 A－G 七个大类，并针对不同类别的产品设置了税率上限（例如对大多数原材料的进口设置了10%甚至3%的税率上限），部分类别的产品则通过成员国协商来决定具体税率（例如对不同蔬菜、水果等农产品以及肉类产品制定具体的共同关税）。在此基础上，各国需要不断缩小其实际征收税率与共同对外税率之间的差异，并且通过订立相关法律、制度或者其他管理措施来确保各自的关税制度趋于一致。1960 年之前，共同体的简单平均对外关税大约是 14.8%，而在 1967 年肯尼迪回合结束后，共同体的总体平均关税已削减至 8.1%（Bown，2016）。显然，欧共体对外统一关税设置在成员国最高水准之上，以便用于在同区域外经济体谈判时获得更好的贸易条件。

（3）通过补偿性谈判来保证非成员国贸易利益。任何一种区域一体化，在消除内部贸易障碍的同时，总会在一定程度上构成对非成员的歧视性。例如，对关税同盟而言，其优惠的贸易政策仅局限于内部成员之间，而对非成员则征收相对较高的关税或实施较严的贸易管理措施。因此，需要引入补偿性关税来保证非成员国的贸易利益。从理论上讲，补偿性关税通过对外统一关税的削减，可以使得非成员国贸易规模保持不变。

欧共体/欧盟的每次扩大，根据共同贸易政策的原则，新加入的成员国自动加入关税同盟，并且欧盟现行所有与贸易相关的法律、法规将自动扩大适用到新成员国，包括关税、贸易防御措施（Trade Defence Instrument，TDI，包括关税配额、数量限制、反倾销、反补贴、保障措施等）、技术性贸易壁垒（TBT）以及卫生与植物卫生措施（SPS）等。与此同时，新成员国原贸易政策从入盟之日起自动失效。因此，新加入的成员国需要协调其国内法律和欧盟的贸易法律法规之间的差异。然而，由于欧盟部分产品进口关税税率升高，TDI、TBT、SPS 等实施范围扩大，相当一部分产品构成了事实上的贸易政策趋严，给其他 WTO 成员向欧盟新成员国的出口造成阻碍，从而使其他 WTO 成员经济与贸易利益受损。

因此，根据 GATT/WTO 有关规定（例如第 24 条、第 28 条以及其他相关规定），其他 WTO 成员有权就此部分贸易减损要求与欧盟进行磋商或谈判（consultation or negotiation），要求欧盟做出"补偿性调整"（compensatory adjustment）（张哲，2004）。这些补偿性谈判主要涉及四个方面的内容：（1）关税税率升高；（2）数量限制；（3）以反倾销为主的贸易救济措施；（4）服务贸易。从实际来看，关税和数量限制的规定相对清楚透明，其他 WTO 成员在与欧盟的谈判中比较容易达成一揽子补偿性调整方案，而反倾销、TBT 等相关措施的谈判难度则较大。一是因为 GATT/WTO 的有关规定较为含糊；二是反倾销等措施所导致的损失难以量化，无法确定补偿的额度。这种情况导致其他 WTO 成员很难采取应对措施向欧盟施压，也就难以取得谈判结果。

从历史来看，其他国家与欧盟的补偿性谈判自欧共体时期就已经开始了。欧共体成立之初就有 21 个国家和地区通过谈判与其达成了相关协议，欧盟此后的历次扩大都遇到了类似的问题。在 1995 年欧盟第四次扩大时，与乌拉圭回合的时间较为接近，因此，当时在有关补偿谈判中所使用的也是乌拉圭回合中达成的最新协议。不过，在有关关税的谈判中，欧盟认为新成员加入欧盟后，尽管某些产品的关税上升，但其他产品的关税下降，其总体关税水平也比入盟前低。关税下降部分大大超过上升部分，或至少可以相抵，其他 WTO 成员不应向欧盟提出关税补偿要求。对此，WTO 成员普遍认为，关税下降部分属欧盟自主性贸易自由化行为，这种行为不能作为拒绝关税补偿的借口。因此，对于任何产品关税升高，欧盟都应向其他 WTO 成员给予补偿。此外，从补偿方式来看，不局限于降低关税，还包括增加配额、限制欧盟成员国的出口补贴数量等。

关税同盟成立后十年内取得的惊人成就，不仅使欧洲人大吃一惊，也使全世界为之一震。欧共体内部贸易额在 1960 年仅 103 亿美元，1973 年骤增为 1229 亿美元。1960～1970 年，欧共体进口贸易额占世界总额的比重由 21.8% 增为 27%，出口贸易额的比重由 23.2% 增至 28.3%（张小欣，2002）。

经济一体化的潜在问题

由于欧共体/欧盟将对内政策统一延伸到成员国内部经济政策领域，其一体化程度已远超关税同盟，由此给经济一体化带来了潜在问题。

欧共体早期成员国发展水平彼此接近，为关税同盟的成功提供了得天独厚的条件。尽管关税和非关税贸易政策统一促进了欧共体内部生产要素自由流动，但也加剧了发展水平较低成员国的政策干预压力。本来成员国发展水平接近，欧共体只需在贸易政策中引入例外条款，就足以缓解这一难题。由于各国在发展程度以及共同体成立之初对外贸易政策的差异，在各种安排、计划的具体实施过程中存在一些例外条款。比如，若成员国对某些产品的进口需求较大，那么在不影响其他成员国的情况之下，可通过关税配额的方式予以减免税。又如，在确保公平的前提下，各国仍可以出于公共安全、居民或公民生命健康等理由，对进出口货物采取适当的限制措施。

然而，欧共体成员国内部地区发展水平差异仍引发了额外政策干预，特别是政府补贴的泛滥。面对成员国内部地区发展水平差异，欧共体成立了专门机构，如欧洲社会基金、欧洲投资银行等，用于缓和这样一种市场结果。因为这个市场可能对靠近共同体中心的法国、德国和意大利等国的部分地区有利，而对法国西南部、德国东南部和意大利南部则不利。因此，除农业和"煤钢"行业外，欧共体的政府补贴主要援助一些发展相对落后的地区，以促进当地产业的调整复苏，解决长期失业问题。

大部分的补贴都是由成员国各自提供，欧委会则从中协调，以避免不同成员国的补贴政策相互冲突从而阻碍欧共体内部的市场融合。从实际来看，这样的补贴政策协调困难重重，成员国纷纷掀起补贴大战，以对冲生产要素自由流动引发的地区不平衡风险。成员国相当一部分的补贴行为较难发现，例如1987～1989年，至少1/3的法国补贴没有向欧委会披露（GATT，1991）。由于政府补贴并非完全由欧委会统一管理，各成员国实施补贴的力度也存在较大差异，1986～1988年，各国的政府补贴占制造业增加值的比例从2%（丹麦）到15.5%（希腊）不等。不过，由于各国预算约束的限制，对钢铁行业的补贴大幅减少，加之私有化进程以及政府放松管制的影响，这一比例要低于20世纪80年代前期。

与此同时，欧共体的政府补贴还对域外经济体产生了歧视性的溢出效应。与同期的日本或者美国相比，欧共体对补贴的依赖更强。正是由于这一跨国差距的存在，各国在多边贸易谈判中将补贴纳入了议程。例如，在东京回合中达成了一项补贴法规（尽管并没有产生效力），而在乌拉圭回合中，则采取了一种类似于"红绿灯"（traffic light）的管理办法，即允许一部分补贴，禁止一部分补贴，并且准备将一部分补贴纳入谈判范围。

成员国关税同盟和内部经济政策统一引发的政策干预压力，集中体现在欧共体农产品补贴政策上。1983～1992年，欧共体在共同农业政策上的支出增长了约2.4倍。除传统的预算问题外，欧共体还面临着强大的外部压力，即与其他农产品出口国之间的矛盾不断产生（Bentil，1985）。由于欧共体为其农业发展提供出口补贴的支持，使得其对世界市场倾销了大量农产品，这引起了以美国为首的农产品出口国的抗议。在乌拉圭回合谈判的压力下，欧共体农业补贴政策在麦克萨里改革推动下有所松动，成为农产品贸易形式上重新回归 WTO 管理的关键环节。

1991 年 2 月，欧共体委员会农业委员雷·麦克萨里签发了决心改革的著名的"反思文件"（共同农业政策的发展与未来）（EU Commission, 1991）。"反思文件"列举了共同农业政策面临的问题，第一次指出"共同农业政策的现有机制不能实现《罗马条约》第 39 条规定的农业政策的目标"。经过欧共体内部异常艰难的谈判，1992 年 5 月 21 日，成员国达成了一致意见，欧共体对农业政策进行了重大调整，这次改革被称为"麦克萨里改革"（MacSharry Plan 或 MacSharry Reforms）。具体而言，一是大幅削减欧共体的农产品市场价格（例如对谷物类产品削减 29%），并且减少进口限制措施；二是为弥补农业生产者损失，欧共体对其提供直接补贴，但是这种援助不取决于生产数量，而取决于土地的大小或参考过去的生产情况，因此并不会鼓励生产的增加；三是引入以庄稼轮作为基础的土地闲置计划，并且对种植规模较大的农民提供停产补偿（例如谷物类的比例为 15%），以上这些计划涉及农业市场的绝大部分市场机构，将在三年内分阶段进行，最终在 1995 年中期全面实施。显然，欧共体共同农业政策改革之所以困难重重，与农业地区通常发展程度相对落后，需要更多政府补贴干预存在莫大关系。

因此，关税同盟以及进一步的经济一体化使得成员国的政策干预处于两难境地。如果过于强调成员国内部经济政策统一，将会继续拉大成员国间以及成员国内部不同地区间的发展差距。相反，如果给予成员国内部经济政策过大的自由度，又可能损害作为生产率中心的成员国及其地区的竞争优势。

小结

二战结束后，西欧地缘政治冲突的缓和给发展水平接近的经济体提供了实验关税同盟的绝佳机会。最初由让·莫内提出的欧洲煤钢联营设想，于 1950 年被法国财政部部长罗伯特·舒曼提出，作为保证德法两国在重工业方面进行和平合作的手段。然而，迅速推进到关税同盟的欧洲区域一体化，还是加剧了由成员国内部地区发展不平衡带来的政策干预，特别是政府补贴压力。随着欧盟的不断扩容，特别是越来越多发展水平偏低的成员国加入，关税同盟以及进一步的经济一体化引发的政策干预压力挑战将变得更加严峻。

与美国生产率差距本就不大的西欧在战后迅速复苏，并加快区域经济一体化。法国、联邦德国、意大利、比利时、荷兰和卢森堡在 1957 年签署《罗马条约》，将西欧经济一体化推向新高。六国同意成立欧共体并创建共同市场。欧共体是一个关税同盟，成员国取消彼此之间的所有贸易关税，并对非成员国产品实施共同的对外关税。此外，另外七个国家，即英国、瑞典、挪威、丹麦、瑞士、奥地利和葡萄牙，建立了欧洲自由贸易联盟，该联盟的成员国也废除了彼此之间所有贸易的关税，但对非成员国产品实施各自独立的关税。欧洲经济共同体和欧洲自由贸易联盟是合作性而非竞争性贸易安排，两者有望在欧洲建立起一个大型自由贸易区。

由于担忧受到欧洲经济共同体贸易的歧视，美国推动了 1960～1961 年 GATT 狄龙回合谈判。狄龙回合谈判涉及的主要议题是欧共体与 GATT 相关规定一致性以及欧共体拟定的对外关税水平。关税同盟无疑背离了 GATT 第一条最惠国待遇原则，因为成员国和非成员国在进口关税上面临差别待遇。但是，如果以下两项要求得到满足，GATT 第 24 条允许关税同盟的存在。首先，必须取消"同盟成员领土之间实质上所有贸易"的进口关税和其他限制性贸易法规。其次，对外关税"总体上不得高于或严于在形成此种同盟之前各成员领土实施的关税和贸易法规的总体影响范围"。根据第二个条件，美国坚持欧共体设立较低的关税。但狄龙回合取得的整体成果偏小，关税削减仅达到 4% 的加权平均水平，完全不足以拉低欧洲产品获得的优惠程度。

直到 1963～1967 年肯尼迪回合谈判，欧洲产品获得的优惠程度才有所降低。该轮谈判的主要成就是将工业品关税平均削减 35% 左右。与此同时，欧共体也有所斩获。肯尼迪回合谈判达成了关于非关税贸易壁垒的若干"准则"。美国同意废除美国销售价格（ASP），这是一种通过国内价格而非国外价格对进口进行估值，从而提高实际关税的做法（主要针对化学品）。美国法律也因为新的反倾销准则而不得不做出修改。这一准则规定，所谓进口倾销，必须是造成实质性损害的"主要原因"才行，而现行美国法律在损害方面并没有做出要求。

得益于 GATT 推动的关税大幅减让和集装箱革命带来的贸易成本降低，1950～1973 年，世界经济得到迅速发展，主要发达国家经济迎来了增速最快的黄金时代。

GATT 最初的成就主要集中在推动了关税的大幅减让。1963～1967 年肯尼迪回合之前，主要发达国家除矿物燃料之外的应税进口产品平均关税都已降至10%以下。在肯尼迪回合之后主要发达国家工业品关税更是降至6%左右（欧文，2019）。

与此同时，集装箱革命成为推动世界贸易扩张的另一个因素。20世纪60年代中期发明的集装箱简化了货物装卸流程，大大降低了货运成本。列文森（Levinson，2006）指出："在集装箱化之前，国际贸易极其昂贵：货物的装箱、保险、运输、卸载和储存成本通常高达商品价值的25%或更多。集装箱化大幅降低了货运成本，使得制造商、批发商和零售商能够将他们的供应链扩展到全球范围，而无须担心产品运输费用。"从20世纪70年代初开始，集装箱化使发达国家之间的贸易量增加了约17%，并使所有国家（包括发展中国家）之间的贸易量增长了约14%，不过，后者要晚10~15年（贝纳霍芬、艾－萨赫里和肯尼尔勒（Bernhofen，EI－Sahli and Kneller，2016）。主要发达国家关税大幅减让和工业品低关税在一定程度上反映了国际市场分割被有效打破，也同时保障了集装箱革命降低贸易成本效应的发挥。1950~1973年，内燃机、石油和汽车集群及其配套的流水线生产从美国向欧洲和日本扩散[①]。这不仅加速了主要发达国家经济增长，而且使得发达国家间的产业内贸易成为国际贸易主流。

然而，随着世界经济的复苏和发展，美国在发达经济体中的生产率优势不再，二战后国内经济稳定优先于国际贸易的制度框架开始逐步丧失可持续性，GATT规则也被迫进行新的修改。如表3－3所示，到了1971年，内燃机、石油和汽车集群和流水线生产的扩散缩小了欧共体国家、日本与美国在产业国际竞争力上的差距。

表3－3 美国、欧共体各国和日本的通胀率与工业生产率（1950~1976年）

单位：%

国家	通胀率			生产率增长率 （年增百分比）
	1960~1965年	1966~1970年	1971~1975年	
美国	0.3	4.3	6.8	2.8
德国	2.6	2.6	6.3	5.4
法国	3.7	4.2	8.8	5

① 20世纪40~70年代，内燃机、石油和汽车集群是主导产业。以汽车为例，在美国和欧洲，汽车业占GDP的1/7和1/6（施瓦茨，2008）。

国家	通胀率			生产率增长率（年增百分比）
	1960~1965 年	1966~1970 年	1971~1975 年	
英国	3.1	4.6	13.1	2.6
意大利	4.5	2.9	11.5	4.3
日本	5.9	5.4	11.6	8.3

资料来源：里卡多（Riccardo，1981）。

与此同时，美国的通货膨胀率也达到了欧洲的平均水平。1971 年，产业国际竞争力差距缩小和通货膨胀率攀升使得美国在二战后第一次出现贸易逆差，也从根本上动摇了布雷顿森林体系的汇率基础。按照布雷顿森林体系规定，美元按照 35 美元兑换 1 盎司黄金的标准盯住黄金，其他货币则按各自固定比率兑换美元。各国汇率按照贸易逆差国货币贬值和顺差国货币升值，经国际基金组织批准后可以进行调整。然而，由于担心货币升值会损害出口竞争力，并非所有贸易顺差国愿意将货币及时升值，从而破坏了布雷顿森林体系汇率调整规则。

布雷顿森林体系建立在美国和欧洲（大约是 2.5∶1）以及美国和日本（5∶1）之间巨大的生产率鸿沟基础之上（施瓦茨，2008）。随着欧共体和日本经济复兴，这一基础势必会削弱。到 1970 年时，欧洲美元（货币存款）已达美国黄金储备的 5 倍（Eichengreen，1996）。欧洲美元（以及后来的欧洲货币）是美国通货膨胀和国际收支赤字的有形表现。如果美国能出口更多商品的话，欧洲美元必然会作为那些商品的支付手段而回到美国。在欧洲资本管制时期出现的欧洲美元增长，反映了美国在制成品出口上的乏力。1971 年，美国出现二战后的第一次贸易逆差，进一步验证了美国的生产率水平及其增速已达不到通过货物出口来验证美元有效性的程度，从而引发美元兑换黄金的危机。1971 年 8 月 15 日，尼克松宣布美元和黄金脱钩。1973 年的石油危机进一步引发主要发达经济体，特别是美国的滞胀，标志着资本主义经济高增长的黄金时代结束。

（三）美国贸易和关税政策第二次重大调整：新自由秩序和经济全球化

为了修复被削弱的产业国际竞争力并加速经济增长，美国开始二战后的第一次重大经济政策调整，在抑制政府边界过度扩张的同时，提升对创新的市场激励。世界经济由此进入新自由秩序时期（1973～1998 年）。世界经济的政策调整首先集中体现在国际金融制度的重新安排上。1973 年 3 月，布雷顿森林体系固定汇率制瓦解，各国政府开始允许货币价值波动。布雷顿森林体系解体带来的浮动汇率制和放松资本管制两大潮流，为国际资本流动和产业全球转移打开了方便之门。与此同时，同金融自由化相配套，美国也开始在全球范围内积极推广贸易自由化，以减少贸易壁垒，充分利用国际资本流动和产业全球转移带来的发展机会。

1973～1979 年的 GATT 东京回合谈判代表了美国推广贸易自由化的最初努力。为了解决那些妨碍美国对欧洲和其他地区出口的外国补贴和非关税壁垒，如欧共体的扩张（这次扩张将英国、丹麦和爱尔兰也并入了欧共体），《1974 年贸易法案》得以通过。该法案授予总统关于关税和非关税壁垒的谈判权，并建立快速通道程序。国会还授权总统根据名为"普遍优惠制"（GSP）的计划，给予符合条件的发展中国家的特定产品免税待遇。

《1974 年贸易法案》推动了 1973～1979 年的 GATT 东京回合谈判。该回合谈判在推动贸易自由化上取得了两个重要进展。一方面，除了继续削减关税外，东京回合将谈判重点转向规范非关税壁垒的使用。东京回合通过 6 项准则应对非关税壁垒，分别涵盖了政府采购、技术性贸易壁垒、补贴和反补贴税、海关估价、进口许可程序和反倾销。尽管这些准则基本上是程序性的，并没有提出具体义务，谈判国可以有选择地参加，但还是代表了将 GATT 规则扩展至各种监管性贸易壁垒的初步尝试。另一方面，东京回合谈判还反映了将贸易自由化拓展至发展中国家的尝试。发展中国家得到了姗姗来迟的"特殊和差别待遇"，这意味着它们在受益于发达国家的关税削减时不必降低自己的关税。最不发达国家还受益于各种关税优惠计划，如普遍优惠制。

由于东京回合谈判非关税壁垒准则未能得到落实，加上 20 世纪 80 年代中前期出现巨额贸易赤字，美国采用双边谈判叠加单边行动双管齐下的策略推动 GATT 乌拉圭回合谈判，并最终促成世界贸易组织（WTO）的成立，将贸易自由化推向了高潮。

1980～1985 年，里根政府实行紧缩的货币政策和扩张的财政政策组合，使得美元相对于其他货币的实际贸易加权汇率上升约40%，引发严重的贸易赤字，并加剧贸易保护压力（欧文，2019）。如图 3 - 1 所示，从 1967 年至 1982 年，美国制成品贸易长期保持顺差，体现出高技术制造业所拥有的国际竞争力，但其后美国制成品贸易迅速转变为巨额赤字，成为引发其贸易赤字的关键因素。这种状况直到 1985 年 9 月达成美元贬值的《广场协议》后才得以扭转。从 1985 年 2 月的峰值到 1988 年 4 月的谷底，美元的实际贸易加权价值下降了近 30%。货物贸易逆差在 1987 年达到 1590 亿美元的峰值，随后在接下来三年里逐渐降低。

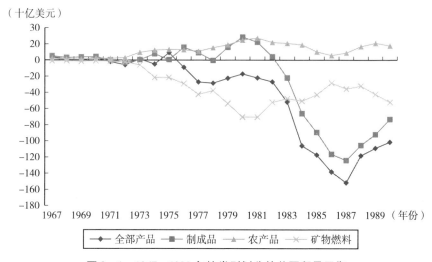

图 3 - 1   1967 ~ 1990 年按类别划分的美国贸易平衡

资料来源：美国商务部，各期美国贸易摘要（Highlights of U. S. Trade）。

　　美国货物贸易逆差周期性缩减，抑制了贸易保护主义的持续发酵，从而为其采用双管齐下策略推动 GATT 乌拉圭回合创造了条件。一方面，美国积极推动双边和区域贸易协定谈判，对不愿降低本国贸易壁垒的多边贸易谈判国家施加压力。1985 年和 1988 年，美国分别与以色列和加拿大签署自由贸易协定。1993 年更是签署了美、加、墨《北美自由贸易协定》（NAFTA）①。另一方面，美国通过 301 条款等贸易政策工具，单边强行保障自己的贸易权利，并威胁对其他国家采取报复性措施，强迫推动多边贸易谈判。早在《1974 年贸易法案》中，美国就引入了 201 条款和 301 条款单边行动的贸易政策工具。根据 201 条款，如果国际贸易委员会发现进口是"造成严重损害的实质原因"，那它就可能会建议对所有来源的进口

---

① NAFTA 于 1994 年 1 月 1 日生效。

都征收更高的关税（5 年期间逐渐下调）。总统对是否给予进口救济有完全的决定权①。301 条款授予美国总统更大的权力处理给美国商业带来负担或障碍的"不公正、不合理和歧视性"对外贸易行为。根据 301 条款，美国出口商可以就歧视美国生产商的外交政策或行为向特别贸易代表提出申诉。随后，贸易代表会决定是否启动调查，并寻求通过谈判方案终止这样的行为。如果没有达成解决方案，总统有权对违规国家的出口商品征收报复性关税。《1988 年综合贸易与竞争法案》则进一步拓展了单边行动的贸易政策工具，引入超级 301 条款和特别 301 条款。根据超级 301 条款，美国贸易代表办公室需要确定"重点国家"的贸易壁垒和政策扭曲，如果这些做法没有在 3 年内取消的话，贸易代表办公室则会采取报复性措施。特别 301 条款则要求美国贸易代表办公室审查其他国家未能尊重知识产权的情况，尤其是影响到高科技（软件和半导体）、娱乐（电影和音乐录音）和制药行业的情况。

正是在这样双管齐下策略推动下，1986～1994 年 GATT 乌拉圭回合谈判最终充分体现了美国的要求。乌拉圭回合是 1947 年 GATT 成立以来最宏大、影响最深远的多边贸易谈判。（1）乌拉圭回合协议在规则制定方面，决定成立 WTO，将 GATT 这一临时性组织变成 WTO 这一永久性国际组织，建立了争端解决程序。（2）乌拉圭回合协议扩大了管辖范围，将 GATT 的基本原则延伸至服务贸易和知识产权，达成了《服务贸易总协定》和《与贸易有关的知识产权协定》（TRIPs）。（3）乌拉圭回合协议将农产品和纺织品纳入 GATT 规则管理。（4）乌拉圭回合协议还达成了《与贸易有关的投资措施协定》（TRIMs），以及保障条款、补贴和贸易中的技术问题（如卫生和植物卫生措施）的协定。除了 TRIMs 外，其余条款多为美国主导并反映其诉求。美国大力促进与贸易有关的投资措施达成协议，这样在海外运营的美国公司就可以与当地公司享有同样的"国民待遇"，而不会面临歧视性壁垒。发展中国家坚决抵制美国的要求，不愿取消作为外国直接投资前置条件的国产化比例和出口业绩要求。尽管 TRIMs 取得的自由化成果相对有限，但在一定程度上保障了发展中国家对发达国家知识外溢效应的分享。

---

① 201 条款为管理例外条款行动设定了新的法律要求。1962 年设定的要求是损害必须是"主要由贸易协定所做的关税削减造成"，这一要求现在被取消了；201 条款只要求进口是"造成严重损害的实质原因"，从而使任何进口增加，即使与之前的关税削减无关，都可以成为获得保护的理由。

乌拉圭回合谈判的顺利结束和 WTO 的建立，标志着以贸易自由化为核心内容的新自由秩序进入高潮，并迎来第二次经济全球化。美国产业的国际竞争力在新自由秩序时期得益于经济全球化良多。在日本汽车公司对美投资和加强质量管理推动下，美国汽车业重获国际竞争力。到了 1997 年，在生产率方面，日本制造业每小时工作产出增幅整体上仅为美国水平的 2/3，即使是制造业生产率较高的德国也只约为美国的 80%[①]。总体经济规模的差距则更大，日本和德国 GDP 分别只有美国的 2/5 和 1/5。相比之下，在 1914 年时，德国 GDP 已与英国相当，美国 GDP 则是英国的 3 倍。

更为重要的是，得益于第二次经济全球化推动，美国主导了发端于 20 世纪 70 年代以互联网为代表的信息通信技术产业集群，在全球范围内获得规模经济。这是由于新的信息通信技术改变了商品和信息的传播，生产率和利润收益日益与供应链上所有部分实时连接，有助于减少浪费和降低库存成本。戈登（2018）的研究发现，作为衡量内生增长动力的最权威指标，美国全要素生产率 1920～1970 年增长最为迅速，高达 1.89%；得益于互联网经济发展的作用，1994～2004 年，美国全要素生产率增速一度回升到 1.03%，而在其余大多数时期，这一指标则都低于 0.6%。1993～2001 年，美国经济增长表现极为突出。20 世纪 90 年代末，美国的失业率降到 4% 的低水平，2000 年 4 月进一步下探至 3.8%，创下 30 年以来罕见的低纪录（欧文，2019）。制造业的就业状况保持稳定，实际工资水平强势增长，特别引人注目的是，低工资工人的薪酬增长更加突出。

不过，新自由秩序引发的第二次经济全球化也为发展中国家提供了产业国际转移的重要战略机遇期。乌拉圭回合谈判不仅将农产品和纺织品重新纳入 GATT 规则管理，有利于发展中国家出口劳动密集型产品，而且还使发展中国家保留了特殊和差别待遇，给产业国际转移增添了助力。如表 3-4 所示，发展中国家的关税水平明显高于发达国家。

表 3-4　　　　　部分国家在乌拉圭回合后征收的平均适用关税　　　单位：%

国家与地区	工业品关税	农产品关税	纺织服装品关税
发达国家			
美国	3.1	2.2	14.8

---

① 此段数据均来自施瓦茨（2008）。

国家与地区	工业品关税	农产品关税	纺织服装品关税
欧盟	2.9	3.7	8.7
日本	1.4	10.5	7.2
加拿大	2.6	1.5	14.3
澳大利亚	9.7	3.3	21.6
发展中国家			
阿根廷	10.6	4.9	12.1
印度	29.0	60.1	42.4
韩国	7.6	11.6	13.0
泰国	26.8	26.5	28.9

资料来源：芬格、英科和莱因克（Finger、Ingco and Reincke，1996）。

（四）美国第三次贸易和关税政策重大调整：从贸易自由化后撤

随着经济全球化和全球价值链的深入发展，第二次经济全球化提供的战略机遇期很快遭到挑战，发达经济体和发展中经济体在特殊与差别待遇、知识产权保护标准和 WTO 贸易争端解决机制改革等方面均开始出现明显的分歧。

发展中经济体特殊与差别待遇不仅是发达经济体与发展中经济体对 WTO 改革问题上的最重要分歧之一，也是 2001～2015 年 WTO 多哈回合谈判最终失败的根源。许多发展中国家不愿意参与多哈回合谈判，因为它们越来越觉得自己在乌拉圭回合中承担的义务过多，特别是知识产权方面，而乌拉圭回合对它们承诺的农业和服装产业市场准入，要么从未付诸实施，要么难以兑现。发展中国家坚持认为，如果要开始新一轮谈判，就必须调整乌拉圭回合的谈判结果。因此，在多哈启动的此轮谈判被命名为"多哈发展议程"，并承诺会重点关注发展中国家的经济利益。

与发展中国家的态度形成鲜明对照，以美国为代表的发达国家则要求对发展中国家特殊与差别待遇进行广泛改革。美国认为，随着国际贸易形势发生重大变化，发展中成员 GDP 总额、货物和服务贸易进出口总额等占全球比重迅速增加，继续通过"自我认定"为发展中国家的方式享受特殊和差别待遇，不仅使发达成员面临不公平竞争，还阻碍了 WTO 框架下多边贸易谈判顺利进行。因此，必须通过改革特殊和差别待遇，阻止特殊和差别待遇的"滥用"，重新对 WTO 成员进行划分。对此，美国提出，应调整 WTO 当前对发展中国家和发达国家的区分，鼓励成员逐步退出 WTO 框架下的特殊和差别待遇，认为经济合作与发展组织（OECD）国家、二十国集团（G20）经济国家、世界银行认定的高收入国家和货物贸易总额占全球比例大于 0.5% 的国家，不得在今后 WTO 谈判中要求享受特殊和差别待遇。

美国还给出了最终消除特殊和差别待遇的技术路径。以 WTO 关税机制改革为例，美国联合其欧洲盟友，提出修改 GATT 第 2 条及其附件所规定的关税机制。具体而言，它们建议，应以"相同产品相同税率"取代现有的"相同产品不同税率"，并确认"零关税"原则。因为 GATT 现行税制不仅确认"相同产品不同税率"，而且美国对相同产品承诺的进口关税税率通常要低于其他国家的承诺。以汽车进口关税为例，美国向在欧洲组装的汽车征收 2.5% 的关税（向欧洲制造的货车和皮卡车征收的税率为 25%），欧盟向美国制造的汽车征收的税率为 10%（汪红驹、李原，2019）。在 2018 年 G7 峰会上，美国向 G7 其他成员国提出"建立一个欧美零关税、零补贴、零壁垒自贸区"的建议，这里的"零关税"在本质上便等同于"相同的产品相同的税率"。

发达经济体和发展中经济体在知识产权保护标准上同样分歧严重。发达经济体要求实施知识产权保护的高标准，以激励知识生产，发展中经济体则要求兼顾发展水平和法律制度差异，便利知识的扩散和传播。在技术转让与知识产权方面，美国认为自身利益在 TRIPs 协定中并没有得到充分表达，极力主张在 TRIPs 协定基础上进一步提高知识产权保护水平与执法标准，即推行 TRIPs – plus 标准（古祖雪、揭捷，2008）。美国强调协调有效机制，制止政府主导和不公平地促进以获取技术和知识产权、促使向国内公司转让技术为目的，对外国公司和资产的系统投资和收购。任何国家不得通过合资企业要求、外国股本限制、行政审查、许可程序或其他手段等，要求或强迫外国公司向国内公司转让技术。同时，美国强调限制发展中国家利用 TRIPs 协议弹性条款的权利，延长知识产权的保护期。美国建议，深化合作和信息交流，以找到有效手段，解决美欧日以外国家包括有害的强制技术转让等扭曲贸易政策，在适当时机在 WTO 寻求解决争端的程序。

发达经济体还对贸易争端解决机制提出改革要求，改变 WTO 现有的贸易争端解决机制偏重程序性，不利于解决政治性较强的贸易争端的弱点，以增强对贸易自由化进行调整的灵活性。国际贸易争端解决机制被誉为"WTO 皇冠上的明珠"，也是 WTO 区别于世界银行、IMF 等国际组织的重要特征。在 WTO 现有的贸易争端解决机制下，各国可以对任何可能违反 WTO 相关协定的行为提出申诉。如果各国未能通过磋商解决问题，那么 WTO 将指定一个三人专家小组确定是否存在违反协定的行为[①]。这个新机制的做法与关贸总协定的标准做法不同，它不允许各国阻挠 WTO 成立专家小组或采用专家小组报告。它还设定了具体的时间要求加快案件处理。如果专家小组发现确实存在违反协定的行为，那么被告国有义务调整本国的政策，使之符合乌拉圭回合制定的规则。当然，WTO 没有权力强迫任何国家改变本国政策，但如果某个国家不遵守裁决，申诉方可以申请 WTO 批准它报复不遵守规则的国家。

WTO 现有的贸易争端解决机制限制了美国采取单边行动对贸易自由化进行调整的能力。近年来，美国一直通过行使否决权，阻挠 WTO 争端解决机构启动"上诉机构法官候选人遴选程序"，阻止任命新的法官，以至于上诉机构空缺的法官数额日益增加。美国贸易代表办公室（USTR）还在《2019 年贸易政策议程和 2018 年年度报告》中提出对 WTO 贸易争端解决机制的改革意见。美国要求，修改规范上诉机构法官的规则和上诉机构的程序规则，认为 WTO 争端解决机制尤其是上诉机构偏离初衷，认为专家组成员任期到期后不应该继续处理其任期届满之前所负责的上诉案件，上诉机构报告作为先例缺乏 WTO 法律依据，且 WTO 上诉机构不应对争端以外的问题发表咨询性意见。美国企图迫使上诉机构在审查时限、法官任职、裁决程序等方面做出根本性改变，以约束上诉机构"越权"干涉美国国内法的行为，进而重塑有利于美国的争端解决机制。

发达经济体和发展中经济体在贸易自由化上的分歧日益加剧，与东亚新兴经济体抓住第二次经济全球化提供的产业国际转移战略机遇期，迅速缩小与发达经济体差距，存在莫大关系。在第二次经济全球化提供的战略机遇期中，垂直专业化生产和全球价值链建设影响最为深远。垂直专业化生产描述了把产品拆分成各个组件，再组装成最终产品的可能（吉尔和卡拉斯，2008）。如果每一个组件都在专业化的工厂生产，而工厂的选址又

---

① 相关国家可以就专家小组的决定向上诉机构提出申诉，上诉机构将对专家小组报告中涉及的法律及其对这些法律的解读做出裁决。

位于成本最低、差异化和创新最高的地区，那么，最终产品就能以较低的成本和较高的质量生产出来。如果垂直专业化引导产品组件在本企业之外生产，就叫作外包（outsourcing）。如果生产在另一个国家进行，就叫作离岸生产（offshoring）。为了节约成本，离岸生产要求物流上的低运输成本和贸易上的低关税。此外，买方还要确保选择的组件生产商实际上是成本最低的厂商，所以，也需要考虑信息和搜寻成本。垂直专业化生产不仅能够在车间和企业层次上实现规模经济，而且可以形成产业集群，获得行业和总体层次上的聚合经济。

产业集聚通常有三种解释（邦维利安和辛格，2019）。（1）产业集聚有助于共享供应商，促进专业化分工，实现规模经济。产业集聚给投入品供应商创造更大的市场，让他们更好地发挥生产中的内部规模经济，即随着产量的提高，平均成本可以不断降低。产业集聚还有利于供应商提供更专业化的产品和服务，按照顾客的需求量身定做。这样可以给所有的企业带来更大的利润，并让他们获得更多样化的投入品选择。（2）产业集聚能够更深入地利用劳动力市场。产业集聚有利于企业找到大量适合特定需要、有专门技能的人才。对员工来说，某个地区的潜在雇主越多，自己找工作也越保险。（3）产业集聚还有利于更迅速地学习新技术和知识外溢。当人们集中在一个地方时，隐性知识更容易传播。产业集聚有利于人力资本积累和创新。产业集聚最初被用来解释生产率中心的内生形成。大型制造部门的存在，会吸引供应商在一个国家的布局，以便利用更大的市场和更多的潜在机会，而这样又会强化当地原有的优势。

不过，产业集聚的逻辑一开始并没有推演到垂直专业化生产及其可能带来的生产率中心转移上。究其原因，如果生产所需的知识只会通过发达经济体的跨国公司从外部流入，信息技术革命又能把制造业与研发、产品定义、设计、品牌和市场营销等环节割裂开来，将知识碎片化，离岸生产商将比低附加值产业更难获得知识外溢，离岸生产成为价值链低端。垂直专业化生产和全球价值链建设更可能形成这样的产业内国际分工格局，发达经济体企业占据研发和售后服务等价值链高端位置，发展中经济体企业则被挤压至低利润区的生产与制造环节，成为离岸生产商。如此一来，对发达经济体而言，就会产生"在此处创新，在彼处生产"的理想状态，加大发展中经济体的技术依赖。

然而，垂直专业化生产实践却和这样的初始设想相去甚远。首先，离岸生产可能造成发达经济体本土生产网络受到过度削弱，进而丧失获取知识外溢的组织载体。大部分产业创新离不开与价值链环节间的内在联系，特别是隐性知识的作用，仍然需要研发、设计和生产之间的紧密配合。国内企业主要还是依赖国内的供应链。显然，一旦本土生产网络受到过度削弱，即使原创知识主要来自发达经济体，离岸生产商仍可分享相当一部分知识外溢。其次，当离岸生产走向极端时，甚至可能损及发达经济体创新生态的完整性，危害相应的创新潜力，以致彻底失去生产率中心的地位。当面临技术和客户都具有高度不确定性的双边或多边市场，创新更离不开离岸生产商作为重要利益相关者的协同。那么，发展中经济体完全可以从离岸生产商起步，推动价值链不断升级，最终形成自身的创新平台。届时，研发、设计、营销和生产紧密相连的需要就可能迫使创新阶段的研发和设计跟随着生产转移至海外，彻底转变成"在彼处生产，也在彼处创新"。尤其是初始的研发和设计往往需要本土生产网络的边际改进，才能真正形成规模经济。因此，拥有研发、设计、营销和生产完整生态的经济体更易于形成有效创新平台，可能造成世界生产率中心转移。

正是由于对离岸生产商获取知识外溢潜力的低估，美国制造业国际竞争力出现巨大滑坡。1965～2000年，美国制造业人数大多保持在1700万；在2000～2010年的10年间，制造业就业人数却急剧下降了近1/3，接近1200万，其后也只是得到极为有限的复苏（邦维利安和辛格，2019）。在此期间，火爆的住房市场为建筑业创造出新的就业机会，在一定程度上掩盖了制造业失业问题。2002～2006年，美国失业率保持着持续下降态势。希克斯和戴维雷赞（Hicks and Devaraj，2015）也证实，2000～2010年美国制造业流失的工作机会中，只有13%是由贸易导致的。不过，如果考虑制成品价值链加上其他行业供应链的制造，制造业占美国GDP的比重就会上升到1/3而非现有的1/10，制造业国际竞争力下降带来的就业损失也会大大增加（Meckstroth，2016）。奥托等（Autor et al.，2016）在考察进口竞争对美国公司研究资金和专利生产的影响时发现，随着企业面临越来越多的进口竞争，专利生产和研发活动减少，"面对进口竞争时的创新减少表明，研发和制造往往相互补充，而不是相互替代。换言之，当工业生产的制造阶段面临激烈的竞争时，企业不会趋向于用研发方面的努力取代制造的努力"。

萨缪尔森（2004）指出，贸易虽不会使美国永久丧失就业机会，但面对低成本、低工资竞争对手，却可能要付出实际工资下降的代价，直至美国工资下降到足以抵消竞争对手的生产价格优势。萨缪尔森的分析还表明，美国具有以创新能力为基础的比较优势，但别的国家同样可以建立自己的创新体系，获得创新优势。萨缪尔森对于由贸易导致的经济活力不足及其对创新拖累的担忧，被美国实际家庭中位数收入的长期停滞所证实。2000 年，美国家庭实际中位数收入就已经达到 69822 美元，到了 2015 年仍只有 70697 美元，收入增长停滞达 15 年（邦维利安和辛格，2019）。

与此同时，东亚新兴经济体成功抓住了战略机遇期，实现了从雁行模式到东亚一体化的飞跃，迅速缩短了与发达经济体在制造业国际竞争力上的差距。20 世纪 60 年代，日本崛起为东亚第一代出口国，接着在 20 世纪 70 年代通过雁行模式带动了第二代出口型经济体，即亚洲"四小龙"（韩国、新加坡、中国香港和中国台湾）的发展。"四小龙"在历史上确实逐渐接管了日本在 20 世纪 60 年代专长的很多行业。20 世纪 80 和 90 年代分别成长起来的第三代出口国（印度尼西亚、马来西亚、菲律宾和泰国）和第四代出口国（中国和越南）更是幸运地遇上了垂直专业化生产和全球价值链建设的兴起，使其通过区域性生产网络方式为欧洲、美国和日本的公司提供分包服务，从而融入全球贸易体系。

东亚新兴经济体的价值链和供应链起源于 1985 的广场协议，并在 1997～1998 年亚洲金融危机之后，中国和其他东亚经济体开始采取更有利于外商投资的政策而得以加速。首先，东亚一体化得益于地理上的毗邻降低了贸易成本。正如范艾博思（Venables，2006）所指出的那样，距离对于贸易的弹性作用意味着，8000 公里的距离足以扼杀距离为 1000 公里时所发生贸易的 90%。类似的距离弹性在其他经济联系中也存在，如持股结构、外商直接投资和技术转移等。其次，东亚一体化也得到政策的推动。区域一体化无疑会产生贸易创造和贸易转移效应，使得聚合经济更多形成于东亚新兴经济体内部，从而减少域外发达经济体的贸易利得。

总体说来，东亚一体化取得巨大成就。根据吉尔和卡拉斯（2008）的估算，在过去 500 年里，有超过 300 年的时间，东亚在世界 GDP 中的份额保持在 30% 左右，其中 1820 年达到最高的 40%。只是在英国爆发工业革命并在西欧大部分地区和美国得到传播之后，西欧和北美才迅速追上了东亚。东亚在 19 世纪中期失去了对西欧的领先地位，到 20 世纪初又被美国超过。到 1950 年，东亚在世界 GDP 中仅占 11.4%。从那时起，该地区开始出现反弹。到 2001 年，该地区再次排上榜首，按购买力平价计算，占世界经济约 30%。如果按此态势发展下去，2025 年左右，东亚在世界 GDP 中将占到 40%，重回巅峰。

东亚新兴经济体与发达经济体在制造业上的差距缩小更为明显。以中国为例，中国从 2000 年占制造业产出的 5.7% 上升到 2011 年的 19.8%，已超过美国成为全球最大的制造业经济体。2000 年，美国的制成品出口额还是中国出口额的 3 倍，2016 年滑落到只有中国的一半。2002~2015 年，美国连高技术产品贸易都出现逆差，且赤字平均每年达到 1000 亿美元。2012 年，中国人均制造业增加值为 1856 美元，已经逼近了与美国等发达国家（人均 6280 美元）收入差距的产业国际转移 3 倍警戒线①（戈莫里和鲍莫尔，2018）。

对离岸生产商获取知识外溢潜力的低估，使得美国付出了由贸易导致的经济活力不足和拖累创新的代价。面对产业流失产生的危害，美国要求，根据互惠责任和体制趋同原则对原有全球化战略进行调整，对贸易自由化出现了明显的回撤。具体地讲，就是试图将贸易自由化由准公共产品转向俱乐部产品，实现知识外溢在遵循共同的产权保护和利益相关者治理规则的俱乐部成员内部进行分配。

美国对贸易自由化的后撤在特朗普执政后表现得更为突出。正是出于对多边和区域贸易谈判推动互惠贸易不力的不满，特朗普推行"美国优先"的贸易政策，试图将流失到其他国家的工作机会带回美国，成为继胡佛之后另一位公开主张保护本国就业和高工资免受外国竞争冲击的美国总统。

首先，特朗普以惩罚性关税为主要手段，充分利用美国在双边协定中的谈判优势推动互惠贸易。特朗普正式就职后，开始对以中国为代表的一些国家加征关税。

2018 年 3 月 8 日，特朗普总统签署了美国新的钢铁进口（25%）及铝进口（10%）关税政策。该政策适用于除了加拿大和墨西哥以外的所有贸易国家。2018 年 6 月 1 日，美国对主要贸易伙伴加拿大、墨西哥和欧盟附加征收 25% 的钢铁关税和 10% 的铝关税。特朗普总统声称，如果日本拒绝开放市场，将对日本车征收 20% 的关税。此前，美国对进口车只征收 2.5% 的关税，且日本生产的汽车大部分都销往美国，汽车行业对日本经济十分重要（汪红驹，李原，2019）。这些谈判以加征关税为威胁手段，促成更有利于美国经济利益的谈判协定，推动互惠贸易的目的十分明显。

其次，特朗普更加重视将利益相关者治理引入贸易谈判之中，这样的

---

① 此段数据均来自（邦维利安和辛格，2019）。

特点在"美国—墨西哥—加拿大协定"达成上得到最为集中的体现。

2020 年 7 月 1 日正式生效的"美国—墨西哥—加拿大协定"（USMCA）取代了 1994 年 1 月起实施的北美自由贸易协定（NAFTA）。USMCA 与后者相比，引入包含离岸生产商在内的利益相关者治理，实现体制趋同的特点十分明显。USMCA 全面继承了"跨太平洋伙伴关系"（TPP）贸易协定所强调的体制趋同原则。2011 年 11 月，美国协助发起了 TPP 谈判。TPP 谈判展示了贸易讨论可以在多大程度上从关税税率转向非关税壁垒和监管问题。它的谈判议程涵盖了竞争政策、能力建设、跨境服务、电子商务、环境、金融服务、政府采购、知识产权、投资、劳工、法律事务、产品市场准入、原产地规则、卫生和植物检疫标准、贸易的技术壁垒、电信、临时入境、纺织品和服装以及贸易救济。这份协定的目标是提高监管一致性和贸易便利化程度，以促进市场准入和竞争。2015 年 10 月，美国、日本、新加坡、智利、文莱、澳大利亚、新西兰、秘鲁、越南、马来西亚、加拿大和墨西哥等 12 个迥然不同的国家一度达成 TPP 贸易协定。

尽管 TPP 贸易协定后来因美国的退出，影响力受到削弱，但其所提出的引入利益相关者治理、实现体制趋同的设想却被 USMCA 全盘继承了[①]。USMCA 被认为是目前涵盖面最广的贸易协定。除了 20 世纪 90 年代就存在的劳工、环境、竞争政策等议题，该协议还包括了 21 世纪开始进入讨论范围的数字贸易、国有企业、中小企业等议题。与此同时，USMCA 强化了 TPP 有所欠缺的成员资格管理，旨在将其打造成实践公平贸易的俱乐部。为此，USMCA 提高了北美原产地比例要求，试图将离岸生产更多地转向俱乐部成员内部。新协定特别提高了汽车制造的原产地比例，规定贸易区内销售的零关税汽车零部件比例必须达到 75%，而此前规定的比例为 62.5%。该协定还要求汽车制造商至少 70% 的钢铁和铝来自北美。对非市场经济国家的排他性规定最为突出地体现了 USMCA 的俱乐部特征。新协定中有一项"毒丸条款"，即协定第 32 章第 10 条规定，若三方中任何一方与非市场经济国家达成自贸协定，另外两方可将其踢出协定。正是由于这样的一系列俱乐部特征，美国政府将 USMCA 称为"21 世纪最高标准的贸易协定"。

最后，特朗普关注 WTO 改革，确保国内法在贸易中的优先地位，保

---

① 2017 年 1 月 23 日，特朗普签署行政令，正式宣布美国退出 TPP。

持在贸易自由化后辙上的灵活性。美国希望由此减少发展中大国和中等收入经济体"特殊与差别待遇",并开辟关于农产品和服务贸易自由化的第二战场。

美国从贸易自由化后撤并根据互惠责任和体制趋同对全球化的调整,影响到其他发达经济体的贸易谈判态度。首先,尽管 USMCA 直接经济影响较为有限,但其对发达经济体的示范效应不可低估[①]。欧盟和日本等其他发达经济体本来就以国有企业和公共机构补贴为理由,拒绝承认中国市场经济地位,迫使中国被反倾销时不得不以替代国价格代替本土价格。如果知识外溢得不到妥善管理,产业流失的代价就极有可能改由其他发达经济体承担,欧盟和日本等其他发达经济体也可能步美国后尘,转向排他性的俱乐部。

其次,美国要求生产率上升的新兴市场经济体承担更多互惠责任、促进体制趋同,这也得到欧盟的支持。在 20 世纪的很长一段时间内,欧盟的双边贸易协定主要用于拉近其与前殖民地、候选国或者周边国家的关系。因此,这些协定更多的是出于外交政策而非用于经济手段,这样的情形在 20 世纪 90 年代后逐渐转变。随着欧盟委员会 2006 年 10 月 4 日提出所谓的"全球欧洲战略"(global europe strategy)(Farell and Franklin, 2014),欧盟双边贸易谈判的主要目的开始转向提高商业与更广泛的经济利益。这一新的战略旨在继续保持其市场开放度的情况下,确保欧盟的企业能在国外市场进行公平竞争,即通过谈判促使其贸易伙伴扩大开放。"全球欧洲战略"的关键是在新的全球环境下,通过市场准入、非关税壁垒以及知识产权保护政策等方面的谈判来提升其企业竞争力。欧委会在2010 年欧盟的"贸易、增长与世界事务"提案中再一次重申这一核心观点。

(五) 小结

迄今为止,美国的贸易和关税政策经历过三次重大变革,对政府和市场边界进行动态调整。如图 3 - 2 所示,美国的贸易和关税政策变革在其关税税率上得到集中体现。1789 ~ 1860 年,美国具有收入关税的明显特征,关税收入一度达到美国联邦政府财政收入的 90% 左右(欧文,

---

① 美国国际贸易委员会 2019 年 4 月的研究报告指出,估计 USMCA 生效 6 年后,将令美国 GDP 增加 682 亿美元(增幅 0.35%),整体就业增加 17.6 万人(增幅 0.12%)。

2019）。在此期间，在主张自由贸易的南部推动下，并受到英国倡导自由贸易的影响，美国长期实行自由贸易政策。此后，美国的贸易和关税政策重大变革大致可分为三个阶段：

（1）除了1913～1922年一个短暂时期，1861～1934年，美国贸易政策经历了第一次重大变革，进入保护关税阶段。这次贸易政策变革不仅最终确立了主张国内工业化优先的克莱"美式体制"，而且成功地抓住了英国倡导自由贸易提供的战略机遇期，培育起自身的产业国际竞争力。正是由于较好地处理了政策干预和市场机制的关系，并得益于第一次经济全球化提供的产业国际转移战略机遇期，保护关税政策帮助美国成功地实现了工业化。美国由此变成化工产业、电力和市内有轨电车集群以及内燃机、石油和汽车集群这两大新的主导产业领导者，并和德国一起成为新的世界生产率中心。

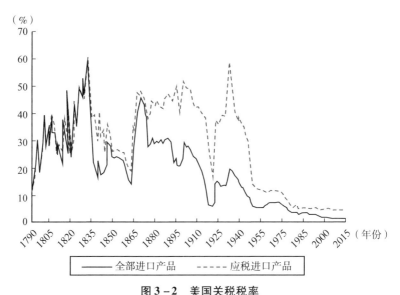

图3-2　美国关税税率

资料来源：美国人口调查局（Us Bureau of the Census，1790～1970年）；美国国际贸易委员会（US International Trade Commission，1970～2015年）。

（2）世界经济大萧条引发贸易保护主义泛滥，使得世界经济付出全球贸易体系瓦解和国际市场分割的惨重代价，也迫使美国从1934年开始进行贸易政策第二次重大变革，并由此进入互惠关税阶段。具体地讲，就是以互惠关税为手段来推动贸易自由化。

关贸总协定在美国贸易和关税政策第二次变革中发挥了极其重要的作用（见表3-5）。1950~1973年，遵循国内经济稳定优先于国际贸易的原则，美国互惠关税将贸易自由化重点集中在通过关贸总协定实现发达国家关税大幅减让和工业品低关税上，从而卓有成效地打破国际市场分割，并推动内燃机、石油和汽车集群及其配套的流水线生产从美国向欧洲和日本扩散。这不仅加速了主要发达国家经济增长，迎来资本主义经济增速最快的黄金时代，而且使得发达国家间的产业内贸易成为国际贸易主流。然而，在此期间，世界经济的复苏和发展也使得美国在发达经济体中的生产率优势不再，特别是政府边界过度扩张更是造成美国经济在1973年石油危机冲击下一度陷入滞胀的泥潭。

为此，美国选择进一步推广贸易自由化，以抑制政府边界过度扩张，并提升对创新的市场激励。世界经济也由此进入了新自由秩序时期（1973~1998年），并最终迎来第二次经济全球化。经过关贸总协定东京回合，特别是乌拉圭回合谈判以及其后成立WTO，发达经济体不仅有效保护了服务贸易和知识产权方面的利益，而且还在发展中经济体中成功地拓展了贸易自由化。东京回合谈判给予发展中国家"特殊和差别待遇"，开始将贸易自由化拓展至发展中国家。乌拉圭回合协议将农产品和纺织品纳入关贸总协定规则管理，为发展中经济体提供了进一步的贸易自由化激励。

表3-5　　　　　　　　GATT谈判达成的各项关税和非关税成果

年份	回合名称	缔约方数量	谈判结果	平均关税降低
1947	日内瓦回合	23	关税：产品对产品	54%
1949	安纳西回合	29	关税：产品对产品	35%
1951	托奎回合	32	关税：产品对产品	26%
1956	日内瓦回合	33	关税：产品对产品	15%
1960~1961	狄龙回合	39	关税：产品对产品	20%
1963~1967	肯尼迪回合	74	关税：公式法减让、辅之以产品对产品的谈判； 非关税壁垒：反倾销、海关估价	发达国家平均降低35%
1973~1979	东京回合	99	关税：公式法减让 非关税措施守则：反倾销、反补贴、海关估价、政府采购、进口许可证程序、产品标准	发达国家平均减税3/1 （工业品达6%）

续表

年份	回合名称	缔约方数量	谈判结果	平均关税降低
1986～1994	乌拉圭回合	1986 年 103 1994 年 117 1995 年 128	关税：产品对产品和公式法谈判相结合 非关税措施：所有东京回合议题加上装船前检验、与贸易有关的投资措施、原产地规则 新议题：创立 WTO，达成服务贸易协议和知识产权协议，争端解决程序	发达国家平均减税 3/1

资料来源：托马斯·奥托莱（Thomas Oatley, 2004）和林钰（1995）。

世界经济新自由秩序和第二次经济全球化一度为美国修复产业国际竞争力、缓解经济减速压力创造了良好条件。到了 1997 年，在生产率方面，日本制造业整体上每小时劳动产出增幅仅为美国水平的 2/3，即使是制造业生产率较高的德国也只约为美国的 80%（施瓦茨，2008）。得益于第二次经济全球化推动，美国还主导了发端于 20 世纪 70 年代以互联网为代表的信息通信技术产业集群，在全球范围内获得规模经济。在互联网经济发展的作用下，1994～2004 年，美国全要素生产率增速达到其历史上第二个高峰。

（3）东亚新兴经济体借助垂直专业化生产和全球价值链建设，成功抓住第二次经济全球化提供的产业国际转移战略机遇，迅速缩短了与发达经济体生产率差距，迫使美国进行贸易政策第三次重要变革，从贸易自由化明显后撤。

世界经济新自由秩序和第二次经济全球化也为发展中经济体提供了极为难得的战略机遇期。在此期间，东亚新兴经济体借助垂直专业化生产和全球价值链建设实现的东亚一体化影响最为深远。早在 1973 年布雷顿森林体系解体之际，浮动汇率制和放松资本管制两大潮流兴起，为国际资本流动和产业全球转移提供了前提条件。毕竟贸易收支失衡在固定汇率制下很难持久。乌拉圭回合谈判进一步提供了产业国际转移的贸易制度保障。乌拉圭回合谈判除了将农产品和纺织品重新纳入关贸总协定规则管理，有利于发展中国家出口劳动密集型产品外，还使发展中国家保留了特殊和差别待遇，给产业国际转移增添了助力。新的信息技术则使得垂直专业化生产和全球价值链建设成为可能。发展中经济体由离岸生产形成的本土生产网络不仅可以保障对发达经济体知识外溢的分享，而且能够通过价值链升级形成研发、设计、营销和生产完整生态，进行更有效的平台创新，提升市场创造能力，发展成新的生产率中心。

东亚新兴经济体正是通过垂直专业化生产和全球价值链建设实现东亚一体化，在经济上迅速崛起，形成了新的生产率中心，缩短了与发达经济体差距。面对东亚新兴经济体与发达经济体生产率差距缩短，以美国为代表的发达经济体要求根据互惠责任和体制趋同原则对原有的全球化战略进行调整，对贸易自由化出现了明显的回撤。

三、本章小结

根据上面的分析，英国和美国主导的两次经济全球化证实，一个经济体的贸易政策很大程度上服务于动态调整市场和政府边界、维护产业国际竞争力的需要。市场最大优势在于能够激励高效利用隐藏、分散的知识，但又存在无法协调适应外部性的弱点。市场协调难题就只能靠引入包括政府、企业和平台在内的组织来应对。尽管政策干预应对外部性可能产生规模经济，但政府作为完全垄断暴力的第三方权威也存在弱化市场激励，损害产权保护可信承诺的不足。因此，维护产业国际竞争力就需要对市场和政府边界进行动态调整。当需要培育产业国际竞争力时，会更多强调产业政策干预处理外部性的重要作用，倾向于保护贸易。一旦产业国际竞争力得以建立，就会逐步转向强调市场激励和产权保护，并推进贸易自由化。

保护关税在贸易政策中占据着特殊地位，构成产业政策干预不可替代的配套措施。首先，保护关税看似只是配套政策，却对保障产业政策干预效果不可或缺。否则，如果关税连策略性的抵消作用都发挥不了，任何产业政策干预都可能因贸易伙伴的保护关税而徒劳无功。其次，尽管考虑到对出口的歧视，保护关税只是次优政策，但与数量限制等非关税壁垒相比，作为价格工具，对市场机制的损害更小。只是由于受到贸易协定的限制，关税作用有所削弱，并大有被非关税壁垒替代之势。不过，作为扭曲最少的策略性贸易政策工具，关税始终会占有一席之地。

如果将关税税率视为政府边界的代理变量，通过简单计算世界各国人均 GDP 增长率与加权关税税率的相关性，我们可以更明确地揭示出经济增长和关税税率之间的关系。如图 3-3 所示，本书选取了 WDI 历年人均

GDP 数据，然后将其取对数处理，关税税率则选择各国加权平均税率作为指标。以人均 GDP 对数（x）为横轴，加权平均关税税率（y）为纵轴，则可以得到如下的相关性公式：$y = -0.3653x^2 + 4.4496x$。很显然，这表明经济增长和关税税率之间存在类似拉弗曲线那样的倒 U 形关系。不过，考虑到各国关税税率数据只有 1990 年后数据，而人均 GDP 数据开始于1960 年，图 3 - 3 可能更多反映了 20 世纪 70 年代中期贸易自由化加速增长的作用，但倒 U 形曲线后半段，即关税税率随着经济增长上升的区段没有能够在图中得到呈现。

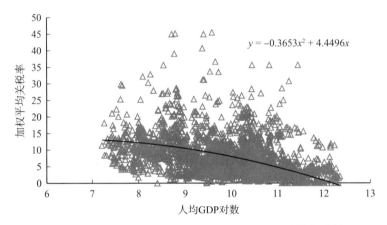

图 3 - 3　人均 GDP（对数）与加权平均关税税率的相关性

资料来源：WDI 数据库。

　　总的说来，作为世界生产率中心的经济体在贸易政策中发挥着主导作用，外围经济体贸易政策的自主权和自由度相对较低。显然，只要产业较为普遍地存在规模经济，生产率中心的空间布局就具有外部性和不确定性，最终势必引发不同经济体间的贸易政策和利益冲突。不过，幸运的是，作为世界生产率中心的经济体出于缓解工业化完成后经济增长动力不足的需要，可能在工资套利驱动下转移产业，从而为外围经济体实现经济赶超，成为新的生产率中心提供极为可贵的战略机遇期。

　　1. 第一次经济全球化战略机遇期（1870 ~ 1914 年）与德国和美国的崛起

　　1846 ~ 1873 年，面对主导产业棉纺织业利润下滑和海外市场扩张的困难，英国充分利用其产业国际竞争优势，及时倡导自由贸易，推动新的主导产业，即钢铁、蒸汽机和铁路集群形成，在世界范围内带动了铁路大繁荣。英国由此从唯一的工业化国家一跃成为世界工厂，成为真正的世界生产率中心，并实现现代经济增长转型。

与此同时，英国倡导的自由贸易及其带来的第一次经济全球化也给其他经济体提供了产业国际转移的战略机遇期。1873~1896年，通货紧缩则延长了这一战略机遇期。当时其他主要经济体纷纷以应对通货紧缩为由重拾保护贸易政策，只有英国仍然坚持自由贸易直至1932年帝国特惠制的形成。1870~1914年，正是抓住了第一次经济全球化提供的战略机遇期，德国和美国成为化工产业、电力和市内有轨电车集群以及内燃机、石油和汽车集群这两大新主导产业领导者，并发展成新的世界生产率中心。到一战爆发前，德国和美国双双实现了对英国的经济赶超。

2. 第二次经济全球化战略机遇期（1973~2018年）与东亚新兴经济体的崛起

1973~1998年，出于应对石油危机引发的滞胀需要，美国选择进一步推广贸易自由化，推动世界经济进入新自由秩序时期，并迎来第二次经济全球化。得益于第二次经济全球化推动，美国不仅一度成功修复了制造业国际竞争力，而且主导了信息通信技术新的产业集群。与当年的德国和美国相类似，东亚新兴经济体在原有的出口导向工业化基础上，进一步抓住第二次经济全球化提供的产业转移战略机遇期。具体地讲，东亚新兴经济体通过垂直专业化生产和全球价值链建设实现东亚一体化，在经济上迅速崛起，形成了新的生产率中心，缩短了与发达经济体差距。

两次经济全球化带来的战略机遇期都带有周期特征，能够成功抓住战略机遇的外围经济体更是寥寥。究其原因，这样的战略机遇期稍纵即逝，弥足珍贵。只有积极进行包括贸易和关税政策在内的干预，外围经济体培育产业国际竞争力才能获得成功。

随着生产率差距的缩短，原有的世界生产率中心和新形成的生产率中心经济体势必会由贸易战略相容区转向冲突区，推动贸易政策的必要转型。贸易政策转型对新、旧生产率中心经济体都是严峻的挑战。对原有的世界生产率中心而言，修复产业国际竞争力的政策调整可能滞后。面对1873~1914年保护贸易潮流，英国像当年的荷兰那样，由于对贸易、运输和金融利益的考量压倒了工业利益，迟迟未能做出有效反应。这种状况直到1932年通过《进口税法案》，并正式建立帝国特惠制才得以改变。英国为贸易政策调整滞后付出了制造业国际竞争力丧失和最终失去世界生产率中心地位的沉重代价。

面对与东亚新兴经济体生产率差距的明显缩短，美国贸易政策调整同样充满挑战。从 1973 年布雷顿森林体系解体开始，美国一度加速推动贸易自由化，试图通过抑制政府边界过度扩张，并提升对创新的市场激励来恢复产业国际竞争力。这就要求加大企业，特别是互联网平台在应对市场协调外部性中的作用。

作为垂直专业化生产和全球价值链建设基础，互联网平台的发展最初由股东主义推动。尽管现代企业可以通过职业经理协调和控制的内部交易替代（外部）市场交易，在一定程度上治理市场协调外部性，但也会为此付出弱化市场激励和代理成本高企的代价。

正是出于对由纵向一体化形成的企业代理成本高企的反思，股东主义引入了互联网平台新的治理模式，并掀起与纵向一体化相反的外包和离岸生产浪潮。与企业纵向一体化不同，互联网平台通过调整对双边/多边市场参与者的收费水平和收费结构，提供足够数量的谈判者，抑制专用资产投资中的机会主义行为，促进合同有效形成和履行。这样互联网平台就可以在继续保持市场强激励的同时，起到类似纵向一体化的缓解市场协调外部性的作用。

然而，由于片面追求股东利益最大化，股东主义只强调基于互联网平台的外包和离岸生产对节约纵向一体化代理成本的作用，却低估了离岸生产商作为双边更准确地说多边市场重要参与方的获取知识外溢的潜力，特别是忽视了当生产从外包发展到离岸时，可能给本土生产网络和创新生态完整性带来的负外部性。由此可见，在股东主义推动下，垂直专业化生产和全球价值链建设的参与方构成了除原有的跨国公司外贸易自由化利益集团，并成为影响贸易政策调整的重要力量。

同英国易受不同利益集团影响的弱势政府类似，美国两党在贸易议题上通常持有相反的立场，贸易法案的通过往往要求有"统一政府"作为条件，即众议院、参议院和总统由同一个党派控制的局面。实际上，自南北战争结束以来的 77 届国会中，有 40% 处于"分立政府"状态，在这种情况下基本上不可能发生重大的政策改变（欧文，2020）。

产业国际竞争力上升，经济体对贸易政策的调整难度更大。不仅需努力提升自身的市场创造能力，减轻对国际市场的过度依赖，而且还要根据生产率变动状况承担互惠责任，开放国内市场。只有这样，才能实现世界生产率中心的平稳交接。

　　实现世界生产率中心的平稳交接，除了要求产业国际竞争力变动状况不同的经济体进行各自贸易政策调整之外，还需妥善处理包括贸易在内的国际经济利益的增量分配。国际经济利益的增量分配推动了英荷同盟的形成和当时的生产率中心平稳交接。与此形成鲜明的对照，在德国的战备经济和美国的孤立主义转型战略双重夹击下，世界经济却为生产率中心从英国向美国和德国的转移付出了第一次经济全球化解体和国际市场分割的惨痛代价。

　　正是得益于同样的国际经济利益增量分配，二战后最惠国方式的关税削减推动全球贸易体系逐步修复，从而最终瓦解帝国特惠制，并完成世界生产率中心迟到的交接。尽管帝国特惠制在关贸总协定中是以尊重现有安排为由作为例外情况处理，但受到不得再扩大特惠幅度的限制。那么，根据最惠国待遇原则来全面削减关税，瓦解帝国特惠制就只是时间问题。

　　目前，面对东亚新兴经济体与发达经济体生产率差距缩短，以美国为代表的发达经济体要求根据互惠责任和体制趋同原则对原有的全球化战略进行调整，对贸易自由化出现了明显的回撤。世界经济也由此进入了贸易政策新的转型期，需要积极应对。

　　综上所述，随着产业国际竞争力的变化，需要运用贸易政策对市场和政府边界进行动态调整，关税则构成最为重要的策略性贸易政策工具。自由贸易政策更多的是世界经济发展中的周期性例外，只有存在遥遥领先的世界生产率中心经济体，比如 1846～1873 年的英国和 1950～1973 年的美国，才能成为可能。

　　与此同时，保护贸易政策同样也并非无往而不利。只有在作为世界生产率中心的经济体提供产业国际转移的战略机遇期才会收到更好的实效。当战略机遇期随着产业国际竞争力格局改变趋于消失，要求各经济体对贸易政策进行积极调整，并妥善处理包括贸易在内的国际经济利益的增量分配，以实现可能的世界生产率中心平稳交接。

　　外围经济体在贸易政策方面的挑战尤为艰巨。一方面，要积极抓住原有的世界生产率中心提供的产业转移战略机遇期，努力发展成为新的生产率中心；另一方面，在贸易政策转型过程中，还要切实提升自身的市场创造能力，并在此基础上，根据继续培育产业国际竞争力需要，力所能及地承担互惠责任和开放国内市场。

第四章 主要发展中经济体贸易和关税政策实践

　　与率先实现工业化的发达经济体相比，发展中经济体贸易和关税政策选择受到的限制更多。究其原因，正如格申克龙所指出的那样，任何一个在英国工业化之后开启这一进程的经济体，其工业化得越晚，为工业化成功所必需的政府干预程度就越强。格申克龙（2009）认为，与英国主要依赖企业资本内部积累和资本市场融资不同，后发的工业化经济体需要通过选择由国家支持下的银行还是由国家本身，来解决资本形成以及把资本引向新生工业企业的问题。由银行所主导的发展表现的特征为：国家工业化比英国迟一到两代（20~40年）；由国家所主导的发展，其特征为国家工业化迟了三到四代（40~80年）（施瓦茨，2008）。

　　与此同时，在开放经济中，工业化越晚的经济体对出口导向政策的依赖性越强，政策效果受到的约束也越多。后发的经济体对世界经济依赖性加大，不仅提高了产业国际转移的战略机遇期重要性，而且也增加了政策干预难度。

　　具体地讲，越是后发的经济体，其农业相对现代工业部门越落后。这不仅限制了可供投资新工业的资金，也限制了工业可获得的劳动力和人力资本供给。很显然，后发的经济体对出口导向政策存在很强的依赖，并使政策效果受到诸多制约。一方面，严重落后的农业决定了后发的经济体低水平的农业剩余①。只有成功的出口导向支持的外国资本流入才有望打破工业化这一储蓄投资约束。另一方面，落后的农业也对市场体系，特别是劳动力市场发育施加了限制，从而可能削弱出口导向政策效果。农业越高效，能从农业中解放出来而进入工业就业的劳动力就越多。相反，农业越落后，工人所拥有的技能越少。由落后农业造成的市场发育滞后会给出口导向政策带来明显的约束。

　　究其原因，出口导向政策要想取得成功，必须具备相对成熟的产品市场、活跃的企业家阶层和有弹性的劳动力市场等一系列条件。只有具备相

---

　　① 农业剩余是指扣除当期消费之后所剩的粮食和其他农产品，构成可用于工业投资的资金上限。

对成熟的市场体系，知识本土化及其带来的外溢效应才能转化为现实，进而培育出制造业国际生产力。不过，正如格申克龙（2009）所指出的那样，越是市场先天基础薄弱的外围经济体，越需要更大的政策干预力度对此进行催生。先天市场基础不足无疑会增加政策干预压力，并加剧可能带来的市场扭曲和政策寻租风险。这就造成落后农业带来的市场发育滞后短板，损及出口导向政策效果。

由于需要同时对市场基础培育和市场外部性进行政策干预，后发的经济体采用卡尔多战略和出口导向政策实现工业化条件极为严苛。（1）存在生产率中心国产业转移提供的战略机遇期，使得出口导向政策成为可能；（2）通过政策干预培育相对成熟的产品市场、活跃的企业家阶层和有弹性的劳动力市场等市场基础，进而保障出口导向政策效果；（3）选择合适的政府干预方式缓解投资和知识外溢的市场协作难题，促进出口导向政策效果最大化。很显然，战略机遇期的存在提供了出口导向政策的可能性，必要的市场基础和政府干预对可能存在的市场失灵的弥补确保了出口导向政策效果，有助于抓住战略机遇期。

第二次世界大战带来的一个重要后果就是工业化国家对其本国农业大举干预。欧洲各国政府和后来的欧盟共同农业政策使欧洲在许多食品上实现自给自足，继而还成为对食品提供补贴的出口方，迫使传统农业出口国退出他们的市场。工业化国家对农业的干预使得李嘉图贸易战略难以为继，加大了二战后发展中经济体实现工业化的紧迫性。然而，尽管第二次经济全球化提供了重要的战略机遇期，但也只有东亚新兴经济体成功地缩小了与发达经济体的生产率差距。采用进口替代政策的拉美国家，曾实行计划经济的苏联、东欧转轨国家以及印度在实现工业化和培育相应的产业国际竞争力方面表现均差强人意。这些发展中经济体在抓住战略机遇期上之所以表现大相径庭，是与其各自所具备的实施出口导向政策的条件存在莫大关系。本书将选择俄罗斯作为转轨经济的代表，巴西作为拉美经济的代表，以及印度和南非这两个主要的发展中经济体，并将其与东亚新兴经济体进行简要的比较分析①。

---

① 俄罗斯尽管较早地实现了工业化，但严重缺乏产业国际竞争力。俄罗斯其后的工业化市场转型更为失败，一度的经济复苏主要得益于石油和天然气价格周期性上涨。2018年，中国人均GDP基本达到1万美元。与此同时，俄罗斯则陷入经济波动，人均GDP在1万美元左右停滞不前，大有跌进中等收入陷阱之势。因此，将俄罗斯与中国、巴西、印度和南非归类为金砖国家集团，作为新兴的发展中大国代表是适宜的。

一、主要发展中经济体的贸易和关税政策 实践：从进口替代到市场化转型

（一）俄罗斯

俄罗斯的经济发展提供了一个无法成功实施出口导向政策的典型案例。早自彼得大帝时代起，俄罗斯就开创了这样一种发展模式（格申克龙，2009）。政府出于军事建设需要推动一轮经济增长。将农民束缚在土地上的农奴制成为攫取农业剩余和实现高资本积累的最为重要工具。在此过程中，农民受到的压榨是如此沉重，以致即使在经济长期停滞以后仍无法恢复生息。这样的发展模式造成俄罗斯长期处于收入水平低下的经济落后状态，使其工业化迟至 20 世纪 90 年代才得以开始。

第一次经济全球化和有利的地缘政治环境为当时的俄罗斯提供了通过出口导向政策实现工业化的契机。俄罗斯的经济落后状态迫使其采取政府直接干预的方式缓解投资不可分割和互补性带来的资本形成不足难题。当时的俄罗斯工商界诚信标准达到了令人悲哀的低下程度，公众的普遍不信任如此强烈，以至于银行甚至连吸收本可以得到的小额资本金的希望都没有。在一个欺诈性破产几乎被推广成为一种普遍的企业经营之道的经济中，任何银行都不可能成功地实行长期信贷政策。提供工业化所需要的资本要求政府这个强制性的机器，通过它的税收政策成功地将收入从消费向投资转移。正是由于缓解了投资不足的格申克龙难题，俄罗斯的工业化取得了较大成就。整个 19 世纪 90 年代的平均年工业增长率为 8% 左右，而在其最后的几年中甚至还高于这个水平[1]。西欧主要国家没有一个曾达到如此的高增长。即使是经过日俄战争失败和 1905 年革命的冲击，1905 ~ 1914 年，俄罗斯的工业增长仍高达 6%。1905 年以后由政府进行的铁路建设规模大大减少，但其他工业产出仍保持高增长，反映出银行对政府干预在资本形成上的某种替代。

与此同时，在 1905 年以后，俄罗斯在实际工资和工作条件两方面更

---

[1] 此段数据均来自（格申克龙，2009）。

为明显的改善成为重要事实。对农民的严重压迫也得到缓解。与 19 世纪的最后 10 年形成鲜明对比的是，可供国内消费的面粉类农作物产量比人口增长得更快。在 19 世纪 90 年代末期，俄罗斯的农业所生产的人均面粉类农作物，曾一度比 30 年前情况还要低。

总的说来，1890 ~ 1914 年，俄罗斯似乎有重现德国由银行主导的发展模式及其增长奇迹的可能，这种生产率差距由两代人缩短到一代人也是构成第一次世界大战的重要诱因之一。

然而，改革严重滞后的农奴制还是削弱了俄罗斯本就不足的市场基础，直至损及出口导向政策应有效果。尽管早在 1861 年，俄罗斯就已经启动农奴制改革，但进展极为缓慢，土地对农民的束缚依然沉重。俄罗斯农奴制改革要求农民根据赎买程序支付远高于当时土地市场价格的地税，才能将土地的使用权转化为土地所有权，从而获得土地。农奴制改革还对农民离开土地设置了诸多限制。一个俄罗斯农民如果离开乡村公社，不仅必须放弃对于土地的权利，而且还得根据赎买程序条款额外支付数额高昂的货币。一个家庭成员若想永久地离开村庄，则需得到一家之长的同意方可成行。在乡村公社对于土地的定期重新划分是根据一个家庭实际可支配的人力来进行的场合，一个家庭成员的永久离开必然会减少该家庭在下一次土地划分中所能得到的土地数量。为此，作为获得稀缺土地的前提条件，单个家庭就不得不保留闲置的劳动力。即使是向城市的暂时移民，也需要得到村庄机构负责人和家长的双重许可，这就为克扣在城市所获得收入创造了条件。对已离开成员保留要求并强迫他们返回乡里的权利，肯定为各种形式的压榨和勒索提供了广阔空间。

这种不彻底的农奴制改革几乎保留了原有农奴制将农民束缚在土地上的所有弊端。将农民束缚在土地上，继续保留贵族对廉价农业劳动力的使用权，会降低其对提高农业生产率的积极性。与此同时，土地定期的重新分配也削弱了农民土地投资激励。这两者相结合使得俄罗斯长期缺失活跃的企业家阶层。

将农民束缚在土地上同样损害了为发展工业所需的劳动力市场的形成。这样的状况直到 1906 ~ 1914 年斯托雷平改革才有所改善。斯托雷平改革提供了一种农民能够切断其与乡村公社联系的简单程序，即允许农民取得对土地的个人所有权。这一改革拒绝接受家庭或居民户所有权的概念，在这种制度下离开乡村的农民的土地所有权被授予了一家之长。现在，农民家庭成员向城市的不受伤害的流动的道路第一次被打开。有史以来第一次，俄罗斯农民可以像他们的西方同伴那样，出卖土地并运用所得收入在农业之外谋求自己的事业。

维什涅格拉茨基和维特正是在背负农奴制遗留负担基础上，开始采用重商主义性质的产业政策，试图将经济租金从传统农业部门转向现代工业部门。当时的俄罗斯政府没有表示出对轻工业的任何兴趣，其全部注意力都集中到了基本工业材料的产出和机器的生产上。从理论上讲，这种由增加投资所带来的农民财政沉重负担以及资本品相对消费品产出过快等暂时性扭曲，最终可以通过生产率提高和经济增长加速加以消除。然而，农奴制改革的不彻底还是损害了俄罗斯本就薄弱的市场基础，降低了这一发展前景。毕竟，如果缺乏必要的市场基础，对培育产业国际竞争力至关重要的知识本土化及其外溢效应将根本无从发挥，更不必奢谈如何缓解知识外溢不足的卡尔多难题了。尽管投资不足的格申克龙难题得以缓解，但农奴制改革的不彻底对市场基础的损害还是严重阻碍了俄罗斯产业国际竞争力的培育，使得出口导向政策难以为继。斯托雷平改革虽对此有所补救，但为时已晚。正是由于农奴制改革不彻底带来束缚，俄罗斯最终没有能够成功实施出口导向政策，从而错失第一次经济全球化提供的战略机遇期。

苏联的工业化不仅没有弥补俄罗斯市场基础的原有弱点，而且还将其推向极端。1917 年革命使得俄罗斯农民夺取了贵族的土地，正式瓦解了农奴制，但这很快就与苏联政府掌握的工业部门要求的高积累产生冲突。1921～1927 年，新经济政策实施通过低农业税率和缩小工农业产品价格剪刀差方式复苏了被战争破坏的经济，并大大减轻了农民财政负担。然而，在相对价格仍然不利于农产品的条件下，农民存在退回自给自足的生存经济激励，从而对苏联工业化提高积累率的要求提出挑战。正是在这样的背景下，与计划经济配套进行的农业集体化发挥了同农奴制一样的榨取农业剩余功能，并实现了工业化积累的最大化。

脱胎于战时体制的计划经济同工业化高积累相结合，彻底消灭了俄罗斯残存的市场基础，在对外经济中也实行了实质上的进口替代政策，从而为苏联工业化最终失败埋下祸根。在实行第一个五年计划（1928～1932年）之后的头 10 年，苏联的年平均工业增长率大约处在 12%～14%，远高于维特领导下的 8% 增长率（格申克龙，2009）。这样的高增长率在二战结束后甚至一直维持到 20 世纪 50 年代后期。不过，这样的工业高增长由于严重损害本就薄弱的市场基础，并没有培育出相应的国际竞争力，还恶化了民众的生活水平。尽管从 1928 年开始，苏联工业产出总量增长了接近六倍，但在 20 世纪 50 年代初期的实际工资水平仍然远低于 1928 年的水平，并且农民的实际收入与 1928 年的情况相比甚至显示了一种更大程度的下降。苏联工业化引发的经济停滞和生活水平下降是导致其最终解体的重要原因。

苏联对市场基础的损害，特别是俄罗斯对休克疗法的存量改革策略错误选择，严重削弱了俄罗斯的转轨成效。以大规模削减关税和非关税壁垒为主要内容的贸易自由化和以资本自由流动为主要内容的金融自由化正是休克疗法改革的重要组成部分。苏联解体后，俄罗斯总统叶利钦正式向 GATT 提交加入申请书。俄罗斯要求加入 GATT 的决定，直接关系着其能否从计划经济转变为市场经济，并以此进一步融入世界市场来加快国内经济改革。从此，俄罗斯拉开了长达 18 年的"入世"之旅。坦率地说，俄罗斯由于实行休克疗法，关税税率也与此类似，实行一改到底的做法，关税税率在同期处于世界较低水平（见图 4 - 1）。随着经济转型阵痛和对转型中国内产业的保护，俄罗斯关税税率曾经历一定程度上升，特别是进入 21 世纪后关税税率与苏联解体初期相比有一定的上升。但随着 2011 年加入 WTO，俄罗斯关税税率出现快速下降，以全部产品加权平均关税税率为例，2017 年仅为 3.6%，与 21 世纪初期相比下降了 2/3[①]。

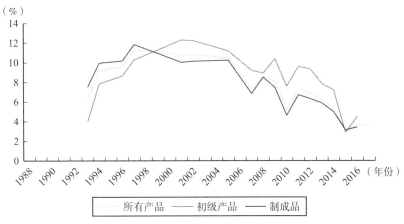

图 4 - 1　俄罗斯加权平均关税税率

资料来源：WDI 数据库。

---

①　根据 WDI 数据计算。

然而，1989～1998 年，俄罗斯的实际 GDP 令人吃惊地下降了近一半（科勒德克，2000）。俄罗斯政府的本意是想通过迅速开展的价格体系自由化和产权私有化恢复稳定和增长，并在对外开放中培育产业国际竞争力。在转轨初期，俄罗斯人发现除了商品贸易网络这一市场基础设施相对发达一些以外，其他所有需要的市场机构都付之阙如。既不存在竞争性的产品市场，更不必遑论必要的企业治理结构。至于要素市场，要么根本不存在，如资本市场；要么极其僵化，如劳动力市场。面对如此薄弱的市场基础，俄罗斯偏偏又选择了休克疗法的存量改革策略。考虑到市场经济总是内嵌于社会关系之中，一次性的存量改革除了继承，甚至放大原计划经济政府干预带来寻租弊端外，对培育市场机制并无太多助益。

因此，管制的突然放松只会导致原来短缺性通货膨胀叠加公开通货膨胀恶果，根本无法形成有效的供给。1992 年和 1993 年，俄罗斯的通货膨胀率分别高达 2508.8% 和 840.1%。1995 年，俄罗斯中央银行为了控制通货膨胀，强制了新的汇率走廊，缩小允许卢布对美元兑换的范围（霍夫曼，2018）。俄罗斯中央银行对卢布汇率的控制一度将通货膨胀降低到 1998 年的 10%[1]。然而，俄罗斯的汇率稳定在贸易自由化，特别是资本自由流动条件下却加剧了国内弹性不足的各类市场调整压力，最后其自身也于 1998 年在东亚金融危机冲击下瓦解。由此可见，国内市场基础的薄弱不仅没有发挥贸易自由化培育产业国际竞争力应有作用，还通过资本流动从外部引入了经济和金融不稳定。即使到了 2000 年普京执政以后，得益于石油和天然气出口繁荣，俄罗斯经济一度得以复苏，但也由此提升了制造业生产成本并损害相应的产业国际竞争力。

总之，由种种因素导致的市场基础不足使得俄罗斯再次错失第二次经济全球化提供的战略机遇期，未能成功实施出口导向政策。

（二）巴西

巴西作为拉美最大的经济体，其进口替代政策极其具有典型性。长期的殖民统治给巴西留下两大沉重遗产，即种植园经济和寻租盛行的政体（商业周刊，2017）。早在 1520 年葡萄牙人就将奴隶制引入巴西的糖料作物种植园，直到 1888 年，巴西才最后一个在美洲废除了奴隶制。种植园

---

[1] 此段通货膨胀率数据均来自科勒德克（2000）。

经济对廉价奴隶劳动的使用不仅削弱了种植园主的技术创新激励，而且也阻碍了劳动力市场形成以及劳动力向工业部门的转移。与此同时，寻租盛行也对企业家阶层形成造成不可挽回的损失。葡萄牙和西班牙在其国内就实行的是寻租体制，在美洲更是立足于从殖民地向宗主国输出资源租金，使得寻租在殖民地更显恶化，巴西也不例外①。体制中的寻租特征即使在巴西独立后仍一直延续至今。

种植园经济和寻租盛行的政体相结合严重损害了巴西市场基础。即使后来巴西融入了英国主导的第一次经济全球化，并同英国建立起同其自治领一样密切的经济和社会联系，成为新型农业出口国的一员，种植园经济还是阻碍了巴西农业内部调整，使得李嘉图贸易战略难以为继。

巴西是较早融入英国主导的第一次经济全球化的经济体之一。在 1808 年之前，巴西的港口只对英国和葡萄牙船只开放。这些禁令在 1808 年被废除。但是英国的特殊治外法权和关税优惠一直保留到 1827 年。在这些关税优惠被取消后，巴西必须承诺将其关税水平限制在其进口价值的 15%，并一直维持到 1844 年②。1844 年，在巴西重新获得关税自治权时，政府将制造业产品的关税总体水平提高到 30%，并同时取消了对原材料和机械设备的关税。当时就关税收入占进口额的比重而言，巴西是除葡萄牙外水平最高的国家。如此高的保护关税也仅仅是为了获取财政收入而非对国内产业进行保护，并在英国废除《谷物法》的激励下，转变成执行李嘉图贸易战略的新型农业出口国（王然，2005）。

作为新型农业出口国，李嘉图贸易战略带来的最大难点在于大宗农产品贸易条件对外依赖性强，并会出现周期性波动。这就要求巴西具有极强的农业生产调整能力，以适应市场需求的变化。李嘉图贸易战略共经历过 19 世纪 50 年代、19 世纪 90 年代和 21 世纪 20 年代三次农产品贸易条件周期性恶化的挑战。与英国四大自治领，即加拿大、澳大利亚、新西兰和南非以及美国的农业区形成鲜明对照，以巴西为代表的发展中经济体只成功应对了第一次挑战。

究其原因，种植园经济使得巴西错过了上述发达经济体兴起的家庭农场革命（爱德华兹，2019）。19 世纪中叶 60% 的北美农民拥有自己的农

---

①　1807 年拿破仑入侵伊比利亚半岛，迫使葡萄牙王室流亡到当时的殖民地巴西。1821 年，国王重返里斯本。但当巴西一年后宣布独立时，留在该国的葡萄牙太子加冕为皇帝，即佩德罗一世。巴西的皇家统治一直延续到 1889 年。

②　此段数据均来自麦迪森（2003）。

场，而拉美仅有 5% 的农民拥有土地。在 20 世纪初期，拉美拥有农场的农民比例略有增加，但仍然严重落后于美国和加拿大。1900 年，巴西拥有农场的家庭比例只有 4%①。大部分商品 1871 ~ 1895 年经历了价格下降。纺织纤维的价格下跌了 40%；谷物的价格下跌了 34%；还有糖、茶叶和咖啡的价格下跌了 46%（Samuel Saul，1985）。与企业型农场相比，由于不用积累利润或是向家庭成员支付严格意义上的工资，家庭农场在经营上更具有弹性（施瓦茨，2008）。因此，家庭农场能够以适当的规模进行高附加值的肉类和乳制品生产，并在机械应用的辅助下提高谷物生产率，从而有助于应对 19 世纪 90 年代的农产品贸易条件恶化冲击。

是否发生过家庭农场革命对新型农业出口经济体发展影响甚巨。首先，家庭农场革命提高农产品生产率和国际竞争力，不仅可以更好地应对贸易条件恶化冲击，而且较高的收入和储蓄水平也减轻了其后工业化所需的价格扭曲；其次，家庭农场革命除了促进工业化市场的培育，还改善了收入分配，消除了民粹主义可能带来的隐患。家庭农场提供了小业主向上流动的机会，缓解了收入分配不公带来的压力。受种植园经济的拖累，未能经历家庭农场革命的巴西承受了农业落后和收入分配严重不公的双重打击，加剧了未来工业化成本。

到 20 世纪二三十年代，肉类和乳制品出现了生产过剩，即使美国也只能通过加速工业化转移农业剩余劳动力。大宗农产品的价格下跌更为惨烈。尽管巴西政府尽了最大努力，从私人生产者手中收购咖啡，咖啡价格也只是维持到 1927 ~ 1928 年。1929 年，虽然全世界咖啡产量下降了 1/5，巴西下降了 1/3，但价格仍然从每公担（100 公斤）180 金法郎下跌至 98 金法郎（兰德斯，2007）。因此，巴西融入英国主导的第一次经济全球化并未能改变其薄弱的市场基础，20 世纪 20 年代农产品贸易条件周期性恶化冲击进一步使得李嘉图贸易战略难以为继，最终被迫转向工业化。

从 1930 年开始，巴西用了不到 10 年时间就在实践上完成了进口替代工业化对农产品出口导向型增长的替代。二战后，以普雷比什为代表的结构主义学派更是补充和完成了对进口替代政策的学理论证。早期结构主义学派以拉美国家市场存在结构性障碍为由，主张进行有计划的政府积极干预推动进口替代工业化，从而对冲农产品贸易条件周期性恶化的冲击。这样的进口替代政策要求开拓性地运用投入产出模型实施赫希曼（Hir-

①　此段农民拥有土地数据均来自爱德华兹（2019）。

schman）的非均衡发展战略。赫希曼（1984）认为进口替代政策取得成功需要具备两个条件。首先，贸易保护措施必须只能是一项临时性政策，应该随着时间推移逐渐撤销。通俗地讲，进口关税和其他对贸易的限制必须高到能够保护目标产业，也要低到能够起到竞争"压力机制"的作用，迫使生产者提高生产力，变得更有效率。其次，只有被选定的主导产业才能获得保护，进而推动非均衡工业化发展。进口替代政策的具体内容包括通过使用贸易壁垒、外汇控制以及廉价进口投入（通过汇率高估的办法）、便宜的信贷、低廉的劳动力（通过使国内的贸易条件不利于农业来保护外围国家本地主导"幼稚产业"免受中心国家竞争），从而促进工业化。

　　如果从 20 世纪 50 年代算起，巴西坚持进口替代政策长达 40 年。具体地讲，巴西在 20 世纪 30 年代和 20 世纪 40 年代经历的是以非耐用消费品为主的进口替代第一阶段，20 世纪 50 年代到 20 世纪 80 年代经历的是以中间产品、资本品和耐用消费品为主的进口替代第二阶段。第一阶段的进口替代无疑是第一次全球化解体带来的消费品进口中断的产物，势必会造成国内生产增长快于国内消费。

　　当世界经济重新恢复正常，巴西就会面临转向出口导向或进行进口替代升级的贸易战略调整。巴西当时选择了将进口替代升级到第二阶段的策略。考虑到较大的国内市场规模，巴西选择进口替代政策在一定时期内具有可行性。20 世纪 60 年代后期和 20 世纪 70 年代巴西创造出"奇迹"，增长一度超过 6%（爱德华兹，2019）。与此同时，巴西始终未能培育起产业国际竞争力，使得贸易保护长期化也是不争事实。究其原因，巴西进口替代政策从未达到过赫希曼所期盼的理想状态，信息不完全带来的主导产业选择困难，加上政策寻租盛行，不仅造成产业贸易保护目标极其泛化，而且使得政策保护产生了长期自我维持和发展的动力。很显然，进口替代政策这种系统压低产品和要素价格以最小化工业投入成本的做法，无疑会在巴西本就薄弱的市场基础上增添了新的市场扭曲。当市场基础薄弱到投资和知识外溢作用无从发挥时，政策干预收不到应有效果也就不足为奇。

　　1973 年和 1980 年石油价格两次大幅上涨从根本上改变了包括巴西在内的拉美国家在 20 世纪最后 25 年的发展路径，也彻底暴露了进口替代政策弱点①。作为当时的石油进口国，巴西通过从海外大量借款来缓冲贸易

---

　　①　1973 年，国际油价涨幅超过 200%，从大约每桶 4 美元涨到每桶略高于 12 美元，1979 年又涨了 125%，大约每桶 32 美元。

条件的突然恶化，以维持经济增长。不过，由于培育产业国际竞争力预期的最终落空，巴西不仅经济长期陷入停滞，而且还引发了债务和货币危机，损及经济稳定。1981～1989 年，巴西经济增长陷入停滞。1990 年，巴西通货膨胀率上升到大约 3000%（爱德华兹，2019）。在爬行钉住汇率制和严格外汇管制下，恶性通货膨胀将进口替代政策带来的扭曲推至极端，成为造成巴西经济内外失衡的重要原因之一。

正是为了应对这样的内外经济失衡，以 1989 年的布雷迪计划为起点，包括巴西在内的大多数拉美国家开始了抛弃进口替代政策、推行市场化改革的尝试。布雷迪计划本是一个应对拉美债务危机的国际解决方案。该计划基于两个简单的原则：首先，允许拉美的债务人大规模减免债务。其次，拥有债权的银行和国家要提供新的资金，协助债务国尽快实现经济复苏，恢复增长，促使经济活动回到正常水平。与此同时，布雷迪计划启动市场导向的经济改革，以达到控制通胀、解除经济管制和促进竞争的目的。这样的市场化改革几乎席卷了拉美的每一个国家。

从 1989 年的德梅诺开始，巴西的市场化改革持续至今。对进口替代政策的放弃则是其中一项重要内容。具体地讲，巴西分别在 20 世纪 80 年代末 90 年代初对其关税体制进行了三次改革，前两次关税改革分别在 1988 年与 1989 年进行。这两次改革使得巴西总体加权平均关税从 1987 年的 57% 下降至 1989 年的 31.9%。不过，在此期间，为了防止关税削减对贸易产生较大的影响，巴西仍保留了一套比较复杂的非关税壁垒措施（Moreira，2009）。而在 1990 年，巴西取消了非关税壁垒，并且在之后又进行了第三次关税削减，这一次改革持续了 4 年。根据世界银行数据库，巴西的总体加权平均关税从 1990 年的 19% 降低到了 1994 年的 13.3%，而制造业产品的关税则从 1990 年的 28.7% 降低到了 1994 年的 16.2%。其后尽管受国际金融危机的影响，巴西 1995～1998 年提升了其关税水平，但随即便逐步下降，并且于 2003 年将总体关税降到了 10% 以下①。

总体说来，巴西制成品关税从 1989 年的 38% 下降到 2016 年的 9.7%，下降了 27.3%，初级产品关税相对幅度更大，从 1989 年的 19% 下降到 2016 年的 2.5%，下降了 15.5%（见图 4-2）②。两者相较，在此期间对

---

① 例如墨西哥金融危机、亚洲金融危机以及俄罗斯金融危机。
② 根据 WDI 数据计算。

制成品关税保护处于稳定水平。包括放弃进口替代政策在内的市场化改革一度促进了巴西经济稳定和增长。

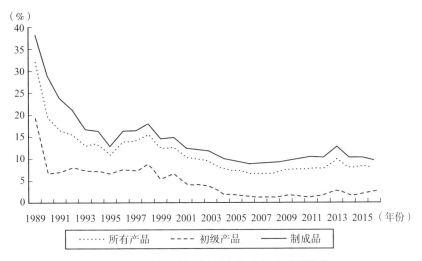

图 4 - 2　巴西 1989 ~ 2016 年加权平均关税变化

资料来源：世界银行数据库。

　　1994 ~ 2002 年，即使作为依附理论的重要一员，卡多佐仍从 1994 年的雷亚尔计划开始背离进口替代政策的传统，转向推进市场化改革和宏观稳定政策（阿根诺和蒙蒂尔，2004）。卡多佐改革的最大成就就是稳定了巴西经济。1994 年，巴西的通货膨胀就从前一年的约 2000% 下降到 64%。1999 年之后更是在浮动汇率制的帮助下避免了币值高估，进一步促进了外部经济平衡。2001 年和 2002 年，在卡多佐任期最后两年，巴西的通货膨胀平均只有 10%。与此同时，经济增长率也恢复到 2%[1]。

　　2002 ~ 2010 年，继任的卢拉也抵制住了民粹主义的诱惑，在通过提高最低工资标准、家庭补助金计划等一系列社会政策减轻贫困的同时，并没有加剧劳动力市场的扭曲，继续坚持市场化改革。在卢拉的任期内，通货膨胀继续得到控制。2005 ~ 2008 年，巴西经济增长率一度攀升到略高于 4%（爱德华兹，2019）。巴西第一次在一代人的时间里，中下阶层和穷人都可以享有白色家电、假期、汽车，更重要的是获得抵押贷款并拥有自己

---

① 此段数据均来自（爱德华兹，2019）。

的住房。

　　不过，巴西的市场化改革，特别是进口替代工业化转型，整体说来差强人意。进入 21 世纪以后，随着第二次经济全球化带来的初级产品需求增加，巴西抑制通胀的高利率政策又使得汇率长期升值，贸易条件改善。在市场作用的推动下，巴西出现了"去工业化"和出口"初级产品化"趋势，即工业在三大产业中的占比逐年下降，初级产品出口额占总出口额的比重逐年升高。如果将巴西工业部门统计分类中的采矿业、建筑业和工业生产服务部门（电力、燃气、供水）剔除，制造业占巴西 GDP 比重的降幅更大（王飞，2018）。第三产业早在 20 世纪 80 年代开始就逐步成为巴西经济的主导产业，比重由 1980 年的 52.8% 稳步增长到 2010 年的67.5%。巴西同期的第二产业所占比重呈下降趋势（魏浩、熊豪，2020）。

　　再仔细分析巴西第二产业内部结构变化，就会发现采掘业占工业产值的比重在 1996～2006 年期间翻番，而制造业比重则在同一时期萎缩了1.8%①。采矿业比重的增长有两种可能性，一是国际市场价格的上涨提高了采掘业的产值；二是采掘业的兴盛，挤占了制造业发展的资源，从而制造业的比重下降。在制造业内部，焦炭、精炼石油、核燃料开发和乙醇生产的增长速度最快，占比达到了 16.5%，与 1996 年相比增长了 9.5%。冶金业也得到了较大的发展，比重增长了 2.5%。这些数据表明以原材料为基础的制造业在近 10 年中增长迅速，而包括劳动密集型、规模密集型、中等技术密集型和高科技密集型的工业部门从 1996 年开始都出现了小幅度的附加值份额的减少。

　　巴西去工业化在很大程度上还是劳动力市场扭曲带来的非正式就业泛滥产物。巴西劳动力市场扭曲集中在缺乏弹性的正式劳动力市场造成严重的市场分割上。民粹主义思潮的泛滥一度使得巴西通过扭曲劳动力市场来缓解收入分配不平等问题，并由此形成劳动力市场的城市正式部门。这一城市正式部门由中型或大型企业（含国有企业）组成，并根据正式合同来雇用工人。工人和雇主都受到各种劳动力市场管制的约束。特别是雇主必须为工人提供一系列福利（比如退休金、医疗保险和相对的工作保障）。在工资决定中，工会往往起着重要作用，并存在法定最低工资。

　　劳动力市场的城市正式部门高工资和高福利，特别是雇佣和解聘工人的困难催生了劳动力市场另外两个组成部分，即农村劳动力和城市非正式

---

　　①　此段数据均来自魏浩、熊豪（2020）。

部门。其中城市非正式部门主要由自我雇用者或小型的、提供劳务和其他非贸易产品的私营企业所组成。这个部门的活动主要依靠所有者及其家庭所提供的劳动服务，但有时也在没有正式就业合同的情况下雇用劳工。这些部门的工作不稳定性很强，工资也相当灵活，而且工人从其雇主那里几乎无法获得任何福利。法定的最低工资在这里并不适用或没有实施，工会的作用也相当有限。

劳动力市场的城市正式部门缺乏弹性，雇用和解聘工人的困难阻碍了制造业发展，迫使农村剩余劳动力转向主要由服务业构成的城市非正式部门，形成相应的劳动力市场分割，并加剧了非正式就业和贫困。非正式就业和贫困加剧又进一步推动民粹主义思潮泛滥，造成劳动力市场更加扭曲并降低城市正式部门弹性。这样就在正式劳动力市场弹性不足和市场分割之间形成恶性循环。

商品贸易条件的周期性改善加上劳动力市场扭曲，使得巴西的资源依赖性特征和去工业化发生在并未实现从中等收入向高收入国家的完全跨越之前。尽管巴西产业结构的比重和 OECD 国家相似，但巴西的人均 GDP 仅为后者的 1/3，受教育水平也远低于后者。因此，巴西国内经济学家将这样的去工业化称为"早熟的去工业化"（premature deindustrialization），认为巴西目前的受教育水平、人均 GDP 水平还不足以支撑一个服务业主导的经济体（魏浩、熊豪，2020）。过早的去工业化将严重损害生产率提升驱动的产业发展，并最终拖累资源等收入驱动的产业和整体经济增长。

由此可见，巴西根深蒂固的政治寻租传统不仅严重损害了原有的进口替代政策效果，甚至对产业政策干预的使用噤若寒蝉，而且造成即使放弃沦为寻租产物的进口替代，市场化改革仍然成效不彰。市场化改革并未有效改变以劳动力市场扭曲为代表的寻租体制特征，以致至今尚未能够成功应对投资不足和培育产业国际竞争力的挑战。巴西资本品、机器设备和基础设施的投资率即使在 2008 年的高点，占 GDP 的比例也只有 22%，而亚洲四小龙的历史平均水平则高达 30%（爱德华兹，2019）。

综上所述，巴西在两次经济全球化中，都是更多地从商品贸易条件周期性改善中获益，并未能对政府和市场边界有效进行动态调整。这就造成无论是进口替代政策，还是贸易自由化改革都未能使得巴西走出迈向出口导向工业化的关键一步，并抓住产业国际转移的战略机遇期。

（三）印度

印度同样是一个实施进口替代政策效果不佳的经济体。从 1600 年英国在印度创办垄断性贸易公司，即东印度公司开始，印度就是一个被外来征服者榨取政治租金的经济体。随着莫卧儿帝国的逐步解体，英国从 1785 年起创建了殖民统治基础。英国殖民统治改变了印度的税收和产权制度。印度殖民政府接管了莫卧儿税收系统，后者提供了占国民收入 15% 的土地税收收入。但到了殖民统治末期，土地收入仅占国民收入的 1%，整个税负占国民收入的 6%（麦迪森，2003）。与此同时，印度殖民政府还改变了农业土地产权制度安排。除了王子自治帮，旧的军阀贵族特权被剥夺，他们以前从领地上以及从莫卧儿帝国获得的收入都改由英国人支配使用。以马德拉斯和孟买省为例，英国人剥夺了多数莫卧儿和马拉地旧贵族以及大地主的财产，将产权和税收职责授予乡村社会中在传统上占主导的种姓阶层，低种姓阶层的种植业劳动者就相应成为他们的佃户。

总的说来，少数西化精英取代了军阀贵族，并且其收入占国民收入的份额低于旧有贵族。从税收减少和产权变化获益最多的是印度乡村经济的上层阶级、地主和乡村放款人。

然而，因人口膨胀导致的土地租金上升和土地税收负担减轻带来的土地所有者收入增加并没有转化为印度工业化的动力。由于人多地少，种植园经济在印度整个农业中的经济地位并不重要。1946 年，两个主要出口茶叶和黄麻的产地产值占农作物总产值的比例还不到 3.5%（麦迪森，2003）。与亚洲其他国家如缅甸、锡兰、印度尼西亚不同，国际贸易所带来的市场扩张并没有对印度经济产生明显的刺激，印度也没有由此转变为新型农业出口国。

英国殖民政策提升了进口家庭用品和纺织品的市场份额，给印度工业化带来更为严重的后果。

首先，20 世纪 20 年代以前，新的统治精英几乎都来自英国，带来了英国消费模式。再加上作为他们职员和代理人的印度新"中产阶级"的模仿，极大地降低了印度传统手工奢侈品的需求。

其次，19 世纪时从英国进口的免税纺织品又进一步损害了作为印度传统工业的纺织品。即使把运输成本计算在内，迟至 1780 年，印度的印花布和平纹细布织物的生产者成本有低于英国制造商 60% 的优势。直到在经过工业革命之后，英国制造商应用机械动力来进行纺织品制造，将生产率提高了 300% ~ 400% 才得以改变这一竞争态势（Kawakatsu，1986）。如果当时印度能够对进口进行关税保护的话，印度很可能更快地模仿兰开夏的纺织技术。相反的是，从 1813 年东印度公司丧失对印度的贸易垄断权开始，英国纺织品可以免税进入印度市场。只是到了 20 世纪 20 年代，当印度的进口纺织品主要来自日本时，英国的政策才得以改变。到了 1934 年，棉布的关税提高到 50%，其中保持了对英国产品一定幅度的优惠（麦迪森，2003）。至此印度本地产品的生产才得以大幅增加以替代进口品。

由此可见，在英国殖民时期，印度既没能转变为新型农业出口国，又未能推动工业化，基本错失第一次经济全球化提供的战略机遇期。

1947 年，印巴分治之后，印度在地缘政治上进行了 180 度的大转弯，实行"西攻北防"的对外战略（刘怡，2017）。"西攻"指的是从阿拉伯海和克什米尔两个方向包围巴基斯坦，控制更多陆上争议领土，形成军事优势。"北防"指的是在东北边界与中国接壤的地区拓展实控面积和缓冲带，最大限度地利用喜马拉雅山这一屏障，保障以新德里—勒克瑙—巴特那—加尔各答为轴线的核心城市带的安全。在这样的地缘政治战略中，苏联自然就成了印度最重要的盟友。与此同时，对印度有重要影响的缪尔达尔（Myrdal，1963）也提出了与拉美结构主义学派类似的通过计划经济推动进口替代工业化战略，进一步激励了印度对苏联计划经济体制和内向型工业化模式的学习和模仿。

此外，印度还吸收了诸多社会主义因素，试图改善收入分配不平等状况。英国殖民统治时期丧失土地的农业劳动者阶层不断扩大，加重了印度收入分配的不平等。因此，消除社会和经济不公平并保证最低生活标准，一直成为印度宪法中最重要的指导原则之一。其中扩张公共部门就是调节收入分配重要措施之一。

这样的工业化战略和收入再分配政策给印度工业化和经济增长带来灾难性后果。

首先，进口替代工业化战略部分缓解了投资不足难题，但由于竞争性市场基础的缺乏，并未能获得相应的外溢效应。印度国内资本形成总额占GDP 比重差不多翻番，从 1950 ~ 1951 年的 14.7% 上升到 1990 ~ 1991 年的23.6%[①]。但在此期间，印度无论是产业国际竞争力还是经济增长均乏善

_____

① 此段数据均来自梅尔和劳赫（2004）。

可陈。只是在 20 世纪 80 年代，通过在严酷的贸易条件下扩大对外借款，印度的 GDP 增长才超过 5%，而前 30 年的平均增长率只有 3.5%[1]。印度在世界出口中的份额则从独立时超过 2% 下降到 1990 年仅 0.5%。以市场价计算的对外贸易（进出口总额）占 GDP 的比重没有实质性提高，仅从 1950~1951 年的 12% 上升到 1990~1991 年的 14%。正如巴格瓦蒂（Bhagwati，1992）所指出的那样，进口替代的贸易和外资政策以及与之伴随的对生产、投资和贸易过广的政府管制是导致印度经济失败的两大因素，对私人部门的效率产生负面影响。毕竟这两大因素会直接损害竞争性的市场基础，使得投资外溢效应发挥受到严重限制。

其次，公共部门扩张不仅没有达到改善收入分配不平等的初始目标，还为此付出了扭曲市场的代价，进一步削弱了工业化和经济增长成效。20 世纪 80 年代末，公共部门占 GDP 比重超过了 25%，在经济中的资本份额达 45% 左右（梅尔和劳赫，2004）。许多公有企业都倾向于压低产品价格，在工资和薪金安排以及向工人提供相对便宜的住房和其他生活福利方面相对轻易地屈服于工会的压力。但是，这并不必然意味着公共部门的福利都流向了真正的穷人，因为大多数穷人不仅不属于有组织的部门，而且并不直接或间接地消费由公共部门生产的那些高度工业化的产品。

印度经济失败最终酿成 1991 年的国际收支危机，当时印度的外汇储备急剧跌落到只有相当于两周进口额的水平，被迫由此走向市场化改革的道路。1991 年 7 月，在拉奥总理的支持下，时任印度财政部长的曼莫汉·辛格推行一系列市场化改革。其中涉及对外经济的主要措施包括，最初的卢比贬值及后来实现汇率由市场决定，除对制成消费品和农业外贸的限制依然保留外，取消其他进口许可证，在经常账户上实现货币可兑换（除了一些特别的例外）；大幅度降低关税线和关税税率。与此同时，对国内市场竞争也放松了管制。

然而，由于受到印度国大党内部保守势力的严重制约，辛格的市场化改革在其 2004~2014 年总理任期内却出现了明显的倒退。2011 年，香港政治与经济风险咨询调查发现，印度是世界上过度监管最严重的国家，它的规则"既复杂又不透明，标准认定程序十分繁琐"（The Economic Times，2012）。世界银行的"商业调查"根据德索托（De Soto，2000）的研究，发现在印度登记财产或业务可能需要花费 6 周时间，"取得建筑

---

[1] 1965~1990 年，东亚和太平洋地区的人均 GDP 增长超过 5%，拉美年均增长率接近 2%。

许可证需要大约 200 天，执行合同需要 1400 天，关闭企业则需要 7 年时间"（世界银行，2012）①。雷迪夫网站（Ridiff. com，2012）援引弗莱泽研究院的数据显示，2012 年印度的经济自由度在 144 个国家中排名第 111 位，而 2005 年印度的排名则是第 76 位。正是由于印度在经济自由度和营商环境方面的倒退，在辛格第一个任期内出现的"印度奇迹"很快就因量化宽松政策收紧，导致国际资本撤出新兴市场变得难以为继。

正当印度经济自由度和营商环境出现倒退之际，莫迪治理下的古吉拉特邦在市场化改革方面却取得长足进步。2005 年，古吉拉特在全印度所有邦内的经济自由度排名中位居第五（马里诺，2018）。2012 年，则上升到第一。2008 年，在古吉拉特营商环境吸引下，塔塔汽车公司将其微型车纳诺从西孟加拉邦的辛格乌尔迁往古吉拉特的艾哈迈德巴德，就是最具标志性的投资案例②。由于古吉拉特邦已经建立好了工业项目的土地储备，在塔塔公司下定决心后的 10 天之内，一切准备工作已经安排就绪。

得益于营商环境的改善，古吉拉特工业化取得明显进展。2009～2010 年，古吉拉特邦有 27.4% 的 GDP 来自制造业（全国的平均值是 15%），这个制造业比重在印度所有邦内遥遥领先（马里诺，2018）。由于制造业存在更突出的前向和后向关联，工业化的进展给古吉拉特带来了更多工作机会，并加速经济增长。

2014 年，古吉拉特市场化改革和工业化上的成就，帮助莫迪成为印度总理。莫迪继续推行辛格在第一任期启动的"南联东向"地缘政治新战略，并全面深化市场化改革。所谓"南联"，指的是利用本国在印度洋海域的相对优势，建设集航运、物流、修造船为一体的区域海事中心；并利用发达国家二次转移劳动密集型产业的机会，在沿海建设印度版的"经济特区"，最终形成一个与东北内陆城市带相呼应的滨海经济圈。所谓"东向"，指的是加速发展与东盟国家的区域经济一体化，输出印度拥有相对优势的电信、金融、医疗和教育服务，以平衡贸易逆差并扩大政治影响力。

---

① 根据世界银行营商环境数据库，2008 年，拉美国家合同获得强制执行的平均天数为 701 天，亚洲四小龙的平均天数仅为 393 天，希腊、葡萄牙和西班牙等南欧国家为 637 天，澳大利亚、加拿大和新西兰等发达的大宗商品出口国为 394 天。根据哈佛大学施莱弗等和瑞士 KOF 经济研究所提供的数据库在拉美，依法关闭一家企业平均要用 3.3 年；亚洲四小龙为 2.3 年，南欧国家为 1.7 年，发达的大宗商品出口国仅需 1 年。

② 2012 年，西孟加拉邦经济自由度在全印度排名倒数第二。

尽管作为印度人民党出身的莫迪并没有维护国大党进口替代工业化战略遗产的负担，但在推进市场化改革方面仍面临巨大挑战。与商业传统和一定市场基础的古吉拉特邦不同，莫迪执政伊始在中央层面进行的用工政策和土地征收政策这两项关键改革，都在印度收入再分配政策形成的利益集团阻挠下进展缓慢（毛克疾，2019）。莫迪试图将印度犬牙交错的劳动关系法规精简为 4 项综合性法律，借此放松关于解雇、最低工资标准的规定，并对劳工运动加强监管。在土地领域，莫迪 2014 年上台后曾借行政命令修改《土地征收与补偿法》，降低征地难度。但由于牵涉为数众多的正式部门企业职工和农村地区，改革阻力巨大。

总的说来，1947 年印度独立后，印度在相当长时期内还处于落后农业国状态，经济增长率较低。据统计，1950～1980 年印度年均经济增长率仅为 3.5%，虽然 1980～1990 年经济增长提高到年均 5.5% 的水平，但依然与中国等发展中大国以及其他国家追赶时期经济增长率存在较大差距（梅尔和劳赫，2004）。

20 世纪 90 年代，印度实行了对外贸易政策改革，放松了贸易管制，加大出口促进力度，关税税率也经历大幅下降。如图 4-3 所示，1990 年印度所有产品加权平均税率为 56%，1995 年加入 WTO 后关税下降速度加快，2000 年已经下降为 23%，2017 年进一步下降为 5.8%[①]。此外，我们还发现这一时期关税下降主要得益于制造产品关税税率的下降，进一步佐证了印度外贸结构由进口替代向出口加工转变。

综上所述，印度独立后长期坚持的进口替代工业化战略对市场基础的削弱，加上收入再分配带来的进一步市场扭曲，不仅损害了产业国际竞争力培育，而且也增加了市场化转型的难度。由此形成的经济自由度和营商环境的欠缺，极大地束缚了印度对第二次经济全球化的参与。

（四）南非

南非的经济发展则展示了资源出口国贸易政策面临的特殊挑战。在 1867 年和 1886 年发现钻石和黄金之前，南非是一个新型农业出口经济体，其后采矿业才变成其主导产业，并发展成为资源出口国。经过英布战争，1910 年，英国将开普省、德兰士瓦省、纳塔尔省和奥兰治自由邦合并成南

---

① 根据 WDI 数据计算。

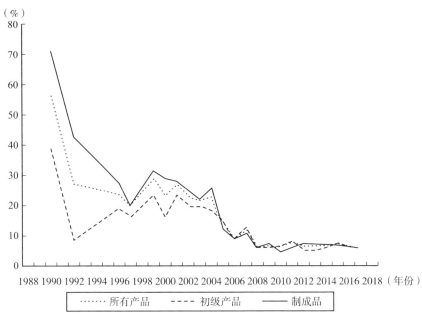

图4-3　印度加权平均关税税率

资料来源：WDI 数据库。

非联邦，成为英国的自治领地。作为资源出口经济体，南非势必会遭遇工业化成本攀升的荷兰病难题，这种状况还因种族隔离制度而更加恶化。

　　根据艾格曼和萨哈罗夫（Engerman and Sokoloff，2002）的分类，南非无疑属于这样一类殖民地，即有着丰富的矿产资源，开采这些资源需要大量的资本和劳动力，受到压榨的主要是土著居民。这就不可避免地带来种族问题。1911 年，南非金矿中白人与非洲人的工资比例为 11.7∶1，从而使得白人工人与黑人工人在劳动力市场竞争中处于不利地位[1]。1922 年，由此引发了 18000 名白人工人参加的兰德大罢工，阻挠矿业主以黑人替代白人。由于在当时南非拥有投票权的 127 万欧洲人中，荷兰裔的阿非利卡人（又称南非白人）对英裔居民占有超过 2∶1 的优势，为安抚相对贫穷的南非白人，兰德大罢工导致种族隔离制度的正式出台。劳动力市场也按种族分割为正式部门和非正式部门。

　　种族隔离制度不仅带来劳动力市场的扭曲和分割，而且加剧了收入分

————————

[1]　此段数据均来自郭晔旻（2017）。

配不公,并带来民粹主义压力。这种影响即使到了 1994 年种族隔离制度结束以后上台的新政府时期依然存在。种族隔离制度消除并没有改变劳动力市场扭曲和分割状况,只不过这一次种族配额倾向于占多数的黑人。

种族隔离制度所加剧的收入分配不平等也增加了南非新政府推进市场化改革的难度(曼德拉,2014)。一方面,非洲人国民大会在执政之前就曾设想通过土地再分配和垄断行业国有化来实现更为公平的收入分配;另一方面,为了减轻黑人取得普选权后,占少数的白人权利得不到保障的担忧,并继续发挥人力资本积累更多的白人和市场机制在未来经济发展中作用,南非新政府同样需要维护和发展本就被种族隔离制度削弱的市场基础。这就对南非新政府如何在不扭曲市场条件下改善收入分配的不平等提出了挑战。

南非国内经济结构和市场基础无疑会制约其贸易政策空间。作为资源出口国,只要能保持贸易条件稳定,南非就能从对外贸易中获益。因此,南非不仅曾以自治领身份融入过英国主导的经济全球化,而且还是最早加入 GATT 的国家之一。1947 年,南非和其他 22 个国家在日内瓦签署了 GATT,不仅直接影响了南非对进出口货物征收关税的范围和比率,还对南非《海关与税收法》等很多关税制度产生了重要影响。

南非对国际贸易的积极参与曾长期促进了经济增长。1932 ~ 1972 年 40 年时间里,南非曾创造出增长奇迹,平均每 7.4 年,GDP 就可翻番。尤其是 20 世纪 60 年代,南非经济增速堪比当时经济发展最快的日本(郭晔旻,2017)。不过,南非贸易条件恶化使得资源出口贸易模式难以为继,增长奇迹不再。随着 1971 年黄金非货币化,黄金需求不足引发价格下跌,国际金价从 1980 年的每盎司 850 美元降至 1985 年的 317 美元,明显恶化了南非贸易条件(郭晔旻,2017)。

由种族隔离制度导致的国际经济制裁则使得贸易条件更加雪上加霜。1986 年,欧洲共同体和美国先后对南非实行经济制裁,迫使南非资源出口贸易模式走向终结。

种族隔离制度的消除并没有能够改变南非贸易条件恶化和增长乏力的不利局面。

首先,种族隔离制度消除使得南非原来依靠压低劳动力市场非正式部门黑人工资培育起来的劳动力密集型产业迅速丧失国际竞争力,回归资源出口国工业化成本攀升的荷兰病常态,从而无法消除贸易条件恶化带来的损失。

其次，南非新政府在维护和发展市场基础方面更加举步维艰，极有可能抵制不住以扭曲市场为代价来缓解收入分配不平等难题的诱惑，进一步损害市场基础和产业国际竞争力。在劳动力市场上将种族配额转向黑人就代表了以扭曲市场为代价来缓解收入分配不平等难题的尝试。土地再分配则有重演这一趋势的可能。尽管曼德拉试图通过国家赎买进行土地再分配，但在消除收入分配不平等的压力下，南非政府最终还是转向了无偿征收白人土地进行再分配的道路。正如拉美和印度经历所体现的那样，这样的土地再分配和垄断产业国有化陷入收入分配不平等和市场扭曲恶性循环的风险不可低估。

本来对于像南非这样的资源出口国，更需要实施具有重商主义性质的政策将经济租金导向制造业部门，以克服荷兰病带来的工业化高成本，并培育相应的产业国际竞争力。但市场基础不足和进一步恶化使得政策效果事倍功半。

因此，在种族隔离制度消除后，南非积极推动贸易自由化。一方面，融入美国主导的第二次经济全球化；另一方面，除了参与 WTO 各项发展之外，南非新政府还签订了一些自由或优惠贸易（FTA 或 PTA）互惠协定，主要有：南部非洲关税同盟（SACU）协议，南部非洲发展共同体（南共体，SADC）协议，贸易、发展和合作协议（TDCA），欧洲自由贸易联盟协议[①]。南非还同发达国家签订了普遍优惠协定（GSPS），和津巴布韦、马拉维达成的非互惠双边协议，约定双方符合特定原产地标准情况下享有非互惠的关税减免优惠。2018 年 12 月，南非议会批准了非洲大陆自由贸易协定（AFCFTA），承诺逐步实现非洲内部贸易关税降低为 0。

正是在这一系列贸易自由化措施推动下，南非在种族隔离制度消除后，关税税率出现了明显削减（见图 4 - 4）。不过，在种族隔离制度消除后，南非贸易自由化效果却差强人意，经济增长总的说来令人失望。2001～2010 年，南非 GDP 的年均增长率相对较低，远低于非洲大陆的平均水平（汪红驹、李原，2019）。尤其是近年来，南非兰特持续贬值，加之 GDP 增速放缓，以美元当前价衡量的 GDP 总量自 2011 年以来持续下滑。

---

① 该协议是欧盟与南非共同签署的，于 2000 年 1 月 1 日正式实施。南非和欧共体将会根据 WTO 规则建立一个双边自由贸易区，以实现货物和资本的自由流通以及服务贸易的自由化。

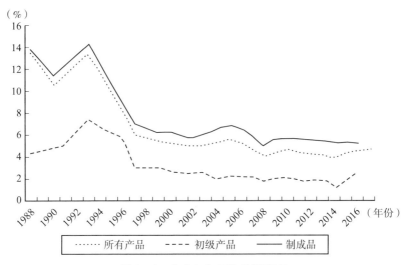

图 4-4 南非加权平均关税税率

资料来源：WDI 数据库。

（五）小结

根据上面的分析，俄罗斯、巴西和印度都在二战后不约而同地实施了进口替代政策，试图打破对原有的世界生产率中心的经济依赖。至于南非作为资源出口国，即使是实施进口替代政策都困难重重。不过，总体说来，这样的卡尔多贸易战略令人失望，进口替代政策始终未能转化为出口导向政策，并由此获得产业国际竞争力。

究其原因，一是由种种因素造成的先天市场基础不足，使得这些主要的发展中经济体投资和知识的外溢效应无从发挥，不仅政府干预未能起到培育产业国际竞争力的应有政策效果，而且还加剧了市场扭曲以及市场化转型的困难。经济发展滞后及其带来的市场基础薄弱对产业政策干预的迫切要求极易导致干预过度，并最终沦为政策寻租体制。这就会进一步削弱本就不足的市场基础，并在两者间形成恶性循环。政策寻租体制使得只能通过增量改革渐进推动市场化。本质上属于存量改革的休克疗法，不仅不会迅速建立市场机制，反而可能因租金耗散进一步加剧寻租弊端，巴西的市场化改革和俄罗斯的体制转轨均对此提供了深刻教训。政策寻租体制同样加剧了市场化改革的难度，一直坚持增量改革的印度，以及改变策略的巴西和俄罗斯都遭遇了市场化推进的缓慢。二是这些主要的发展中经济体还低估了原有生产率中心产业转移可能带来的战略机遇作用,部分国家资源型特征使得这一状况变得更为复杂。进口替代政策盛行固然受到第一次经济全球化解体和国际市场分割的直接影响。不过,即使世界经济的复苏也没有及时改变进口替代的内向型发展政策态势,就存在对战略机遇的主动拒绝的影响因素。巴西、俄罗斯和南非的资源型特征使其可以更多地从商品贸易条件周期性改善中获益,这就削弱了推动市场化改革,动态调整政府和市场边界的激励,进一步加剧了荷兰病对工业化的阻碍。

市场化改革困难重重,资源型特征从商品贸易条件周期性改善中获益的可能又削弱了改革激励,再加上对产业国际转移带来的战略机遇作用低估。这一系列因素叠加使得上述主要的发展中经济体基本错失美国主导的第二次经济全球化带来的战略机遇期,未能实现工业化及其适时转型。

二、东亚新兴经济体的贸易和关税政策实践:
从雁行模式到垂直专业化生产

与上述主要的发展中经济体形成鲜明的对照,只有东亚新兴经济体先后经历雁行模式和垂直专业化生产两个不同阶段,成功地实施了出口导向政策,并抓住了美国主导的第二次经济全球化带来的战略机遇。

正如导言部分所指出的那样,本书并非仅仅从国别角度进行贸易和关税政策国际比较,而是重点揭示世界经济体系中的主要经济体政策博弈互动。尽管日本是亚洲第一个从发展中经济体转变成为发达经济体的国家,但考虑其同时也是二战后对东亚新兴经济体产生重要影响的雁行模式的发起者。因此,需要在简要回顾日本贸易和关税政策实践基础上,集中探讨其对雁行模式的影响。

当日本走向工业化道路时,拥有其他发展中经济体所缺乏的两个重要条件:(1)日本避免了同欧洲和北美殖民者直接的地缘政治对抗,保留了当时亚洲最为独立的国家机构;(2)亚洲拥有立足于本区域内部贸易的经济,其根基深厚、充满活力。这种区域内的贸易使亚洲获得了支撑其工业化的市场。亚洲国家的出口总额在1883年时约为8200万英镑,到1913年时已上升到2.14亿英镑。然而,在同一时期,亚洲内部贸易在贸易总量之中所占的份额从3100万英镑上升到1.49亿英镑,相比于对欧出口的

3.2%的增长，亚洲内部贸易的年增长率为 5.4% （Kaoru Sugihara，1986）。

正是由于日本作为当时亚洲最为独立的经济体，有能力实施将农业剩余导向工业部门的政策，并充分利用亚洲区域内贸易提供的工业化市场，成为亚洲第一个实现工业化的经济体。日本人均工业产值在 1860 年时大约相当于英国水平的 1/10，到了 1913 年时上升为英国的 1/5，这反映了大约比英国高出 50%的增长率。不过，直到 20 世纪 30 年代日本的工业化程度和国际竞争力仍然在主要工业化国家中"垫底"。以 1938 年为例，日本出口仅占世界 3.3%，工业品出口仅占世界的 5%，不仅远低于英国，也低于美国和德国等后起经济之星，甚至还不如法国的水平① （Draft J.，1962）。因此，得益于雁行模式的推动，日本出口导向政策在二战后产生更为深远的影响。

（一）雁行模式

"雁行模式"理论的概念最早由日本经济学家赤松要（Akamatsu Kaname，1935，1937）于 20 世纪 30 年代提出，主要针对日本当时工业化水平总体低于欧美等国的情况下，如何实现产业振兴和经济赶超的目标②。赤松要在研究三种羊毛产品在进口、国内生产、出口三个阶段的过程中，总结了三种产品在不同阶段随时间演进所呈现的趋势线，由于线条的形状类似展翅飞翔的大雁，被称为"雁行模式"理论。该理论描述了一国产业结构的基本变化规律。这对后进工业化国家产业发展而言，"由于比较成本结构是动态的、不断变化的，后进工业化国家在初始阶段出口初级产业，进口工业制成品。此时，它与先进工业化国家在比较成本结构方面存在质的差异，属于垂直型分工。进入第二阶段，由于国内工业的发展，本国产品与进口工业品逐步趋于同质，于是产生了进口替代效应，进口工业制成品趋向减少。第三阶段，国内工业制成品的比较优势逐渐显现，本国

---

① 1938 年，法国出口仅占世界 3.9%，工业品出口仅占世界的 5.5%。

② "雁行发展模式"一词最初是由赤松要在 20 世纪 30 年代创造（赤松要，1935 年；赤松要，1937），这些文章都是用日语写的，战后在 1961 年和 1962 年以英语发表后而广为流传。即 Akamatsu Kaname（1961），"A Theory of Unbalanced Growth in the world Economy." Weltwirtschaftliches Archiv，86. 196 –215；Akamatsu Kaname（1962），"A Historical Pattern of Economic Growth in Developing Countries，" The Developing Economies. Preliminary Issue NO. 1（March – August）。

产品大量出口，开始是向后进国家，随后发展到向发达工业化国家出口，对于先进工业化国家来说则是代替本国该商品生产的进口。

其后，"雁行模式"理论主要沿着两个方向得到发展。

1. 将雁行模式从单个产业拓展到多个产业

小岛清（Kiyoshi Kojima，1960）[①] 认为，不仅特定国家某一产业的发展可以描述成为"进口—国内生产—出口"的三阶段雁行态势，这种变化趋势还将依次传递到不同产业中去，即以消费品为代表的初级工业生产品的"进口—国内生产—出口"，为重化工业的发展提供了技术、设备的资金支持，促进了煤炭、钢铁等工业部门产品的"进口—国内生产—出口"的雁行形态的出现。最终这种演进趋势过渡到具有高附加值精密制造工业，实现了一国产业结构的升级和对外贸易中附加值增加，体现了产业间以及由此而来对外贸易的雁行形态依次更迭。

2. 将雁行模式拓展到跨国产业转移范畴，实现了出口导向政策的动态化和可持续性

小岛清（1960）对赤松要（1935，1937）的"雁行模式"理论进行了进一步扩展，将其定义为经济后发国家追赶的产品生命周期。他认为，雁行模式与产品生命周期理论既有区别、又有联系。弗农的产品生命周期理论描述了"新产品开发—国内生产满足需求—产品出口—资本、技术出口—产品进口—研发新产品"的循环往复特征，立足点在于探究发达国家产品从出现、发展、成熟、衰落的循环规律。雁行模式理论则注重讨论后发国家通过引进发达国家成熟产业以及先进技术，结合自身比较优势，加速推动本国产业的发展，并实现产业结构不断升级。但两者都是一种循环过程，而且经历的阶段也基本一致。虽然产品生命周期起点是新产品研发，而雁行模式起点是技术引进，两者却可以看作是一个整体系统循环过程中的两个局部循环。先发国家新产品的出口引发了资本和技术出口，为后发国家雁行模式的追赶效应提供了必要条件，并且遵循先发国家的发展轨迹实现自身产业升级。

另外，后发国家要想摆脱追赶的地位实现赶超，就要通过在引进技术基础上的自主研发，实现新产品、新技术的突破，即从"雁尾"阶段进入产品生命周期阶段。正如日本引进欧美发展成熟产业，亚洲"四小龙"承

---

① Kojima, Kiyoshi. Capital accumulation and the course of industrialisation, with special reference to Japan [J]. The Economic Journal, 1960, 70 (280): 757–768.

接日本的产业转移，随着泰国、印度尼西亚等一批新兴发展中国家的兴起，必然引进先发国家的先进技术，进入雁行形态发展阶段。从具体国家间产业布局来看，日本是"雁头"，亚洲"四小龙"是"雁身"，东盟四国（印度尼西亚、马来西亚、菲律宾和泰国）是"雁尾"。

雁行模式很好地解释了二战后直至 1985 年的东亚区域内贸易和产业转移。第二次世界大战之后，美国为了进一步确立其在全球经济中的领先地位，率先进行产业结构调整，引发国际分工格局的改变与国际产业转移。在此过程中，日本有效地把握住机会：一方面，通过承接美国转移的服装、食品等产业，大力发展劳动密集型产业，通过出口贸易使日本获得了引进技术与更新设备的外汇。进口工业机械设备促进了机械制造业的快速发展，推动了日本产业结构由劳动密集型向资本密集型转变，产业结构的升级证明了日本"贸易立国"策略的成功。另一方面，确立了以"重化工业"为主导产业的经济发展目标。除了将逐渐失去比较优势的劳动密集型产业和一部分资本密集型产业通过对外投资向海外转移外，还将钢铁、化工、海运资本密集型产业作为发展重点，通过大规模引进欧美国家先进技术，逐步实现进口替代和国内生产，从而带动整个国民经济的快速发展。

1955～1973 年，日本对发达国家产业转移的承接从劳动密集型的消费品转向资本密集型的中间产品和资本品，出口贸易结构也相应地出现了戏剧性的转变。从表 4-1 可以看出，在 1955 年日本经济刚刚起飞之时，日本出口结构比重还相对比较初级，占比较大的还是集中于纺织等劳动力密集型产业，但随着经济重启重化工业进程，出口结构也从原来的劳动密集型转向资本密集型行业。

表 4-1　　　　　　1955～1973 年日本商品出口贸易结构变化　　　　　单位：%

年份	食料品出口比重	纺织制品出口比重	化学品出口比重	非金属产品出口比重	金属制品出口比重	其中：钢铁出口比重	机械制品	其中：汽车出口比重	其中：船舶出口比重	其他
1955	6.3	37.2	5.1	4.6	19.2	12.9	12.4	0.3	3.9	15.1
1960	6.3	30.2	4.5	4.2	14	9.6	25.5	1.9	7.1	15.4

续表

年份	食料品出口比重	纺织制品出口比重	化学品出口比重	非金属产品出口比重	金属制品出口比重		机械制品			其他
						其中：钢铁出口比重		其中：汽车出口比重	其中：船舶出口比重	
1965	4.1	18.7	6.5	3.1	20.3	15.3	35.2	2.8	8.8	12.1
1970	3.4	12.5	6.4	1.9	19.7	14.7	46.3	6.9	7.3	9.9
1973	2.3	8.9	5.8	1.5	18.5	14.4	55.1	9.8	10.3	7.9

资料来源：日本通产省：《通商白书》中附表统计。

如表 4−1 所示，1955～1973 年西方发生石油危机前，纺织品工业出口在日本的出口贸易中的地位剧烈下降，由 1955 年的 37.2% 骤减至 1973 年的 8.9%。重化工业方面，金属制品出口比重变化不大，但可以看到其中钢铁出口比重由 1955 年的 12.9% 上升至 1973 年的 14.4%。机械机器产品出口猛增，其占商品出口的比重由 1955 年 12.4% 快速攀升至 1965 年 35.2%，进而在 1973 年快速达到 55.1%。这从汽车和船舶出口比重中可窥端倪，1955 年日本汽车出口比重只有 0.3%，船舶出口比重只有 3.9%，在出口构成中几乎可以忽略不计，但随着产业结构升级和资本密集度带来的技术提高，1973 年日本出口商品中汽车出口比重已经达到 9.8% 而船舶出口比重也大 10.3%。综上所述，日本 20 世纪 60 年代至 20 世纪 70 年代初重启的重化工业化过程促进了日本出口从劳动密集型向资本密集型转变，产品出口的技术复杂度不断提高。

1973 年石油危机给严重依赖海外能源供给和重化工业为主结构的日本经济造成沉重打击，也导致战后 GDP 第二次出现负增长（1974 年）。为了摆脱对资源供给的严重依赖和将重化工业产业结构转向更多依靠技术创新来取胜的策略，日本正式通过"技术立国"的经济发展战略来推动产业结构调整和出口结构技术复杂度提高。通过密切的官民积极合作并开发节约能源和资源的技术，推动产业结构从过去过度"重化"向"轻薄"的知识和技术密集型产业转变。与此同时，使出口商品结构由过去大量依赖资源消耗和资本投入的重化学工业品转向低能耗、低投入和适应各国战后市场需求升级的精密机械、汽车、电器等产品，从而缓解石油危机后石油价格上涨以及日本国内劳动力成本上升等负面因素对经济增长的冲击。

从表 4 - 2 可以看出，日本在 1978 年前十大出口商品中基本上是以汽车、机械、电器类等工业品为主，这一趋势在日本经济泡沫破灭前夕达到顶峰，从 1988 年情况可以看到这一变化。此外，随着 20 世纪 80 年代信息技术为代表的新一轮技术革命兴起，个人电脑等信息类电子产品成为日本经济和贸易转向更高级趋势的一个明证。从 1983 年之后半导体部件出口就一直是日本前十大商品出口的重要组成部分，而其他技术复杂度相对较低的电器、普通电子类产品、汽车等比重却有所降低。这部分地反映了雁行模式的推广使得这些产业的比较优势已经逐步被亚洲四小龙、东盟四国以及后起中国所取代，日本出口贸易结构中技术密集度进一步提高。综上所述，从战后日本产业和贸易结构变迁趋势，可以清晰发现雁行模式理论刻画了日本一国经济崛起和腾飞的全部进程。

表 4 - 2 　　　　　　　　1978 ~ 1994 年日本前十大出口商品情况

1978 年		1983 年		1988 年		1994 年	
商品名称	所占比重	商品名称	所占比重	商品名称	所占比重	商品名称	所占比重
汽车	15.9	汽车	17.8	汽车	18.4	汽车	14.6
钢铁	12.1	映像机械	4.6	办公机械	7	半导体部件	7.4
船舶	7.4	船舶	4.1	半导体部件	4.7	办公机械	7.4
光学仪器	3.5	光学仪器	3.7	映像设备	4.6	汽车部件	4.4
金属制品	3.2	钢铁	3.6	光学仪器	4.1	光学仪器	4
收音机	2.7	办公机械	3.5	汽车部件	3.4	原动机	3.5
摩托车	1.9	通信机械	3.4	钢铁	3.4	船舶	2.9
合纤制品	1.8	音响设备	3.1	原动机	2.5	影像设备	2.7
录音机	1.7	半导体部件	2.5	通信机械	2.5	钢铁	2.2
办公机械	1.7	织物类	2.5	音响设备	2.4	通信机械	2.2

资料来源：日本大藏省各期《贸易统计》整理而得。

与此同时，雁行模式还深刻地改变了东亚区域内产业转移和贸易。随着日本经济产业结构的更新迭代，失去比较优势的产业通过逐步转移至周边国家或地区，继续与当地比较优势相结合，形成了区域内产业构成的雁行模式。东亚地区"雁行"产业转移经历了三个阶段：第一阶段，20 世纪 60 年代，日本将劳动密集型产业向亚洲"四小龙"等转移阶段；第二阶段，20 世纪 70 年代，亚洲"四小龙"失去劳动力成本的比较优势，将劳动密集型产业向东盟四国转移的阶段；第三阶段，20 世纪 80 年代后期，随着日本产业结构的不断升级，开始了将部分技术密集型产业向亚洲"四小龙"和东盟四国的转移，促进了两个区域产业结构的升级。东亚地区的"雁行"产业转移过程，形成了合理的产业分工。其中，日本拥有先进的技术、精良的设备和雄厚的资金，位居区域经济主导地位，主要从事新产品的导入，同时也是劳动密集型产品的重要出口市场；亚洲"四小龙"具有一定的技术水平和装备制造能力，重点发展资本密集型产业；中国和"东盟四国"主要以发展劳动密集型产业为主，是东亚地区的产品加工装配基地。

（二）垂直专业化生产

1985 年之后，东亚的雁行模式逐步被垂直专业化生产和全球价值链建设所取代。当时以美国为代表的发达经济体试图打造发达经济体主导知识经济，发展中经济体主导制造业生产的国际分工新格局，将劳动分工拓展至产品组件层次，从而在全球范围内实现产业集聚效应和生产成本最小化。

垂直专业化生产和全球价值链建设对东亚区域内影响甚为深远。首先，东亚产业内贸易不断增加。从表 4 - 3 可知，目前东亚地区区域内贸易份额已经保持在 50% 左右，2015 年为 49%，虽然低于欧盟 61% 的水平，但远高于北美自由贸易区 39% 的水平。这说明欧盟作为世界上区域经济合作的典范，欧盟内自由贸易水平较高，而中日韩为主的东亚自贸区建设还需要深化。表 4 - 4 还列示了东亚区域内和区域外各类产品贸易份额，从中我们可以发现，第一，东亚地区初级产品出口已经几乎忽略不计，而世界其他地区为东亚的主要初级产品出口地；第二，从最终产品出口比重，东亚地区区域内最终产品贸易份额仅为 32%，而与世界其他地区的最终产品贸易份额却为 59%，显示了东亚地区作为世界主要出口加工地的事实，同时也说明东亚地区产业间贸易主要发生东亚与其他外部世界；第三，东亚内部之间贸易模式已经由 20 世纪的最终产品为主的产业间贸易转化为以中间产品为主的产业内贸易，东亚内部之间中间品贸易份额已经达到 64%，远远高于东亚区域内部之间最终产品之间的贸易额。由此表明，东亚产业内贸易比重在 20 世纪 90 年代后不断增加，并且区域分工模式逐渐由产业间分工转变为产业内分工。

表 4 - 3   世界主要地区区域内贸易比重

地区	1990 年	1995 年	2000 年	2005 年	2010 年	2015 年
东亚	0.43	0.5	0.5	0.51	0.5	0.49
NAFTA	0.36	0.4	0.45	0.41	0.39	0.39
EU	0.68	0.68	0.63	0.65	0.61	0.61

表 4 - 4   2000 ~ 2015 年内东亚区域内和区域外各类产品平均贸易份额

出口地	进口地					
	中间产品		最终产品		初级产品	
	东亚	世界其他地区	东亚	世界其他地区	东亚	世界其他地区
东亚	0.64	0.39	0.32	0.59	0.04	0.02
世界其他地区	0.43	0.47	0.24	0.39	0.33	0.14

其次,东亚区域产品内贸易逐渐兴起。在日趋复杂的东亚区域分工体系中,零部件、中间品贸易所占比例不断增加,仅就制造业来看,东亚区域内零部件进、出口贸易份额 1993 ~ 2015 年分别从 60.7% 和 44.0% 上升至 74.6% 和 60.7%,增幅高达 13.9% 和 16.9%（见表 4 - 5 和表 4 - 6）。从世界范围来看,与北美自由贸易区和欧盟相比,东亚区域的零部件贸易份额无论是进口还是出口,在 2005 年都是最高的,由此反映出以"生产分割"为主要特征的产品内分工在东亚区域体现得更加明显。同时也说明,东亚区域的分工体系正在从产业间分工向产业内分工、产品内分工转变,形成由多种分工模式并存、多条价值链相互交织的复合型网络分工体系。

表 4 - 5   2000 ~ 2015 年东亚经济体与其主要贸易伙伴之间的中间品贸易份额

国家或地区	CHN	HKG	IDN	JPN	KOR	MAL	PHL	SGP	TWN	THL	ASEAN	EA	Not	USA	World
CHN	—	0.44	0.55	0.33	0.57	0.61	0.68	0.57	0.6	0.59	0.6	0.46	0.32	0.25	0.37
HKG	0.56		0.7	0.44	0.75	0.67	0.74	0.54	0.6	0.77	0.68	0.63	0.4	0.29	0.5
IDN	0.54	0.4		0.54	0.55	0.61	0.4	0.57	0.58	0.51	0.56	0.54	0.4	0.23	0.48

续表

国家或地区	CHN	HKG	IDN	JPN	KOR	MAL	PHL	SGP	TWN	THL	ASEAN	EA	Not	USA	World
JPN	0.68	0.69	0.71		0.71	0.7	0.81	0.71	0.67	0.74	0.72	0.69	0.43	0.42	0.56
KOR	0.77	0.84	0.83	0.71		0.78	0.82	0.81	0.81	0.74	0.79	0.77	0.47	0.44	0.63
MAL	0.81	0.78	0.6	0.72	0.77		0.7	0.73	0.83	0.64	0.7	0.75	0.52	0.47	0.65
PHL	0.7	0.78	0.51	0.55	0.62	0.82		0.85	0.78	0.71	0.81	0.7	0.52	0.47	0.63
SGP	0.78	0.83	0.85	0.6	0.79	0.84	0.81	—	0.78	0.72	0.82	0.8	0.62	0.51	0.73
TWN	0.77	0.83	0.79	0.67	0.82	0.81	0.89	0.88	—	0.71	0.83	0.79	0.56	0.51	0.7
THL	0.6	0.63	0.59	0.43	0.51	0.61	0.54	0.69	0.6	—	0.64	0.57	0.31	0.25	0.45
ASEAN	0.68	0.75	0.7	0.56	0.62	0.72	0.63	0.68	0.71	0.62	0.68	0.66	0.42	0.33	0.56
EA	0.71	0.59	0.69	0.47	0.65	0.71	0.75	0.69	0.67	0.67	0.7	0.64	0.39	0.33	0.51
Not EA	0.39	0.57	0.5	0.35	0.42	0.64	0.54	0.6	0.47	0.46	0.56	0.43	0.47	0.41	0.46
USA	0.46	0.58	0.46	0.45	0.52	0.76	0.78	0.72	0.52	0.62	0.69	0.53	0.55	—	0.55
World	0.54	0.59	0.62	0.4	0.52	0.68	0.67	0.65	0.58	0.58	0.64	0.54	0.45	0.38	0.47

表4－6　2000～2015 年按东亚经济体与其主要贸易伙伴之间的最终产品贸易份额

国家或地区	CHN	HKG	IDN	JPN	KOR	MAL	PHL	SGP	TWN	THL	ASEAN	EA	Not EA	USA	World
CHN	—	0.55	0.36	0.64	0.36	0.36	0.27	0.42	0.34	0.39	0.38	0.52	0.68	0.74	0.62
HKG	0.22		0.27	0.49	0.2	0.32	0.25	0.45	0.32	0.22	0.31	0.28	0.57	0.7	0.45
IDN	0.1	0.34		0.13	0.07	0.17	0.27	0.26	0.07	0.23	0.24	0.15	0.41	0.62	0.26
JPN	0.3	0.29	0.28		0.26	0.29	0.18	0.28	0.32	0.25	0.27	0.29	0.57	0.58	0.43
KOR	0.23	0.15	0.16	0.27		0.21	0.15	0.18	0.19	0.25	0.2		0.52	0.56	0.37
MAL	0.11	0.21	0.19	0.22	0.11		0.17	0.24	0.13	0.21	0.23	0.19	0.41	0.52	0.28
PHL	0.23	0.2	0.41	0.38	0.26	0.13		0.13		0.16	0.16		0.46	0.52	0.32
SGP	0.22	0.16	0.13	0.37	0.2	0.15	0.16	—	0.21		0.17		0.36	0.49	0.26
TWN	0.22	0.17	0.2	0.32	0.17	0.19	0.11	0.11	—	0.28	0.16	0.21	0.43	0.49	0.29
THL	0.29	0.35	0.35	0.51	0.31	0.29	0.44	0.29	0.35	—	0.31	0.36	0.65	0.71	0.5
ASEAN	0.19	0.23	0.2	0.3	0.17	0.19	0.27	0.24	0.19	0.24	0.23	0.23	0.5	0.62	0.35
EA	0.24	0.4	0.24	0.46	0.27	0.25	0.21	0.27	0.29	0.28	0.26	0.32	0.59	0.66	0.46
Not EA	0.22	0.38	0.2	0.27	0.19	0.22	0.17	0.22	0.24	0.18	0.21	0.23	0.39	0.39	0.36

国家或地区	CHN	HKG	IDN	JPN	KOR	MAL	PHL	SGP	TWN	THL	ASEAN	EA	Not EA	USA	World
USA	0.34	0.38	0.3	0.42	0.34	0.21	0.13	0.27	0.35	0.28	0.25	0.34	0.39	—	0.38
World	0.23	0.39	0.23	0.35	0.22	0.24	0.2	0.25	0.26	0.24	0.24	0.28	0.43	0.48	0.39

注：①CHN：中国，HKG：中国香港，IDN：印度尼西亚，JPN：日本，KOR：韩国，MAL：马来西亚，PHL：菲律宾，SGP：新加坡，TWN：中国台湾，THL：泰国，EA：东亚，ASEAN：东盟，USA：美国。

②表 4 - 3 ～ 表 4 - 6 资料来源：Vu，T. K. Intra-regional trade in intermediate goods and macroeconomic interdependence in East Asia. Available at SSRN 3462240，2018.

东亚的区域内贸易变化还可以通过基于迪岑巴赫等（Dietzenbacher et al.，2005）可视化计算的方法揭示出来。图 4 - 5 刻画了 1985 ～ 2005 年，东亚—美国生产网络的演变过程，这一图形的演变正好能够发现随着中国加入区域内供应链和贸易链所带来的中心和节点变化。可视化计算的方法基于迪岑巴赫等（2005）。在图 4 - 5 中，箭头代表了在经济体之间的供应链，箭头的方向即为中间产品流动的方向。每个箭头的宽度表示双边联系的紧密的程度，长度则是以 APL（average propagation length）衡量的该特定供应链的技术分散程度和复杂程度。箭头长度越长，产业链所涉及的技术分散程度和复杂程度越高。从图 4 - 5 可以了解到，在 1985 年，印度尼西亚、日本、马来西亚、新加坡四个国家组成了东亚生产网络的主要部分。在这一生产网络中，日本作为生产网络的中心，向资源密集国家如印度尼西亚、马来西亚构建供应链，以发展本土产业。在该阶段，东盟区域内受制于经济发展水平的影响，区域内产业联系较少。1990 年，随着日本国内产业升级与转移，东亚生产网络中的参与者数量增加，除了资源供给者之外，韩国、泰国及中国台湾等发展中国家或地区承接了来自日本产业的转移，参与到区域生产网络之中。这些国家（地区）往往作为日本加工装配的基地，从日本进口核心零部件，在境内进行加工，装配，测试并出口至其他国家。据此区域生产网络开始形成并极大地推动了发展中国家（地区）经济的腾飞。在该阶段，东盟区域内的产业分工还仅局限在新加坡与马来西亚之间，区域内联系依然较少。

到 20 世纪 80 年代末，贸易和外国直接投资的流动已经将东亚编织进了一个关系网络之中。跨国公司开始了新一轮的对外扩张。在这个阶段，以日本、美国为主的跨国公司开始只关注产品概念、设计、研发、营销服务等知识、技术密集型的环节，而为拓展市场，降低成本采取全球化战略，将标准化产品生产大规模转移至发展中国家。随着东亚区域内分工体系的不断调整和完善，东亚各国或地区经济发展的联系也越发紧密，一方面在东亚内部形成了区域生产网络；另一方面又将东亚地区与世界其他地区的经济发展紧密联系起来，形成全球生产网络。因此，由垂直专业化生产和全球价值链建设形成的生产网络同东亚的区域内贸易相辅相成，将整个东亚新兴经济体变成了全球经济的代工厂。

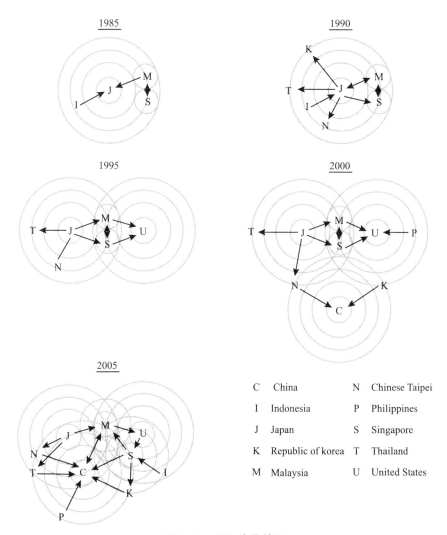

图 4 - 5　APL 变化情况

资料来源：埃斯卡伊斯和敬太郎（Escaith and Inomata, 2013）。

很显然，无论是雁行模式还是垂直专业化生产都涉及世界经济中的边缘从中心承接产业转移，只不过后者的产业转移的来源更加多样化，也进一步深入产品组件的层面。总体说来，东亚成功地抓住跨国产业转移的战略机遇，并由此获得产业国际竞争力，缩短了与原有生产率中心的差距。以人均 GDP 为例，如图 4 - 6 所示，日本在 20 世纪 80 年代初实现了人均GDP 突破 10000 美元，韩国在 20 世纪 90 年代中期实现了人均 GDP 突破10000 美元，而中国于 2019 年实现人均 GDP 突破 1 万美元。所以，单从图 4 - 6 的人均 GDP 演进形式上就可以看出，东亚中日韩三国的经济发展呈现出雁行赶超状态，即后进国家或者新兴工业国家（如韩国、中国等）获取先进工业国家（如日本）的产业技术，沿着先进工业国的经济成长足迹追赶的情况下，通常都会遵循产业发展的雁行形态这样一条追赶规律。除了原有东亚的雁行模式外，垂直专业化生产在中国的经济赶超中发挥了更为重要作用。

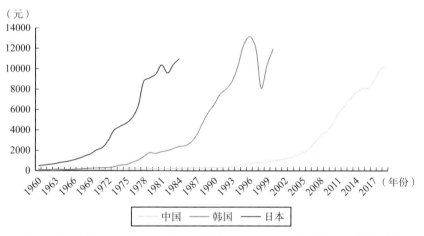

图 4 - 6   1960 ~ 2018 年中日韩三国人均 GDP 迈向 10000 美元的雁行赶超
资料来源：1960 ~ 2018 年数据来自 WDI，2019 年中国人均 GDP 来自统计公报。

（三）东亚新兴经济体出口导向政策的成就及其挑战

从表面上看，东亚新兴经济体的出口导向政策似乎与其他主要发展中经济体差别并不大。首先，进口替代通常都是产业发展的必经阶段。其次，在产业选择上都经过了从非耐用消费品到中间产品、资本品和耐用消费品的过渡。以韩国为例，政策干预特征十分明显。克拉维斯等（Kravis et al., 1978）通过测试购买力平价进行国际价格比较，显示在美国值一美元的物品，在韩国购买需要多少韩元。那些数据呈现了 153 个产品部门的情况，剔除非贸易部门后，总共剩下 103 个可贸易部门。在这些部门中，73 类产品的价格设定在购买力平价汇率低于（通常是远低于）官方汇率的水平。这类部门包括韩国当时的大部分出口产品，如服装、鞋类和某些食品。购买力平价汇率高于官方汇率（因此如果允许进口，进口品会相当昂贵）的部门包括，大多数的机械设备、船舶和机动车辆。客运汽车的购买力平价汇率是官方汇率的 110% 以上。大部分这些高价（并被高度保护）的部门，后来都成为 20 世纪 70 年代重化工业的核心。因此，在 20 世纪 60～70 年代，韩国有意操纵国内价格，以推行关键重工业部门的进口替代措施，而除了享受几乎是被低估的官方汇率，轻工业价格多数情况下既不需要也没有得到这样的支持。这样的价格结构显然不是华盛顿共识有关贸易商品自由市场定价的逻辑延伸。

正如我们在前面的分析中所指出的那样，对于一个需要将资源从传统部门导向现代制造业部门的外围经济体，产业政策干预势在必行，用以缓解两类（市场）协调难题。在现代部门存在规模经济和关键投入的非贸易性条件下，市场对资源的分配能力很低：市场价格只有在普遍被接受时才能反映不同活动的收益性。然而，在经济体内进行大规模的资源配置之前，原有的市场价格并不会对生产活动的收益性提供任何信号。因此，无论是投资外部性还是知识本土化都需要相应的政策干预。具体地讲，继日本之后，东亚新兴经济体通过补贴金融中介动员储蓄，进而间接补贴投资外部性，从降低融资成本和提高投资回报率两个角度发力，缓解了投资不足的压力。东亚新兴经济体对知识本土化外部性补贴则是通过发展面向出口的产业集群得以实现，有效发挥了技术引进的知识外溢效应，从而达到提升生产率的目的。

日本由于在二战前就已经跻身发达国家行列，主要依靠从德国移植过来的全能银行（universal bank）来解决协调问题。全能银行同时提供营运资本和固定资本，并拥有对企业管理决策进行监督的制度安排，使其对于工业企业的支配远远超出了金融控制的范围。政府则通过对银行信贷的窗口指导和提供外汇进行产业政策干预。随着资本短缺状况的缓解，银行和产业间的关系变得更为平等，工业企业日益将其与某个单一银行的联系，转变为与几个银行的合作关系。部分企业甚至反向投资银行形成了被称为财阀的大型企业集团。财阀属于产业群体，每个群体都有一家核心银行，由几个家族通过交叉持股控制。与此同时，企业走向国际化经营也降低了外汇约束。资本短缺状况缓解和外汇约束降低的共同作用使得日本产业政策干预日趋式微。

东亚新兴经济体由于发展更加落后，政府干预更显突出。除了采用类似日本那样的信贷补贴激励投资外，韩国和中国台湾还分别通过支持大型企业集团（财阀）和核心企业的分包网络发展，推动面向出口的产业集群形成，促进技术引进的知识外溢效应发挥。

韩国的产业政策干预主要经历了两个阶段。20世纪60年代，韩国综合运用信贷、外汇和财政补贴支持所有的出口产业。20世纪70年代，转向有选择支持大型企业集团（财阀）实现重化工业的内部协调。现代公司的造船经历提供了大型企业集团内部协调技术的不完全贸易及其与规模经济相互作用的典型案例。

公司一开始从苏格兰的工厂进口他的基础设计，但很快发现无法制造出来。因为原来的制造商只有制造一半船的能力，苏格兰的设计是以把船分为两等份生产为基础的。当现代公司进行同样的生产过程时，发现生产出来的两等份相互不完全适合。随后，从欧洲咨询公司进口的设计也有问题，公司无法保证生产的速度，导致产生很高的延期成本。发动机可以从日本供应商那里得到，但是明显比日本船厂得到的价格要高。而且，船的购买者会经常要求修改设计，在缺乏内部设计能力的情况下，这是现代公司没有能力承担的。只有足够大的生产能力，现代公司才会获得补偿去整合设计和机器生产。

现代公司投资造船的时机极为糟糕。1975年，欧佩克高昂的油价已令超级油轮的需求大幅减退，现代公司签下的为数不多的合同中又有一份被取消。没人想要他们的超大型油轮，迫使船价下跌。但是朴正熙总统使得国民议会通过一项法案，对用韩国制造的油轮进口石油到韩国的给予优惠的利率和其他待遇。这一政策待遇成功稳定了现代公司造船市场需求。考虑到韩国是一个重要的石油进口国，郑周永抢先买下自己的油轮，然后做起石油运输生意，造船厂取得了自身所需的开门红，而韩国则成为世界上主要的造船国之一①。

与韩国相比，中国台湾更强调中小企业的作用，并通过核心企业的分包网络将中小企业组织起来，但在通过政策干预缓解市场协调难题方面不

---

① 郑周永是现代公司创始人。

逞多让①。正如韦德（Wade，1990）所指出的那样，中国台湾选择工业进行扶植是以"工程概念"为基础，例如起飞、联结、缺口、替代和增加的范围这些概念，明显围绕投资外部性和产业集群建设展开。在 20 世纪 80 年代建立不锈钢工厂的理由，就是去"填补台湾基础结构的缺口"。类似地，"电子工业的发展是借助于一张输入—输出地图的帮助来实现的，这地图使台湾地区内部的生产结构缺口突出了"。政策干预也在台湾的知识本土化过程中发挥重要作用②。1974 年，台湾地区成立了电子工业研究所，来引进岛外技术并散布给当地的企业。电子工业研究所建立了第一个制造晶圆的模拟商店，并加入美国无线电公司的技术转让协议。研究所对那些将到私人企业工作的工程师进行培训。这个战略使得很多私人部门分支将电子工业研究所发展的技术商品化。

东亚新兴经济体产业政策干预不仅成功地实现了工业化，而且还加速了经济增长。帕金斯（2015）运用杨格（Alwyn Young，1995）的方法证实东亚诸多经济体，如 1961～1963 年的韩国，1960 年的中国台湾，1965 年的印度尼西亚，1978 年后的中国，1986～1989 年的越南，以及一定程度上 1965 年的新加坡，都出现了由迅速飙升的 TFP 驱动的高增长，进而带动投资对增长的贡献。金和刘遵义（Kim and Lawrence J. Lau，1996）运用总量生产函数将低收入东亚经济体大部分增长归因于资本形成，但也同时证实这些经济体拥有非常大的规模经济。帕金斯认为东亚新兴经济体 TFP 改进并非来自技术变革，而是来自产业政策干预以及开放经济主动寻求产业转移战略机遇促进了工业化和城市化，将低生产率的农业劳动力转移到较高生产率的城镇就业岗位。

东亚新兴经济体在实现工业化和获取产业国际竞争力方面取得的巨大成就给我们提出这样一个严肃的问题，为什么采取本应有类似效果进口替代政策的主要发展中经济体却收获了大相径庭的结果？究其原因，与这些经济体市场基础的差异密切相关。

弗兰克等（Frank et al.，1975）通过比较朴正熙时代特定产品的韩国单项价格和世界价格测量有效保护率。根据他们对 150 部门有效保护的估算，44 个部门获得了 20% 或更多的有效保护率，另外 24 个部门是 –20% 或更多的负有效保护率，剩下的 82 个部门则在正负 20% 之间。如果将负

---

① 中国台湾许多小企业都是某个核心企业的分包商，即所谓的"关系公司"。核心企业通常都是行业协会的成员，负责梳理行业与台湾当局的诸多关系。

② 此处本土化从经济体角度来考察。

的有效保护率与世界价格画上等号，那么韩国绝大多数的价格与世界价格相差并不大。这充分证实即使在韩国产业政策干预最激烈的时期，也未伤及其市场基础。此外，东亚新兴经济体良好的市场基础既体现在由来已久的活跃的区域内贸易上，又为遥遥领先于其他主要发展中经济体的经济自由度和营商环境表现所反映。很显然，良好的市场基础使得东亚新兴经济体产业政策干预效果达到最大化，充分实现投资和知识的外溢效应。

与此形成鲜明对照，实施进口替代政策的主要发展中经济体市场基础的薄弱使得投资和知识的外溢效应根本无从发挥，也相应制约了产业政策干预效果。更加严重的是，还可能引发市场基础薄弱和产业政策干预之间的恶性循环，即市场基础的缺乏可能激励更多的产业政策干预，带来更多的市场扭曲和政策寻租，进一步削弱市场基础。正是由于东亚新兴经济体先天市场基础能够与必要的产业政策干预相互成就，较好地调整政府和市场边界东亚新兴经济体的关系，才能够实现从进口替代政策向出口导向政策的跨越，成功地抓住产业国际转移带来的战略机遇，并由此获得产业国际竞争力。具体地讲，东亚新兴经济体初始收入低下，特别是良好的市场基础和合适的产业政策干预共同作用实现了生产成本最小化，一度使其成为戈莫里和鲍莫尔所说的中心国家理想贸易伙伴，从而顺利承接产业国际转移。

然而，尽管东亚新兴经济体出口导向政策取得了巨大成就，但这种产业政策性质的干预毕竟具有时效性及其自身的寿命周期。从内部条件讲，产业政策干预必须随着现代部门不断扩张而适时退出。产业政策干预的本意就是缓解投资和知识外溢效应不足的（市场）协调难题，帮助外围经济体将从资源从低效率的传统部门导向现代制造业部门。当现代部门成长为经济主体以后，继续进行产业政策干预不仅可能损坏原有的政策效果，而且会引发政策寻租泛滥。

以产业政策干预力度最大的韩国为例，自 20 世纪 80 年代初以来，随着重化工业取得成功，对于需要发展哪些产业，对应公司又需怎样的结构，韩国政府一直尽量避免做出直接决定。其中一个重要原因就是自 1961年开始的产业政策干预，至此已经演变成日益猖獗的政策寻租（帕金斯，2015）。鉴于关税政策实施很久以后，政府通过发放许可证等其他程序对产业进行重重干预不复存在，大型企业为了能够继续加入游戏，不得不与政府保持密切接触，以获得大量财政资助。这就为政策寻租打开了巨大空间，以致朴正熙以后的历届韩国总统及其家人几乎都卷入了腐败丑闻，所敛钱财或用于个人挥霍，或用来扶持那些能在离任后确保自身持续影响力的制度。简言之，韩国前 20 年的产业政策干预出现了浦项制铁这类可说是世界上最高效的钢铁企业；而在接下来的 20 年，产业政策干预下产生的韩宝等钢铁公司，其破产直接促成了 1997～1998 年的危机。

从外部条件讲，产业国际转移的战略机遇期消失也要求产业干预政策改弦易辙。随着与中心国家生产率差距的缩短，曾经的外围经济体迟早会不再成为理想贸易伙伴，产业政策干预空间也由此受到打压。日本于 20 世纪 80 年代起逐步成为美国的主要竞争对手，日本与美国之间的贸易战此起彼伏，随着广场协议签订和日本经济泡沫破灭，东亚区域内贸易的雁行模式日渐式微，并最终被垂直专业化生产的新模式所替代。日本对美出口在 20 世纪七八十年代飙升，而且高度集中在特定行业，这导致两国之间的贸易摩擦不断加剧。在日本成为出口大国的过程中，其出口构成从劳动密集型产品转向更精密、更先进的产品。美国一个又一个产业在与日本竞争中败北：从 20 世纪 50 年代的棉纺织品和服装到 20 世纪 60 年代的晶体管收音机、唱片机和体育用品；20 世纪 70 年代的电视机、电子消费品和钢铁；最后再到 20 世纪 80 年代的汽车、半导体和办公设备。

日本对美出口浪潮引发美国对日本的贸易限制，迫使日本将部分产业转移至韩国和中国台湾进行规避，进一步引发美国对韩国和中国台湾进行类似的贸易限制。20 世纪 80 年代后半期韩国就在美国的压力下，大力降低贸易壁垒。1995 年韩国加入发达国家俱乐部，即经济合作与发展组织，将拆除贸易和投资壁垒的努力提升到一个新的高度。

尽管由于垂直专业化生产特殊性加大了实施保护贸易政策的难度，中国和美国贸易摩擦被推迟了，但最终却来得更为猛烈。在垂直专业化生产影响下，中国对美出口的价值中只有一半确实来自"中国制造"。中国出口中有不少是加工产品或外国生产的零部件组装成的产品，这意味着它们的大部分价值都来自从日本、韩国、德国和美国等国家采购的半成品（Koopman et al.，2012）。与日本出口产品都是由日本生产商在日本本土生产（如丰田、本田、松下、索尼），对美国生产商构成了直接竞争不同，中国出口产品有相当一部分是由美国公司自身外包的，而且都是美国知名品牌，如耐克的鞋、沃尔玛出售的服装、苹果的电子产品等，这不可避免地给美国实施保护贸易政策增添了难度。不过，随着东亚新兴经济体，特别是中国，从产业国际转移中获得明显的聚合经济和知识外溢效应，假以时日足以引发世界经济生产率中心的转移或新的生产率中心形成，被延迟的中美贸易摩擦最终还是以更猛烈的方式呈现出来。

由此可见，无论从现代部门成长起来后完善资源配置还是生产率的提升会被要求承担更多的国际互惠责任，东亚新兴经济体产业政策干预终将随着工业化完成受到越来越多的限制。

（四）小结

与先行的发达经济体不同，东亚新兴经济体面临的首要问题就是需要进行更多的政策干预培育市场基础。正是由于东亚新兴经济体选择合适的政策干预方式缓解了投资和知识外溢的市场协作难题，进一步巩固了原有的市场基础，才得以实现出口导向政策最优效果。很显然，正是这种对政府和市场边界的较好处理，才使得东亚新兴经济体能够从发展中经济体中脱颖而出，先后通过雁行模式和垂直专业化生产，实现从进口替代向出口导向政策的跨越，成功地抓住了美国主导的第二次经济全球化提供的国际产业转移战略机遇期。

三、本章小结

根据上面的分析，东亚新兴经济体为我们展示了一个经济体在欠缺现代农业革命的前提下，如何通过出口导向实现工业化的经典案例。与东亚新兴经济体成功的出口导向工业化形成鲜明对照，二战后长期推行进口替代政策的俄罗斯、巴西和印度却始终未能培育起产业国际竞争力。究其原因，俄罗斯、巴西和印度过度依赖进口替代的政府干预不仅会损害市场机制运行，而且还阻碍了对世界经济的积极融入。只有东亚新兴经济体较好地实现出口导向政策和市场经济结合，得以成功地抓住美国主导的第二次经济全球化提供的产业国际转移战略机遇期。具体地讲，东亚新兴经济体工业化的成功得益于与其他实施进口替代政策的主要发展中经济体相比的两个主要区别。

第一，东亚新兴经济体良好的市场基础和必要的产业政策干预形成良性互补，充分发挥了投资和知识的外溢效应。一方面，作为世界经济的外围，东亚新兴经济体工业化必须运用产业政策干预缓解投资外部性和知识本土化的市场协调难题，将资源从传统部门导向现代制造业部门；另一方面，东亚新兴经济体较好的市场基础促进了市场基础和产业政策的良性互补，又确保了产业政策干预效果。东亚新兴经济体从自身较好的先天市场基础获益良多，可以将政策干预力度更多地集中于市场外部性治理，这就减轻了政策过度干预的压力及其带来的市场扭曲和政策寻租风险，促进了市场基础和产业政策的良性互补。如果像其他主要发展中经济体那样，市场基础薄弱到投资和知识的外溢效应根本无从发挥，东亚新兴经济体产业政策干预同样也会因政策干预难度加大，失去用武之地。

第二，尽管起步有先后，东亚新兴经济体最终都转向主动寻求产业国际转移的战略机遇，并同世界经济积极融合。其他主要发展中经济体受结构主义学派影响至深。结构主义观点强调供给的低弹性及市场不完全，这些限制了要素的流动性以及行为人对价格和激励信号做出的反应。其中缪尔达尔、普雷比什和辛格在强化对出口初级产品的悲观预期方面影响特别巨大。正是这种对市场机制作用的极度悲观，这些主要的发展中经济体主动同国际市场脱钩，转向主要依赖进口替代工业化的产业政策干预对冲农产品贸易条件的周期性恶化①。除了先天的市场基础以外，东亚新兴经济体绝大多数资源匮乏，只能依赖国际市场出口制成品用于弥补国内农产品供给的不足。因此，东亚新兴经济体最终都转向积极融入中心国家主导的世界经济，并从中积极寻求产业国际转移的战略机遇。很显然，如果没有对世界经济的积极融合，东亚新兴经济体市场基础和产业政策的良性互补并不能转化为现实，进而获得产业国际竞争力。

东亚新兴经济体上述两大特征，即市场基础和产业政策的良性互补以及对世界经济积极融合，对工业化成效至关重要。具体地讲，同其他实施进口替代政策的主要发展中经济体相比，类似的产业政策干预对市场外部性治理反而进一步巩固了市场基础，由此迅速提升了全要素生产率，并带动了投资增长。相反，其他实施进口替代政策的主要发展中经济体则将国内市场价格扭曲至被保护企业免于国际竞争地步。更为重要的是由于先天市场基础不足并遭到进一步削弱，如此力度的政策干预只是部分提高了投资率，并没有实现知识本土化带来的外溢效应，其他主要发展中经济体始终未能获得相应的产业国际竞争力。与此同时，市场基础和产业政策的良性互补对产业国际竞争力培育的积极作用进一步激励了东亚新兴经济体对

---

① 产业政策干预另区分为两种类型，其中纳克斯（Nurkse，1953）主张平衡增长，即资本同时分配给很大范围的产业，赫希曼则主张非均衡增长，以充分利用生产过程前向和后向联系的优势。

世界经济的融合。

综上所述，正是由于市场基础和产业政策的良性互补，加上与世界经济积极融合，在发展中经济体中，只有东亚新兴经济体先后通过雁行模式和垂直专业化生产，成功地抓住了美国主导的第二次经济全球化提供的产业国际转移战略机遇期，缩短了与中心国家的生产率差距。

第五章　全球化经验和目前面临的问题

自从统一的世界经济形成以后，如何处理贸易和增长的关系是所有希望实现现代经济增长的经济体都要面临的挑战。只有在此基础上，我们才能更为准确地判断和评估不同贸易和关税政策的价值。

一、两次全球化经验

通过对主要发达经济体和发展中经济体贸易和关税政策实践的简要回顾，我们可以总结出如下一系列两次全球化的经验：

第一，产业政策干预及其配套的保护关税是实现现代经济增长的必要条件。实现现代经济增长的关键在于打破二元经济结构，将资源从传统部门导向现代制造业，包括开放经济中的出口贸易部门。在现代制造业部门得以形成之前，投资和知识外溢的协调难题要求这样的政策干预。

即使是第一个实现工业化的英国，也是通过重商主义政策达到目的。总的说来，重商主义是产业政策干预和配套保护关税政策的组合。只有这样，才可以将农业部门和贸易伙伴的经济租金转化为本国制造业部门的利润，确保产业国际竞争力政策干预效果的获取。保护关税看似配套政策，却对保障产业政策干预效果不可或缺。否则，如果关税连策略性的抵销作用都发挥不了，任何产业政策干预都可能因贸易伙伴的保护关税而徒劳无功。

与英国形成鲜明的对照，当时的世界经济中心国家西班牙由于未能有效实施产业政策干预及配套的保护关税政策，致使其陷入典型的"荷兰病"，最终丧失产业国际竞争力。

第二，在世界经济中，越是外围的经济体，越需要更大力度的政策干预，受到的约束也越严苛，特别是需要中心经济体提供的产业国际转移战略机遇。

与第一个实现工业化的英国不同，其他所有外围经济体都是从采用出口初级产品、进口工业制成品的李嘉图贸易战略开始起步。不过，生产率提高恶化初级产品贸易条件的可能性以及初级产品贸易条件周期性不稳定的事实，这两者均要求外围经济体转向卡尔多贸易战略，推动自身的工业化。

越是外围经济体，越可能面临农业欠发达的状态，农业生产率的提高不足以提供制造业部门扩张的资源，从而加大了对制成品出口贸易的依赖。作为外围经济体，如果没有中心经济体提供的产业国际转移战略机遇，获得产业国际竞争力几乎寸步难行，因为外围经济体任何的产业政策干预及其配套的保护关税都可能因中心经济体的政策对冲效果化为乌有。

幸运的是，对外围经济体而言，这样的产业国际转移战略机遇确实存在。考虑到中心经济体始终需要提升生产率用以消化不断攀升的工资成本，这就要求将低附加值产业转移出去，把释放的资源更多地用于高附加值产业扩张，并给外围经济体提供了工资套利驱动的产业国际转移战略机遇。正是出于这样的产业升级考虑，作为当时世界经济的生产率中心，英国和美国先后倡导自由贸易政策，分别主导了第一次和第二次经济全球化。其中，英国在 1846～1873 年推动了新的主导产业，即钢铁、蒸汽机和铁路集群形成，使其总资本形成率在 19 世纪 40 年代铁路大繁荣时期一举跨越 10% 的工业化门槛，从而巩固了第一次工业革命成果，实现了向现代经济增长的转型（迪恩，1961）。美国在 1973～1998 年推动的第二次经济全球化不仅一度修复制造业国际竞争力，而且还主导了发端于 20 世纪70 年代，以互联网为代表的信息通信技术产业集群，在全球范围内获得规模经济。

与此同时，第一次和第二次经济全球化也给外围经济体提供了最为重要的产业国际转移战略机遇期。其中，1873～1896 年的通货紧缩，使得第一次经济全球化提供的战略机遇期意外延长，德国和美国由此一举赶超英国，成为世界经济新的生产率中心。在第二次经济全球化中，东亚新兴经济体异军突起，实现了从雁行模式到垂直专业化生产的飞跃，也成功地抓住了相应的产业国际转移战略机遇，缩短了与中心国家的生产率差距。

第三，只有市场基础和政策干预形成良性互补，动态形成政府和市场的合理边界，才能确保产业政策干预及其配套的保护关税效果，充分发挥投资和知识的外溢效应。良好的市场基础在确保产业政策干预及其配套的保护关税效果方面至关重要。除了擅长处理分散、隐藏的知识和信息，市场还能够保留可能被其他组织弱化的足够激励。当市场基础薄弱到投资和知识的外溢效应根本无从发挥时，产业政策干预及其配套的保护关税只会加剧市场扭曲，达不到缓解投资外部性和知识本土化的市场协调难题目的。换言之，只有市场基础良好的经济体，才可以通过产业政策干预及其配套的保护关税，成功地将资源从传统部门导向现代制造业部门，并获得相应的产业国际竞争力。

尽管保护关税对实现美国国内市场优先的克莱"美式体制"极为关键，但20世纪20年代的美国关税政策比通常所认为的温和，并未损及其市场基础。弗尔克斯（1971）的研究证实，美国经济活动总水平对一战后的进口"提供了几乎唯一的'解释'"，并且"价格变动只起很小的作用"。世界银行（1995）的研究也表明，东亚新兴经济体国内价格扭曲较少。（1）HPAEs的关税税率和贸易壁垒都调整得比大多数发展中国家水平低。① （2）对许多大量经济的实际GNP进行比较研究发现，HPAEs可贸易产品的国内可比价格与其他地区经济相比更接近于国际价格。即使是政策干预力度突出的韩国，弗兰克等（1975）的研究也证实，如果将负的有效保护率与世界价格画上等号，那么朴正熙时代的韩国绝大多数价格与世界价格相差并不大。相反，那些缺乏良好市场基础的外围经济体，如实施进口替代政策的发展中经济体，则更多地陷入了政策干预失效和市场扭曲加剧的恶性循环。除了一度提高投资率外，始终未能实现知识本土化带来的外溢效应，也没有获得相应的产业国际竞争力。

第四，伴随着现代制造业部门不断扩大，特别是与中心经济体生产率差距的明显缩小，能够给外围经济体带来产业国际转移战略机遇期的经济全球化终将面临转型挑战，并极大限制产业政策干预及其配套的保护关税作用空间。

产业政策干预的本意就是在现代制造业部门得以形成以前，通过缓解投资外部性和知识本土化的市场协调难题，将资源从传统部门导向现代制造业部门。随着现代制造业部门不断扩大，继续坚持这样的政策干预并不会获得新的规模经济，并有陷入政策寻租泥潭危险。此外，当外围经济体现代制造业部门扩大到与中心经济体生产率差距明显缩小的时候，外围经

---

① HPAEs指在1965~1990年取得高速增长亚洲经济体，即日本，亚洲"四小龙"——中国香港、韩国、新加坡、中国台湾，以及东南亚的3个新兴工业化国家（NIES），即印度尼西亚、马来西亚和泰国。

济体将不再成为中心经济体的理想贸易伙伴，产业国际转移战略机遇及其政策干预空间也会因中心经济体的反制而受到打压。因此，外围经济体最终面临的内部和外部经济条件均会限制产业政策干预及其配套的保护关税作用空间，迫使经济全球化进行转型。

由此可见，贸易和关税政策与经济增长的关系错综复杂。诚然，自由贸易和低关税政策只是在生产率中心国家主导经济全球化时才会成为潮流，确实属于政策的例外。不过，外围经济体产业政策干预及其配套的保护关税也只有在自身具备良好的市场基础，并存在产业国际转移战略机遇条件下，才会收到应有的成效。因此，所有经济体都要根据各自不同的发展阶段，特别是在国际产业分工中的地位，采用合理的贸易和关税政策，动态调整市场和政府的合理边界，维护自身的产业国际竞争力，才能将对外贸易转化为经济增长动力。

二、第二次经济全球化面临的问题

根据前面的分析，从 1973 年开始的第二次经济全球化正是应对工业化完成后增长结构性减速难题的产物，发达经济体希望由此实现通过产业国际转移促进产业创造和升级的发展战略。然而，由于东亚新兴经济体先后通过雁行模式和垂直专业化生产明显缩小了与中心国家生产率差距，目前第二次经济全球化正面临产业转移内在动力不足，进而丧失可持续性问题。对中心国家而言，国际产业转移的本意是释放被低附加值产业束缚的资源，用于高附加值产业的扩张，以生产率提升来消化不断攀升的工资成本。除非新的高附加值产业能够源源不断地产生，这样的产业转移并不会是毫无限制的。

考虑到新培育的产业源于产品及其对应客户高度不确定的双边市场，或更准确地说多边市场，这就不可避免地会产生市场（参与）一边的决策对另一边的间接外部效应。只有不断完善利益相关各方的治理，缓解市场协调难题，这样的市场才能被创造出来，并形成相应的新产业。一旦中心国家双边市场利益相关者治理出现明显不足，就可能造成新产业培育跟不上产业国际转移的速度，从而要求从贸易自由化后撤，并对经济全球化调整。具体地讲，正是在布雷顿森林体系解体后浮动汇率制和资本自由流动的推动下，美国股东主义兴起带来的双边市场外部性治理缺陷，不仅低估了离岸生产商获取知识外溢的潜力，更是损害了其本土生产网络和创新生态的完整性。因此，需要对美国由股东主义带来的双边市场外部性治理不足进行简要剖析。

（一）双边市场外部性治理的发展

应对双边市场外部性，需要综合运用产业政策干预、纵向一体化和互联网平台不同治理模式。双边市场早在工业化理论中就有所涉及。正如梅尔和劳赫（2004）所指出的那样，通过工业化实现现代经济增长的关键在于打破二元经济结构，将资源从低生产率的传统农业部门导向高生产率的现代制造业部门。现代制造业之所以能够产生高生产率，与其作为现代部门的双重发展特点密切相关。一方面，现代部门生产活动存在规模经济，整个行业产出扩张能够带来回报增长；另一方面，与现代部门生产相关的关键投入（技术）的可贸易能力很低。这样的特点表明协作投资的回报率会很高，但单个投资的回报率却只能保持在低水平，从而可能导致（市场）协作失败。具体地讲，在这样的特点下，市场对资源的分配能力很低，市场价格只有在普遍被接受时才能反映不同活动的收益性。然而，在经济体内进行大规模的资源配置之前，原有的市场价格并不会对生产活动的收益性提供任何信号。因此，实现工业化需引入产业政策干预，将资源导向现代制造业部门。

威廉姆森（2002）较早地通过引入双边市场剖析了生产或知识外部性的微观形成机制，揭示出生产规模经济与专用技术低贸易性之间的潜在冲突。尽管专用技术具有高生产率的潜力，但其所涉及的专用资产投资则有可能因双边市场交易的机会主义行为而失败。具体地讲，专用资产一旦形成，就很难再改变用途，并形成巨大的沉淀成本，就可能恶化率先进行投资一方的贸易条件，以致投资激励不足，甚至交易根本无法产生。很显然，购买由专用技术所生产产品一方的决策对专用资产投资方产生了外部性。

为此，威廉姆森提出了降低双边市场交易成本两大应对之策。其一，通过纵向一体化形成共同所有权，将专用资产和技术终端买方决策外部性内部化；其二，通过专用资产投资方（实质是专用技术产出卖方）和相应的专用技术产出买方签订互惠协议而扩大合同关系。专用技术产出卖方和买方之间的互惠意味着供给/生产者和需求/消费者之间可能存在的角色转换，进而产生双向抵押的效应，起到消除相应外部性的作用。纵向一体化和双边合同目的在于促进专用技术产出卖方和买方实现重复交易，并进行长期合作，从而分享专用资产带来的准租金。

然而，这两种降低交易成本的对策局限性也非常明显。首先，纵向一体化会抑制市场专业化分工带来的规模经济和范围经济，并弱化与市场相比的激励机制，使其受到严重限制。显然，纵向一体化通过将双边市场外部性内部化，成为企业规模扩张的重要动力。不过，考虑到纵向一体化实质在于将双边合同谈判从外部市场转入企业内部，对激励的弱化将不可避免。否则，如果继续保持强激励，由双边市场外部性内部化带来的抑制专用资产投资机会主义行为效果则难以得到保证。纵向一体化对激励的持续弱化最终势必引发严重的代理成本，抑制其缓解双边市场外部性的能力（威廉姆森，2002）。

与此同时，双边合同作为替代策略，用于应对纵向一体化激励弱化效应及其引发的代理成本问题，也存在先天的短板。威廉姆森尽管提出用非标准化的双边合同来缓解专用资产投资不足难题的方法，但这一方法无疑建立在产权明晰能够重构外部性交易市场的假定之上。如果双边合同的谈判者数量严重不足，就很难保证交易的有效形成，兑现对双边合同的可信承诺。

正是互联网经济兴起缓解了双边合同因谈判者数量不足导致的签约和履约难题。夏皮罗和范里安（Shapiro and Varian，1999）把互联网经济带来的网络效应和外部性概括为需求侧的规模经济（demand economies of scale），与工业化带来的生产外部性或供给侧的规模经济（supply economies of scale）形成鲜明对照。需求侧的规模经济体现在梅特卡夫法则上。所谓梅特卡夫法则，粗略地讲，就是网络价值同网络参与者数量成正比。如果一个网络有 n 个参与者，那么网络对每个参与者的价值与网络中其他参与者的数量成正比，这样网络对参与者的总价值与 $n \times (n-1) = n^2 - n$ 成正比。因此，网络规模越大，价值越高。

梯若尔（2017）通过对双边市场的明确定义，更为清晰地将网络外部性揭示为间接的网络效应。所谓双边市场，是指在终端用户互动的平台上，可以通过差别化收费吸引双边的参与，实现交易量最大化。梯若尔将双边市场概念引入网络外部性意义十分重大。

首先，由于平台双方互动能够激励专门资产投资并创造价值，市场另一边的参与者数量无疑是市场一边参与者效用的重要决定因素。市场一边的参与行为能够对另一边的参与产生（间接的）正外部性。这样梅特卡夫法则就可以区分为市场双边各自的贡献，即 $n^B \times n^S$，其中 n^B 为买方数量，n^S 为卖方数量。

其次，平台还可以通过调整对市场双边参与者的收费，以实现最大交易量 $V(p)$。$V(p) = \max\{n^B(p^B, p^S) n^S(p^B, p^S)\}$（约束条件为 $p^B + p^S = p$），其中 p^B、p^S 和 p 分别为平台对买方和卖方各自以及买卖双方的总收费。双边市场意味着可以通过对接受间接的网络效应市场边收取更多费用，并对产生间接的网络效应市场边进行补贴，这样就可以充分激励市场双边互动和交易。

最后，平台还可以通过调整总收费（p），更多地体现出双边市场配对的性质，从而将双边市场交易转化为俱乐部产品。在双边市场配对过程中，市场一边不仅关注另一边的参与者数量，而且关心匹配质量，即对方能创造价值的互动参与者数量。梅特卡夫法则反映的只是最大可能交易量，实际交易量则由有效互动状况决定。由平台总费用水平体现的进入壁垒可以提高有效互动参与者数量，减轻可能存在的拥挤效应。

显然，互联网平台的出现是缓解双边合同签约和履约难题关键一步，使得双边合同替代纵向一体化成为应对双边市场外部性的更有效策略。究其原因，互联网平台可以通过调整对双边市场参与者的收费水平和收费结构，提供足够多的双边合同的谈判者，提高合同的可信承诺。

如表 5-1 所示，在上述理论推动下，为了应对双边市场外部性和激励专用资产投资，产生了三种由不同治理模式代表的解决方案：（1）由产业政策干预代表的公共产品解决方案。（2）由纵向一体化代表的私人产品解决方案。（3）由互联网平台代表的俱乐部产品解决方案。

表 5-1 　　　　　　　　　　双边市场外部性解决方案

项目	公共产品	私人产品	俱乐部产品
治理模式	产业政策干预	纵向一体化	互联网平台
机制	运用产业政策补贴工业化外部性，将资源导向现代制造业部门	通过企业纵向一体化，将双边市场外部性内部化	通过调整对双边市场参与者的收费水平和收费结构，缓解双边合同谈判者数量不足难题，促进双边合同有效形成
理论来源	工业化理论	交易成本理论	平台理论

项目	公共产品	私人产品	俱乐部产品
成就和不足	政府起到双边合同担保者和仲裁者的作用,但面临信息和自身代理成本挑战	缓解政府信息和代理挑战,但可能会抑制市场专业化分工带来的规模经济和范围经济,并弱化激励。换言之,无法将所有的外部性内部化	促进双边合同有效形成,解决不可内部化的外部性问题

双边市场外部性的三种治理模式存在明显的互补性。

当工业化资本短缺问题不再突出之际,为了摆脱政策干预信息不足和寻租困境,推动现代企业形成的纵向一体化替代产业政策干预,成为更重要的双边市场外部性治理模式,起到节约市场交易成本作用。产业政策干预本意在于缓解工业化(物质)资本短缺问题。随着工业化日益进展和现代制造业部门不断扩大,继续坚持这样的政策干预并不会获取新的规模经济,并有陷入政策寻租泥潭风险。当工业化(物质)资本短缺问题不再时,产业政策干预就应让位于纵向一体化,使得现代企业在双边市场外部性治理中发挥更大作用。与传统企业由市场和价格机制协调和控制形成鲜明对照,现代企业则由经理协调和控制的内部交易替代(外部)市场交易。纵向一体化正是将双边市场外部性内部化,形成现代企业的动力所在。不过,纵向一体化在节约市场交易成本的同时,所产生的激励弱化效应又不可避免地提升企业代理成本,从而形成双边市场外部性内部化的严格边界。

正是为了弥补纵向一体化的短板,互联网平台迅速成为新的双边市场外部性治理模式,并掀起与纵向一体化相反的外包和离岸生产浪潮,最终缓解了"不可内部化的外部性"难题。一方面,基于互联网平台的外包和离岸生产能够享有市场专业化分工带来的规模经济和范围经济,并保持市场强激励,从而弥补纵向一体化的不足;另一方面,基于互联网平台的外包和离岸生产还促进了双边市场参与者互动和双边合同有效形成,推动专用资产投资,继续获得类似纵向一体化的缓解双边市场外部性的好处。只有互联网平台通过调整对双边市场参与者的收费水平和收费结构,提供足够多的双边合同的谈判者,促进双边合同有效形成,基于互联网平台的外包和离岸生产才能发挥缓解纵向一体化不可内部化的外部性难题的应有作用。

（二）股东主义带来的治理缺陷

作为股东主义对纵向一体化导致企业代理成本高企治理难题反思的产物，互联网平台治理模式仍在很大程度受到误导，并限制了潜力的发挥。布雷顿森林体系固定汇率制瓦解以后，在浮动汇率制、资本自由流动和非中介金融市场几股金融发展趋势相互作用和影响下，股东主义发展成为影响企业治理的最重要力量（沙奈等，2001）。

股东主义对股东利益最大化的片面追求首先导致对平台创新利益相关者治理作用的误判，低估了离岸生产商作为双边市场，更准确地说多边市场重要参与方获取知识外溢的潜力。

如图 5-1 所示，微笑曲线集中反映了发达经济体股东主义对垂直专业化生产的最初设想。微笑曲线将一条价值链分为若干区间，即产品研发、零部件生产、模块化零部件生产、组装、销售、售后服务等，其中组装，也就是生产制造环节总是处于价值链上的最低利润环节（王喜文，2015）。垂直专业化生产和全球价值链建设意在形成这样的产业内国际分工格局，发达经济体企业占据研发和售后服务等价值链高端位置，发展中经济体企业则被挤压至低利润的生产与制造环节，成为离岸生产商。发达经济体股东主义认为可以从垂直专业化生产中获取双重利益。一方面，垂直专业化生产能够充分发挥基于互联网平台的外包和离岸生产节约纵向一体化代理成本的作用，在世界经济范围内实现生产成本最小化，提高股东价值。另一方面，股东主义对企业治理的决定性影响能够继续保留跨国公司内部技术交易对知识外溢的抑制，加大离岸生产商的技术依赖。凯沃斯（Caves，1996）和马库森（Markusen，2002）论证了跨国公司选择 FDI 而不是通过现成的市场交易去出售生产技术许可的成因。当存在严重的外部效应和市场失灵时，公司将无法在市场交易中完全保护和利用自身的无形资产，于是激励其在公司内部以 FDI 的形式进行交易来配置这些资产。跨国公司这种形式的 FDI 对知识外溢的抑制也为发展中经济体水平的技术外溢（外国企业的分支机构与国内企业在同一行业的竞争）不足实证研究所证实（吉尔和卡拉斯，2008）。

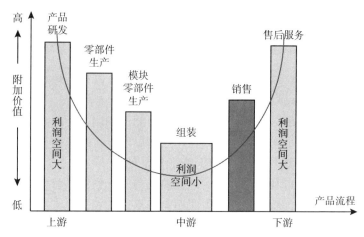

图 5-1　微笑曲线

然而，垂直专业化的治理实践却与发达经济体股东主义原设想产生明显背离。究其原因，在双边/多边市场上，企业竞争力不仅仅取决于企业内部优质要素积累和资源配置，市场参与各方协同创造市场能力更为关键。一旦引入平台创新，发挥外包和离岸生产节约纵向一体化代理成本的作用，那么，即使存在对企业治理的决定性影响，股东主义仍不可避免地会扩展为利益相关者治理，为离岸生产商获取知识外溢打开空间。具体地讲，离岸生产商并非传统意义上的低端产业生产者，而是由价值链上下游环节形成的双边市场，或更准确地说是多边市场的重要参与方。即使原创知识主要来自发达经济体，离岸生产商仍可分享相当一部分知识外溢。因此，美国对离岸生产的误判在于，在运用垂直专业化生产突破纵向一体化束缚的同时，却保留了其抑制知识外溢的原有假定，实为股东主义跟不上互联网平台治理模式发展需要带来的后果。

股东主义对股东利益最大化的片面追求更忽视了离岸生产可能给发达经济体本土生产网络和创新生态完整性带来的负外部性。作为塑造股东主义最重要的金融发展趋势之一，非中介金融市场可以通过两个渠道提高股权价值：其一，资产流通能够摆脱初始债权债务关系束缚，实现及时止损，提高波动性风险管理水平；其二，资产流通还会产生解构空间聚集的社会关系后果，以损害本地企业经营者、客户和员工等相关者利益为代价，实现对股东的价值转移（沙奈等，2001；皮凯蒂，2014）。然而，资产流通在锁定波动性风险的同时，却也为此付出了跨期风险攀升的代价，从而在长期中损害股权价值。

费雪（1930）通过最早建立的跨期生产模型对两类融资决策进行了区分。第一，从各种可能的收入流中选择具有最高现值的收入流；第二，通过借贷或者买卖选择该收入流各种可能的修正形式。第一类选择是在具有不同市场价值的收入流之间进行选择；第二类是在具有相同市场价值的收入流之间进行选择。费雪明确指出，第一类选择的跨期风险无法通过复制完备性市场进行对冲。这样的跨期风险只有通过将市场协调外部性治理从股东主义拓展到利益相关者治理，实现利益相关的参与各方对双边/多边市场协同创造来缓解。考虑到社会关系的空间聚集性质，资产无限流通对社会关系的解构势必会阻碍本地利益相关者治理的形成，最终造成跨期风险攀升，损害新产业的培育及其市场的创造。因此，当非中介金融市场同浮动汇率和资本流动相结合实现一体化，世界经济范围内资产流通会推动股东主义进一步发展，可能片面强调离岸生产对纵向一体化代理成本的节约，却忽视了瓦解发达经济体本土生产网络和损害创新生态完整性的负面影响。

非中介金融市场对波动性风险管理的改善和可能的跨期风险攀升带来的直接后果就是短期的证券投资盛行，企业长期战略投资者缺位和产业投资不足。这在美国金融市场对需要硬技术和制造的产业支持不足上得到反映。通常，风险投资公司会进行 5 年的渐进式投资，并希望在下一个 5 年看到利润回报。制造业的新技术经过优化、测试、规模化生产，变成改变世界的新技术，可能需要 10 年以上，这比风险资本理性等待的时间要长。同需要硬技术和制造的产业相比，软件和信息服务行业风险低、资金少、回报周期短、退出战略有效，对风险投资更具吸引力。因此，软件和信息服务业成为包括风险投资在内金融市场投资重点之一。

幸运的是，非中介金融市场可能带来的跨期风险攀升可以通过灵活多样的公共政策干预加以抑制。比如同软件和信息服务业相比，生物技术尽管需要更多的资本和更长的时间来开发技术，但得益于其独有的公共政策干预，也获得了美国金融市场支持。具体地讲，（1）生命科学部门的专利更强大，保证了更长期的垄断收入；（2）美国食品和药物管理局（FDA）的三级临床试验阶段能让企业更好地评估和管理每个阶段的投资风险；（3）FDA 对新药的最终安全认证，实际上确保了重大疾病药品的市场。概括起来，FDA 的三个审批阶段成为风险投资的基准物，FDA 的最终认证保证了产品的市场，并保护了生产商专利期内的权益，这些都有助于改善利益相关者治理，抑制跨期风险。这样缓解跨期风险难题的公共政策干预是其他行业所缺乏的。

非中介金融市场极端发展及其带来的股东主义引发了金融投资短期行为，形成对发展和完善利益相关者治理的阻碍，使得美国金融市场投资过度集中于软件和信息服务业以及生物技术。这就不可避免地将双边市场外部性的互联网平台治理模式只局限于部分产业，限制其潜力发挥，从而损害了美国新产业培育及其市场创造能力，并最终拖累了经济增速。正如戈登（2018）所指出的那样，互联网经济发展的产业局限最终限制了对美国全要素生产率的改善。2004～2014 年，特别是在 2008 年国际金融危机冲击下，美国全要素生产率增速创出新低，只有 0.4%，甚至低于其大部分时期 0.6% 的水平。

显然，离岸生产商对知识外溢的分享和股东主义对产业创新能力的损害造成美国新产业培育的速度跟不上产业转移的步伐，迫使第二次全球化面临转型挑战。同当年转型期的荷兰和英国类似，美国也正面临贸易和金融部门利益与国内产业部门利益之间的考量。为了应对贸易，特别是金融部门给国内产业发展、经济增长和开放型世界经济可能带来的负面影响，美国亟需引入新的公共政策干预，恢复新产业培育及其市场创造能力。具体地讲，就是将市场协调外部性治理从股东主义拓展到利益相关者治理，抑制跨期风险，激励战略投资者的长期产业投资，并充分发挥互联网平台治理模式创造新产业和新市场的潜力。

这样的公共政策干预和工业化时期的产业政策存在明显差异。双边/多边市场产品和客户的高度不确定迫使新的公共政策干预极大地减少产业选择性，转而强调对整体的跨期风险管理，激励利益相关者信息生产和分享以及对市场从无到有的协同创造。因此，新的公共政策干预的重点在于促进双边/多边市场利益相关者治理发展和完善，抑制跨期风险，改进过剩资本产业配置效率，最终提升新产业和新市场创造能力，而并非像工业化那样是为了缓解（物质）资本短缺问题。

面对双边/多边市场产品和客户的高度不确定，只有扬弃工业化产业政策，引入旨在降低跨期风险的新公共政策干预，并同企业、互联网平台等市场协调外部性治理模式共同作用，才能切实修复美国新产业及其市场培育能力。

综上所述，伴随着非中介金融市场的极端发展而兴起的股东主义阻碍了利益相关者治理的发展和完善，极大地限制了双边市场外部性的互联网平台治理模式潜力发挥。由股东主义推动的基于互联网平台的外包和离岸生产，尽管起到了节约纵向一体化代理成本作用，却也低估了离岸生产商作为双边市场，更准确地说，多边市场重要参与方获取知识外溢的潜力，特别是忽视了当生产从外包发展到离岸时可能给本土生产网络和创新生态完整性带来的负外部性。离岸生产商对知识外溢的分享和股东主义对产业创新能力的损害分别导致美国产业过度转移和新产业培育不足，最终造成新产业培育跟不上产业转移速度。

正是由此产生的产业国际转移动力衰竭迫使美国从贸易自由化后撤，将政策的重点转向修复新产业及其市场培育能力。为了修复新产业及其市场培育能力，美国亟须引入旨在降低跨期风险的新公共政策干预，并将双边市场外部性治理从股东主义拓展到利益相关者治理，充分发挥互联网平台治理模式潜力。

这样的政策调整也驱动美国根据互惠责任和体制趋同原则对原有的全球化战略进行调整，试图弥补其在双边市场外部性治理上存在的缺陷，将自由贸易由准公共产品转向俱乐部产品，实现知识外溢在遵循共同的利益相关者治理规则的俱乐部成员内部再分配。

三、本 章 小 结

服务于当时的中心经济体扩张新产业和提高生产率需要的两次经济全球化，尽管为外围的发展中经济体提供了产业国际转移的战略机遇期，但由此产生的经济全球化周期性也终将迫使中心经济体对全球化进行战略调整。

在第二次经济全球化中，正是由于伴随着非中介金融市场的极端发展而兴起的股东主义阻碍了利益相关者治理的发展和完善，以美国为代表的发达经济体本土新产业及其市场创造能力有所削弱，最终导致新产业培育跟不上产业转移速度。因此，美国被迫对第二次经济全球化进行战略调整，实现双边市场外部性治理从股东主义向包括股东在内的利益相关者治理拓展，进而修复其本土的新产业及其市场创造能力。

第六章 发达经济体第二次经济全球化 战略调整带来的挑战

根据第五章的分析，由于股东主义带来双边市场外部性治理缺陷，美国推动第二次经济全球化，应对工业化完成后的经济增长结构性减速只取得喜忧参半的结果。美国股东主义带来的双边市场外部性治理缺陷，不仅低估了离岸生产商获取知识外溢的潜力，更是损害了其本土生产网络和创新生态完整性。这就不可避免地造成美国新产业培育跟不上产业转移速度，进而拖累其国内经济增速。显然，这样的世界经济竞争结果违背中心国家产业国际转移初衷，即释放被低附加值产业束缚的资源，用于高附加值产业的扩张，以生产率提高来消化不断攀升的工资成本。与此形成鲜明对照，得益于第二次经济全球化提供的产业国际转移战略机遇期，垂直专业化生产和全球价值链建设双重叠加，东亚新兴经济体成功地缩短了与中心国家的生产率差距。

结合比较优势趋同带来的贸易利益损失，股东主义治理缺陷对发达经济体新产业及其市场创造能力的削弱将最终导致产业国际转移动力衰竭。东亚新兴经济体与中心国家生产率差距的明显缩短使得双方从贸易战略相容区转向冲突区，要求美国从贸易自由化后撤，将政策的重点转向修复自身的新产业及其市场培育能力。为此，美国根据所谓互惠责任和体制趋同原则对原有的全球化战略进行调整，试图弥补在双边市场外部性治理上存在的缺陷，将自由贸易由准公共产品转向俱乐部产品，实现知识外溢在遵循共同的利益相关者治理规则的俱乐部成员内部再分配。作为世界经济生产率中心国家，美国全球化战略的调整不仅可能限制东亚新兴经济体作为离岸生产商，获取世界经济知识外溢的能力，而且会打压在战略机遇期获得的政策干预空间。

美国上述全球化战略调整将极大地改变世界经济运营环境，有可能引发世界经济重回类似 1950～1973 年的国内经济稳定和增长优先于对外贸易的发展潮流，加大继续维持多边自由贸易体系和开放型世界经济的难度。因此，需要进一步剖析以美国为代表的发达经济体对第二次经济全球化的战略调整，并在此基础上提出我国作为发展中经济体的对策。

一、发达经济体对第二次经济全球化的战略调整

发达经济体对第二次经济全球化的战略调整重点集中在两个方面：（1）修正发展中经济体的特殊与差别待遇，要求生产率得到提升的发展中经济体承担更多互惠责任，减缓产业转移压力；（2）在世界经济范围内引入利益相关者治理，并实现体制趋同，从而减轻双边/多边市场的外部性，修复有可能被股东主义损害的发达经济体本土新产业及其市场的创造能力。

（一）修正发展中经济体的特殊与差别待遇

发展中国家特殊与差别待遇本来是美国从 1973～1979 年东京回合谈判开始推广贸易自由化的产物。给予发展中国家特殊与差别待遇本意在于通过保留更大的产业政策干预空间来缓解市场协调难题，促进产业国际转移，将贸易转化为增长动力。因此，特殊和差别待遇允许发展中国家在受益于发达国家的关税削减时不必降低自己的关税。特别是最贫穷的发展中国家，可以受益于各种关税优惠计划，如普遍优惠制。由于最惠国待遇原则推动的关税全面削减加上对非关税壁垒管控的不断增强，特殊和差别待遇事实上拓展了发展中国家产业政策干预空间。

根据工业化理论，产业政策干预的目的在于缓解工业化（物质）资本短缺及其带来的市场协调难题。随着工业化日益进展和现代制造业部门不断扩大，继续坚持这样的政策干预并不会获取新的规模经济，并有陷入政策寻租泥潭危险。美国认为，发展中国家继续保留特殊与差别待遇，拥有更多产业政策干预自由，可能加速发达国家贸易伙伴产业流失，引发贸易冲突，最终损害开放型世界经济。

基于上述理由，美国早就提出"发展阶段原则"，要求逐步取消对经济较发达和不发达经济"特殊与差别待遇"，这些经济体应根据发展阶段使其贸易政策同 WTO 规则相一致。

美国提出的发展阶段原则也得到了欧盟的声援。根据欧盟 2018 年提出的 WTO 改革方案，欧盟认为 WTO 现有规则定义的发达国家和发展中国家之间的差别，已不再反映一些发展中国家迅速增长的现实。结果就是，发展中国家现在包括一些世界上最大的贸易国家，他们与这个群体的其他成员有显著的差异，甚至在某些方面，他们的发展水平甚至要超过某些发达国家。因此，欧盟明确提出发展中国家的"毕业"程序：应积极鼓励成员"毕业"并选择退出特殊和差别待遇，不论是整体的还是单个协议的。在此期间，应鼓励各成员国澄清他们在哪些领域仍然在利用政策给予的弹性，并提出详细的路线图，说明他们预计何时能够承担世贸组织协定所规定的所有义务。这可以成为对成员贸易政策审议过程的一个组成部分。

2019 年以来，美国特朗普政府向 WTO 理事会提交《一个无差别化的 WTO：自我认定式的发展地位威胁体制相关性》及修订版、《总理事会决定草案：加强 WTO 谈判功能的程序》等文件，阐释其 WTO 改革意见及方案。美国贸易代表办公室（USTR）还在《2019 年贸易政策议程和 2018 年年度报告》中提出对 WTO 改革的四点总体意见，其中之一即 WTO 对发展中成员国的待遇必须符合国际贸易发展现状。长期以来，WTO 发展中成员国通过"自我宣称"的方式享有"特殊和差别待遇"。美国认为，"自我宣称"为发展中国家的认定方式阻碍了 WTO 的发展。美国提出四类国家包括 OECD 国家、G20 国家、世界银行认定的高收入国家、货物贸易总额占全球比例大于 0.5% 的国家，不得在今后 WTO 谈判中要求享受"特殊和差别待遇"（张玉环，2019）。

很显然，发达国家对发展中国家特殊与差别待遇的修正会给发展中国家选择性的产业政策干预空间带来更为严格限制。这一点也在发达国家新提出的有关补贴和国有企业行为规范上得到充分体现。

根据欧盟 2018 年提出的 WTO 改革方案，欧盟认为《补贴与反补贴措施协定》（SCM 协定）存在太多漏洞，需要进行改革。（1）增强补贴的透明度。欧盟建议建立一个可反驳的一般推定。据此，如果补贴没有被通报或被反通报，它将被推定为补贴，甚至被推定为造成严重伤害的补贴。（2）更好地覆盖国企。（3）更有效地识别对贸易扭曲程度最高的补贴类型，抑制对市场协调外部性补贴过度。SCM 协定禁止了两类补贴：依据出口额提供的补贴和根据使用国产商品相较于进口商品的补贴。所有其他补贴都是可诉补贴的：它们是允许的，除非一国表明补贴对其贸易利益产生了不利影响。但这样可能导致对市场协调外部性过度补贴。为此，需对无限制的担保，对没有可靠的重组计划或双重定价的资不抵债或陷入困境的企业的补贴等类型进行严格限制。

《全面与进步跨太平洋伙伴关系协定》（CPTPP）最早规定了有关国有企业的核心规则：（1）限制政府给予国有企业非商业考虑的支持；（2）国企基于非歧视原则和商业考虑开展活动，实现市场化商业运营；（3）提高国企信息透明度，如公布国企名单、政府在国企持股比例、官员任职情况等。欧盟 2018 年提出的 WTO 改革方案更是明确通过一个个的案例分析来确定国有和国有控股企业是否在履行政府职能或推进政府政策，以及如何评估成员国是否对相关企业拥有实质性控制权。

由此可见，同对发展中国家特殊与差别待遇的修正一样，对发达国家新提出的有关补贴和国有企业行为规范无疑会对产业政策干预空间产生严格限制，意在降低市场准入障碍。

（二）在世界经济范围内引入利益相关者治理

在世界经济范围内引入利益相关者治理无疑与发达国家现有的股东主义主导的公司治理缺陷密切相关。正如我们前面分析中所指出的那样，新产业及其市场创造的关键在于实现双边市场外部性治理从股东主义向利益相关者治理的拓展。考虑到双边市场产品和客户的高度不确定，仅仅像股东主义那样保护金融投资者产权是不够的，还必须吸收和激励利益相关者积极参与治理，新产业及其市场才能被协同创造出来。

然而，伴随非中介金融市场极端发展而来的股东主义却可能构成发展完善利益相关者治理的阻碍。非中介金融市场对新产业及其市场的创造具有双重性。一方面，非中介金融市场能够摆脱初始债权债务关系束缚，提高资产流动性，降低融资成本，特别有助于新兴企业扩张和发展，从而促进新产业及其市场的创造，并提升价值生产能力（拉詹、津加莱斯，2004）；另一方面，非中介金融市场极端发展也使其可能完全沦为价值转移和分配工具，通过解构空间聚集的社会关系，实现从本地企业经营者、客户和员工等利益相关者向外来股东的价值转移。考虑到利益相关者治理的发展和完善对缓解跨期风险具有不可替代的重要性，非中介金融市场发展到极端对社会关系的解构最终势必损及新产业及其市场的创造。

实际上，早在英国主导的第一次经济全球化过程中，非中介金融市场发展给产业及其市场创造带来的负面影响就已显现。与重农学派不同，尽管同样重视被称为"看不见的手"的市场基础，亚当·斯密提出在存在发展结构性障碍时，仍需引入必要的政策干预用于提高制造业国际竞争力，而不能完全推行重农学派倡导的自由放任。正是得益于这样对政府和市场边界的合理界定，英国在产业国际竞争中脱颖而出，成为第一个实现工业化的国家。出于要素成本上升压力，英国在全面取得产业国际竞争优势之后，倡导自由贸易，扩张市场边界，进一步发展成为世界工厂。

然而，在进入经济发展全盛期之后，出于贸易、运输和金融利益压倒工业利益的考量，英国对政府和市场关系的处理却开始步入误区。面对世界经济贸易保护潮流兴起，英国仍片面坚持自由贸易政策，从而导致市场边界过度扩张，并为此以去工业化形式付出产业创造能力不足和经济增速下降的代价，直至最终引发第一次经济全球化解体和国际市场分割。

在第二次经济全球化过程中，非中介金融市场极端发展更是达到了股东主义的高度。非中介金融市场极端发展及其带来的股东主义盛行无疑是新自由秩序最终导致市场边界过度扩张的产物。二战后，得益于凯恩斯主义需求管理和社会保险的引进，发达经济体一度重新调整了过度扩张的市场边界，迎来了资本主义经济的三十年黄金增长。然而，发达经济体也为此付出政府边界过度扩张的代价，特别是以美国为代表的发达经济体低利率货币政策推动了信贷过度扩张，最终在 1973 年石油危机冲击下引发滞胀。

正是为了应对滞胀，美国转向倡导收缩政府边界，并提升对创新的市场激励的新自由秩序，最终迎来第二次经济全球化。新自由秩序除了继续保留社会保险制度外，对市场边界扩张的倡导显而易见，并在世界经济范围内产生重要影响。20 世纪 70 年代发展经济学在总结进口替代政策教训的基础上，转向强调价格机制和出口导向的市场化改革战略。到了 20 世纪 80 年代末，在布雷迪计划的实践推动下，有关发展的观点出现了趋同，遵从一组被威廉姆森（Williamson，1990）不那么恰当地称为《华盛顿共识》的政策原则[①]。

---

① 布雷迪计划是针对 1987 年后拉美重债国债务状况恶化并屡次宣布停止支付本金或利息的情况。1989 年 3 月，在贝克计划的基础上，美国财政部部长布雷迪提出的一个解决债务问题的新计划。布雷迪计划承认国际债务问题是债务国偿还能力的危机，而并非暂时的资金周转失灵。布雷迪计划也强调外债本金和利息的减税，并提出应由国际货币基金组织、世界银行以及债权国政府为削减债务本金和利息提供资金支持。此外，布雷迪计划要求商业银行继续为资助债务国的贸易提供信贷，同时还应提供多方面的债务减免和增加新的贷款资金，并且还要求商业银行对那些正在与他们进行债务削减谈判的债务国就现有债务的苛刻条件（诸如抵押担保）给予暂时的降低或放弃。

表 6-1 左半部分无疑是以贸易和金融自由化为核心的市场化改革。右半部分尽管增添了经贸自由化优先于金融自由化改革次序调整的市场制度建设内容，"谨慎"的资本账户开放被安排为最后一项市场化改革，但对最小化政府职能的推崇是显而易见的。除了社会安全网和定向减贫的社会保险内容和反腐败的政府管理外，即使是扩大的《华盛顿共识》，政府职能部分也只剩下保护产权与遵守国际金融准则和规范的金融监管两项。

表 6-1　　　　　　　　　　促进经济增长的良好原则

最初的《华盛顿共识》	扩大的《华盛顿共识》（包括前面 10 条）
（1）财政纪律	（11）公司治理
（2）公共支出改革	（12）反腐败
（3）税收改革	（13）灵活的劳动力市场
（4）利率自由化	（14）遵守 WTO 规则
（5）统一的竞争性汇率	（15）遵守国际金融准则和规范
（6）贸易自由化	（16）"谨慎"的资本账户开放
（7）开放直接投资	（17）不受干预的汇率形成机制
（8）私有化	（18）独立的中央银行/通货膨胀目标
（9）解除监管	（19）社会安全网
（10）保护产权	（20）定向减贫

资料来源：罗德里克（2009）。

在极度扩张市场边界政策思潮的推动下，布雷顿森林体系固定汇率制瓦解以后，非中介金融市场同浮动汇率和资本流动相结合，实现了金融全球一体化，促进股东主义在世界经济范围内形成。非中介金融市场全球一体化发展尽管促进了股东利益分配的资产回报率提升，推动了部分高新技术产业发展，但由此带来的股东主义却也在生产从外包发展到离岸时，低估了对离岸生产商分享知识外溢效应的正外部性，特别是给发达经济体本土生产网络和创新生态完整性造成的负外部性。正是这种离岸生产外部性的一进一出使得美国产业创新跟不上产业转移的速度，最终拖累经济增速，并引发金融不稳定。这种由股东主义带来的双边市场外部性治理缺陷更是进一步加剧了除东亚新兴经济体之外，发展中经济体和转轨经济体的经济和金融脆弱性。

因此，与引发第一次经济全球化解体的教训相类似，以贸易和金融自由化为核心内容的第二次经济全球化也并没有能完全实现发达经济体通过产业转移促进产业升级应对结构性减速的政策初衷。这就迫使以美国为代表的发达经济体从贸易自由化后撤，转向弥补股东主义带来的双边市场外部性治理缺陷，以修复新产业及其市场创造能力。

正是为了弥补股东主义带来的双边市场外部性治理缺陷，在世界经济范围内引入利益相关者治理成为发达国家第二次经济全球化战略调整的一项重要内容。被称为环境、社会和公司治理（ESG）的社会责任投资策略将这三者作为投资决策因子，包括信息披露、评级评估和投资者指引三个方面，集中地反映了发达国家推广利益相关者治理的努力。

ESG核心理念在于只有发展和完善利益相关者治理，才能有效管理环境、社会企业治理风险，保障股东长期利益。ESG中的环境（E）风险代表了环境问题产生的直接成本和间接影响。随着消费者越来越偏好对环境友善的产品（例如电动车）和企业，环境问题对业务产生的间接影响将更为深远。与此同时，环保程度较低的公司还可能承受更高的监管风险，包括需要就污染排放缴纳更高的税款和征费。ESG中的社会（S）风险则涉及与消费者，特别是劳工保护有关的广泛议题，例如数据安全、产品安全、职场安全、多元性、薪酬和福利等。其中最重要的风险之一，就是来自未能善待员工而衍生的机会成本。随着知识产权和服务的重要性与日俱增，人力资本也日渐成为企业最有价值的资产。提供较安全职场和较佳薪酬待遇的公司更能吸引和留住人才，旗下员工通常也会表现出更高生产率。ESG中的治理（G）直接代表了对激励长期投资的企业治理需要。ESG代表了企业治理从股东主义向利益相关者治理的拓展。

德国出现过"清洁供应链法"立法倡议，代表了对ESG发展和完善利益相关者治理理念的国内政策和法律回应。德国供应链法立法倡议相对较为宽松，只针对大型企业，比如员工数量超过3000人；只针对直系供应商进行监督，确保各环节都符合德国版供应链法的指标；涉及的内容主要包括禁止童工、完善供应商厂房的安全设施、禁止强迫劳动，遵守社会准则如薪水不能低于最低工资，注意环保事项、可持续性等。欧盟议会立法倡议则对德国版《供应链法》进行了强化。（1）受欧盟《供应链法》影响的欧盟企业不限于人数超过三千的大企业，中小型企业也纳入其中；（2）如果欧盟企业发现其供应商做出明显的违规行为或发现供应商有违规行为的嫌疑，但没有做出应对措施，将受到惩罚；（3）欧盟企业不仅仅针对直系供应商，而且对供应商的下家（的下家），即全供应链也要起到尽职调查职能。2021 年 3 月 10 日，欧盟就供应链法的自发倡议进行表决，并以压倒性票数通过。欧盟委员会对此有义务出台相关法律。据欧盟司法委员会表示，欧盟将在 2021 年年中出台相关草案。最早可于 2022 年初生效。

ESG 发展和完善利益相关者治理的理念也在美国得到呼应。2021 年 3 月 31 日，美国总统拜登提出了 2 万亿美元的基础设施投资计划，旨在重建美国老化的基础设施，推动电动汽车和清洁能源，创造就业机会（陈霞昌，2021）。该计划包括了与 ESG 相关的大量内容，如创造高质量的工作，提供安全健康的工作场所、支付可观的薪资；确保工人加入工会的权力，提升其与雇主集体谈判的能力。该计划多个项目中涵盖了与新能源相关的支出，涉及新能源汽车、新能源技术、绿色建筑等领域。

ESG 发展和完善利益相关者治理的理念同样得到大量的自由贸易协定的支持，如 USMCA 和 CPTPP 等。针对劳工标准，CPTPP 核心规则包括：（1）维护国际劳工组织提出的自由结社权、集体谈判权等核心劳工权利；（2）允许成立独立工会；（3）建立公众和第三方参与劳工事务的渠道；（4）适用争端解决，将贸易投资与劳工问题挂钩。针对环保标准，CPTPP 核心规则包括：（1）将多边环境协议义务纳入自贸协定框架，包括广泛的强制性义务，如保护臭氧层、防止船舶污染、禁止造成过度捕捞和产能过剩的补贴措施等；（2）对公众参与、透明度等做出详细规定；（3）将贸易投资与环境问题挂钩，建立包括贸易制裁在内的多层级争端解决机制。

ESG 发展和完善利益相关者治理的理念从企业自愿选择发展成为发达国家的国内法，并被众多自由贸易协定广泛吸收。从理论上讲，发展和完善利益相关者治理有助于减轻双边市场外部性，促进发达国家本土新产业及其市场创造能力的修复，并可以在长期中实现股东价值最大化。但是为了发展和完善，利益相关者通常在短期内会提高企业营运成本，反而可能削弱引入利益相关者治理企业的竞争力。因此，发达经济体只有将发展和完善利益相关者治理上升到国内法高度，并在世界经济范围内推动，才能改变利益相关者治理的相对价格，降低相应的"搭便车"行为，实现国内外企业公平竞争，直至最终修复本土新产业及其市场创造能力。

同发达国家供应链国内法一样，碳税和数字税正在引起广泛讨论，有可能进一步被推广为碳边境调节机制和数字关税的新型治理性措施，成为执行有关自由贸易协定，在世界经济范围内引入利益相关者治理的利器。

以碳排放为例，对化石能源征收足够的碳税以降低绿色溢价，是实现碳中和的重要手段之一。正如比尔·盖茨的计算显示的那样，从经济损失来看，由温室气体碳排放引发的全球经济变暖危害相当于每 10 年就来一次新冠肺炎疫情（郭凯，2021）。因此，仅仅在 2030 年前达到碳达峰是不够的，还必须在 2060 年前实现碳中和。所谓碳中和就是指温室气体的净零排放，也就是由现在一年净排放 510 亿吨当量的二氧化碳至净零排放。具体地讲，净零排放是指保持大气中的温室气体量基本稳定，新排放出多少温室气体，就要通过各种方式消除等量的温室气体，最后的结果是大气中温室气体增量为 0。

实现碳中和的难点在于通过提高碳的价格降低绿色溢价。绿色溢价是指使用零排放的燃料（或技术）的成本比使用现在的化石能源（或技术）的成本高多少。以目前使用的航空燃料为例，过去几年美国的均价是 2.22 美元/加仑，相应的绿色溢价就超过 140%。现在的绿色溢价如此之高，关键仍然在于排碳在多数情况下还是免费的。如果碳的价格能够反映气候变化的负外部性（无论是通过碳交易还是通过碳税来实现），即使非化石能源不能变得非常便宜，使用化石能源成本的上升也可以降低绿色溢价。在世界经济范围内降低绿色溢价，需要将碳税进一步拓展为碳边境调节机制，才能保障国内外企业的公平竞争。

针对互联网和数字经济兴起，数字税同样可以成为推动利益相关者治理的重要政策工具。正如汉斯（2020）所指出的那样，得益于二战后美国为支持美国跨国公司全球扩张长期实行的对海外收益不征税的政策，美国大型互联网公司几乎占领了除中国和俄罗斯之外的全球市场。苹果、谷歌或亚马逊都想办法将其在欧洲的利润降到最低。他们在避税天堂比如爱尔兰、荷兰或卢森堡建立许可证或信贷子公司，将其收益转入一家人工的总公司账上。结果，2014 年，欧盟委员会发现这些公司仅仅缴纳 0.005% 的税，这导致欧盟委员会对以上三国提起反竞争诉讼，要求这些企业补缴偷漏税款。不过，考虑到避免重复征税的国际协议，这样的反竞争诉讼很难得到拥有公司收益优先征税权的美国支持，这就增加了开征数字关税的吸引力。

欧盟为开征数字税进行了切实准备。

第一，2018 年 5 月欧盟开始实施《通用数据保护条例》，奠定了数据确权的立法基础。《通用数据保护条例》给予数据主体广泛权力，包括：个人数据删除权（也称为被遗忘权），指数据主体有权要求数据控制者删除其个人数据，以避免个人数据被传播；可携带权，指数据主体有权向数据控制者索取本人数据并自主决定用途；数据主体在自愿、基于特定目的且在与数据控制者地位平衡等情况下，授权数据控制者处理个人数据，但授权在法律上不具备永久效力，可随时撤回（有条件授权）；特殊类别的个人数据的处理条件，比如医疗数据。《通用数据保护条例》还提高了对数据控制者的要求，包括：企业作为数据控制者必须在事前数据采集和事后数据泄露两个环节履行明确的告知业务；数据采用与数据使用目标的一一对应原则；数据采集（范围、数量、时间、接触主体等）最小化原则；个人数据跨境传输条件。

第二，密码学的进步提供了数据确权的技术手段。可用于数据确权的密码学技术包括可验证计算、同态加密和安全多方计算等（PlatON，2018）。对复杂的计算任务，可验证计算会生成一个简短证明。只要验证这个简短证明，不需要重复执行计算任务，就能够判断计算任务是否被准确执行。在同态加密和安全多方计算下，对外提供数据时，采用密文而非明文方式，从而使数据具备排他性。这些密码学技术支持数据确权，在不影响数据所有权的前提下使交易数据使用权成为可能，并影响数据主体和数据控制者的经济利益关系。区块链技术用于数据存证和使用授权，也在数据产权界定中发挥重大作用（徐忠、邹传伟，2021）。

第三，欧盟还设想了数据委托模式，推动数据产权交易和数据要素市场发展。根据本尼特公共政策研究所（BIPP，2020）的介绍，数据信托保管多个委托人收集并持有的数据，按委托人事先确定目标使用和分享数据。欧盟计划在2022年之前，通过数据信托机制建立一个泛欧个人数据市场，为需要使用个人数据的商业机构和政府部门提供一站式服务。跨国技术公司将不被允许存储或传输欧盟的个人数据，而必须通过数据信托来使用这些个人数据。欧盟居民将从该市场获得"数据红利"。

同碳税推广至碳边境调节机制类似，数字税推广至数字关税也是顺理成章的事。正是由于在互联网和数字经济中系统地引入了利益相关者治理，能较好地实现数据所有者、使用者和控制者的利益平衡，欧盟数据治理规则在世界经济中产生广泛影响，这在电子商务上得到集中体现。

区域全面经济伙伴协定（RCEP）就电子商务达成了保护电子商务用户个人信息、保护在线消费者权益、加强针对非应邀商业电子信息的监管合作等规则。RCEP就计算设施的位置和数据传输达成共识。RCEP允许成员国保留对于计算设施的使用或位置可能有的各自措施，包括寻求保证通信安全和保密的要求，但成员国不得以使用其国土内计算设施或将计算设施置于其国土内作为条件，才允许贸易伙伴开展商业活动。RCEP 允许成员国保留监管电子数据传输的自主权，但不得阻止商业活动的电子数据跨境传输。尽管与 CPTPP 和欧盟 WTO 改革方案（2018）相比，RCEP 电子商务自由度较低，但也保留了开征数字关税的空间，为进一步的谈判提供了有力工具。CPTPP 电子商务核心规则包括：（1）允许数据自由流动；（2）给予数字产品非歧视待遇；（3）不得强制要求计算设施设于境内；（4）不得强制要求提供源代码。欧盟 WTO 改革方案（2018）以解决强制技术转让问题为由，同样要求禁止强制披露源代码。

不过，RCEP 在维持目前不对成员国之间的电子传输征收关税的现行做法的同时，却保留了对电子传输征收税费、费用或其他支出的权力。这就为推动进一步的国际经贸规则谈判和全球治理改革提供了更多的可能。

考虑到数据可以区分为数字化和非数字化数据，且非数字化数据将越来越多地转换为数字化数据，数字关税作为推广数据利益相关者治理规则的重要工具，其开征可能只是时间问题。

由此可见，作为应对股东主义治理缺陷的策略，在世界经济范围内引入利益相关者治理得到以 ESG 为代表社会责任投资策略、发达国家供应链国内法、USMCA 和 CPTPP 为代表的自由贸易协定以及以碳边境调节机制和数字关税为代表的新型治理性措施的共同推动。

综上所述，修正发展中经济体的特殊与差别待遇和在世界经济范围内引入利益相关者治理共同构成了发达经济体对第二次经济全球化战略调整的两大重点。其中修正发展中经济体的特殊与差别待遇严格限制了传统的（产业）选择性关税和非关税壁垒的作用，在世界经济范围内引入利益相关者治理则为碳边境调节机制和数字关税新型治理性措施、参与国际经贸规则谈判和全球治理改革开辟了空间。

二、中国维护开放型世界经济的努力

作为受益于融入世界经济的最大的发展中经济体，面对发达经济体对第二次经济全球化的战略调整，中国为维护开放型世界经济做出了积极努力。

第一，采取增量调整策略，妥善处理贸易利益分配，降低贸易政策冲突烈度，为促进世界经济平稳转型做出了自己的贡献。

正如费雪（1930）所指出的那样，在跨期决策模型中，存在多重均衡，无法达到唯一的最优决策。因此，决定了对包括贸易在内的国际经济利益分配根据先到先得原则，进行增量调整更有利于世界经济平稳转型。国际经济利益的增量分配推动了英荷同盟的形成和当时的生产率中心平稳交接。与此形成鲜明的对照，在德国的战备经济和美国的孤立主义转型战略双重夹击下，世界经济却为生产率中心从英国向美国和德国的转移付出了第一次经济全球化解体和国际市场分割的惨痛代价。相反，同样是得益于国际经济利益增量分配，二战后成功地解决了帝国特惠制可能给全球贸易体系造成的阻碍，促进了世界经济平稳复苏。尽管帝国特惠制在关贸总协定中是以尊重现有业务为由作为例外情况处理，但受到不得再扩大特惠幅度的限制。那么，根据最惠国待遇原则来全面削减关税，瓦解帝国特惠制就只是时间问题。

幸运的是 2020 年 12 月 30 日完成谈判的《中欧全面投资协定》（CAI）对贸易利益分配也采取了增量调整策略，有望从以上正反事例中获益[①]。以服务业贸易为例，欧盟方面，根据《服务贸易总协定》（GATs），已经开放市场，并在很大程度上对服务行业做出了承诺。欧盟敏感的领域，如能源、农业、渔业、视听、公共服务等领域，都在 CAI 中保留。正是由于采用了贸易利益增量分配策略，中欧全面投资协定可能成为有史以来中国与第三国签订的在投资方面最雄心勃勃的协定。

第二，率先批准区域全面经济伙伴协定（RCEP），积极推进以自由贸易区为代表的区域一体化，以双边和区域谈判带动多边谈判，给第二次经济全球化调整提供缓冲。

以自由贸易区（成员国在区内实施优惠关税，对外保持独立关税政策）为代表的区域一体化，有利于没有明显地缘政治冲突的小国联合起来应对世界经济的生产率中心国家带来的竞争压力，从而共同改善相应的对外贸易条件，并充分利用区域内规模经济。这一点在原来的经济全球化主导国家退而修复产业国际竞争力时，变得尤为重要。

与第一次经济全球化解体带来的国际市场分割不同，区域一体化的恰当运用有助于推动多边谈判的开展。即使是关税同盟（成员国对区域内、

---

①　尽管正如国内学术界曾预期的那样，由于中欧在劳工和环保标准等领域存在重大分歧额，CAI 已于 2021 年中被冻结，但这仍不能否认在贸易利益分配和谈判中采取增量调整策略的价值。

外分别实行统一的差别关税），也可以通过补偿性共同关税，发挥贸易扩张对贸易转移的抵消效应，推动经济全球化。根据补偿性共同关税理论，这一关税水平应设立在使同盟外国家的处境与同盟设立之前一样好（Vanek，1965）。具体地讲，如果对外统一关税能够低于对区域外国家征收的初始关税，从而保持与区域外国家的贸易数额不变，就能够实现补偿性共同关税。补偿性共同关税实际上是区域内、外的双重关税减让，即使对成员国关税更为优惠，但对区域外国家的关税减让带来的贸易扩张能完全抵消贸易转移效应。关税同盟内部的贸易开辟、外部的贸易扩张叠加，可以推动经济全球化而非分割国际市场。

考虑到成员对区域外保持独立关税政策，自由贸易区不仅在接纳成员上更为包容，而且成员运用关税减让实现贸易扩张对贸易转移的抵消也更具灵活性，可以对经济全球化做出更多贡献。

1950～1973 年，由于农产品和纺织品长期排斥在关贸总协定管理之外，发达经济体间的贸易扩张实际上就是针对工业品，最终为乌拉圭回合谈判结束后迎来第二次经济全球化高潮奠定了基础。

作为全球人口最多、经贸规模最大、最具发展潜力的自贸协定，RCEP 也将对缓冲第二次经济全球化调整、推动多边谈判发挥作用。2020 年 11 月 15 日，东盟十国、中国、日本、韩国、澳大利亚和新西兰签署 RCEP 协定。2019 年，RCEP 的 15 个成员国总人口达 22.7 亿，GDP 达 26 万亿美元，出口总额达 5.2 万亿美元，均占全球总量约 30%。RCEP 采用部门减让的关税谈判方式。对 RCEP 成员国而言，90% 以上货物贸易，将最终实现零关税，且主要是立刻降税到零和十年内降税到零。

RCEP 在贸易规则方面同样取得重要突破：

（1）RCEP 根据区域内产业特点，在货物贸易领域规定了区域内原产地累积原则，并对取消农业出口补贴做出共同努力，彰显了贸易合作的灵活性。

世界上多数自由贸易协定都是双边原产地规则，即只有来自成员国本国符合原产地要求的产品才可以获得税收优惠，而 RCEP 则规定成员国使用其他成员国符合原产地要求的中间品，同样可以通过累积获得税收优惠。原产地累积原则将促进区域内原有的垂直专业化生产水平进一步提高。

此外，RCEP 成员国重申 2015 年 12 月 19 日于内罗毕通过的《关于出口竞争的部长级决定》中所做的承诺，取消已计划的对农产品使用出口补贴的权利,并共同努力阻止农产品出口补贴以任何形式重新使用。农业作为各国开放的敏感领域,在 RCEP 下实现了新突破,有助于增强成员国农业产业链上的互补。澳新是牛羊肉、乳品等重要农产品出口国,处于农产品原料商地位;日韩既是农产品消费品大市场,也是高端、特色农产品加工制造强国;中国、东盟人口众多,农业体量大,农产品进出两旺,是全球极具活力和潜力的农产品消费大市场(余本林,2021)。

(2)RCEP 在投资和服务贸易自由化上取得了突破性进展。RCEP 投资范围包括了制造业、农业、林业、渔业、采矿业 5 个非服务业领域直接投资和证券投资在内的广泛内容。RCEP 投资规则禁止采用国产化比例、出口业绩要求和强制技术转让等所有投资前置条件,这是《与贸易有关的投资措施协定》(TRIMs)未曾达到的高度。RCEP 投资规则还严格限制投资股权比例使用,15 个成员国全部对非服务业投资实行负面清单管理,并引入棘轮机制,明确规定负面清单修订不得降低与已有措施的一致性,提高投资自由化的不可逆。

服务贸易开放同样引入禁止业绩要求。中国、新西兰、柬埔寨、老挝、缅甸、菲律宾、泰国和越南 8 国对服务贸易采取正面清单方式承诺,澳大利亚、日本、韩国、文莱、印度尼西亚、马来西亚和新加坡 7 国对于所有类型的服务贸易和投资均采取负面清单方式承诺(未来则转为全负面清单方式)。具体地讲,在不迟于协定生效之日后三年(老柬缅为 12 年),提交负面清单("不符措施拟议承诺表"),并提供同等或更高水平的自由化承诺;协定生效之日后六年内完成(老柬缅为 15 年),实现以负面清单方式作出承诺的较高水平服务贸易自由化。服务贸易开放也引入了棘轮机制。

与多哈回合谈判最终失败形成鲜明对照,RCEP 在投资和服务贸易自由化上的突破无疑是相当明显的。这不仅体现在将贸易和投资关系重新纳入贸易谈判议程,而且在投资和服务贸易自由化上还增添了阻止倒退的棘轮机制,将乌拉圭回合谈判之后的贸易自由化推向了一个新的高度。除了有助于保持垂直专业化生产传统优势,得益于服务贸易自由化对服务业可贸易性的提升,投资自由化还能够促进 RCEP 成员国包括服务业发展在内的产业调整和升级,并对维护开放型世界经济做出贡献。

(3)RCEP 在知识产权保护上更好地兼顾了知识产权所有者、使用者和公共利益。

RCEP 知识产权规则涵盖了《与贸易有关的知识产权协定》(TRIPS)

所包含的著作权和相关权利，商标、地理标志、工业设计和专利、集成电路布图设计（拓扑图）、保护植物品种，以及对未披露信息的保护广泛领域，并明确当与《与贸易有关的知识产权协定》规定不一致时以后者为准。

不过，RCEP 还是给成员国在知识产权保护上保留了更多的自主权。RCEP 在其第五条义务项中明确提出，任一缔约方可以执行更广泛的知识产权保护，但并不由此成为强制性义务。每一缔约方可以自行决定在其法律制度和实践中执行 RCEP 所规定的知识产权保护标准的具体方法，以兼顾成员国发展水平和法律制度差异，更好地实现知识产权持有人的权利、知识产权使用者的合法权益和公共利益之间的平衡。

中国于 2020 年 3 月 22 日率先批准了 RCEP，成为当之无愧的区域一体化主要推动者之一。

第三，对发达国家新提出的有关补贴和国有企业行为规范做出了积极回应。根据 CAI，中国不仅承诺了广泛的产业对外开放，而且还增强了市场准入的执行纪律。

在 CAI 中，中国对制造业的市场准入做出了全面承诺，只排除了非常有限的行业（特别是在产能严重过剩的行业）。中国服务业开放也涉及金融服务业、健康（民营医院）、研发（生物资源）、电信/云服务、计算机服务、国际海运、航空运输相关服务、商业服务、环境服务、建设服务等广泛领域，并全面超过了中国在世界贸易组织《服务贸易总协定》中的承诺。

CAI 市场准入执行纪律的增强在补贴透明度的提高和国有企业行为的规范上得到充分体现。CAI 对服务业补贴规定了透明度义务，填补了 WTO 规则手册中的一个重要空白。CAI 同样对国有企业行为进行了规范。要求国有企业根据商业规范行事，在购买和销售商品或服务时不得歧视。重要的是，中国还承担应要求提供具体信息的义务，以便评估特定企业行为是否符合双方商定的"CAI 义务"。

第四，高度重视参与国际经贸规则谈判，积极推动全球治理改革，在努力提升自身产业和市场创造基础上维护开放型世界经济。

中国对发达经济体在世界经济范围内引入利益相关者治理，做出了积极应对。2020 年 9 月联合国大会，习近平主席向世界庄严宣布，中国二氧化碳排放力争于 2030 年前达到峰值，争取在 2060 年前实现碳中和。作为全球最主要的温室气体排放国之一，中国由此明确了碳中和的目标和时间表。

中国对于数字化转型同样进行了积极准备。2020 年 4 月 9 日，中共中央、国务院发布《关于构建更加完善的要素市场化配置体制机制的意见》，首次将数据与土地、劳动力、资本、技术等传统要素并列为要素之一，提出要加快培育数据要素市场。2020 年 7 月和 10 月全国人大分别就《数据安全法（草案）》和《个人信息保护法（草案）》向社会征求意见。《数据安全法》于 2021 年 6 月 10 日经十三届全国人大常委会第二十九次会议通过，自 2021 年 9 月 1 日施行。《个人信息保护法》于 2021 年 8 月 20 日经十三届全国人大常委会第三十次会议表决通过，自 2021 年 11 月 1 日施行。

CAI 也全面引入了与劳工和环保等有关的利益相关者治理要求。CAI 将劳工和环保标准推进到一个新的高度，将可持续发展原则纳入投资关系中，规定相关条款受制于一个专门的执行机制，以在高透明度和民间社会的参与下解决分歧。在劳工和环境领域，中国承诺不降低保护标准以吸引投资，不将劳工和环境标准用于保护主义目的，尊重在有关条约中承担的国际业务，中国将支持企业承担社会责任。重要的是，CAI 还包括环境和气候方面的承诺，包括有效实施《巴黎气候协定》。中国还承诺致力于批准国际劳工组织基本公约，并对尚未批准的《强迫或强制劳动公约》作出具体承诺。不过，正如 CPTPP 劳工和环保标准所揭示的那样，利益相关者治理，特别是劳工标准仍可能成为 CAI 最终签订的最大分歧所在。

正是由于对在世界经济范围内引入利益相关者治理的要求进行了积极准备，中国不仅适时提出双循环新发展格局，而且能够就发展和完善利益相关者治理同发达经济体进行谈判。发展和完善利益相关者治理同样可以对提升本土新产业及其市场创造能力产生有益作用。

三、本章小结

根据以上分析，我们可以就现有的开放型世界经济得出如下一系列结论：

第一，世界经济发展不平衡，特别是各经济体发展水平的差异会首先在作为生产率中心的发达经济体产生工资套利驱动的产业国际转移，并由此促进产业升级和创造，通过不断提高生产率来消化增长成本。与此同时，发达经济体工资套利驱动的产业国际转移也推动了经济全球化，形成发展中经济体的战略机遇期。

第二，比较优势趋同带来的贸易利益损失，特别是股东主义治理缺陷对新产业及其市场创造能力的削弱，可能违背发达经济体通过产业转移促进产业创造和升级的发展初衷，并决定了经济全球化的周期性。随着发达经济体和发展中经济体生产率差距的明显缩小，发达经济体将从贸易自由化后撤，对经济全球化战略进行调整，转而修复其本土的新产业及其市场创造能力。

第三，发达经济体对经济全球化战略调整集中于修正发展中经济体的特殊与差别待遇和在世界经济范围内引入利益相关者治理两大重点，以减缓产业转移压力，并修复有可能被股东主义损害的发达经济体本土新产业及其市场的创造能力。

第四，发达经济体对经济全球化的战略调整有可能引发世界经济重回国内经济稳定和增长优先于对外贸易的时代，加大了继续维持多边自由贸易体系和开放型世界经济的难度。

第五，发达经济体对经济全球化的战略调整同样对贸易和关税政策运用方式产生深远影响。具体地讲，修正发展中经济体的特殊与差别待遇严格限制了传统的（产业）选择性关税和非关税壁垒的作用，在世界经济范围内引入利益相关者治理则为碳边境调节机制和数字关税新型治理性措施、参与国际经贸规则谈判和全球治理改革开辟了空间。

由此可见，发达经济体对第二次经济全球化战略调整有可能将世界经济发展带入国内经济稳定和增长优先于对外贸易的新常态，并对创新贸易和关税政策运用方式提出时代要求。第一次经济全球化战略调整过程充分证实不仅像 1950～1973 年那样进入国内经济稳定和增长优先于对外贸易的新常态完全可能，而且出现世界经济体系秩序的解体，也并非完全不可想象。这就亟须创新贸易和关税政策运用方式，继续维护多边自由贸易体系和开放型世界经济。

发达经济体对第二次经济全球化的战略调整极大提高了参与国际经贸规则谈判和全球治理改革的重要性。由于发展阶段的不同，发达经济体和发展中经济体无疑会在利益相关者治理规则侧重点上存在较大差异。其中，发展中经济体工业化尚未完成，发达经济体则早在 1973 年就已开始后工业化转型。前者的首要目标无疑是打破二元经济结构，实现快速工业化的高增长，后者则更强调发展和完善利益相关者治理，实现可持续发展。因此，要求发展中经济体全盘接受发达经济体以 ESG 为代表的利益相关者治理规则既非合理，也不现实，这不可避免地对维护多边自由贸易体系和开放型世界经济构成挑战。

下　篇

中国关税政策：经验、挑战与对策

第七章　中国对外贸易和关税政策的历史回顾

一、改革开放以来对外贸易政策回顾

改革开放40多年以来，在国内外政治和经济环境不断变化的背景下，中国不断调整外贸政策，保证对外贸易的发展，更好地适应经济发展需要。中国对外贸易政策的发展历程基本可以根据1978年改革开放、1992年改革开放进入新阶段、2001年入世成功、2013年中国进入全面深化改革新时期四个标志性事件节点，划分为四个历史阶段。其中，改革开放至20世纪末，中国实行的外贸政策归属于开放型的保护政策，加入WTO后，中国总的外经贸政策从保护型政策转向协调管理型（或有组织的自由贸易）政策（薛荣久，1999）。

（一）兼顾进口保护和出口鼓励的开放贸易政策（1979～1991年）

1978年，党的十一届三中全会正式开启了中国改革开放和社会主义现代化的伟大征程。中国对外贸易逐渐实施进口替代与出口导向相结合的战略。在中国具有比较优势的劳动密集型产业，推动实施优惠政策，引进外资，鼓励出口；而在不具有比较优势的资本、技术密集产业，则继续实行进口替代的战略，利用国内国外两种资源和两个市场，集成全球优势要素，增强中国产业的国际竞争力（陈继勇、胡艺，2014）。具体来看，20世纪80年代初我国已大体完成了基本消费品工业的进口替代；20世纪80年代中期以后，进口替代重点已转移到耐用消费品和重化工业，轻纺消费品工业则开始转向出口导向；20世纪80年代后期，轻纺消费品国际竞争力大为增强，耐用消费品的进口替代也基本告一段落，重化工业产品的进口替代在加速进行（晓先，1992）。

在此期间，中国实施的外贸政策措施包括：

第一，改革外贸体制。首先，1979～1987年，下放外贸经营权，改变高度集中的外贸经营体制。其次，1988～1990年，推行外贸承包经营责任制。1988年2月26日国务院颁布《国务院关于加快和深化对外贸易体制改革若干问题的规定》，全面推行对外贸易承包经营责任制，主要由各省、自治区、直辖市、计划单列市人民政府向国家承包出口收汇基数，并对轻工、工艺、服装三个外贸行业实行自负盈亏的试点。外贸承包经营责任制的实施调动了各类外贸企业和出口生产企业扩大出口的积极性，增强了企业的活力，对扩大出口创汇起到了积极作用。最后，1991～1992年，取消外贸出口补贴，建立外贸企业自主经营、自负盈亏的经营机制。国务院于1991年进一步改革和完善对外贸易体制，主要是在已经调整人民币汇率的基础上，建立外贸企业自负盈亏的机制，使外贸逐步走上统一政策、平等竞争、自主经营、自负盈亏、工贸结合、推行代理制的轨道。具体做法是：一是改变按地区实行不同外汇留成比例的办法，实行按不同商品大类统一的留成制度；二是相关单位和企业向国家承包出口总额、出口收汇和上缴中央外汇（包括收购）额度任务（李岚清，1991）。

第二，建设经济特区，开放沿海城市。1979年，中央和国务院确定广东、福建两省在对外经济活动中实行特殊政策和灵活措施①。1980年建立深圳、珠海、汕头和厦门4个经济特区，1984年开放大连、秦皇岛、天津、烟台、青岛、连云港、南通、上海、宁波、温州、福州、广州、湛江、北海14个沿海港口城市，经济特区—沿海开放城市—东南沿海地区—内陆地区的梯度开放布局逐步成型。1988年4月批准海南建省并成立经济特区，1990年10月设立上海浦东新区。其中，有条件的城市还设立了经济技术开发区，将珠江三角洲、长江三角洲、闽南三角地带、山东半岛、辽东半岛辟为对外开放区，已初步形成沿海一大片多层次的并开始向内地逐步推进的对外开放格局（李岚清，1991）。沿海地区要发展外向型经济，充分利用我国劳动力资源的优势，发展劳动密集型、劳动与知识密集型产业，大力推动"两头在外、大进大出"的加工产业发展。

---

① 发挥沿海地区优势，加强对外经济贸易，促进国民经济发展——谷牧副总理答本刊记者问 [J]. 国际贸易，1982（3）：3-4.

第三，出台一系列加工贸易优惠政策措施。进料加工、来料加工和来件装配的进出口业务，均应按净收汇落实各项出口优惠政策，由外贸企业或外商同工厂直接挂钩结算，不允许在进口料件和其他环节中加成、加利、加税、加费[①]。1986 年 10 月，国家《关于鼓励外商投资的规定》和 1992 年 7 月海关总署《对外商投资企业进出口货物监管和征免税办法》，具体规定了以吸收外商直接投资为主要目的的加工贸易政策。进料加工享受减免进口环节税和免除进出口许可证和配额等进出口管制的有关便利措施（姚坚，1998）。除了加工贸易政策，中国开始运用汇率、外汇留成、奖励政策、实行部分出口商品退税等办法，促进外贸出口的发展。

第四，积极利用外资。改革开放初期（1979～1983 年），对外借款是我国利用外资最主要的方式。外商投资 20 世纪 80 年代渐进式积累，进入 90 年代后快速发展，1991 年达到 43 多亿美元，1992 年更是实现惊人的一跳，从此超过对外借款成为我国利用外资最重要的形式。

第五，改革关税制度。关税在控制进出口贸易中的作用加强。我国关税政策原则是：贯彻国家的对外开放政策，体现鼓励出口和扩大必需品的进口，保护与促进国民经济的发展，保证国家的关税收入（周福基、陈炳华，1985）。1985 年，中国全面改革关税制度，制定了新的海关进出口税则，完善税制，改变税则结构，较大范围地调整税率，并且对进出口产品征、退产品税和增值税进行了规定（魏陆，2019）。从关税水平看，1986～1992 年中国先后调整进口税率 18 次。几次关税制度调整基本调低了国内不能生产或短缺的设备、零部件、原料等的关税，同时调高了国内已经具备生产能力的制成品、机械设备等的关税。到 1991 年中国的平均关税水平仍在 40% 以上，与改革开放前相比未有大幅度下降。

综合来看，进口替代以国内市场为导向，面向国内需求；出口导向面向国际市场，进口替代与出口导向相结合政策以两个市场为导向，落实了国家提出的"充分利用两个市场"的方针。在进口替代与出口导向相结合的贸易政策指导下，这一时期中国对外贸易发展迅速，进出口贸易总额大幅增长。1991 年，我国对外贸易总额达 1357 亿美元，其中，出口额为 719 亿美元，进口额为 638 亿美元。对外贸易总额比 1978 年增长 4.82 倍，其中出口增长 6.25 倍，进口增长 3.54 倍。

[①]　中国政府网. 国务院关于加快和深化对外贸易体制改革若干问题的规定（国发〔1988〕12 号）［A/OL］.（1988 - 02 - 26）［2021 - 12 - 16］，http：//www. gov. cn/zhengce/content/2012 - 02/21/content_5165. htm.

（二）出口导向的贸易自由化政策（1992～2001 年）

1. 外贸体制的市场化改革

在 1988～1991 年由直接管理向宏观控制改革的基础上，外贸体制进一步转变政府职能，更大范围地引入市场机制，减少出口创汇的指令性计划，使用汇率、关税、利率等经济杠杆和法律手段调节外贸发展。1992 年，党的十四大明确提出中国经济体制改革的目标是建立社会主义市场经济体制，外贸体制的市场化改革由此开始加速推进。1994 年，《中华人民共和国对外贸易法》颁布，首次对外贸经营者、货物与技术进出口、服务贸易、贸易促进、贸易救济等进行系统性的法律法规规定。

在此期间，实施的出口鼓励措施主要包括以下几个方面：一是设立中国进出口银行，扶持企业出口，支持对外经济贸易投资发展与国际经济合作。1994 年 7 月 1 日，中国进出口银行正式挂牌营业，主要目的是扩大机电产品的出口，为机电产品和成套设备提供政策性金融支持。二是利用财政资金设立基金或协会，资助扶持中小出口企业开拓国际市场。设立出口商品发展基金和风险基金；实行有利于外贸出口发展的信贷政策，银行对各类外贸企业出口贷款应按照信贷原则予以优先安排，贷款规模的增长与出口的增长保持同步。三是进一步完善出口退税政策、加工贸易政策和出口商品管理制度等，更有效而规范地提高中国出口竞争力。四是大力推动贸工技结合，加快科技成果转化。五是改革外汇体制。1994 年 1 月 1 日起，中国的外汇体制进行根本性的改革，取消汇率双轨制，在本币大幅度贬值的基础上实现汇率并轨，实行以市场供求为基础的、单一的、有管理的人民币浮动汇率制度，并取消外汇留成制度，逐步建立统一规范的外汇市场，逐步实现人民币可兑换。汇率并轨消除了人民币高估现象，实质上使名义汇率贬值了近 50%，为中国扩大出口贸易创造了极其有利的条件（李计广等，2008）。

2. 进口贸易自由化改革

（1）削减关税。

1992 年 1 月 1 日，中国进口税则由 1985 年税则转向《商品名称及编码协调制度》（即 HS 制度），降低 225 项进口关税税率。3 月，国务院颁布了修订后的《中华人民共和国进出口关税条例》，设普通税率和优惠税率。此外，为了适应进一步扩大对外开放的需要，在 4 月 1 日取消进口调节税的同时，相应地调高了进口关税（李维城、何静，1992）。1992 年 12 月 31 日，降低了 3371 个税目商品的进口关税，占我国税则税目总数的 53.6%。这次降税是我国历次调整关税税率涉及商品范围最广、下降幅度最大的一次，降税幅度为 7.3%，进口平均关税水平从 43.2% 下降为 39.9%（许自强，1994）。降税的重点商品包括国内不能生产供应的先进技术产品，例如制光导纤维用的石英玻璃由 12% 降至 9%；国内需要长期进口的原材料；我国具有较强竞争力的出口商品（如服装、鞋帽等）；中美市场准入谈判中不迟于 1992 年年底降税的口香糖、含可可的糖食、一次成像的照相机和胶片。

1993 年 12 月 31 日，继续降低 2888 个税目的进口关税，降税幅度为 8.8%，进口平均关税水平为 36.4%。本次降税的主要商品包括：国内短缺的原材料，如木材、纸张等；我国出口的大宗商品；履行中美市场准入达成协定的 217 种商品，如各种水果等。1994 年再次下调 2898 个税目税率后，平均关税仍保持在 36.8% 的水平上（孙东，1994）。

1996 年 4 月 1 日，降低 4997 个税目的进口关税，降税幅度为 36%，平均进口关税水平降至 23%。本次降税的重点是国内供需矛盾突出、缺口较大的商品，特别是在加工贸易方式中进口迅速增加、而在一般贸易方式中进口大幅度减少的商品（李钢，2015）。1997 年重点降低高新技术产品进口关税，1998 年开始连续 4 年按照《中美纺织品与服装协定》减让相关产品关税，1999 年重点降低在 APEC 内承诺的玩具和林产品关税。到 2000 年，中国的简单平均关税税率已降至 17.0%，加权平均关税税率已降至 14.7%，减让幅度分别达到 60% 和 54%，均高于乌拉圭回合设定的所有参加方关税平均减让 33% 的谈判目标。不过，即使如此，中国的关税水平仍然是相对偏高的，2000 年 GATT 发达成员的平均关税税率为 3.8%，发展中成员的平均关税税率为 12.3%[1]。

（2）加快制度建设和削减非关税措施。

通过出台《一般商品进口配额管理暂行办法》《进口商品经营管理暂行办法》等制度，大幅度减少配额、许可证管理商品，简化、优化进口程序，并使贸易管制的透明度有很大提高。

---

[1]　盛斌、魏方：新中国对外贸易发展 70 年：回顾与展望［J］. 财贸经济，2019，40（10）：34 - 49.

3. 利用外资

利用外资的领域从生产领域拓宽到服务领域。按照产业政策，积极吸引外商投资，引导外资主要投向基础设施、基础产业和企业的技术改造，投向资金、技术密集型产业，适当投向金融、商业、旅游、房地产等领域（薛荣久，1999）。此外，外商投资企业和外贸企业也成为中国对外贸易主要的增长源泉，"八五"期间，外商投资企业占中国进出口总额的比重从"七五"末期的不足15%，到1995年上升至39.1%，而外商投资企业出口占全国出口的比重也从"七五"末期的9.7%，到1995年上升至31.5%[①]。

（三）融入全球贸易体系阶段的贸易自由化政策（2002～2012年）

1. 履行入世承诺（2002～2007年）

2001年11月中国正式加入WTO，标志着中国改革开放进入新的历史阶段。中国主要围绕入世承诺，全面加强同多边贸易规则的对接，继续推进贸易自由化。

第一，依据WTO承诺，削减关税。2002年1月1日，国务院关税税则委员会公布实施新的关税税则，这标志着中国正式开始履行加入世界贸易组织承诺的关税减让义务。在加入世界贸易组织过渡期，中国进口商品关税总水平从2001年的15.3%逐步降低到2005年的9.9%。到2005年1月，中国绝大多数关税削减承诺执行完毕。同时，2005年1月1日，中国农产品关税降至WTO承诺的终点，由入世前的23.2%降至15.3%。2007年，中国进口商品的简单平均最惠国关税税率降至9.9%，加权平均最惠国关税税率降至5.5%，已经低于一些重要的发展中国家（如巴西、印度和墨西哥等）。

第二，分批调低出口退税率。从2004年1月至2010年7月先后9次从担负体制、增值税率以及出口退税率等方面对出口退税制度进行改革，促进货物出口。2005年分期分批调低和取消了部分商品的出口退税率，提高了某些高新技术产品的出口退税率；2006年再次出台了力度较大的类似的结构性调整政策；2007年4月、6月和12月连续三次出台范围更大、力度更大的降低和取消出口退税的政策（裴长洪，2009）。

---

① 李健：外资企业：中国外贸出口新的增长源［J］. 国际贸易，1996（10）：4－6.

第三，制定外贸法律法规。根据 WTO 规则和入世承诺，2001～2003 年清理并修订大量有关贸易的法律法规与行政条例，废止关于国民待遇的所有与 WTO 不一致的规定与措施。为了保证加入 WTO 前后的对外经贸法规政策互相衔接，我国先后修订并颁布实施了 2002 年的《中华人民共和国货物进出口管理条例》和 2004 年的《中华人民共和国对外贸易法》，使我国的进出口商品管理及调整、对外交涉磋商等职能都依据法律法规进行，初步建立了符合 WTO 规则和我国国情的进出口管理法律框架（潘宏、陈戈，2009）。2004 年修订《反倾销条例》《反补贴条例》和《保障措施条例》，形成更符合 WTO 规则的贸易救济体制（盛斌等，2011）。在利用外资方面，修订并颁布了《指导外商投资方向规定》和《外商投资产业指导目录》，完成了 WTO 知识产权理事会对中国入世以来执行《与贸易有关的知识产权（TRIPs）协定》和相关承诺的审议工作，使市场准入程度不断加大（郝璐，2017）。

第四，形成外贸经营主体的多元化格局。2004 年 7 月 1 日，《对外贸易经营者备案登记办法》与新修订的《对外贸易法》同时颁布实施，外贸经营从此由审批制转为登记制，彻底放开了外贸经营权，集体、私营企业开始全面进入外贸流通领域，外贸经营主体形成国营、外资、民营三足鼎立的多元化格局（杜荣，2009）。

第五，改革外汇管理体制。2005 年对外贸易顺差迅速扩大，贸易摩擦进一步加剧，人民币面临的升值压力加大，人民币汇率改革迫在眉睫。2005 年 7 月 21 日，我国开始实行以市场供求为基础、参考一篮子货币进行调节、有管理的浮动汇率制度。人民币对美元汇率当日升值 2%[①]。

2. 应对金融危机冲击（2008～2012 年）

面对 2008 年全球金融危机的冲击，中国对外贸易政策更加注重调整结构和纠正失衡。2012 年 4 月商务部印发《对外贸易发展"十二五"规划》，明确"十二五"期间（2011～2015 年）中国外贸发展以"稳增长、调结构、促平衡"为重点，为提高中国对外贸易发展的质量和效益、推动贸易强国进程指明了方向。随后，国务院颁布《关于扩大进口促进对外贸易平衡发展的意见》和《关于促进外贸稳定增长的若干意见》，提出将积极扩大先进技术设备、关键零部件和能源原材料进口作为外贸发展的一个

---

① 中华人民共和国中央人民政府.2005 年中国人民币汇率形成机制改革世人瞩目 [EB/OL].（2005－12－28）[2021－12－16]，http：//www.gov.cn/jrzg/2005－12/28/content_139405.htm.

基本任务。

在出口方面，促进贸易融资的扩大以及以海关通关服务为主的贸易便利化；取消或降低包括农产品、化肥、钢铁等商品的出口税；放宽出口许可管制（如丝织品等）；数次调高出口退税率以支持相关出口企业走出困境；配套的外汇改革措施是，从 2009 年 4 月开始实施跨境人民币结算试点与货币互换安排，暂时恢复钉住美元的汇率体制，并停止人民币升值；放松海外投资的管制与简化其审批程序。

与此同时，继续履行关税减让承诺，逐年降低关税水平。至 2010 年 1 月 1 日，我国加入世贸降税承诺已经全部履行完毕，关税总水平由 2001 年的 15.3% 降至 9.8%，其中农产品平均税率为 15.2%，工业品平均税率为 8.9%。2011 年、2012 年主要降低高端制造商品、我国还没有能力研发生产的产品、"三农"以及与民生相关的产品关税，加大对这些商品的进口可以促进生产并对其技术消化吸收再创新，有利于扩大供应量，稳定物价①。

（四）全面提高开放型经济水平的贸易政策（2013 年至今）

党的十八大以来，中国传统外贸的两大红利——劳动力和全球化，正在逐渐减弱甚至消失，中国经济由高速增长阶段转向高质量发展阶段，全面提高开放型经济水平，对外贸易政策更加注重贸易质量的提升，对外贸易政策目标由贸易大国向贸易强国转变。

在此期间，实施的对外贸易政策主要表现在以下几个方面：

第一，积极主动扩大货物进口。2012 年中央经济工作会议明确提出要"积极增加进口"，2014 年国务院发布《关于加强进口的若干意见》，2017 年习近平主席在"一带一路"国际合作高峰论坛上宣布从 2018 年起举办中国国际进口博览会②，李克强总理在 2018 年《政府工作报告》中强调要"积极扩大进口"。这些都表明，中国贸易开放的重心进一步转向主动扩大进口，推动进出口平衡发展、促进经济高质量增长成为全面开放的重要目标。

---

① 财政部. 2012 年 730 商品降低进口关税［EB/OL］.（2011 – 12 – 16）［2021 – 12 – 16］, http：//finance. china. com. cn/roll/20111216/428091. shtml.

② 国务院. 主动扩大进口是中国必然选择［EB/OL］.（2019 – 07 – 19）［2021 – 12 – 16］, http：//www. gov. cn/xinwen/2019 – 07/19/content_5411496. htm.

落实积极扩大进口要求。2013 年，我国对 780 多种进口商品实施低于最惠国税率的年度进口暂定税率。其中，新增和进一步降低税率的产品主要有五大类，包括调味品、特殊配方婴幼儿奶粉、心脏起搏器、血管支架等促进消费和改善民生，与人民群众密切相关的生活和医疗用品[①]。2014 年，继续通过暂定税率的方式，积极鼓励先进技术设备、关键零部件和能源原材料进口，满足国内生产和人民群众生活需要，对燃料油等 767 项进口商品实施低于最惠国税率的进口暂定税率。

2015 年为满足国内生产和人民群众生活需要，我国继续对 740 余项商品实施较低的进口暂定税率，主要包括先进技术设备、关键零部件以及基础性原材料、环保技术和设备、能源资源性产品，以及与百姓生活密切相关的药品、日用品等。

2016 年，我国在 2015 年实施的暂定税率基础上，对 780 多项商品实施暂定税率，主要包括有利于提升装备制造水平的关键零部件、有利于促进节能环保的设备及材料、有利于促进产业可持续发展的能源资源类产品。

2017 年，我国对 800 多项商品实施低于最惠国税率的进口暂定税率，包括集成电路测试分选设备、高分辨率数字放映机零件、飞机用液压作动器等先进设备和关键零部件，热裂解炉等设备及材料，以及天然软木塞等资源类产品。

2018 年，我国对 948 项进口商品实施暂定税率，降低数字化 X 射线摄影系统平板探测器、多臂机或提花机、动力电池正极材料、先进医药原料、椰糠等商品的进口关税；并适当扩大汽车进口模具暂定税率的适用范围；适当提高镍锭的进口暂定税率，取消废镁砖、废钢渣、废矿渣等商品进口暂定税率，恢复执行最惠国税率。

2019 年对 706 项商品实施进口暂定税率，包括新增对杂粮和部分药品生产原料实施零关税，适当降低棉花滑准税和部分毛皮进口暂定税率，取消有关锰渣等 4 种固体废物的进口暂定税率，取消氯化亚砜、新能源汽车用锂离子电池单体的进口暂定税率，恢复执行最惠国税率。同时，继续对航空发动机、汽车生产线焊接机器人等先进设备、天然饲草、天然铀等资源性产品实施较低的进口暂定税率。

---

① 财政部. 2013 年 1 月 1 日起调整部分进出口关税 [EB/OL]. （2012 - 12 - 17）［2021 - 12 - 16］, https: //www.yicai.com/news/2341589.html。

2020 年对 859 项商品实施低于最惠国税率的进口暂定税率。其中，适度增加国内相对紧缺或具有国外特色的日用消费品进口，新增或降低冻猪肉等商品进口暂定税率；为扩大先进技术、设备和零部件进口，支持高新技术产业发展，新增或降低半导体检测分选编带机、多元件集成电路存储器等商品进口暂定税率；为鼓励国内有需求的资源性产品进口，新增或降低部分木材和纸制品进口暂定税率。

2021 年对 883 项商品实施进口暂定税率，并自 7 月 1 日起，取消 9 项信息技术产品进口暂定税率。

第二，修订外商投资法。出台《中华人民共和国外商投资法》（2019 年），全面推行准入前国民待遇加负面清单管理制度，持续推进投资自由化便利化。

第三，以自贸试验区为先导，实行服务市场倒逼式开放。在自由贸易试验区通过投资与服务贸易负面清单实施的先行先试的"主动式"开放，持续提升服务贸易自由化水平。

第四，不断扩大自贸区网络。2020 年 11 月 15 日，中国与 14 个国家共同签署《区域全面经济伙伴关系协定》（RCEP），至此我国已和 26 个国家和地区相继签署了 19 个自贸协定[①]。

我国正在谈判的自贸区包括中国—海合会、中日韩自贸区等 10 个。2013 年习近平主席提出的"一带一路"倡议更是中国引领国际新型经贸合作的重大经贸举措，通过与沿线国家沟通，推动同俄罗斯欧亚经济联盟、蒙古发展之路、越南两廊一圈等对接。

二、中国加入世界贸易组织后对外贸易政策主要变化

（一）坚持对外开放，实现进出口并重

在保持对外贸易发展和中国整体经济运行稳定的情况下，积极理性地扩大中国市场的开放程度，调整当前以出口为主导的发展模式，通过主动

---

① 朱琳：我国已与 26 个国家和地区签署 19 个自贸协定——发挥自贸优势　便利企业出海 [EB/OL]．（2020 - 11 - 19）[2021 - 12 - 16]，http：//www.gov.cn/xinwen/2020 - 11/19/content_5562461.htm.

扩大进口来实现进出口并重的发展目标，提高构建新发展格局的能力和水平。从全球经济发展角度看，中国扩大开放和平衡收支的发展方向可以展现中国积极分享对外贸易产生的经济效益的诚意，推动中国对外贸易和世界经济的可持续性发展。从国内经济发展的角度看，扩大进口可以丰富中国的产品供给，增强国内市场的竞争，从而提高国民的整体福利水平，刺激中国企业竞争力的上升。具体来说，这一发展方向可以通过减少关税和非关税壁垒，提高贸易自由化和便利化水平，加大对高新技术和先进设备的进口等具体措施得以落实。

（二）优化贸易结构，提高贸易质量

从"贸易大国"到"贸易强国"转变的实质，是对外贸易增长方式由依靠规模扩大向依靠质量提高的转变。进一步优化贸易产品结构、主体结构和地理结构，提高贸易质量，提升中国在全球产业链、价值链和创新链中的地位，是对外贸易发展由"大"向"强"转变的关键。在新一轮科技和产业革命蓄势待发的背景下，中国应在全球最完备的工业体系的基础上，把握创新第一动力，在人工智能、大数据、生物技术、新能源、新材料等关键领域加大投入，力争占得先机，进而提高贸易产品结构中技术和资本密集型产品的比重，进一步提升中国产品的国际竞争力。同时，通过主体结构的优化促进国企、民企、外企协同发力，通过地理结构优化减少对先进技术国家的依赖，为对外贸易发展方式的转变提供支持。

（三）加强双边、多边合作，积极参与全球治理

2013～2018 年，中国连续 5 年对世界经济增长的贡献率保持在 30% 以上，已经成为世界经济重要的"稳定器"和"动力源"。而在 2020 年新冠肺炎疫情暴发时，中国通过强有力的举措，有效地防止了疫情的进一步扩散，并有序推进复工复产，这对促进世界经济的恢复起到重要作用。2020 年，中国的 GDP 增长 2.3%，成为唯一实现正增长的主要经济体。随着国际责任的加重，中国在世界经济发展中的话语权也不断提高。利用好中国在全球经济治理中不断上升的影响力，推动全球贸易新体系的构建，深度参与公平合理的世界经济新秩序的建立，是中国对外贸易发展战略的另一个重要方向。从全球多边层面来看，中国要继续维护世界贸易组织取

得的既有成果，推动 WTO 进行必要改革，支持全球多边贸易合作的发展。同时，面对 WTO 框架下全球多边贸易合作发展停滞的现实，特别是现阶段贸易保护主义和"逆全球化"思想的回潮，中国应该在"一带一路"建设的基础上，以更为积极的姿态开展双边和区域性经济合作。2020 年 11 月 15 日，中国和东盟 10 国、日本、韩国、澳大利亚、新西兰共 15 个成员国正式签署《区域全面经济伙伴关系协定》（RCEP），这是中国参与并主导多边合作的又一重要成果，RCEP 的签订也是各成员国在全球多边贸易合作发展受挫背景下进行积极应对的体现。

（四）利用世界贸易组织争端解决机制解决贸易争端

WTO 的非歧视原则（即无条件最惠国待遇原则）为消除双边贸易摩擦，建立持久、稳定的贸易关系提供了法律依据。发达国家对我国有竞争性的一系列产品实行歧视性的数量限制和反倾销措施，致使我国一些具有国际竞争性且在很大程度上依赖国际市场的产品面临退出国际市场的威胁。虽然通过双边交涉和力争，在解决这类问题上取得一些进展，但真正彻底解决仍有赖于 WTO 规则。以纺织业为例，加入 WTO 后，发达国家按照纺织品协议的规定逐步放松对我国的限制，在 2005 年最终取消所有配额管理，我国纺织业获得更多的出口机会。

加入 WTO 也使我国进入主流贸易体系，获得主动权。加入 WTO，获得参与制订贸易规则的权利，可使我国的合法利益得到必要的反映，同世界经济建立更紧密的联系，促进全方位改革开放，寻求共同利益，提高相互依存度。

三、本 章 小 结

中国的对外贸易政策是以经济转型时期的总体发展目标和特殊历史任务为中心制定并不断完善的，而中国的经济体制改革采取的是渐进式的发展道路，没有任何一个现成的成熟的理论可供参照，是在改革实践的过程中不断发展和完善的，这就决定了中国的对外贸易政策的发展过程同样具有阶段性和渐进性的特征。

中国贸易政策经历了"进口替代与出口导向相结合—出口导向—进出

口并重"的过程。具体来看，改革开放后，设立经济特区、开放沿海城市、大力发展加工贸易等扩大了中国出口规模，优化了出口商品结构，但是，由于工业发展落后，中国进口壁垒仍高于发达国家和发展中国家，贸易政策呈现进口替代与出口导向相结合的特点。从 1992 年起，中国对外贸体制进行市场化改革，入世后继续削减关税，实施贸易自由化政策，深化对外开放，激发了出口潜力，中国贸易政策转为以出口为导向。2013 年后，中国贸易政策目标由贸易大国向贸易强国转变，坚持进出口并重，强调贸易平衡。

中国对外贸易政策措施日益由单一的贸易措施向贸易措施与其他经济措施相结合的方向发展，这使得中国对外贸易政策取向具有很强的兼容性，与此同时，日益与国际接轨，具有很强的国际化特征。改革开放后尤其是入世以来，中国的对外贸易政策与体制发生了重大变化，贸易政策体系与 WTO 规则逐步接轨，关于进出口商品管理、贸易促进、贸易救济等措施不断规范，还扩充了贸易便利化、服务贸易、知识产权等新内容；此外，随着贸易与投资联系的日益紧密以及国民经济外贸依存度的不断提高，外资政策和产业政策中与对外贸易政策的协同交叉也逐渐增多。更为引人注目的是，随着跨太平洋贸易伙伴协定（TPP）、跨大西洋贸易与投资伙伴协定（TTIP）、服务贸易协定（TISA）谈判的发起与进行，贸易议题日益触及国内监管与规制。

第八章　中国关税税率变化及国际比较分析

2001 年初至 2021 年底，中国关税总水平由 15.3% 降至 7.4%，降幅达 51.6%，其中消费品进口关税的降幅最大。经过多次主动降低关税，中国对中间品、资本品和消费品的整体进口关税已基本一致。目前，中国进口关税水平已经处于中等偏低水平，是少数在不断降低关税的世界主要经济体。

一、中国关税水平变化分析

（一）关税的几个重要概念

在谈到关税时，人们常常对最惠国关税、实施关税、约束关税等多个概念不加以区分，导致无法理解真实的情况。有鉴于此，我们首先对关税的几个重要概念进行区分。

最惠国税率，是对签有最惠国待遇条款的贸易协定国家实行的关税。所谓最惠国待遇（Most－Favored－Nation Treatment，MFNT）是指缔约国各方实行互惠，凡缔约国一方现在和将来给予任何第三方的一切特权、优惠和豁免，也同样给予对方。最惠国待遇的主要内容是关税待遇。最惠国税率是互惠的，且比普通税率低。目前，世界上大多数国家都加入了签订有多边最惠国待遇条约的世界贸易组织，或者通过个别谈判签订了双边最惠国待遇条约。但这种关税待遇中往往规定有例外条款，在缔结关税同盟、自由贸易区或有特殊关系的国家之间规定了更优惠的关税待遇时，最惠国待遇并不适用。

实施税率是指世界贸易组织成员海关对进出口商品实际征收的关税税

率。鉴于国内经济发展要求或其他政治考虑，实施税率往往低于减让谈判确定的约束税率。约束税率是指成员在关税与贸易总协定（GATT）或世界贸易组织谈判中承诺确定的某个税目的最高税率。在承诺执行中，成员对该税目产品设定的法定适用税率（即实施税率），可以低于但不能高于这一最高税率（即实施税率）。

（二）数据说明

出于对数据可获取性的考虑，本章所使用的进口关税与进口额相关数据主要来源于三个数据库，其中进口关税数据主要来自世界贸易组织World Tariff Profiles 和 Tariff Download Facility 数据库，而中国从不同来源地的进口关税、关税税目数量和免税比例来自世界银行 World Integrated Trade Solution（WITS）数据库，进口额数据来自 UN Comtrade 数据库。需要特别说明的是，在统计中国历年进口关税平均水平时，我们采用了《中国财政年鉴 2019》与财政部相关新闻中公布的统计数据。此外，本章主要关注简单平均的最惠国实施税率（Most‐Favoured‐Nation Tariff），因此，如果没有特别说明，本章所指的进口关税均为简单平均的最惠国实施税率。

（三）加入 WTO 以来中国关税整体水平

自 2001 年加入 WTO 以来，我国严格履行入世承诺和义务，逐年降低关税税率，关税水平显著下降。入世以来中国进口关税调整主要可以分三个阶段。第一个阶段是 2001～2010 年，在此期间，按照《中华人民共和国加入议定书》中的要求，中国的最惠国简单平均税率在 2005 年末需要降低到 10%，而实际上，如表 8‐1 和图 8‐1 所示，中国的关税总水平从 2001 年的 15.3% 降低到 2005 年的 9.9%。到 2010 年，中国的关税总水平已经降至 9.8%，中国加入 WTO 的所有承诺全部履行完毕。第二个阶段是 2011～2017 年，这一时期中国关税平均水平一直维持在 9.8%，在此期间中国的关税政策更加注重调整国内经济运行，推动对外贸易发展等目标。第三个阶段是 2018 年至今，在 2018 年，我国进行了多次自主降税，并将关税平均水平降至 7.5%。主动降低关税总水平是我国进一步扩大开放、主动扩大进口的重要举措，也是推动经济高质量发展的现实需求，不仅可以增强自身发展动力，而且有利于世界经济的稳定与增长。

表 8 – 1			2001 ~ 2020 年中国进口关税平均水平					单位：%	
年份	2001	2002	2003	2004	2005	2006	2007	2008	2009	2010
关税平均水平	15.3	12.0	11.3	10.4	9.9	9.9	9.8	9.8	9.8	9.8
年份	2011	2012	2013	2014	2015	2016	2017	2018	2019	2020
关税平均水平	9.8	9.8	9.8	9.8	9.8	9.8	9.8	7.5	7.5	7.5

资料来源：《中国财政年鉴 2019》和历年财政部相关新闻。

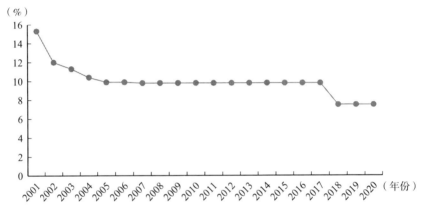

图 8 – 1　2001 ~ 2020 年中国进口关税平均水平

资料来源：《中国财政年鉴 2019》和历年财政部相关新闻。

（四）中国进口产品税目总数与零关税税目比例

进口产品税目总数。如表 8 – 2 所示，2001 ~ 2018 年，中国从各进口来源地进口产品的关税税目数目逐年增多。2001 年中国进口关税税目最多的 20 个进口来源地依次为日本 6203 个，美国 6041 个，韩国 5586 个，中国香港 5518 个，德国 5473 个，法国 4800 个，英国 4719 个，意大利 4679 个，新加坡 4047 个，澳大利亚 3719 个，加拿大 3548 个，荷兰 3516 个，瑞士 3424 个，泰国 3315 个，西班牙 3205 个，马来西亚 3097 个，比利时 3086 个，瑞典 2986 个，印度尼西亚 2574 个，丹麦 2538 个。2018 年中国进口产品税目数目排名前二十的进口来源地依次为美国 9579 个，日本 9085 个，德国 8738 个，韩国 8353 个，意大利 8139 个，英国 7964 个，法国 7961 个，印度 6935 个，西班牙 6930 个，加拿大 6487 个，荷兰 6258 个，泰国 6232 个，瑞士 5971 个，比利时 5962 个，澳大利亚 5942 个，印度尼西亚 5355 个，奥地利 5246 个，马来西亚 5245 个，越南 5220 个，瑞典 5057 个。

表 8 - 2　　　2001 年和 2018 年①中国进口产品税目总数与零关税税目比例

排名	2001 年			2018 年		
	进口来源地	税目总数（个）	零关税税目比例（%）	进口来源地	税目总数（个）	零关税税目比例（%）
1	日本	6203	1.6	美国	9579	7.9
2	美国	6041	1.9	日本	9085	7.8
3	韩国	5586	1.3	德国	8738	7.8
4	中国香港	5518	1.3	韩国	8353	17.3
5	德国	5473	1.3	意大利	8139	7.7
6	法国	4800	1.3	英国	7964	7.4
7	英国	4719	1.3	法国	7961	8.5
8	意大利	4679	0.8	印度	6935	8.4
9	新加坡	4047	1.4	西班牙	6930	8.3
10	澳大利亚	3719	2.4	加拿大	6487	9.7
11	加拿大	3548	2.0	荷兰	6258	9.1
12	荷兰	3516	1.6	泰国	6232	94.7
13	瑞士	3424	0.9	瑞士	5971	59.3
14	泰国	3315	1.8	比利时	5962	8.8
15	西班牙	3205	1.2	澳大利亚	5942	27.4
16	马来西亚	3097	1.5	印度尼西亚	5355	94.7
17	比利时	3086	1.4	奥地利	5246	9.9
18	瑞典	2986	1.1	马来西亚	5245	95.0
19	印度尼西亚	2574	1.9	越南	5220	95.2
20	丹麦	2538	1.5	瑞典	5057	10.5

资料来源：世界银行（World Integrated Trade Solution，WITS）数据库。

---

① 2021 年 1 月查询数据库，可查最新数据是 2018 年数据。

　　免税税目比例。如表 8 - 2 所示，2001～2018 年，中国从各进口来源地进口产品的免税税目比例也大幅上升。2001 年中国对进口税目前二十的进口来源地免税税目比例为 0.8%～2.4%，各国之间差异较小。免税税目比例具体为日本 1.6%，美国 1.9%，韩国 1.3%，中国香港 1.3%，德国 1.3%，法国 1.3%，英国 1.3%，意大利 0.8%，新加坡 1.4%，澳大利亚 2.4%，加拿大 2.0%，荷兰 1.6%，瑞士 0.9%，泰国 1.8%，西班牙 1.2%，马来西亚 1.5%，比利时 1.4%，瑞典 1.1%，印度尼西亚 1.9%，丹麦 1.5%。2018 年中国对美国、日本、德国的免税税目比例均增加至 7.8% 以上，对于泰国、印度尼西亚等东盟国家的免税税目比例超过了 90%。2018 年中国对进口税目前二十的进口来源地免税税目比例具体为美国 7.9%，日本 7.8%，德国 7.8%，韩国 17.3%，意大利 7.7%，英国 7.4%，法国 8.5%，印度 8.4%，西班牙 8.3%，加拿大 9.7%，荷兰 9.1%，泰国 94.7%，瑞士 59.3%，比利时 8.8%，澳大利亚 27.4%，印度尼西亚 94.7%，奥地利 9.9%，马来西亚 95.0%，越南 95.2%，瑞典 10.5%。

　　另外，中国对许多最不发达国家实施免税的税目比例较高。例如，2015 年 11 月中国对原产于科摩罗联盟、毛里塔尼亚伊斯兰共和国、多哥共和国、利比里亚共和国、卢旺达共和国、安哥拉共和国、赞比亚共和国、尼泊尔联邦民主共和国的 97% 税目产品实施零关税[①]，2017 年 10 月中国对原产于冈比亚共和国、圣多美和普林西比民主共和国的 97% 税目产品实施最不发达国家零关税[②]，2018 年 8 月中国对原产于布基纳法索的 97% 税目产品实施最不发达国家零关税[③]，2020 年 10 月中国对原产于老挝的 97% 税目产品实施零关税[④]。

---

　　① 财政部关税司. 国务院关税税则委员会关于给予科摩罗联盟等 8 个最不发达国家 97% 税目产品实施零关税的通知 [A/OL].（2015 - 11 - 19）[2021 - 12 - 16]，http：//gss. mof. gov. cn/gzdt/zhengcefabu/201511/t20151123_1577037. htm.

　　② 财政部关税司. 国务院关税税则委员会关于给予冈比亚共和国圣多美和普林西比民主共和国 97% 税目产品零关税待遇的通知 [A/OL].（2017 - 10 - 27）[2021 - 12 - 16]，http：//gss. mof. gov. cn/gzdt/zhengcefabu/201711/t20171101_2741879. htm.

　　③ 财政部关税司. 国务院关税税则委员会关于给予布基纳法索 97% 税目产品零关税待遇的通知 [A/OL].（2018 - 08 - 13）[2021 - 12 - 16]，http：//gss. mof. gov. cn/gzdt/zhengcefabu/201808/t20180821_2994523. htm.

　　④ 财政部关税司. 国务院关税税则委员会关于给予老挝人民民主共和国 97% 税目产品零关税待遇的公告 [A/OL].（2020 - 08 - 23）[2021 - 12 - 16]，http：//gss. mof. gov. cn/gzdt/zhengcefabu/202010/t20201030_3613962. htm.

　　签署自由贸易协定有助于提升我国免税税目比例，降低我国整体关税水平。截至 2020 年 12 月，中国已经与 26 个国家和地区签署了 19 个自由贸易协定①，在已经签署的自由贸易协定中，双方的零关税税目比例超过 90%②。与中国（大陆）签署自由贸易协定的国家和地区有毛里求斯、马尔代夫、格鲁吉亚、澳大利亚、韩国、瑞士、冰岛、哥斯达黎加、秘鲁、新西兰、智利、巴基斯坦、东盟十国、中国香港、中国澳门、日本等，其中中国—韩国自贸区、中国—澳大利亚自贸区是中国与发达国家签署的两个比较大的自贸区。

　　中国与韩国的自由贸易协定于 2015 年 6 月签订，根据协定减税方案，中国将在 10 年内对韩国 71% 的税目实施零关税，占中国自韩国进口额的 66%；韩国也将在 10 年内对中国 79% 的税目取消关税，占韩国从中国进口额的 77%③。以 2012 年为基期，中国对韩国实施零关税的税目占比最终将达到 91%，占中国自韩国进口额的 85%。韩国最终将对中国 92% 的税目产品实施零关税，占韩国从中国进口额的 91%④。

　　中国与澳大利亚于 2015 年签署自由贸易协定，根据协定减税方案，以 2013 年为基期，中国对澳大利亚产品实行分阶段降税：第一类是协定生效时关税立即为零，从 2016 年 1 月 1 日开始实施，这部分产品税目占比 29.2%，进口额占比 85.3%。产品主要是药品、医疗器械、板材、化工品、农业机械、船舶等；第二类是通过降税期将关税降为零，降税期分为 3 年、5 年、6 年、8 年、10 年、12 年和 15 年，这部分税目占比 67.6%，进口额占比 8.7%；第三类是通过降税期将关税降为零，同时实施保障措施，这部分产品税目占比 0.1%，进口额占比 0.9%⑤。同时，从

　　① 中国自由贸易区服务网. 我国已与 26 个国家和地区签署 19 个自贸协定［EB/OL］.（2020 - 12 - 31）［2021 - 12 - 16］，http：//fta. mofcom. gov. cn/article/rcep/rcepgfgd/202012/44121_1. html.

　　② 中国自由贸易区服务网. 白皮书：中国已与 24 个国家和地区签署 16 个自贸协定［EB/OL］.（2018 - 06 - 28）［2021 - 12 - 16］，http：//fta. mofcom. gov. cn/articelfzdongtai/201806/38166_1. html.

　　③ 中国自由贸易区服务网. 中华人民共和国政府和大韩民国政府自由贸易协定 50 问［EB/OL］.（2016 - 10 - 30）［2021 - 12 - 16］，http：//fta. mofcom. gov. cn/article/chinakorea/koreanews/201603/30777_1. html.

　　④ 财政部关税司. 中韩、中澳自贸协定关税减让将于 12 月 20 日正式实施［EB/OL］.（2015 - 12 - 11）［2021 - 12 - 16］，http：//gss. mof. gov. cn/zhengwuxinxi/zhengcejiedu/201512/t20151211_1610016. html.

　　⑤ 中国自由贸易区服务网. 中华人民共和国政府和澳大利亚政府自由贸易协定解读［EB/OL］.（2017 - 04 - 24）［2021 - 12 - 16］，http：//fta. mofcom. gov. cn/article/chinaaustralia/chinaaustralianews/201506/22176_1. html.

2016 年 1 月 1 日开始，澳大利亚立即对 45% 的中国税目产品实施零关税，加上已实施零关税的商品，零关税税目已超过 90%[①]。2020 年 11 月 15 日，中国与东盟十国、日本、韩国、澳大利亚和新西兰共 15 个成员正式签署了《区域全面经济伙伴关系协定》（RCEP），各成员承诺通过直接和分阶段两种方式削减关税，最终在 10 年内使超过 90% 的货物贸易实现零关税。

二、中国对不同类别产品征收的关税税率

（一）按 BEC 分类的产品进口关税

根据联合国制定的按经济大类（broad economic catalogue，BEC）分类标准，可以将产品分类成国民核算体系（the system of national accounts，SNA）中的三种基本货物类别：中间品、资本品和消费品[②]，具体对应关系和举例说明如表 8 - 3 所示。

表 8 - 3　　　　BEC 编码与 HS6 位码对应关系和举例说明

产品类别	对应的 BEC 名称及编码	包括的 HS6 位码产品数量	部分 HS6 位码产品及编码
中间品	主要用于工业的初级食品和饮料（111）	87	柑橘属水果或甜瓜的果皮（081400）、稻谷（100610）、荞麦（100810）

---

① 财政部关税司. 中韩、中澳自贸协定关税减让将于 12 月 20 日正式实施［EB/OL］. (2015 - 12 - 11)［2021 - 12 - 16］, http://gss.mof.gov.cn/zhengwuxinxi/zhengcejiedu/201512/t20151211_1610016.html.

② BEC 分类标准将全部贸易商品分为 19 个基本类型，利用联合国公布的 HS 编码与 BEC 的对应表，可以将 HS6 位码匹配至 BEC 的 19 个基本类型，参见 https://unstats.un.org/unsd/classifications/econ/. 再利用 BEC 的基本类型与国民核算体系（SNA）中的三种基本货物类别之间的对应关系，可以将全部贸易商品划分为中间品、资本品和消费品三类。在具体统计中，本文剔除了 BEC 分类中的类型 7（未另归类的货物），并且将类型 321（汽油）划分为中间品，将类型 51（载客汽车）划分为消费品。

续表

产品类别	对应的 BEC 名称及编码	包括的 HS6 位码产品数量	部分 HS6 位码产品及编码
中间品	主要用于工业的加工食品和饮料（121）	87	冻整头及半头猪肉（020321）、乳清及改性乳清（040410）、小麦或混合麦的细粉（110100）
	未列名的初级工业供应品（21）	323	獾毛及其他制刷用兽毛，上述毛废料（050290）；无根插枝及接穗植物（060210）；种用马铃薯（070110）
	未列名的加工工业供应品（22）	2401	小麦淀粉（110811）、琼脂（130231）、牛、羊油脂（150210）
	初级燃料和润滑油（31）	10	无烟煤（270111）、烟煤（270112）、其他煤（270119）
	汽油（321）	3	轻油制品，不含生物柴油（271012）；重油制品，不含生物柴油（271019）
	加工燃料和润滑油（汽油除外）（322）	16	煤砖、煤球及用煤制成的类似固体燃料（270120）；煤、褐煤或泥煤制成的焦炭及半焦炭，甑炭（270400）；液化天然气（271111）
	资本货品零配件（运输设备除外）（42）	274	仅用金属加强的硫化橡胶制输送带及带料（401011）、纺织材料制的水龙软管及类似的管子（590900）、带锯片（820220）
	运输设备零配件（53）	104	机动小客车用新的充气橡胶轮胎（401110）、机动小客车用翻新的充气橡胶轮胎（401211）、火花塞（851110）

产品类别	对应的 BEC 名称及编码	包括的 HS6 位码产品数量	部分 HS6 位码产品及编码
资本品	资本货品（运输设备除外）（41）	634	改良种用马（010121）、贵金属或包贵金属制丝布或格栅状的铂催化剂（711510）、固定的手动扳手及扳钳（820411）
	工业运输设备（521）	49	由外部电力驱动的直流电机铁道电力机车（860110）；铁道及电车维修或服务车，不论是否机动（860400）、半挂车用的公路牵引车（870120）
消费品	主要用于家庭消费的初级食品和饮料（112）	277	鳗鱼（鳗鲡属）（030192）；鲜、冷鳟鱼（030211）、鲜、冷鲱鱼（大西洋鲱鱼、太平洋鲱鱼）（030241）
	主要用于家庭消费的加工食品和饮料（122）	404	鲜、冷带骨牛肉（020120）；鲜、冷带骨猪前腿、猪后腿及其肉块（020312）；整只鸡，冻的（020712）
	非工业运输设备（522）	13	船用舷外点燃往复或旋转式活塞内燃发动机（840721）；往复式内燃机摩托车等，排量 ≤ 50ml（871110）；往复式内燃机摩托车等，50ml < 排量 ≤ 250ml（871120）
	未列名的耐用消费品（61）	20	毛制结织栽绒地毯等结织栽绒铺地制品（570110）；毛制起绒结构的铺地制品，制成的（570241）；银制首饰及其零件（711311）
	未列名的半耐用消费品（62）	165	可确定用于造口术的用具（300691）；各种材料制成的鞍具及挽具，适合各种动物用（420100）；以皮革或再生皮革作面的其他类似容器（420291）

产品类别	对应的 BEC 名称及编码	包括的HS6 位码产品数量	部分 HS6 位码产品及编码
消费品	未列名的非耐用消费品（63）	390	淡水观赏鱼（030111）、零售包装的狗食或猫食饲料（230910）、成套的颜料（321310）

说明：在实际匹配时，首先利用联合国公布的 HS 编码与 BEC 的对应表，将 HS6 位码匹配至 BEC 编码，参见 https：//unstats. un. org/unsd/classifications/econ/，之后再利用 BEC 编码与国民核算体系（the system of national accounts，SNA）的对应关系，将所有产品划分为中间品、资本品和消费品三个类别。

如表 8 - 4 所示，2001～2019 年，中国进口最多的是中间品，占总进口的比重为 74%～78.8%；进口最少的是消费品，占总进口的比重为 4%～9.4%；资本品进口占比居于中间，占总进口的比重为 12.4%～21.5%。中间品进口占比总体呈上升趋势，由 2001 年的 75.5% 上升到 2019 年的 78.1%，其中 2001～2008 年是主要上升期，这一时期也是我国加工贸易发展较为迅速的时期。资本品进口占比变动较大，整体呈下降趋势，由 2001 年的 20.1% 下降到 2019 年的 12.4%。

表 8 - 4　　　　　　　2001～2019 年中国进口商品结构与进口额

年份	占总进口比重（%）			进口额（亿美元）			
	中间品	资本品	消费品	中间品	资本品	消费品	所有产品
2001	75.5	20.1	4.4	1835	490	106	2431
2002	74.5	21.0	4.5	2200	621	133	2955
2003	74.0	21.5	4.5	3061	891	186	4138
2004	74.9	21.0	4.0	4215	1184	226	5626
2005	76.6	19.4	4.0	5070	1281	264	6614
2006	76.7	19.1	4.2	6086	1516	330	7933
2007	77.3	18.2	4.5	7398	1743	435	9576
2008	78.4	16.9	4.7	8876	1916	528	11320
2009	78.0	16.8	5.2	7855	1686	526	10067
2010	78.0	16.3	5.7	10795	2261	788	13844

年份	占总进口比重（%）			进口额（亿美元）			
	中间品	资本品	消费品	中间品	资本品	消费品	所有产品
2011	78.3	15.3	6.3	13351	2611	1081	17043
2012	78.4	14.6	7.1	13811	2570	1246	17627
2013	78.8	13.8	7.4	14676	2568	1376	18620
2014	77.7	13.9	8.3	14747	2640	1581	18968
2015	77.1	14.2	8.7	13026	2393	1474	16892
2016	76.6	13.9	9.4	12201	2220	1499	15920
2017	77.9	13.7	8.4	14437	2534	1552	18522
2018	78.2	13.6	8.2	16742	2903	1758	21402
2019	78.1	12.4	9.4	16341	2595	1975	20911

资料来源：UN Comtrade 数据库。

2001~2019 年消费品进口额快速增长，从 2001 年的 106 亿美元增长至 2019 年的 1975 亿美元，并且进口占比也从 2001 年的 4.4%增加到 2019 年的 9.4%。但是 2003~2006 年消费品进口份额有所降低，由 2003 年的 4.5%降低到 2006 年的 4.2%；此后 2017~2018 年也出现下降，而在其余时期则保持稳步上升趋势。

如表 8-5 和图 8-2 所示，在三类产品中，2001~2017 年，中国对中间品和资本品征收的进口关税税率较低，对消费品征收的进口关税税率较高，且消费品关税水平远远高于其他两种产品，同时也高于中国进口总体关税。2020 年，中国进口中间品、资本品和消费品的简单平均适用关税税率依次为 7.1%、6.2%和 8.9%，而如前所述，2020 年中国关税总水平为 7.5%。

表 8-5　　　　**2001~2020 年中国按经济大类分类的产品进口关税**　　　单位：%

年份	中间品	资本品	消费品
2001	13.1	14.7	23.0
2002	10.1	10.2	19.2
2003	9.3	9.2	17.4

续表

年份	中间品	资本品	消费品
2004	8.6	8.7	15.8
2005	8.2	8.5	15.0
2006	8.2	8.5	14.9
2007	8.1	8.3	15.1
2008	8.1	8.3	15.0
2009	8.1	8.3	15.0
2010	8.1	8.3	15.0
2011	7.8	8.2	14.7
2012	8.2	8.2	14.6
2013	8.2	8.2	14.6
2014	8.2	8.2	14.6
2015	8.2	8.2	14.6
2016	8.1	8.2	14.7
2017	8.0	7.9	14.4
2018	8.0	7.9	14.4
2019	7.1	6.5	8.9
2020	7.1	6.2	8.9

资料来源：世界贸易组织 Tariff Download Facility 数据库。

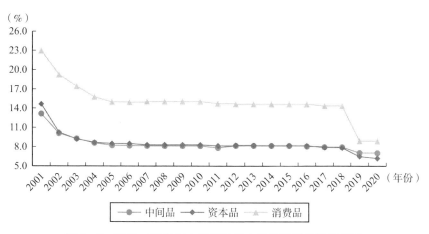

图 8－2 2001～2020 年中国按经济大类分类产品进口关税

资料来源：世界贸易组织 Tariff Download Facility 数据库。

中国的进口政策长期以来都是生产型和出口导向型，进口服务于出口，增加中间品和资本品进口，是中国作为加工贸易大国参与全球价值链的必要措施，因此，对中间品和资本品征收的关税水平较低；但是，为了避免消费品进口对国内生产企业的过度冲击，会对进口消费品征收稍高的关税。另外，虽然中国对进口高技术机器设备和核心零部件制定了较低的进口关税，但却受到以美国为首的发达国家的出口限制。

（二）按 SITC 分类的产品进口关税

根据联合国制定的国际贸易标准分类（standard international trade classification，SITC）①，可以将全部贸易商品划分为 10 大类：食品及活动物、饮料及烟类、非食用原料、矿物燃料与润滑油及有关原料、动植物油脂及蜡、化学成品及有关产品、按原料分类的制成品、机械及运输设备、杂项制品、未分类的其他产品②，具体对应关系和举例说明如表 8 - 6。

表 8 - 6　　　　SITC 编码与 HS6 位码对应关系和举例说明

SITC 1 位码	SITC1 位码产品的名称	包括的 SITC 4 位码或 5 位码产品数量	SITC1 位码产品包括的 HS6 位码产品数量	部分 HS6 位码产品及编码
0	食品及活动物	335	850	改良种用家牛（010221）；其他家牛，改良种用除外（010229）；绵羊（010410）
1	饮料及烟类	21	31	未加味、加糖或其他甜物质的矿泉水及汽水（220110）；加味、加糖或其他甜物质的水（220210）；部分或全部去梗的烟草（240120）

---

① 国际贸易标准分类（SITC）按照原料、半制品、制成品分类并反映商品的产业部门来源和加工程度。SITC 分类标准目录最多由 5 位数字表示，第 1 位数字表示大类，前 2 位表示章，前 3 位数字表示组，前 4 位数字表示分组。在最新版的 SITC（Rev. 4）中，总共有 10 大类，67 章 262 组，1023 分组以及 2970 个基本组。利用联合国公布的 HS 编码与 SITC 的对应表，可以将 HS6 位码匹配至 SITC5 位码，参见 https：//unstats. un. org/unsd/classifications/econ/。

② 为分析方便，剔除第 10 大类（未分类的其他产品）。

续表

SITC 1 位码	SITC1 位码产品的名称	包括的 SITC 4 位码或 5 位码产品数量	SITC1 位码产品包括的 HS6 位码产品数量	部分 HS6 位码产品及编码
2	非食用原料	239	391	带毛的绵羊或羔羊生皮（410210）；葵花子，不论是否破碎（120600）；棕榈果及棕榈仁（120710）
3	矿物燃料、润滑油及有关原料	32	41	制成型的褐煤（270220）；泥煤（包括肥料用泥煤），不论是否制成型（270300）；煤、褐煤或泥煤制成的焦炭及半焦炭，甑炭（270400）
4	动植物油脂及蜡	41	47	羊毛脂及从羊毛脂制得的脂肪物质（150500）；其他动物油、脂及其分离品（150600）；其他葵花油或红花油及其分离品（151219）
5	化学成品及有关产品	467	1014	仅含磺基的衍生物及其盐和乙酯（290410）、甲醇（290511）、薄荷醇（290611）
6	按原料分类的制成品	767	1499	漆皮及层压漆皮，镀金属皮革（411420）；各种材料制成的鞍具及挽具，适合各种动物用（420100）；皮革或再生皮革的其他制品（420500）
7	机械及运输设备	642	1252	输出功率>40 兆瓦的汽轮机（840681）、汽轮机零件（840690）、航空器用点燃往复式或旋转活塞内燃机（840710）
8	杂项制品	420	870	非电气的灯具及照明装置（940550）；发光标志、发光铭牌及类似品（940560）；自供能源手提式电灯的零件（851390）
9	未分类的其他产品	6	8	非法定货币的硬币（金币除外）（711810）、金粉（710811）、以贱金属或银为底的包金材料（710900）

说明：在实际匹配时，首先利用联合国公布的 HS 编码与 SITC 的对应表，将 HS6 位码匹配至 SITC 编码，参见 https：//unstats. un. org/unsd/classifications/econ/，之后再将各 SITC 编码根据其第一位数字分成 10 大类，即 SITC1 位码产品。

如表 8 - 7 所示，总体而言，食品及活动物、饮料及烟类、动植物油脂及蜡三大类产品的关税税率较高，而非食用原料、矿物燃料与润滑油及有关原料、化学成品及有关产品三大类产品的关税税率则较低。从表 8 - 5 可以看出，各类产品的关税水平 2001 ~ 2020 年都显著降低，其中降幅最大的是饮料及烟类产品，从 2001 年的 53.0% 降低到 2020 年的 22.5%，其次是动植物油脂及蜡类产品，从 2001 年的 39.3% 降低到 2020 年的 12.0%。矿物燃料与润滑油及有关原料类产品的关税水平一直处于较低水平，因此降幅较小。

表 8 - 7　　　　2001 ~ 2020 年中国按国际贸易标准分类的产品进口关税　　　单位：%

年份	食品及活动物	饮料及烟类	非食用原料	矿物燃料与润滑油及有关原料	动植物油脂及蜡	化学成品及有关产品	按原料分类的制成品	机械及运输设备	杂项制品
2001	24.0	53.0	9.6	6.0	39.3	10.3	15.1	15.2	19.2
2002	18.9	39.7	7.0	5.5	21.5	7.9	12.1	10.5	16.3
2003	17.3	33.5	6.7	5.5	18.8	7.5	10.8	9.5	15.0
2004	15.8	27.1	6.5	5.3	16.0	7.2	9.6	8.8	13.9
2005	15.6	24.7	6.5	5.3	14.1	7.0	9.0	8.6	13.2
2006	15.6	24.6	6.5	5.3	12.1	7.0	9.0	8.6	13.2
2007	15.5	24.5	6.2	5.3	12.0	6.9	9.0	8.8	13.4
2008	15.5	24.4	6.2	5.3	12.0	6.8	9.0	8.8	13.4
2009	15.5	24.3	6.2	5.3	12.0	6.8	9.0	8.8	13.4
2010	15.5	24.3	6.2	5.3	12.0	6.8	9.0	8.8	13.4
2011	15.4	24.3	5.8	4.1	11.9	6.5	8.7	8.5	13.2
2012	14.5	25.4	6.3	5.3	12.0	6.8	8.9	8.8	13.3
2013	14.5	25.4	6.3	5.3	12.0	6.8	8.9	8.8	13.3
2014	14.5	25.4	6.3	5.3	12.0	6.8	8.9	8.8	13.3
2015	14.5	25.4	6.3	5.3	12.0	6.8	8.9	8.8	13.3
2016	14.5	25.4	6.2	5.3	12.0	6.4	8.9	8.8	13.5
2017	14.3	25.5	6.0	5.3	12.0	6.6	8.9	7.2	11.9
2018	14.3	25.5	6.0	5.3	12.0	6.6	8.9	7.0	11.8
2019	11.4	22.5	5.8	5.1	12.0	6.2	7.0	5.6	6.4
2020	11.4	22.5	5.8	5.1	12.0	6.2	7.0	5.2	6.2

资料来源：世界贸易组织 Tariff Download Facility 数据库。

（三）按 HS 编码分类的产品进口关税

根据商品名称及编码协调制度（the harmonized commodity description and coding system，HS）分类标准，可以将产品划分为 21 个大类。如表 8 - 8 所示，在 21 类产品中，第 2 类、第 3 类、第 4 类产品的关税较高，但是，第 4 类产品（食品；饮料、酒及醋；烟草、烟草及烟草代用品的制品）的关税税率从 2001 年的 27.1% 下降至 2021 年的 10.5%，降低了 16.6 个百分点，降幅高达 61.3%；第 5 类产品（矿产品）关税较低，在 2001 年时也仅为 4.1%，到 2021 年时进一步降低至 3.6%，下降了 0.5 个百分点。此外，第 19 类产品（武器、弹药及其零件、附件）的关税在 2001～2021 年没有发生变化，一直为 13%。到 2021 年，第 2 类产品（植物产品）的关税最高，为 14%，而第 21 类产品（艺术品、收藏品及古物）的关税最低，为 3.1%。

表 8 - 8　　　　　　中国按 HS 编码分类的产品进口关税　　　　　单位：%

产品类别	HS 编码对应的产品	2001 年	2011 年	2021 年
1	活动物；动物产品	18.9	12.3	9.5
2	植物产品	15.4	14.5	14.0
3	动、植物油、脂及其分解产品；精制的食用油脂；动、植物蜡	22.7	13.1	13.0
4	食品；饮料、酒及醋；烟草、烟草及烟草代用品的制品	27.1	18.0	10.5
5	矿产品	4.1	3.7	3.6
6	化学工业及其相关的产品	10.4	6.9	6.2
7	塑料及其制品；橡胶及其制品	14.6	9.4	9.1
8	生皮、皮革、毛皮及其制品；鞍具及挽具；旅行用品手提包及类似容器；动物肠线（蚕胶丝除外）制品	16.4	12.3	10.0
9	木及木制品；木炭；软木及软木制品；稻草、秸秆、针茅及其他编结材料制品；篮筐及柳条编结品	8.7	4.4	3.2

产品类别	HS 编码对应的产品	2001 年	2011 年	2021 年
10	木浆及其他纤维桩纤维素浆；回收（废水）纸或纸板；纸、纸板及其制品	13.3	5.3	4.3
11	纺织原料及纺织制品	20.7	11.5	7.1
12	鞋、帽、伞、杖、鞭及其零件；已加工的羽毛及其制品；人造花；人发制品	23.2	17.9	8.1
13	石料、石膏、水泥、石棉、云母及类似材料的制品；陶瓷产品；玻璃及其制品	17.8	13.6	10.5
14	天然或养殖珍珠、宝石或半宝石；贵金属、包贵金属及其制品；仿首饰；硬币	12.6	10.6	5.5
15	贱金属及其制品	9.6	7.3	5.9
16	机器、机械器具、电气设备及其零件；录音机及放声机、电视图像声音的录制和重放设备及其零件、附件	14.6	8.4	5.9
17	车辆、航空器、船舶及有关运输设备	23.9	13.2	10.4
18	光学、照相、电影、计量、检验、医疗或外科用仪器及设备；钟表；乐器及上述物品的零件、附件	14.3	10.0	5.9
19	武器、弹药及其零件、附件	13.0	13.0	13.0
20	杂项制品	19.5	11.7	5.3
21	艺术品、收藏品及古物	9.7	9.6	3.1

资料来源：根据《中华人民共和国进出口税则》整理计算。

（四）中国进口规模前十大进口产品关税税率

如表 8 - 9 所示，不论是 2001 年，还是 2021 年，电子集成电路和石油相关产品都是我国进口规模前两大的产品，2021 年时这两类产品的进口关税分别为 0.4% 和 0。总体来看，到 2021 年，中国进口的前十大产品大多为高技术产品、原材料和能源类产品，进口关税都处于较低水平，其中有 5 类产品进口关税为 0。此外，2021 年中国的汽车类产品进口额排第 4 名，进口关税也降低至 15%。

表 8 - 9　　　　　　　中国进口规模前十大进口产品关税　　　　单位：%

序号	2001 年			2021 年		
	HS 编码	产品	关税	HS 编码	产品	关税
1	8542	电子集成电路与微组装	6.2	8542	电子集成电路与微组装	0.4
2	2709	石油、沥青矿物油、原油	1.5	2709	石油、沥青矿物油、原油	0
3	8473	办公机器用零件、附件	9.6	2601	铁矿石和铁精矿；包括焙烧黄铁矿	0
4	8517	线路电话、电报用电器	13.0	8703	汽车和其他机动车辆	15.0
5	8471	自动数据处理机（计算机）	11.3	8517	电话，数据传输和接收设备	0
6	8479	具有单独功能的机器	14.2	2711	石油气体和其他气态碳氢化合物	3.7
7	2710	石油、沥青、馏分油（原油除外）	8.8	1201	大豆	2.4
8	8541	二极管、晶体管、半导体等	10.0	2603	铜矿及其精矿	0
9	8802	飞机、航天器、卫星	4.6	8471	自动数据处理机及相关装置	0
10	8529	无线电、电视传输、接收设备零件	13.0	8486	用于制造半导体器件、电子集成电路等的机器和设备	0.1

资料来源：UN Comtrade 数据库和《中华人民共和国进出口税则》，其中 2021 年前十大进口产品实际使用的是 2020 年的进口额数据进行统计，特此说明。

三、中国对不同进口来源地征收的关税税率

（一）中国对前二十大进口来源地征收的关税税率

如前所述，由于中国与其他贸易伙伴之间可能签订了自由贸易协定，

中国对不同贸易伙伴征收的有效实施关税可能低于最惠国关税，从而使得中国对不同贸易伙伴的进口关税存在差异。如表 8 - 10 所示，2019 年，中国货物进口前二十大来源地分别是韩国、日本、美国、澳大利亚、德国、巴西、马来西亚、越南、俄罗斯、沙特阿拉伯、泰国、新加坡、印度尼西亚、法国、加拿大、瑞士、智利、南非、英国、伊拉克[①]。其中，韩国、日本、美国、澳大利亚、德国是中国进口超过 1000 亿美元的五个来源地，总共占中国 2019 年进口总额的 33.5%，其中韩国是中国第一大进口来源国，2019 年进口额为 1736 亿美元，占中国当年进口总额的 8.4%。

表 8 - 10　　　2019 年中国对前二十大进口来源地征收的关税及进口情况

排名	进口来源地	进口额（亿美元）	占进口比例（%）	关税（%）
1	韩国	1736	8.4	3.8
2	日本	1715	8.3	7.0
3	美国	1232	6.0	7.1
4	澳大利亚	1196	5.8	0.5
5	德国	1050	5.1	7.1
6	巴西	792	3.8	6.8
7	马来西亚	716	3.5	0.4
8	越南	641	3.1	0.4
9	俄罗斯	603	2.9	6.4
10	沙特阿拉伯	543	2.6	6.4
11	泰国	461	2.2	0.4
12	新加坡	352	1.7	0.3
13	印度尼西亚	340	1.6	0.5
14	法国	326	1.6	7.2
15	加拿大	280	1.4	6.9
16	瑞士	274	1.3	2.6
17	智利	263	1.3	0.4
18	南非	259	1.3	6.8

[①]　不包括港澳台地区。

续表

排名	进口来源地	进口额（亿美元）	占进口比例（%）	关税（%）
19	英国	238	1.2	6.9
20	伊拉克	238	1.2	5.6

资料来源：进口数据来自 UN Comtrade 数据库，关税数据来自世界银行 World Integrated Trade Solution（WITS）数据库。

根据中国对前二十大进口来源地征收的关税税率（见表 8 - 10 和图 8 - 3），可以将上述 20 个国家分为四种类型：第一类是日本、美国、德国、法国、英国和加拿大等发达国家，中国对这些国家征收的进口关税相对较高；第二类是马来西亚、泰国、越南、新加坡、印度尼西亚和菲律宾等东盟国家，中国对东盟国家征收的进口关税较低，这是因为中国与东盟国家在 2010 年正式建成"中国—东盟自由贸易区"；第三类是其他与中国签署了自由贸易协定的国家，如澳大利亚、瑞士和智利，中国对这类国家征收的进口关税也处于较低水平；第四类是与中国没有签署自由贸易协定的发展中国家，如沙特阿拉伯、俄罗斯、巴西和南非，中国对这些国家征收的进口关税相对较高，接近中国的关税总水平，值得一提的是，这类国家均为世界主要的能源、矿产品出口国，能源、矿产品在这些国家总出口中占较大的比重，而我国对该类产品征收的进口关税较低，因此中国对沙特阿拉伯、俄罗斯等国征收的加权平均关税是要低于简单平均关税的。

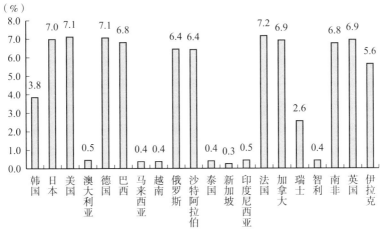

图 8 - 3　2019 年中国对前二十大进口来源地征收的进口关税

资料来源：WITS 数据库。

（二）中国从前二十大进口来源地的进口商品结构与进口关税水平

1. 中国从前二十大进口来源地进口的商品结构

如表 8 – 11 所示，澳大利亚、俄罗斯、南非、沙特阿拉伯、巴西和伊拉克对中国出口以中间品为主，均占这些国家出口总额的90%以上，并且资本品出口份额极低，几乎可以忽略不计。法国、美国、英国、韩国、马来西亚和越南对中国出口中的消费品占比较高，消费品占这些国家对中国出口总额比例分别是 35.2%、29.9%、30.4%、35.0%、36.7 和 35.2%。德国、法国和日本对中国的资本品出口占比较高，分别为 29.1%、26.3% 和 22.2%。此外，中国从各国的进口结构与中国对这些国家不同类别产品征收的进口关税并无必然联系，例如，中国从澳大利亚进口的中间品占总进口的 92.7%，并且中间品关税也仅为 0.5%，而中国从俄罗斯进口的中间品占总进口的 94.4%，但中间品关税却为 6.1%。这主要是因为中国与澳大利亚之间签订了自贸协定，但中国与俄罗斯尚未签订自贸协定。

表 8 – 11　2019 年中国从前二十大进口来源地进口的商品结构与关税　　单位：%

排名	进口来源地	进口占比			关税水平		
		中间品	资本品	消费品	中间品	消费品	资本品
1	韩国	48.9	16.0	35.0	3.1	5.7	3.8
2	日本	51.4	22.2	26.5	6.8	7.6	6.5
3	美国	51.3	18.8	29.9	6.8	8.1	6.4
4	澳大利亚	92.7	0.3	6.9	0.5	0.5	0
5	德国	45.3	29.1	25.6	6.8	8.0	6.4
6	巴西	94.2	0.3	5.5	6.5	7.9	5.7
7	马来西亚	48.8	14.5	36.7	0.5	0.4	0
8	越南	50.8	14.0	35.2	0.5	0.4	0
9	俄罗斯	94.4	0.7	5.0	6.1	7.7	5.2
10	沙特阿拉伯	99.3	0	0.7	6.3	6.6	5.1
11	泰国	50.3	21.4	28.4	0.5	0.3	0.1

续表

排名	进口来源地	进口占比			关税水平		
		中间品	资本品	消费品	中间品	消费品	资本品
12	新加坡	55.0	16.9	28.2	0.3	0.3	0
13	印度尼西亚	84.8	3.3	11.8	0.5	0.4	0.1
14	法国	38.5	26.3	35.2	7.0	8.0	6.2
15	加拿大	75.1	5.5	19.4	6.7	7.8	5.7
16	瑞士	71.2	11.9	16.9	1.7	5.2	1.9
17	智利	87.5	0	12.5	0.7	0	0
18	南非	97.8	0.1	2.2	6.4	7.8	5.1
19	英国	56.6	13.0	30.4	6.8	7.6	6.2
20	伊拉克	100.0	0	0	4.9	7.1	1.7

资料来源：UN Comtrade 数据库和世界银行 World Integrated Trade Solution（WITS）数据库。

2. 中国从前二十大进口来源地进口中间品的关税

首先，看中国对前二十大进口来源地中间品征收的关税水平。由图 8-4 可知，由于中国和部分贸易伙伴签订了自由贸易协定，中国对中间品的关税税率在不同进口来源地之间的差异较大，整体而言，对发达国家

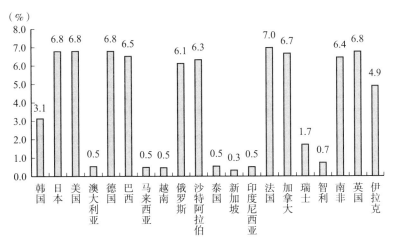

图 8-4 2019 年中国对前二十大进口来源地中间品的进口关税
资料来源：WITS 数据库。

中间品征收的进口关税大多高于发展中国家。在发达国家中，仅对从澳大利亚、新加坡和瑞士的中间品征收较低进口关税，而在发展中国家中，对巴西、俄罗斯、沙特阿拉伯等国的中间品征收较高进口关税，对马来西亚和越南等东盟国家的中间品征收较低进口关税。

3. 中国从前二十大进口来源地进口资本品的关税

图 8 – 5 是中国对前二十大进口来源地资本品征收的关税水平。如图 8 – 5 所示，因进口资本品结构不同，中国对于日本、美国和德国等发达国家资本品征收的进口关税略高于巴西、俄罗斯、沙特阿拉伯和南非等发展中国家。此外，中国对澳大利亚和新加坡两个发达国家，以及对马来西亚和越南等发展中国家的进口资本品大多实行零关税。

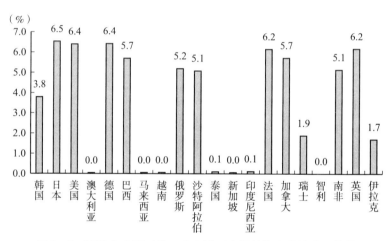

图 8 – 5　2019 年中国对前二十大进口来源地资本品的进口关税

资料来源：WITS 数据库。

4. 中国从前二十大进口来源地进口消费品的关税

图 8 – 6 是中国对前二十大进口来源地消费品征收的关税水平。如图 8 – 6 所示，因进口消费品结构不同，在所有前二十大进口来源地中，中国对来自美国的消费品征收的进口关税最高，为 8.1%，对马来西亚和越南等东盟国家的消费品征收的进口关税较低。总体而言，中国对日本、美国和德国等发达国家的消费品征收的进口关税相对较高。

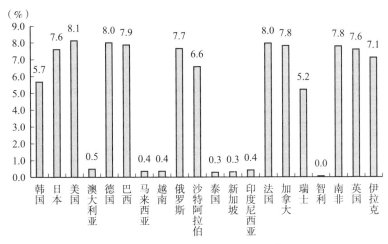

图 8 - 6　2019 年中国对前二十大进口来源地消费品的进口关税

资料来源：WITS 数据库。

综上所述，中国对进口规模前二十大进口来源地中间品、资本品和消费品征收进口关税的情况基本一致，即对发达国家征收的进口关税大多高于发展中国家，这主要是由双方是否存在自由贸易协定所决定的。从整体来看，对消费品的进口关税要高于中间品和资本品。

（三）中国对金砖国家征收的关税税率与进口商品结构

如图 8 - 7 和表 8 - 12 所示，由于截至目前中国与其他金砖国家均未签订自由贸易协定，并且因商品结构不同，2019 年，中国对金砖国家的整体进口关税为 6.4% ~ 6.9%，在金砖国家中，中国对俄罗斯征收的进口关税最低，而对其余三个国家征收的进口关税基本一致。从进口商品结构来看，中国从金砖国家进口的主要产品均为中间品，其次是消费品。此外，中国从巴西、俄罗斯和南非进口的资本品比重极低，而中国从印度进口的资本品与消费品比重相对较高。

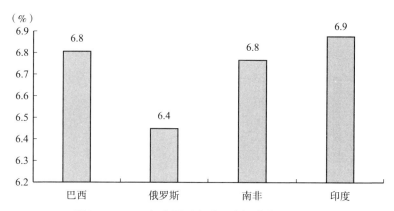

图 8 – 7 2019 年中国对金砖国家征收的进口关税

资料来源：WITS 数据库。

表 8 – 12　　　　　　　　2019 年中国从金砖国家进口的商品结构

进口来源地	中间品（%）	资本品（%）	消费品（%）	进口总额（亿美元）
巴西	94.2	0.3	5.5	792
俄罗斯	94.4	0.7	5.0	603
南非	97.8	0.1	2.2	259
印度	76.7	5.6	17.7	180

资料来源：UN Comtrade 数据库。

四、进口关税税率的国际比较

（一）简单平均关税的国际比较

如表 8 – 13、图 8 – 8 和图 8 – 9 所示，发达经济体进口关税水平总体较低，多数发达经济体的进口关税都低于中国。在发达经济体中，韩国的关税水平最高，2020 年韩国的关税水平为 13.6%。从变化趋势来看，2006 ~ 2020 年，除韩国外的发达经济体的进口关税长期处于较低水平，其中美国、欧盟和日本三大经济体的进口关税为 3.3% ~ 5.6%，但整体的变动幅度较小，仅日本的进口关税下降了 1.2 个百分点。相对而言，加拿大进口关税下降更多，2006～2020年，加拿大进口关税下降了1.6个百分点。韩国的进口关税则是呈现逐渐上升的变化趋势，中国的进口关税低于韩国，且两者差距越来越大。

从表8-14、图8-8和图8-10可以看出，在金砖国家中，印度和巴西的进口关税相对较高，而俄罗斯和南非的进口关税较低，目前中国进口关税已与俄罗斯、南非接近。从变化趋势来看，2006～2020年，中国和俄罗斯的进口关税整体呈不断下降趋势，其中俄罗斯因履行入世承诺，下降幅度最大，其次是中国。印度的关税水平则呈现缓慢上升趋势，尤其是在2010年后印度开始逐步上调其进口关税，到2019年，印度的进口关税已经上升至17.6%。与印度类似，巴西的进口关税2006～2020年也呈现一定的上升趋势，但上升幅度较小。南非的进口关税则呈现微弱的下降趋势。

通过观察表8-14、图8-8和图8-11可知，在其他发展中经济体中，越南、泰国的进口关税较高，马来西亚和菲律宾的进口关税较低。从变化趋势来看，中国和其他发展中经济体进口关税变化幅度都比较大，但各自又呈现不同的态势。例如，越南、墨西哥、中国和马来西亚的进口关税基本呈不断下降趋势，泰国的进口关税整体下降但存在较大波动。此外，印度尼西亚的进口关税则是在2006～2015年基本保持稳定，在2015年之后则开始上升，而菲律宾的进口关税则是基本保持稳定。

总体而言，发达经济体的进口关税大多比较低，而发展中经济体的进口关税则相对较高，包括中国在内的多数发展中经济体都不同程度地降低了进口关税，2020年中国的总体关税在世界主要经济体中处于中等水平。在所有世界主要经济体中，2020年进口关税最高的是印度（15%），最低的是澳大利亚（2.4%）。从整体变动趋势来看，2006～2020年仅有少数几个经济体持续降低进口关税，中国是其中之一，大部分经济体的进口关税都表现出不同程度的波动，即下调关税后又进行上调，甚至有一些经济体在不断上调进口关税。

表8-13　　2006～2020年中国与世界主要发达经济体简单平均关税　　单位：%

年份	中国	欧盟	美国	日本	韩国	加拿大	澳大利亚
2006	9.9	5.4	3.5	5.6	12.1	5.5	3.5
2007	9.8	5.2	3.5	5.1	12.2	5.5	3.5

续表

年份	中国	欧盟	美国	日本	韩国	加拿大	澳大利亚
2008	9.8	5.6	3.5	5.4	12.2	4.7	3.5
2009	9.8	5.3	3.5	4.9	12.1	4.5	3.5
2010	9.8	5.1	3.5	4.4	12.1	3.7	2.8
2011	9.8	5.3	3.5	5.3	12.1	4.5	2.8
2012	9.8	5.5	3.4	4.6	13.3	4.3	2.7
2013	9.8	5.5	3.4	4.9	13.3	4.2	2.7
2014	9.8	5.3	3.5	4.2	13.3	4.2	2.7
2015	9.8	5.1	3.5	4.0	13.9	4.2	2.5
2016	9.8	5.2	3.5	4.0	13.9	4.1	2.5
2017	9.8	5.1	3.4	4.0	13.7	4.0	2.5
2018	7.5	5.2	3.5	4.4	13.7	4.0	2.5
2019	7.5	5.1	3.3	4.3	13.6	3.9	2.4
2020	7.5	5.1	3.4	4.4	13.6	3.9	2.4

资料来源：中国关税数据来自《中国财政年鉴2019》和历年财政部相关新闻，其他经济体数据来自WTO数据门户 https://data.wto.org/ 和 WTO World Tariff Profiles。

表 8 – 14　　2006～2020 年中国与世界主要发展中经济体简单平均关税　　单位：%

年份	中国	印度	俄罗斯	巴西	南非	墨西哥	越南	印尼	马来西亚	菲律宾	泰国
2006	9.9	—	—	12.3	8.0	14.0	16.8	6.9	8.5	6.3	10.0
2007	9.8	14.5	11.0	12.2	7.8	12.6	16.8	6.9	8.4	6.3	10.5
2008	9.8	13.0	10.8	13.6	7.8	12.6	—	—	8.8	6.3	—
2009	9.8	12.9	10.5	13.6	7.7	11.5	10.9	6.8	8.0	6.3	9.9
2010	9.8	12.6	9.5	13.7	7.7	9.0	9.8	6.8	6.5	6.3	9.9
2011	9.8	—	9.4	13.7	7.7	8.3	—	7.0	—	6.1	9.8
2012	9.8	13.7	9.9	13.5	7.6	7.8	9.5	7.0	6.5	6.2	—

续表

年份	中国	印度	俄罗斯	巴西	南非	墨西哥	越南	印尼	马来西亚	菲律宾	泰国
2013	9.8	13.5	9.7	13.5	7.6	7.9	9.5	6.8	6.0	6.3	11.4
2014	9.8	13.5	8.4	13.5	7.6	7.5	9.5	6.9	6.1	6.3	11.6
2015	9.8	13.4	7.8	13.5	7.6	7.1	9.5	—	—	6.3	11.0
2016	9.8	13.4	7.2	13.5	7.7	7.0	9.6	7.9	5.8	6.3	—
2017	9.8	13.8	6.7	13.4	7.6	6.9	9.6	8.1	5.6	6.3	9.6
2018	7.5	17.1	6.8	13.4	7.7	7.0	9.5	8.1		6.2	—
2019	7.5	17.6	6.7	13.4	7.7	7.1	9.6	8.1	5.6	6.1	10.2
2020	7.5	15.0	6.6	13.3	7.7	7.1	9.5	—	5.7	6.1	10.2

资料来源：中国关税数据来自《中国财政年鉴 2019》和历年财政部相关新闻，其他经济体数据来自 WTO 数据门户 https：//data. wto. org/ 和 WTO World Tariff Profiles，部分经济体的一些年份数据缺失。

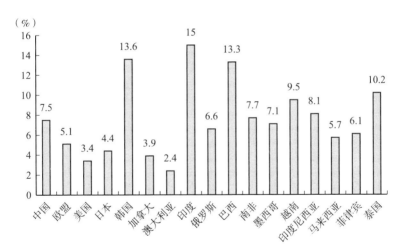

图 8 - 8　2020 年世界主要经济体简单平均关税比较

资料来源：中国关税数据来源于《中国财政年鉴 2019》，其他经济体数据来源于 WTO 数据门户 https：//data. wto. org/ 和 WTO World Tariff Profiles，其中印尼关税数据实际使用 2019 年。

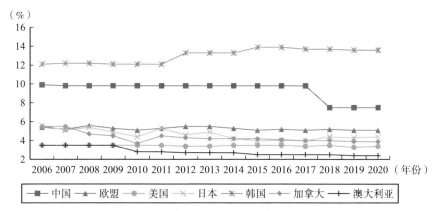

图 8 - 9 2006 ~ 2020 年中国与发达经济体简单平均关税比较

资料来源：中国关税数据来自《中国财政年鉴 2019》和历年财政部相关新闻，其他经济体数据来自 WTO 数据门户 https：//data. wto. org/ 和 WTO World Tariff Profiles。

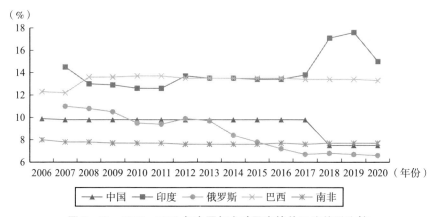

图 8 - 10 2006 ~ 2020 年中国与金砖国家简单平均关税比较

资料来源：中国关税数据来源于《中国财政年鉴 2019》和历年财政部相关新闻，其他经济体数据来源于 WTO 数据门户 https：//data. wto. org/ 和 WTO World Tariff Profiles。

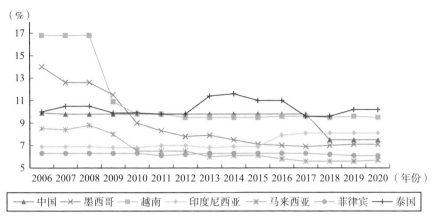

图 8 – 11 2006 ~ 2020 年中国与其他发展中经济体简单平均关税比较

资料来源：中国关税数据来自《中国财政年鉴 2019》和历年财政部相关新闻，其他经济体数据来自 WTO 数据门户 https://data.wto.org/ 和 WTO World Tariff Profiles。由于部分经济体在一些年份的关税数据缺失，为使得折线图更加平滑，使用前一年的关税数据来代替缺失数据，特此说明。

（二）加权平均关税的国际比较

从加权平均关税来看，如表 8 – 15 所示，发达经济体的加权平均关税总体较低。在主要发达经济体中，韩国的加权平均关税最高，长期高于欧盟、美国、日本等发达经济体。除韩国外，发达经济体的加权平均关税长期处于较低水平，并且呈现不断下降的趋势，其中美国的加权平均关税水平一直处于最低水平，而澳大利亚加权平均关税的下降幅度最大。

表 8 – 15　　　　　　世界主要经济体历年加权平均关税　　　　　单位：%

世界主要经济体		2005 年	2010 年	2019 年
发达经济体	欧盟	3.4	2.8	2.9
	美国	2.5	2.1	2.4
	日本	4.5	2.1	2.3
	韩国	8.0	7.4	8.5
	加拿大	3.6	3.1	3.4
	澳大利亚	6.5	5.2	2.5

续表

世界主要经济体		2005 年	2010 年	2019 年
金砖国家	中国	4.7	4.6	3.4
	印度	9.3	7.2	7.0
	俄罗斯	12.9	9.5	5.5
	巴西	8.2	10.2	10.0
	南非	6.1	5.9	6.4
其他发展中经济体	墨西哥	11.9	5.8	4.2
	越南	12.7	5.9	5.6
	印度尼西亚	4.0	4.1	5.7
	马来西亚	4.7	4.3	3.9
	菲律宾	3.7	5.6	5.6
	泰国	4.8	5.0	6.7

资料来源：WTO 数据门户 https：//data. wto. org/，其中印度 2005 年关税数据实际使用 2006 年，马来西亚 2005 年关税数据实际使用 2006 年。

在金砖国家中，印度、俄罗斯和巴西的加权平均关税较高，中国与南非较低。从变化趋势来看，中国、印度和俄罗斯的进口关税在不断下降，其中印度和俄罗斯的关税下降幅度最大，分别下降了 2.3 个和 7.4 个百分点。巴西进口关税的变动趋势是先升后降，而南非则是先降后升。在其他发展中经济体中，墨西哥、越南和马来西亚的加权平均关税水平处于不断下降趋势，其中又以墨西哥和越南下降幅度最大，分别下降了 7.7 个和 7.1 个百分点。泰国和菲律宾的进口关税变动趋势是不断上升。

总体而言，发达经济体的加权平均进口关税相对较低，发展中经济体的加权平均进口关税相对较高。在所有世界主要经济体中，2019 年巴西的加权平均进口关税最高，为 10%，其次是韩国，为 8.5%，日本的加权平均进口关税最低，为 2.3%。随着多数发展中经济体不断削减关税，发达与发展中经济体之间加权平均关税的差距在不断缩小。到 2019 年时，中国的加权平均进口关税已经降至 3.4%，在主要发展中经济体中处于最低水平，并且接近发达经济体水平。

综合简单平均关税和加权平均关税两个指标来看，在世界主要经济体中，发达经济体的进口关税大多比较低，韩国是一个比较特殊的发达经济体，其经济发展已经处于较高水平，但关税水平却远远高于其他发达经济体，甚至高于很多发展中经济体。而发展中经济体的进口关税则相对较高，但各发展中经济体之间的进口关税差异较大，其中印度和巴西的进口关税在主要发展中经济体之间处于较高水平，马来西亚、菲律宾、中国、墨西哥和俄罗斯等经济体的进口关税水平则相对较低。

在世界主要经济体中，印度的简单平均进口关税在 2020 年处于最高水平，为 15%，2020 年简单平均进口关税最低的是澳大利亚，为 2.4%；2019 年加权平均进口关税最低的是日本，为 2.3%。中国的进口关税已经处于中等偏低水平，2020 年中国的简单平均进口关税为 7.5%，2019 年中国的加权平均进口关税仅为 3.4%。从整体变动趋势来看，2006～2020年，中国是少数几个在持续不断地降低进口关税的主要经济体，而大多数主要经济体的进口关税都表现出不同程度的波动，即下调进口关税后又进行上调，甚至有一些主要经济体的进口关税呈现不断上升的趋势。通过对比各经济体进口关税的历史演变以及现状，我们发现，中国目前的进口关税在世界主要经济体中已经处于中等偏低的水平，并且仍继续保持着不断下降的趋势，在完成入世承诺后，中国还于 2018 年主动降低关税，彰显了开放决心和负责任大国担当。

（三）按经济大类分类的产品进口关税的国际比较

1. 总体情况

总体而言，如表 8-16 所示，发达经济体进口各类产品的关税水平低于发展中经济体。在三类产品中，发展中经济体与发达经济体进口消费品的关税水平差异最大，进口中间品和资本品的关税差异较小。发达经济体对中间品和消费品征收的进口关税较高，而对资本品的进口关税较低，其中韩国对三类产品征收的进口关税在绝对水平上均处于较高水平。在发展中经济体中，印度和巴西的三类产品进口关税水平均处于较高水平，而墨西哥和越南对中间品和资本品征收的进口关税较低，但两国对消费品征收较高进口关税。在中国的进口产品中，消费品的进口关税较高，高于发达经济体，但在发展中经济体之间处于较低水平，仅略高于俄罗斯；中国的中间品和资本品进口关税水平与其他发展中经济体之间的差异较小，并且处于中间水平。

表 8-16   世界主要经济体按经济大类分类的产品进口关税   单位：%

世界主要经济体		中间品			资本品			消费品		
		2001年	2005年	2020年	2001年	2005年	2020年	2001年	2005年	2020年
发达经济体	欧盟	3.7	3.4	3.3	2.0	2.0	1.8	7.3	7.4	8.0
	美国	3.6	3.2	3.2	1.7	1.5	1.4	5.9	5.6	4.9
	日本	2.5	2.4	2.2	0.1	0.1	0.1	6.4	6.2	6.2
	韩国	10.6	9.3	10.5	6.3	5.9	5.3	19.1	18.5	20.7
	加拿大	3.1	2.5	0.7	2.3	2.3	1.2	7.4	7.1	5.8
	澳大利亚	3.3	3.0	2.4	2.7	2.6	2.4	6.4	5.0	2.3
金砖国家	中国	13.1	8.2	7.1	14.7	8.5	6.2	23.0	15.0	8.9
	印度	31.2	17.0	14.5	25.3	13.7	9.1	37.1	24.6	28.0
	俄罗斯	9.3	—	5.9	10.0	—	3.6	12.8	—	8.0
	巴西	13.1	10.7	11.1	14.6	13.7	13.3	18.4	16.0	17.9
	南非	4.5	5.7	5.2	1.8	1.7	1.8	11.9	15.9	14.9
其他发展中经济体	墨西哥	14.8	11.7	4.1	13.8	9.9	4.3	27.6	23.3	14.9
	越南	10.7	11.3	6.2	6.9	6.9	4.6	34.0	35.8	18.9
	印度尼西亚	5.7	5.9	6.1	3.9	4.1	6.0	11.2	11.4	13.1
	马来西亚	6.8	7.1	5.5	3.7	3.6	3.0	10.0	9.3	4.1
	菲律宾	5.6	4.9	4.7	3.9	2.8	2.1	13.3	11.3	11.1
	泰国	10.2	6.2	5.4	9.4	6.3	4.2	25.6	22.0	20.4

资料来源：世界贸易组织 Tariff Download Facility 数据库，其中印度 2020 年关税数据实际使用 2019 年，越南和印尼 2020 年关税数据实际使用 2018 年，越南 2001 年关税数据实际使用 2002 年。

2. 中间品进口关税的国际比较

如图 8-12 所示，2020 年，发达经济体进口中间品的关税水平整体上低于发展中经济体，并且发展中国家之间进口中间品的关税水平差异较大，中国对中间品征收的进口关税处于中等水平。

3. 资本品进口关税的国际比较

如图 8-13 所示，2020 年，发达经济体进口资本品的关税水平远低于发展中经济体，尤其是日本，其对资本品征收的进口关税仅为 0.1%。中国资本品的进口关税处于较高水平，在世界主要经济体中仅低于印度和巴西。

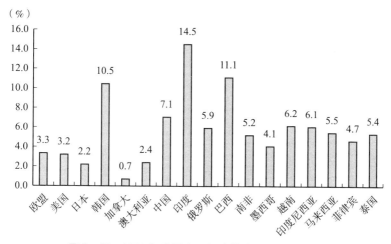

图 8 – 12　2020 年世界主要经济体中间品进口关税

资料来源：世界贸易组织 Tariff Download Facility 数据库，其中印度关税数据实际使用 2019年，越南关税数据实际使用 2018 年。

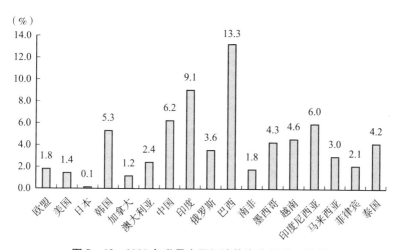

图 8 – 13　2020 年世界主要经济体资本品进口关税

资料来源：世界贸易组织 Tariff Download Facility 数据库，其中印度关税数据实际使用 2019年，越南关税数据实际使用 2018 年。

4. 消费品进口关税的国际比较

如图 8 – 14 所示，除韩国外，2020 年发达经济体的消费品进口关税整体水平较低，而发展中经济体的消费品进口关税则大多较高。在世界主要经济体中，印度的消费品进口关税最高，为 28.0%，其次是韩国，为

20.7%。相对而言，中国的消费品进口关税处于较低水平，为8.9%，低于大多数发展中经济体，略高于欧盟和俄罗斯的8.0%，中国的消费品进口关税已经接近发达经济体水平。

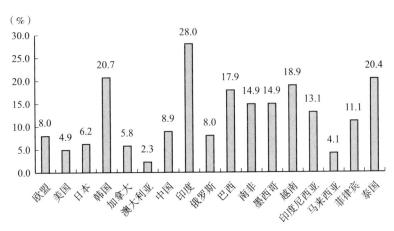

图 8 - 14　2020 年世界主要经济体消费品进口关税

资料来源：世界贸易组织 Tariff Download Facility 数据库，其中印度关税数据实际使用 2019 年，越南关税数据实际使用 2018 年。

（四）农产品关税和非农产品关税的国际比较

接下来，本章把产品划分为农产品和非农产品，对各经济体的关税水平进行比较。从农产品关税来看，如表 8 - 17 和图 8 - 15 所示，韩国、印度和泰国的农产品关税显著高于其他经济体，2020 年韩国、印度和泰国的农产品进口关税分别为 56.8%、34% 和 29.3%，澳大利亚和美国的农产品进口关税较低，分别为 1.2% 和 5.2%。2020 年中国的农产品进口关税为 13.8%[①]，不仅低于印度、越南和泰国等发展中经济体，还低于韩国、日本等发达经济体。中国进口的农产品种类多，但是使用高关税进行保护的农产品很少。从变化趋势来看，中国的农产品关税税率在逐渐降低。

---

① 由于各国的海关编码在 HS6 位码的基础上进行了不同程度的细分，为方便进行国际比较，这里使用世界贸易组织数据库 https：//data.wto.org 提供的数据进行农产品和非农产品平均关税的统计，这个结果和基于 8 位码或 10 位码关税数据的计算结果可能会存在一定的差异。部分机构计算的结果是，2020 年中国农产品进口关税为 13.0%。

从非农产品关税来看，如表 8 - 17 和图 8 - 16 所示，整体而言，2020 年大多数经济体的非农产品进口关税都较低，仅印度和巴西的非农产品进口关税超过 10% ，分别为 11.9% 和 13.8% 。中国的非农产品进口关税在世界主要经济体中处于中等水平，2020 年中国的非农产品进口关税仅为 6.5%①，与韩国、俄罗斯和墨西哥等经济体相当，高于欧盟、美国和日本等发达经济体。

表 8 - 17　　　　　世界主要经济体农产品和非农产品进口关税　　　单位：%

世界主要经济体		农产品			非农产品		
		2006 年	2010 年	2020 年	2006 年	2010 年	2020 年
发达经济体	欧盟	15.1	12.8	11.2	3.9	4.0	4.1
	美国	5.3	4.9	5.2	3.3	3.3	3.1
	日本	24.3	17.3	15.8	2.8	2.5	2.5
	韩国	47.8	48.5	56.8	6.6	6.6	6.6
	加拿大	17.3	11.3	15.1	3.7	2.6	2.1
	澳大利亚	1.2	1.3	1.2	3.9	3.0	2.6
金砖国家	中国	15.7	15.6	13.8	9.0	8.8	6.5
	印度	37.6	31.4	34.0	16.4	9.8	11.9
	俄罗斯	13.5	13.5	9.6	11.1	8.9	6.1
	巴西	10.2	10.3	10.1	12.6	14.2	13.8
	南非	9.0	9.0	8.7	7.9	7.5	7.5
其他发展中经济体	墨西哥	18.2	21.5	14.0	13.3	7.1	6.0
	越南	24.2	17.0	16.5	15.7	8.7	8.4
	印度尼西亚	8.2	8.4	8.7	6.8	6.6	8.0
	马来西亚	12.3	10.8	8.7	7.9	5.8	5.2
	菲律宾	9.6	9.8	9.8	5.8	5.8	5.5
	泰国	22.0	22.8	29.3	8.2	8.0	7.1

资料来源：世界贸易组织数据库 https：//data. wto. org，其中，俄罗斯和印度 2006 年的关税数据实际使用 2005 年，印度尼西亚 2020 年的关税数据实际使用 2019 年。

---

①　如前文所述，本章的计算结果是基于 HS6 位码层面数据进行的计算，因此，与基于 8 位码或 10 位码关税数据的计算结果可能会有所不同。部分机构计算的结果是，2020 年中国非农产品进口关税为 6.6% 。

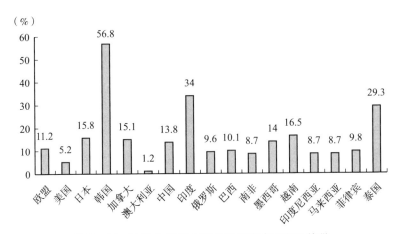

图 8 - 15   2020 年世界主要经济体农产品进口关税

资料来源：世界贸易组织数据库 https：//data. wto. org，其中，俄罗斯和印度 2006 年的关税数据实际使用 2005 年，印度尼西亚 2020 年的关税数据实际使用 2019 年。

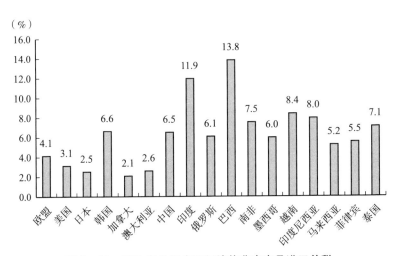

图 8 - 16   2020 年世界主要经济体非农产品进口关税

资料来源：世界贸易组织数据库 https：//data. wto. org，其中，俄罗斯和印度 2006 年的关税数据实际使用 2005 年，印度尼西亚 2020 年的关税数据实际使用 2019 年。

五、中国目前关税政策的主要特点

（一）中国关税水平处于中等偏低水平

加入 WTO 以来，中国多次大幅度降低不同类型进口产品关税，使得中国的关税税率与发达经济体的差距逐渐缩小，尤其是 2018 年底，中国进一步下调部分商品进口关税，将关税总水平降至 7.5%，使得中国的进口关税在世界主要经济体中处于中等偏低水平，低于多数发展中国家，但仍高于欧盟、美国和日本这些发达经济体。此外，中国对发达经济体产品征收的关税税率要高于发展中国家和最不发达国家。这主要是由于：第一，中国与欧盟、美国和日本都没有签订自由贸易协定，因而对原产于这些国家的产品按照最惠国关税征收关税，只有少部分中国鼓励进口的产品适用于暂定税率；第二，中国对签署了自由贸易协定的国家按照协定税率征收关税，协定税率远低于最惠国关税税率，而与中国签署自由贸易协定的国家以发展中国家为主；第三，中国对亚洲、非洲、太平洋地区数十个最不发达国家实施特惠税率，对原产于这些国家的97%的产品实施零关税。

此外，中国的名义税率高于实际税率，名义税率和实际税率存在长期背离的趋势①，中国的名义税率与发达国家的差额远远大于实际税率与发达国家之间的差额。中国的名义税率高于实际税率的原因主要是中国根据宏观调控需要对部分产品实施暂定税率，实行高新技术产品等减免税政策、实行加工贸易免税，以及实施自由贸易协定或优惠关税安排，给予最不发达国家特惠关税待遇（李钢、叶欣，2017），这些措施的实施具有其合理性和必要性，应该客观看待现阶段我国名义税率与实际税率之间的差别。与此同时，也应该考虑到，中国的名义税率高于实际税率，加上巨额贸易顺差，可能给美国、欧盟攻击中国经贸政策制造口实。发达国家既是中国的主要出口市场，也是中国高新技术产品和关键零部件主要进口来源地，适当降低关税水平有助于扩大进口，扭转贸易失衡，减缓贸易摩擦。

---

①　衡量名义税率的指标有简单平均最惠国关税和简单平均有效实施关税，衡量实际税率的指标为加权平均最惠国关税和加权平均有效实施关税。

（二）中国消费品进口关税大幅下降

我国长期以来都采取"重生产，轻消费"和"重出口，轻进口"的经贸政策，对中间品和资本品进口施行鼓励政策，关税水平相对较低，而对消费品设置了较多的障碍，进口关税长期处于较高水平。2001～2018年，中国对消费品的进口关税明显高于中间品和资本品，但2018年以后，消费品进口关税大幅下降，已接近对中间品和资本品征收的关税水平。到2020年，中国对中间品、资本品和消费品征收的进口关税依次为7.1%、6.2%和8.9%。

从降税幅度来看，自2001年加入WTO以来，中间品、资本品和消费品关税都大幅下降，消费品的进口关税降幅最大，为61.3%，大于中间品的45.8%和资本品的57.8%。由于消费品关税的削减，消费品进口占总进口的比重也有所上升，从2001年的4.4%上升到2019年的9.4%，但相比较欧盟、美国和日本等世界其他主要发达经济体，中国的消费品进口占比仍相对较低。消费品进口比重偏低使得中国的消费更多依赖本国供应，这不利于促进国内市场竞争，推动国内产品和服务的升级。随着收入水平升高，中国对高质量消费品的需求急速上升，在本国供应满足不了需求的情况下，中国消费品进口关税税率的削减一方面会有助于国内消费市场的扩大，促进消费升级；另一方面会使许多原来流向海外的消费回流至国内市场。庞大的本国市场是经济发展的重要推动力量，也是对外经济贸易谈判的重要筹码。降低消费品关税有助于扩大本国市场，促进消费升级。

六、本章小结

通过对中国和世界主要经济体进口关税的历史演变以及现状进行分析，本章发现，在世界主要经济体中，发达经济体的进口关税大多比较低，但韩国是一个比较特殊的发达经济体，其经济发展已经处于较高水平，但关税水平却远远高于其他发达经济体，甚至高于很多发展中经济体。而发展中经济体的进口关税则相对较高，各发展中经济体之间的进口关税差异较大，其中，印度和巴西的进口关税在主要发展中经济体之间处于较高水平，马来西亚、菲律宾、中国、墨西哥和俄罗斯等经济体的进口关税水平则相对较低。

中国的进口关税在世界主要经济体中已经处于中等偏低水平。2020 年中国的简单平均进口关税为 7.5% , 2019 年中国的加权平均进口关税为 3.4% 。从进口关税的整体变动趋势来看,中国是少数几个在持续不断降低进口关税的主要经济体,而大多数主要经济体的进口关税都表现出不同程度的波动,即下调关税税率后又进行上调,甚至有一些主要经济体的进口关税呈现不断上升的趋势。中国在完成入世承诺后,仍多次主动降低关税,彰显了开放决心和负责任大国担当。

第九章 中国进口产品关税调整的情况分析

一、中国进口产品关税调整的总体情况

（一）中国历年关税调整方案情况

2001 年 12 月 11 日，中国正式加入世界贸易组织，成为世界贸易组织的第 143 个成员。距离我国加入世界贸易组织已经过去 20 多年，本着惠民生、稳经济、促发展、扩开放的初衷，结合国际国内市场的需求，我国不断对关税进行调整。如表 9 - 1、表 9 - 2 所示，20 多年来，我国结合国际国内情况，对最惠国税率、协定税率、暂定税率不断进行调整。

表 9 - 1 　　　　　 2001 ~ 2020 年中国年度关税调整方案文件汇总

序号	公告时间	文件标题
（1）	2020 年 12 月 21 日	税委会〔2020〕33 号　国务院关税税则委员会关于 2021 年关税调整方案的通知
（2）	2019 年 12 月 18 日	税委会〔2019〕50 号　国务院关税税则委员会关于 2020 年进口暂定税率等调整方案的通知
（3）	2018 年 12 月 22 日	税委会〔2018〕65 号　国务院关税税则委员会关于 2019 年进出口暂定税率等调整方案的通知
（4）	2017 年 12 月 12 日	税委会〔2017〕27 号　国务院关税税则委员会关于 2018 年关税调整方案的通知

序号	公告时间	文件标题
(5)	2016 年 12 月 19 日	税委会〔2016〕31 号 国务院关税税则委员会关于 2017 年关税调整方案的通知
(6)	2015 年 12 月 4 日	税委会〔2015〕23 号 国务院关税税则委员会关于 2016 年关税调整方案的通知
(7)	2014 年 12 月 18 日	税委会〔2014〕32 号 国务院关税税则委员会关于 2015 年关税实施方案的通知
(8)	2013 年 12 月 11 日	税委会〔2013〕36 号 国务院关税税则委员会关于 2014 年关税实施方案的通知
(9)	2012 年 12 月 10 日	税委会〔2012〕22 号 国务院关税税则委员会关于 2013 年关税实施方案的通知
(10)	2011 年 12 月 9 日	税委会〔2011〕27 号 国务院关税税则委员会关于 2012 年关税调整方案的通知
(11)	2010 年 12 月 2 日	税委会〔2010〕26 号 国务院关税税则委员会关于 2011 年关税调整方案的通知
(12)	2009 年 12 月 8 日	税委会〔2009〕28 号 国务院关税税则委员会关于 2010 年关税调整方案的通知
(13)	2008 年 12 月 25 日	税委会〔2008〕40 号 国务院关税税则委员会关于 2009 年关税实施方案的通知
(14)	2007 年 12 月 14 日	税委会〔2007〕25 号 国务院关税税则委员会关于 2008 年关税实施方案的通知
(15)	2006 年 12 月 19 日	税委会〔2006〕33 号 国务院关税税则委员会关于 2007 年关税实施方案的通知
(16)	2005 年 12 月 9 日	税委会〔2005〕33 号 国务院关税税则委员会关于 2006 年关税实施方案的通知
(17)	2004 年 12 月 22 日	税委会〔2004〕22 号 国务院关税税则委员会关于 2005 年关税实施方案的通知

资料来源：中华人民共和国财政部官网（http：//gss. mof. gov. cn/）的公开资料。

表 9 - 2　　　　　**2001～2020 年中国部分产品关税调整方案汇总**

序号	公告时间	文件标题
（1）	2018 年 9 月 30 日	税委会〔2018〕9 号　国务院关税税则委员会关于降低部分商品进口关税的公告
（2）	2018 年 6 月 23 日	税委会〔2018〕33 号　国务院关税税则委员会关于调整大米税目税率的通知
（3）	2018 年 5 月 31 日	税委会〔2018〕4 号　国务院关税税则委员会关于降低日用消费品进口关税的公告
（4）	2018 年 5 月 22 日	税委会〔2018〕3 号　国务院关税税则委员会关于降低汽车整车及零部件进口关税的公告
（5）	2018 年 4 月 23 日	税委会〔2018〕2 号　国务院关税税则委员会关于降低药品进口关税的公告
（6）	2015 年 5 月 25 日	税委会〔2015〕6 号　国务院关税税则委员会关于调整部分日用消费品进口关税的通知
（7）	2015 年 4 月 14 日	税委会〔2015〕3 号　国务院关税税则委员会关于调整部分产品出口关税的通知
（8）	2014 年 10 月 8 日	税委会〔2014〕27 号　国务院关税税则委员会关于调整煤炭进口关税的通知
（9）	2014 年 4 月 25 日	税委会〔2014〕9 号　国务院关税税则委员会关于调整自动柜员机用出钞器产品税目及进口暂定税率的通知
（10）	2013 年 8 月 26 日	税委会〔2013〕31 号　国务院关税税则委员会关于调整褐煤等商品进口关税税率的通知
（11）	2012 年 3 月 29 日	税委会〔2012〕4 号　关于调整部分商品进口关税的通知
（12）	2011 年 6 月 24 日	税委会〔2011〕12 号　国务院关税税则委员会关于调整部分商品进口关税的通知
（13）	2010 年 11 月 29 日	税委会〔2010〕25 号　关于调整 2010 年化肥出口关税的通知
（14）	2009 年 6 月 19 日	税委会〔2009〕6 号　国务院关税税则委员会关于调整部分产品出口关税的通知
（15）	2008 年 11 月 13 日	税委会〔2008〕36 号　国务院关税税则委员会关于调整出口关税的通知

序号	公告时间	文件标题
(16)	2008 年 8 月 29 日	税委会〔2008〕29 号　国务院关税税则委员会关于对动植物肥料征收出口暂定关税的通知
(17)	2008 年 8 月 29 日	税委会〔2008〕28 号　国务院关税税则委员会关于调整化肥类产品特别出口关税的通知
(18)	2008 年 8 月 25 日	税委会〔2008〕25 号　国务院关税税则委员会关于调整铝合金焦炭和煤炭出口关税的通知

资料来源：中华人民共和国财政部官网 http：//gss. mof. gov. cn/。

　　本章旨在对 2001～2020 年这 20 年的中国关税变化进行分析，数据来自 WTO Tariff Download Facility 数据库，鉴于数据的可得性，本章仅对最惠国关税从价税（以下简称 MFN 税率）进行分析。在此期间，海关 HS 编码也经历了调整，其中 2001 年使用的是 HS96 编码，2002～2006 年使用的为 HS02 编码，2007～2011 年使用的为 HS07 编码，2012～2016 年使用 HS12 编码，2017～2020 年使用 HS17 编码。为便于比较分析，本章将其他年份的 HS 编码统一转换为 HS02 编码，共涉及 5222 种 HS6 位码产品的最惠国税率[①]。

　　下面，本章将基于四个方面对 20 年间我国 MFN 税率调整情况进行分析：（1）2001～2020 年的年度产品关税税率调整情况分析；（2）2001～2020 年产品关税税率调整次数与调整幅度情况分析；（3）2001～2020 年按照 HS 两位码产品分类的 MFN 关税税率调整情况分析；（4）2001～2020 年按照 BEC 产品分类的 MFN 关税税率调整情况分析。

（二）年度进口产品关税税率调整情况分析

　　为了研究每个年份进口产品关税税率调整程度，本章对 2002～2020 年关税税率发生调整的产品数目进行逐年统计，计算出每个年份的关税税率发生调整的产品数。如图 9－1 所示，2002 年是调整数目最多的一年，相较 2001 年一共有 3958 种产品 MFN 税率发生调整，其次是 2003 年，共

---

　　① 具体而言，利用联合国公布的各版本 HS 编码在 HS6 位码水平上的对应表，可以实现不同版本 HS 编码之间的转换，对应表请参见 https：//unstats. un. org/unsd/classifications/econ/。

有 2175 种产品发生变化。除这两年外，调整最大的年份为 2019 年，有 2057 种产品 MFN 税率发生变化。调整程度较大的年份还包括 2004 年、2016 年和 2017 年。从整体时间阶段上来看，MFN 税率调整程度较大的时期主要集中在加入 WTO 后三年和"十三五"规划时期。调整较小的年份主要为 2013 年、2014 年、2015 年，发生改变的产品数较少。[①]

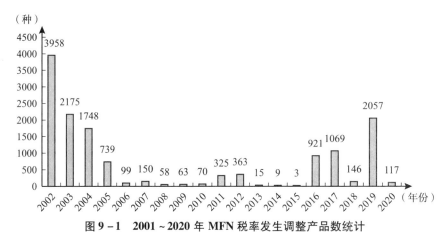

图 9 - 1　2001 ~ 2020 年 MFN 税率发生调整产品数统计

资料来源：WTO 数据库 Tariff Download Facility 中原始数据经计算所得。

（三）进口产品关税税率调整次数与调整幅度情况分析

按照 HS02 编码共有 5222 种产品，每种产品在 2001 ~ 2020 年经历调整的次数分布如图 9 - 2 所示。在计算调整次数时，部分产品实际年份的 HS 六位码在转化为 HS02 六位码后可能无对应，本文计算中将这种情况的调整记 0，由此展开分析。

---

① 2013 年、2014 年、2015 年发生调整的产品数较少，根据相应的《调整方案》，明确指出除暂定税率、配额税率、税目调整外其他最惠国税率维持不变，可在一定程度上体现计算数值的合理性。

税委会〔2012〕22 号　国务院关税税则委员会关于 2013 年关税实施方案的通知，可参见 http：//www. gov. cn/zwgk/2012 - 12/17/content_2291986. htm。

税委会〔2013〕36 号　国务院关税税则委员会关于 2014 年关税实施方案的通知，可参见 http：//www. gov. cn/zwgk/2013 - 12/16/content_2548712. htm。

税委会〔2014〕32 号　国务院关税税则委员会关于 2015 年关税实施方案的通知，可参见 http：//www. 360doc. com/content/16/0808/18/35247344_581734104. shtml。

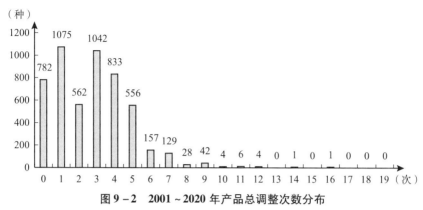

图9-2　2001~2020年产品总调整次数分布

资料来源：WTO Tariff Download Facility 数据库原始数据经转化所得。

由图9-2可知，2001~2020年，共有782种产品的MFN税率没有发生变化，大部分产品MFN税率调整次数为1~5次，其中有1075种产品在20年间仅发生1次变化，1042种产品发生3次变化。少数产品MFN税率调整次数为6~9次，仅有16种产品MFN税率调整次数超过9次。表9-3列出了这12种产品的HS编码、名称和调整次数，可以看出，其中MFN税率调整次数最多的产品为"无线电传输和接收设备的零件①"（HS02 六位码为852990）（见图9-3），共调整了16次；其次为"摄像机与数码相机"（HS02 六位码为852540）（见图9-4），共调整了14次。除此之外，有4种产品调整了12次（见图9-5~图9-8），6种产品调整了11次（见图9-9~图9-14），4种产品调整了10次（见图9-15~图9-18）。

表9-3　　　　2001~2020年16种关税税率调整次数
最多的产品及其税率调整次数情况

单位：次

HS 代码	名称	调整次数
852990	仅适用于或主要适用于无线电话、无线电报、无线电广播、电视、电视摄像机、静止图像摄像机和其他摄像机录像机、雷达设备、无线电导航辅助设备或无线电遥控设备的传输和接收设备的零件，不另作说明（不包括天线以及各种航空反射器）	16

① 为表述方便，对原有产品名称做了一定简化，下同。

HS 代码	名称	调整次数
852540	静止图像摄像机和其他摄像机记录仪；数码相机	14
702000	玻璃制品等	12
842139	气体过滤净化装置（不包括内燃机用同位素分离器和进气过滤器）	12
850440	静态转换器	12
852290	仅或主要适用于与声音再现和录音设备及用于记录和再现图像和声音的视频设备一起使用的部件和附件（槽形记录媒体的拾取装置除外）	12
382490	化学产品及化学或相关工业的制剂，包括由天然产品组成的混合物	11
390720	初级形式的聚醚（不包括聚缩醛）	11
390760	初级形式的聚对苯二甲酸乙烯酯	11
847989	机械及机械器具等	11
852390	准备好的未录制媒体，用于声音录制或其他现象的类似录制（磁带，磁盘，装有磁条的卡和第 37 章的物品除外）	11
870899	零件和附件，主要用于十人以上人员运输，如拖拉机、用于人员运输的机动车和其他机动车，货物运输的机动车和特殊用途的机动车	11
330499	美容或化妆剂及皮肤护理制剂（药物除外），包括防晒霜或晒黑制剂（不包括药物、唇部和眼部化妆品制剂、修指甲或足疗制剂以及化妆品或皮肤护理粉，包括婴儿粉）	10
330510	洗发水	10
844390	印刷机械零件及印刷辅助用机械零件	10
852910	各种天线和天线反射器；适合与之配套使用的部件	10

资料来源：WTO Tariff Download Facility 数据库经计算所得。

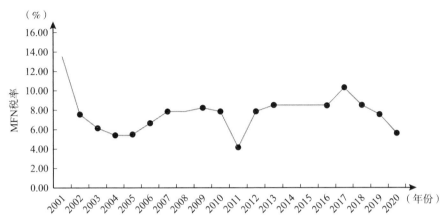

图 9 - 3 无线电传输和接收设备的零件（HS02 编码为 852990，调整 16 次）
资料来源：WTO Tariff Download Facility 数据库原始数据经转化所得。

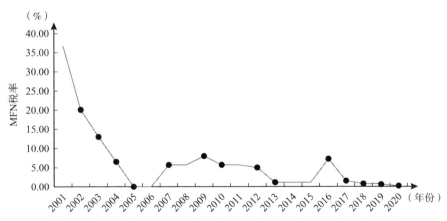

图 9 - 4 摄像机与数码相机（HS 编码为 852540，调整次数为 14 次）
资料来源：WTO Tariff Download Facility 数据库原始数据经转化所得。

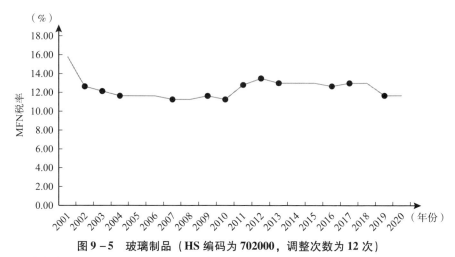

图 9 - 5　玻璃制品（HS 编码为 702000，调整次数为 12 次）

资料来源：WTO Tariff Download Facility 数据库原始数据经转化所得。

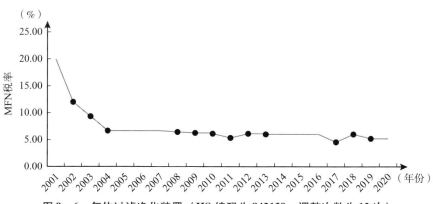

图 9 - 6　气体过滤净化装置（HS 编码为 842139，调整次数为 12 次）

资料来源：WTO Tariff Download Facility 数据库原始数据经转化所得。

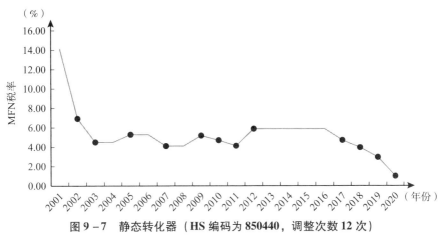

图9-7 静态转化器（HS 编码为 850440，调整次数 12 次）

资料来源：WTO Tariff Download Facility 数据库原始数据经转化所得。

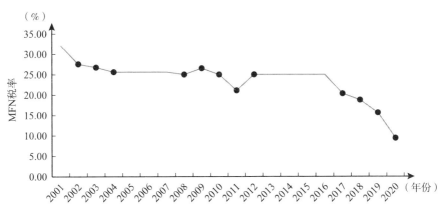

图9-8 声音与图像在线设备的零部件（HS 编码为 852290，调整次数为 12 次）

资料来源：WTO Tariff Download Facility 数据库原始数据经转化所得。

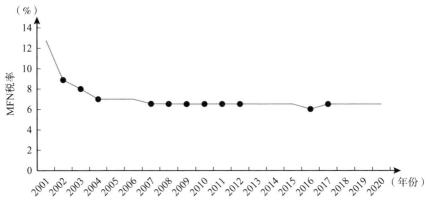

图 9 – 9　化学产品及化学相关工业制剂（HS 编码为 382490，调整次数为 11 次）

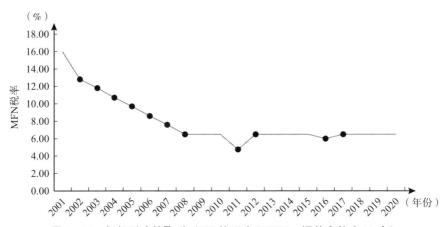

图 9 – 10　初级形式的聚醚（HS 编码为 390720，调整次数为 11 次）

资料来源：WTO Tariff Download Facility 数据库原始数据经转化所得。

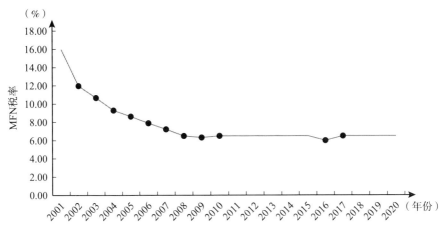

图 9 - 11 初级形式的聚对苯二甲酸乙烯醇（HS 编码为 390760，调整次数为 11 次）
资料来源：WTO Tariff Download Facility 数据库原始数据经转化所得。

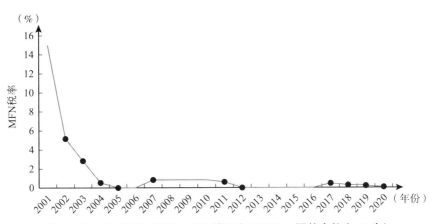

图 9 - 12 机械及机械器具（HS 编码为 847989，调整次数为 11 次）
资料来源：WTO Tariff Download Facility 数据库原始数据经转化所得。

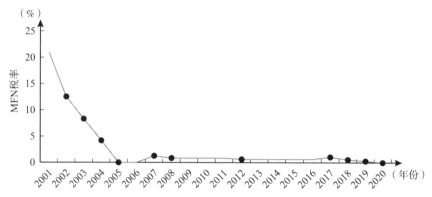

图 9 - 13　准备好的预录制媒体（HS 编码为 852390，调整次数为 11 次）

资料来源：WTO Tariff Download Facility 数据库原始数据经转化所得。

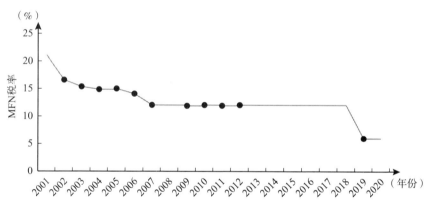

图 9 - 14　十人以上载人机动车零件、配件（HS 编码为 870899，调整次数为 11 次）

资料来源：WTO Tariff Download Facility 数据库原始数据经转化所得。

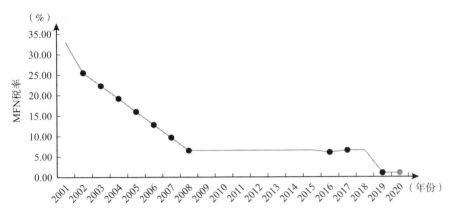

图 9 – 15 美容或化妆制剂与护肤制剂（HS 编码为 330499，调整次数为 10 次）

资料来源：WTO Tariff Download Facility 数据库原始数据经转化所得。

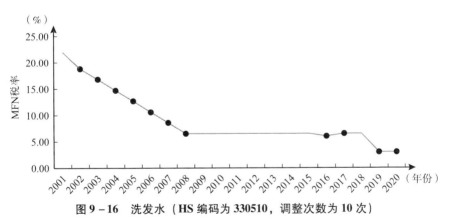

图 9 – 16 洗发水（HS 编码为 330510，调整次数为 10 次）

资料来源：WTO Tariff Download Facility 数据库原始数据经转化所得。

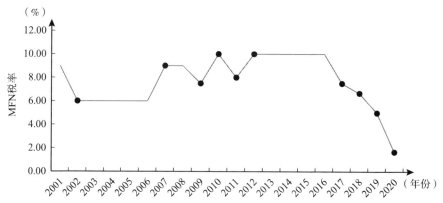

图 9 – 17　印刷机械零件与辅助用机械零件（HS 编码为 844390，调整次数为 10 次）

资料来源：WTO Tariff Download Facility 数据库原始数据经转化所得。

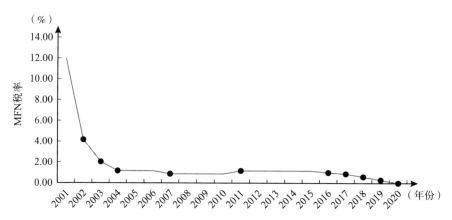

图 9 – 18　天线、天线反射器及其零件（HS 编码为 852910，调整次数为 10 次）

资料来源：WTO Tariff Download Facility 数据库原始数据经转化所得。

二、按照不同标准分类的进口产品关税调整情况分析

（一）按照 HS 分类的进口产品关税调整情况分析

按照 HS 编码，可以将所有产品划分为 97 章，其中 89 章有可比口径。本节按照 2001 年和 2021 年对应编码（2001 年使用 HS96 编码，2021 年使

用 HS17 编码）计算出 2001 年 MFN 税率平均值和 2021 年 MFN 税率平均值，统计出 21 年间 90 章产品关税税率的变化量。

如表 9 - 4 所示，仅第 26 章（矿砂、矿渣及矿灰）2021 年的 MFN 关税税率相较 2001 年是上升的，主要受转版等因素影响，税率微增 0.16%。有两章产品的 2021 年 MFN 关税税率相较 2001 年不变，分别为第 47 章（木浆及其他纤维状纤维素浆；纸及纸板的废碎品）和第 93 章（武器、弹药及其零件、附件）。其余 86 章产品的关税税率均表现出不同程度的下降，其中 MFN 税率下降最多的三章产品分别是：22（饮料、酒及醋）、21（杂项食品）、20（蔬菜、水果、坚果或植物其他部分的制品），这 3 章产品的关税下降都超过 20 个百分点。关税下降超过 20 个百分点的还包括 87（车辆及其零件、附件，但铁道及电车道车辆除外）。

表 9 - 4　　　2001 ~ 2021 年 HS 二位码产品的 MFN 税率变化情况　　单位：%

序号	HS 二位码	产品名称	2001 年 MFN 税率平均值	2021 年 MFN 税率平均值	变化量 Δ
1	22	饮料、酒及醋	50.88	17.10	-33.78
2	21	杂项食品	37.05	12.76	-24.29
3	20	蔬菜、水果、坚果或植物其他部分的制品	27.44	5.97	-21.48
4	87	车辆及其零件、附件，但铁道及电车道车辆除外	32.60	11.93	-20.67
5	57	地毯及纺织材料的其他铺地制品	24.41	5.43	-18.98
6	67	已加工羽毛、羽绒及其制品；人造花；人发制品	25.82	7.82	-18.00
7	62	非针织或非钩编的服装及衣着附件	24.15	6.73	-17.42
8	61	针织或钩编的服装及衣着附件	24.09	6.83	-17.25
9	16	肉、鱼、甲壳动物、软体动物及其他水生无脊椎动物的制品	22.72	5.50	-17.22
10	63	其他纺织制成品；成套物品；旧衣着及旧纺织品；碎织物	23.14	6.00	-17.14
11	24	烟草、烟草及烟草代用品的制品	46.55	29.42	-17.13

序号	HS 二位码	产品名称	2001 年 MFN 税率平均值	2021 年 MFN 税率平均值	变化量 Δ
12	55	化学纤维短纤	23.70	6.61	−17.09
13	94	家具；寝具、褥垫、弹簧床垫、软坐垫及类似的填充制品；未列名灯具及照明装置；发光标志、发光铭牌及类似品；活动房屋	20.54	3.60	−16.94
14	65	帽类及其零件	24.00	7.23	−16.77
15	69	陶瓷产品	24.84	8.77	−16.07
16	04	乳品；蛋品；天然蜂蜜；其他食用动物产品	30.08	14.59	−15.49
17	64	鞋靴、护腿和类似品及其零件	24.00	8.93	−15.07
18	54	化学纤维长丝	20.79	6.14	−14.65
19	37	照相及电影用品	28.00	6.14	−14.46
20	58	特种机织物；簇绒织物；花边；装饰毯；装饰带；刺绣品	22.07	7.94	−14.13
21	42	皮革制品；鞍具及挽具；旅行用品、手提包及类似容器；动物肠线（蚕胶丝除外）制品	22.20	8.08	−14.12
22	19	谷物、粮食粉、淀粉或乳的制品；糕饼点心	24.30	10.43	−13.87
23	96	杂项制品	21.70	8.42	−13.28
24	60	针织物及钩编织物	21.13	8.00	−13.13
25	56	絮胎、毡呢及无纺织物；特种纱线；线、绳、索、缆及其制品	19.95	7.18	−12.78
26	95	玩具、游戏品、运动用品及其零件、附件	15.95	3.22	−12.72
27	92	乐器及其零件、附件	22.09	10.18	−11.91
28	03	鱼、甲壳动物、软体动物及其他水生无脊椎动物	18.91	7.02	−11.89

序号	HS 二位码	产品名称	2001 年 MFN 税率平均值	2021 年 MFN 税率平均值	变化量 Δ
29	48	纸及纸板；纸浆、纸或纸板制品	17.24	5.41	−11.83
30	33	精油及香膏；芳香料制品及化妆盥洗品	22.83	11.02	−11.80
31	85	电机、电气设备及其零件；录音机及放声机、电视图像、声音的录制和重放设备及其零件、附件	16.11	5.01	−11.09
32	15	动、植物油、脂及其分解产品；精制的食用油脂；动、植物蜡	22.69	13.00	−9.69
33	08	食用水果及坚果；柑橘属水果或甜瓜的果皮	27.73	18.26	−9.48
34	34	肥皂、有机表面活性剂、洗涤剂、润滑剂、人造蜡、调制蜡、光洁剂、蜡烛及类似品、塑型用膏、"牙科用蜡"及牙科用熟石膏制剂	16.85	7.41	−9.44
35	66	雨伞、阳伞、手杖、鞭子、马鞭及其零件	14.00	5.00	−9.00
36	30	药品	10.56	1.85	−8.71
37	59	浸渍、涂布、包覆或层压的织物；工业用纺织制品	16.40	7.90	−8.49
38	90	光学、照相、电影、计量、检验、医疗或外科用仪器及设备、精密仪器及设备；上述物品的零件、附件	12.50	4.03	−8.47
39	39	塑料及其制品	15.57	7.63	−7.94
40	50	蚕丝	15.52	7.96	−7.56
41	84	核反应堆、锅炉、机器、机械器具及其零件	13.78	6.41	−7.37
42	71	天然或养殖珍珠、宝石或半宝石、贵金属、包贵金属及其制品；仿首饰；硬币	12.55	5.49	−7.06
43	76	铝及其制品	13.50	6.76	−6.74

序号	HS 二位码	产品名称	2001 年 MFN 税率平均值	2021 年 MFN 税率平均值	变化量 Δ
44	97	艺术品、收藏品及古物	9.67	3.10	-6.57
45	83	贱金属杂项制品	14.68	8.29	-6.39
46	44	木及木制品；木炭	8.73	2.64	-6.09
47	70	玻璃及其制品	16.96	10.98	-5.98
48	91	钟表及其零件	18.60	12.87	-5.73
49	09	咖啡、茶、马黛茶及调味香料	18.85	13.24	-5.61
50	73	钢铁制品	12.10	6.57	-5.53
51	43	毛皮、人造毛皮及其制品	20.39	15.35	-5.04
52	53	其他植物纺织纤维；纸纱线及其机织物	11.16	6.14	-5.02
53	02	肉及食用杂碎	22.92	18.38	-4.54
54	68	石料、石膏、水泥、石棉、云母及类似材料的制品	15.27	10.88	-4.39
55	13	虫胶；树胶、树脂及其他植物液、汁	13.29	9.48	-3.82
56	72	钢铁	7.89	4.48	-3.41
57	45	软木及软木制品	8.14	4.75	-3.39
58	82	贱金属工具、器具、利口器、餐匙、餐叉及其零件	10.97	7.79	-3.18
59	29	有机化学品	8.62	5.64	-2.99
60	32	鞣料浸膏及染料浸膏；鞣酸及其衍生物；染料、颜料及其他着色料；油漆及清漆；油灰及其他胶黏剂；墨水、油墨	10.34	7.44	-2.90
61	38	杂项化学产品	10.02	7.20	-2.82
62	18	可可及可可制品	13.78	11.00	-2.78
63	35	蛋白类物质；改性淀粉；胶；酶	12.29	9.57	-2.71
64	49	书籍、报纸、印刷图画及其他印刷品；手稿、打字稿及设计图纸	5.31	2.64	-2.67
65	80	锡及其制品	7.58	5.14	-2.45

续表

序号	HS 二位码	产品名称	2001 年 MFN 税率平均值	2021 年 MFN 税率平均值	变化量 Δ
66	14	编结用植物材料；其他植物产品	11.69	9.40	-2.29
67	28	无机化学品；贵金属、稀土金属、放射性元素及其同位素的有机及无机化合物	7.12	5.01	-2.11
68	46	稻草、秸秆、针茅或其他编结材料制品；篮筐及柳条编结品	9.00	7.00	-2.00
69	74	铜及其制品	7.67	5.73	-1.94
70	06	活树及其他活植物；鳞茎、根及类似品；插花及装饰用簇叶	10.26	8.65	-1.62
71	88	航空器、航天器及其零件	3.59	1.97	-1.62
72	12	含油子仁及果实；杂项子仁及果实；工业用或药用植物；稻草、秸秆及饲料	11.12	9.73	-1.39
73	78	铅及其制品	5.88	4.50	-1.38
74	36	炸药；烟火制品；火柴；引火合金；易燃材料制品	8.45	7.09	-1.36
75	41	生皮（毛皮除外）及皮革	10.43	9.10	-1.32
76	27	矿物燃料、矿物油及其蒸馏产品；沥青物质；矿物蜡	6.50	5.39	-1.11
77	05	其他动物产品	13.57	12.51	-1.06
78	23	食品工业的残渣及废料；配制的动物饲料	6.35	5.35	-1.00
79	79	锌及其制品	5.58	4.63	-0.95
80	75	镍及其制品	5.70	4.81	-0.89
81	81	其他贱金属、金属陶瓷及其制品	6.24	5.38	-0.86
82	89	船舶及浮动结构体	8.27	7.60	-0.68
83	86	铁道及电车道机车、车辆及其零件；铁道及电车道轨道固定装置及其零件、附件；各种机械（包括电动机械）交通信号设备	5.45	4.88	-0.57

序号	HS 二位码	产品名称	2001 年 MFN 税率平均值	2021 年 MFN 税率平均值	变化量 Δ
84	07	食用蔬菜、根及块茎	11.12	10.86	−0.25
85	25	盐；硫磺；泥土及石料；石膏料、石灰及水泥	3.66	3.41	−0.25
86	01	活动物	5.95	5.71	−0.23
87	47	木浆及其他纤维状纤维素浆；纸及纸板的废碎品	0.00	0.00	0.00
88	93	武器、弹药及其零件、附件	13.00	13.00	0.00
89	26	矿砂、矿渣及矿灰	1.27	1.43	0.16

资料来源：根据《中华人民共和国进出口税则》整理计算。

关税税率下降超过 10 个百分点的共有 31 章，在这 31 章产品中，有 9 章属于农产品和食品，12 章属于纺织鞋帽。根据降税产品类别分布可见，我国降税产品主要集中在农产品、食品和纺织鞋帽等日用消费品，体现国家惠民生、稳经济的降税初衷。

（二）按照 BEC 分类的进口产品关税调整情况分析

按照 BEC 分类，可以将全部产品划分为资本品、中间品和消费品三个类型。本节将每年的 HS 编码转化为 BEC 编码进行分析处理，其中，资本品包含编号 41 和 521，中间品包含 111、121、21、22、31、322、42、53，消费品包含 112、122、522、61、62、63，另外有 3 种无具体分类，包含 321、51 和 7。在下述分析中，编码 7 所对应未另归类的货物，将其排除出分析范围，321 对应汽油、51 对应载客汽车，对于这两类产品，本节将 321 对应为中间品，51 对应为消费品，以此为标准所得到的结果如表 9 − 5 所示。

表 9 - 5　　　　2001～2021 年按 BEC 分类产品的 MFN 关税调整情况　　单位：%

分类	BEC 代码	BEC 名称	2001 年 MFN 关税平均值	2021 年 MFN 关税平均值	相对变化 Δ（2021～2001）
资本品	平均值		14.66	6.24	-8.41
	41	资本货物	14.69	6.09	-8.59
	521	运输设备、工业	14.25	8.18	-6.06
中间品	平均值		12.33	7.10	-5.23
	111	食品饮料为主，初级产品，主要用于工业	10.85	12.04	1.19
	121	食品和饮料，加工过，主要用于工业	21.40	18.52	-2.88
	21	其他地方未指定的工业用品，初级产品	7.16	6.19	-0.97
	22	未在其他地方指定的加工过的工业用品	12.92	6.82	-6.10
	31	燃料和润滑剂，初级	3.78	2.55	-1.23
	321	汽油	8.80	6.52	-2.28
	322	加工过的燃料和润滑油（汽车用汽油除外）	8.23	5.56	-2.67
	42	资本货物零件及附件（运输设备除外）	10.31	5.45	-4.86
	53	运输设备零件及附件	17.66	7.92	-9.74
消费品	平均值		22.51	8.96	-13.55
	112	食品和饮料，初级产品，主要是家庭消费	19.47	11.25	-8.23
	122	食品和饮料，加工过，主要供家庭消费	27.11	10.56	-16.56
	51	载客汽车	73.75	15.00	-58.75
	522	运输设备、非工业	24.55	19.86	-4.69
	61	未在其他地方指明的耐用消费品	21.73	6.89	-14.84

分类	BEC 代码	BEC 名称	2001 年 MFN 关税平均值	2021 年 MFN 关税平均值	相对变化 Δ (2021~2001)
消费品	62	未在其他地方指明的消费品，半耐用	21.62	6.81	-14.81
	63	未在其他地方指明的非耐用消费品	20.48	7.27	-13.22

资料来源：根据《中华人民共和国进出口税则》整理计算。

由表 9-6 可知，在资本品、中间品、消费品三种大类中，消费品 MFN 税率下降最多，平均下降 13.55 个百分点；其次是资本品，平均下降 8.41 个百分点；中间品最少，平均下降 5.23 个百分点。大部分消费品关税下降超过 10 个百分点，其中税率下降最多的是载客汽车（BEC-51），从 2001 年的 73.75% 下降至 2021 年的 15.00%，降低了 58.75 个百分点，降幅高达 79.7%；其次为供家庭消费的加工食品与饮料（BEC-122），降低了 16.56 个百分点，降幅为 61.1%；而耐用消费品（BEC-61）和半耐用消费品（BEC-62）的税率分别下降 14.84 个和 14.81 个百分点。资本货物的税率下降处于中等水平，平均下降约 8 个百分点。中间品的平均税率变化虽然最小，但各类中间品的降税情况表现出极大的差距，例如，运输设备零件及附件类（BEC-53）的税率下降最多，达到 9.74 个百分点，而其他地方未指定的工业用品，初级产品类（BEC-21）税率下降最少，仅有 0.97 个百分点。

三、本 章 小 结

自从 2001 年以来，结合国际国内情况，我国对最惠国税率、协定税率、暂定税率不断进行调整，共发布了 19 个年度关税调整方案的文件。总体来看，在 2001~2021 年期间，我国进口产品关税调整的特点是：

第一，2002 年、2003 年、2018 年关税税率发生调整的产品数目比较多。2002 年是调整数目最多的一年，一共有 3958 种产品 MFN 税率发生调整，其次是 2003 年，共有 2175 种产品的 MFN 税率发生变化。再次是 2018 年，有 2057 种产品 MFN 税率发生变化。

第二，绝大部分进口产品的关税税率至少调整 1 次。按照 HS02 编码共有 5222 种产品，2001～2020 年，共有 782 种产品的 MFN 税率没有发生变化，大部分产品 MFN 税率调整次数为 1～5 次，其中，有 1075 种产品在 20 年间仅发生 1 次变化，1042 种产品发生 3 次变化。少数产品 MFN 税率调整次数为 6～9 次，仅有 16 种产品 MFN 税率调整次数超过 9 次。

第三，在 89 章产品中，86 章产品的关税税率均表现出不同程度的下降。按照 HS 编码，我国将所有产品划分为 97 章，我们考察了其中有可比口径的 89 章产品，只有第 26 章（矿砂、矿渣及矿灰）2021 年 MFN 关税税率相较 2001 年略有上升，第 47 章（木浆及其他纤维状纤维素浆；纸及纸板的废碎品）和第 93 章（武器、弹药及其零件、附件）产品的 2021 年 MFN 关税税率相较 2001 年不变，其他 86 章产品的关税税率均表现出不同程度的下降。在关税税率下降的 86 章产品中，税率下降超过 10 个百分点的共有 31 章。

第十章　关税调整、进口与中国经济发展

一、对外开放、进口关税与积极扩大进口

（一）全面扩大开放与积极扩大进口

在当今世界经济发展面临巨大下行压力，单边主义、贸易保护主义不断蔓延的国际背景下，全面扩大对外开放是我国在经济发展转型期作出的重要宣示，为世界经济尽快重回正轨起到了重要作用。从历史发展经验来看，不断提高对外开放水平，以开放促进改革，是我国在经济发展中不断取得成就的重要法宝。在过去的发展历程中，我国的对外开放更多注重出口贸易的发展，而当前我国迈向经济高质量发展的新阶段，如何利用外贸政策提高进口贸易发展水平，实现加快构建新发展格局的战略目标，成为推进高水平对外开放以及加快构建新发展格局的重要一环。

长期以来，我国致力于发展出口导向型经济，尽管充分利用了我国的比较优势，实现了经济的快速增长，但由出口扩张引起的贸易顺差却使我国与其他国家之间的贸易摩擦不断发生。因此，从直接影响来看，扩大进口会缩小我国的贸易顺差，实现进出口贸易平衡发展，有助于减少我国与其他国家尤其是发达国家之间的贸易摩擦。在更深层次上，扩大进口对我国的长期经济发展也具有重要意义。当今世界正经历百年未有之大变局，世界经济的发展也进入"萎靡期"，积极扩大进口有利于促进内需体系的形成，有助于培养强大的国内市场，同时也是我国更好利用国际资源的重要途径。从国内外现实情况来看，积极扩大进口有利于促进国内国际双循环，因此对我国加快构建新发展格局具有重要意义。

在过去的几十年中，我国在世界经济发展过程中更多扮演着生产者的角色，凭借自身的比较优势为全世界提供制成品，而较少关注国内市场。这一方面是由我国经济与对外贸易发展的特点所致，即通过加工贸易融入全球产业链，从加工环节获取利益；另一方面也是由于国内收入水平相对较低，没能形成足够的消费市场规模。然而，随着我国经济发展进入转型期，发展方向从强调高速度调整为注重高质量，与此同时国内消费市场也逐渐形成并扩大，这两方面情况的转变为我国扩大进口提供了现实基础。

（二）积极扩大进口的重要意义

从生产角度而言，扩大进口是满足国内生产的客观需要。我国每年进口大量大豆等农产品以及石油化工产品等原材料，保障了国内相关行业的正常运行，而进口的机械制造、电子类等技术密集型产品等中间品以及重要机器设备等资本品，弥补了国内供给不足（魏浩，2020），这有助于提高国内企业生产的产品质量。

从需求角度而言，扩大进口有助于服务国内消费。扩大最终消费品的进口规模能够增加国内消费者可选择的商品范围，使消费者的多样化需求得到满足，尤其是对优质产品和服务的需求，并且最终产品的进口增加还会降低消费品价格，进而提升国内消费者的福利。扩大进口使得国内消费者能够更为便捷地购买国外高端产品，这有利于刺激国内相关投资的形成，推动国内资源从低端产品流向高端产品，有助于实现消费升级（周晓波和陈璋，2020）。扩大产品进口可以带动国内物流、批发与零售等服务业发展，这有利于我国产业结构的优化（黄玖立，2019）。

从国际影响来看，扩大进口还有助于我国扩大国际影响力。在当今世界贸易保护主义、单边主义盛行的形势下，主动扩大进口是维护多边贸易体制与国际经济秩序的重要举措。一方面，通过扩大从发展中国家的原材料与初级产品进口，可以充分发挥这些国家的比较优势，拉动其经济增长，加强我国与这些国家的关系；另一方面，扩大从发达国家的资本与技术密集型产品进口，有助于提升发达国家的就业水平，减少我国与发达国家之间的经贸摩擦。2020年暴发的新冠肺炎疫情对世界范围内进口活动都造成严重影响，在这一特殊背景下，我国仍坚持扩大进口，不仅有助于稳定世界经济发展局势，还对世界各国尽快走出疫情阴霾起到积极作用。

尽管扩大进口会给我国的经济发展带来诸多好处，但同时也需提防由于进口增加对国内相关产业与企业发展负面冲击。由于我国的劳动力成本相比较东南亚地区的发展中国家已经不具备明显优势，因此扩大进口可能对以劳动密集型为主的中低端行业产生较大的负面影响，加快这些产业向东南亚地区转移，同时扩大进口对我国出口的带动作用相对较小，因此可能产生就业问题（周晓波和陈璋，2020）。此外，尽管通过扩大高端机器设备与核心零部件的进口有助于弥补国内供给不足，但对进口产品的过度依赖也会加大国内产业链的生产安全风险，同时也可能对挤出国内相关企业，从而可能对我国的产业升级与经济高质量发展造成不利影响。

（三）关税调整与扩大进口

在全面扩大开放的背景下，我国积极扩大进口，但是由于我国目前各行业发展情况不同，产业竞争力存在差异，因此，在扩大进口战略的执行中，需要依据国内生产生活的实际需求，并且考虑到扩大进口对国内产业发展的冲击。而影响国内需求的关键因素，除了国内收入水平外，还直接受到进口贸易壁垒的影响，因此，扩大进口的一个关键举措在于调整外贸制度。具体而言，可从降低关税与非关税壁垒、提升通关便利化，加快国内与进口相关服务行业发展等方面进行，而其中关税是被世界各国广泛使用的一种贸易保护措施，降低关税对进口的促进作用较为直接，但同时调整关税的难度也比较大。如前所述，我国不同行业的发展程度与技术水平存在差异，因此，降低关税需要考虑到我国的产业结构特征，从而做出相应调整，在扩大进口与培养国内产业竞争力之间寻找最优解。

二、降低关税水平与经济发展

降低关税是扩大优质产品和服务进口的有效途径，因此，如何合理地降低关税就成为了一个需要深入分析的重要问题。总体而言，降低关税需要以全面扩大开放为指导思想，同时立足于我国产业发展的现实情况，对不同类别、不同行业的进口产品关税做出针对性调整措施。

（一）中间品关税削减的经济效应

由于国际分工的不断深化，中间品贸易在国际贸易中所占比重越来越大，而在我国成为世界第一大制造业大国的过程中，通过对进口的原材料与零部件加工组装的加工贸易起到了重要作用，因此，中间品进口在我国货物贸易进口中也占据重要地位。从理论上来说，中间品关税削减会引起中间品进口增长，并通过产品种类多样化、技术溢出、提升产品质量等途径对国内企业的成长产生积极的促进作用（Amiti et al.，2007）。

首先，中间品关税削减会直接降低国内企业的进口成本，使企业能够进口在高关税下无法获取的中间投入，并且能够丰富企业的中间品进口来源地，从而实现中间品进口产品种类的多样化。当进口中间品与国内中间品之间的替代性较低时，企业所使用的中间投入种类便会增多，通过进口中间品与国内中间品之间形成有效互补，企业可以发挥国内外中间品各自的优势，从而优化生产要素投入组合，并最终提升生产效率（赵新泉等，2020；Bas and Strauss – Kahn，2014）；而当进口中间品与国内中间品之间存在较强替代关系时，关税削减会加剧国内上游投入品行业的竞争程度，压低中间品价格，从而降低国内下游企业的生产成本（高超和黄玖立，2020）。

其次，关税削减降低了国外高技术中间品的国内价格，使得国内企业有更大机会接触国外的先进技术与知识，而由于这些进口中间品自身的技术溢出效应，国内企业可以通过"干中学"途径对进口产品进行学习、吸收与模仿，从而实现技术进步，相对于依靠自身的技术积累，这种通过进口而实现的国际技术转移对产业升级的促进作用会更大（Acharya and Keller，2009）。此外，中间品关税削减还会降低企业的边际生产成本并获得更高利润，从而促进企业通过进口国外资本品，对于技术密集型企业而言，这是实现由低技术向高技术转型升级的有效途径（陈雯和苗双有，2016）。

最后，对于技术相对落后的发展中国家而言，关税削减可以降低国内企业获取国外高质量中间品的门槛，从而提高企业进口中间品质量（余淼杰和李乐融，2016；施炳展和张雅睿，2016）。国内的下游企业可以利用进口的高质量中间品替代国内质量相对较差的中间品，通过使用这些高质量中间投入，企业能够生产出比降低关税之前质量更高的产品，这有助于提高企业的定价能力，获取更多利润，同时也有利于提升国内产品在出口市场的国际竞争力（Goldberg et al.，2010）。

我国作为制造业第一大国，除了对进口高技术核心零部件存在需求以外，对原材料和资源性产品的需求也巨大。以钢铁行业为例，改革开放以来，我国的钢铁行业实现了蓬勃发展，但是我国铁矿石资源"丰而不富"，并且缺乏先进的开采技术，使得国内的铁矿石尤其是优质铁矿石供给难以满足钢铁行业的生产需求，只能大量从国外进口优质铁矿石资源（张宗成和王骏，2005）。如图 10 - 1 所示，一方面，为了补充国内铁矿石资源缺口，我国对进口铁矿石长期实行零关税政策；另一方面，由于国内钢材生产技术的限制，我国对进口钢铁同样征收较低关税。

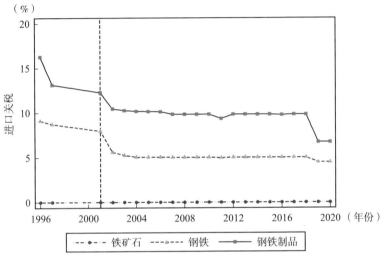

图 10 - 1　1996 ~ 2020 年铁矿石、钢铁与钢铁制品进口关税

其实，中间品关税削减会通过改变企业行为来影响行业整体的资源配置乃至国家层面的经济发展。具体而言，如前文所述，中间品进口关税减让会通过多种途径促进企业的技术进步或产品质量提升，同时这些因关税削减而受益的企业会得到更多的发展机会，进而导致行业内部资源向其倾斜，即通过市场机制的有效作用，实现行业内部资源配置的优化。在中国的经济发展过程中，国有企业与民营企业往往扮演着不同的角色，两者的本质特征也存在较大差异。相对而言，国有企业由于掌握着国民经济发展的命脉，往往规模较大并且能够得到更多的发展资源。而中间品进口关税减让使得民营企业可以克服固定成本，使用更多的国外中间投入，这一方面会提升民营企业的生产效率（张杰等，2015），另一方面也使得民营企业生产成本降低，缓解融资约束，两者的共同作用使得民营企业的生产规模得以扩大，并吸引更多资源向其倾斜。因此，中间品进口关税减让可以

通过促进生产要素从国有企业流向民营企业，进而提升制造业整体的生产效率（刘睿雯等，2020）。

当然，中间品关税削减引起的进口扩大对国内经济发展的影响并不总是积极的，它还可能对国内相关企业产生一些负面影响。入世以来，中国出口企业的发展十分迅速，为打开国外市场尤其是为满足发达国家的消费者需求，中国出口企业往往通过进口关键零部件和原材料等中间品来提高产品质量，以弥补国内中间投入的"质量差距"，即形成所谓的"为出口而进口"（巫强和刘志彪，2009；张杰，2014），而中国加入 WTO 以来的中间品关税削减更是加速了中国出口贸易的繁荣发展。然而，仅仅凭借进口中间品来提升产品质量可能会使国内企业丧失自主研发与创新的动力，导致进口中间品对企业自主创新能力的替代，进而加深企业对国外高技术核心零部件的依赖（张杰，2015）。长此以往，这种对进口中间品的依赖可能使得企业无法掌握产品定价权，获利能力受到限制，导致企业缺乏进行自主研发的资金来源，因此，不利于企业自身的长远发展以及整个行业的转型升级。

根据中国在加入 WTO 谈判中的承诺，我国于 2003 年加入了《信息技术协定》，并依据协议内容将 IT 产品的进口关税削减至零，随着芯片等核心零部件进口价格的大幅降低，我国高端制造业生产商也在国际市场上取得了较大成功。然而，尽管通过不断地进口并吸收国外先进技术，我国在通信技术领域取得了长足进步，但是一些关键零部件例如高端芯片的自给率仍然不足，也使得国内企业在高端制造领域的核心技术受制于人。2018年美国对中兴通讯进行制裁就是一个很大的教训。2018 年 4 月 16 日，美国商务部以保护国家安全为由，宣布禁止美国公司向中兴通讯公司（ZTE）出口关键零部件及相关技术，尽管中美双方通过协议磋商使得禁令得以解除，但此次事件对中兴的发展造成了巨大损害。类似地，自 2018 年来，美国以国家安全为由，不断升级对华为技术有限公司技术制裁，禁止美国企业向华为出售相关技术与服务，尤其是停止向华为提供芯片，打压华为的 5G 业务发展，这些制裁使得华为在高新技术领域的开拓十分艰难。中兴事件和华为事件都凸显了掌握核心技术的重要性，同时也反映了我国目前在高新技术产业的硬实力不足，这对于保障国家安全十分不利。

（二） 资本品关税削减的经济效应

资本品与中间品类似，均是企业在生产过程中所需用到的投入品，因此，资本品的关税削减与中间品关税削减的经济效应具有一定相似性。不过中间品主要表现为零部件或原材料，而资本品主要是制造业企业所使用的生产机器与设备，相对而言，资本品所蕴含的先进技术与知识等信息要更为丰富，因此，进口资本品所发挥的技术溢出效应与技术提升效应会更加明显（张杰，2015）。对于先进的机器与设备而言，一方面，研发与生产往往需要大量资金，而发达国家由于较早步入工业现代化，早已在这些领域形成了先发优势，因此，国际上能够出口高端机器设备的大多为发达国家。另一方面，正是因为高端资本品的研发与生产需要进行大量前期投入，以及发达国家对知识产权保护的高要求，进口资本品的技术溢出效应可能发挥有限。因此，资本品进口关税的削减可能会对我国自身资本品制造行业的发展产生一定负面冲击，容易使我国陷入"引进—落后—再引进—再落后"的恶性循环，长此以往，我国难以实现产业升级与经济高质量发展（贾根良，2012）。因此，如何平衡进口与国内资本品制造业发展，是在调整资本品关税时需要重点考虑的问题。

对于资本品进口关税的调整，不仅需要看其对国内本行业的影响，也应该考虑资本品进口对上下游相关行业的经济效应。例如，通过降低农业机械产品的进口关税，有助于我国引进国外先进的农业机械，将其投入国内的农业生产中，将有利于提高我国的农业机械化水平，促进我国农产品产量的提升。在更高层次上，农业机械化水平的提高与粮食稳产增产对于保障我国粮食安全也具有重大意义。我国农业机械生产主要以中小型为主，国内农机市场存在大型设备与高端产品供给能力不足的问题，在这一背景下，农业机械关税就成了阻碍国内农机制造业发展的重要原因（李杨和张汉林，2012）。加入WTO后，我国大幅降低了农用机械进口关税，如图10-2所示，农业收割机械与农业耕种机械分别从"入世"前的11.4%与11%削减至"入世"后的6.1%与4.5%。农业机械产品进口关税的削减，不仅促进了我国农业机械化发展水平的提升，也对我国粮食产量的稳步增长提供了一定支持。

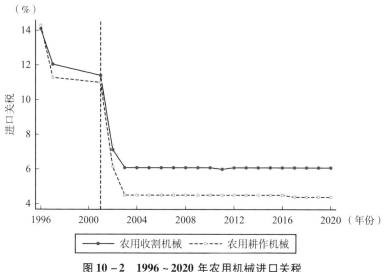

图 10 – 2　1996 ~ 2020 年农用机械进口关税

（三）消费品关税削减的经济效应

最终消费品关税削减的直接影响便是国内消费者能够以更低价格购买到更多种类和更高质量的进口产品，从而提高消费者福利，这是国际贸易理论所给出的标准结论。而有关中国进口与国内消费者福利的实证研究也发现，进口产品种类的增加与质量提升均会促进国内消费者福利水平的提升。

长期以来，我国对外贸易政策中"重出口、轻进口"的特征十分明显，即国内生产的制成品更多偏向于通过出口以满足国外消费者，当然，这是由我国融入全球分工的方式与国内消费水平较低两个因素共同决定的。然而，随着我国经济的不断发展以及国民收入水平的提升，国内消费者对于高端消费品的需求也在逐渐提高。由于国内优质商品供给与需求的匹配度较低，加之进口消费品的关税较高，使得许多国内居民通过境外旅游等方式进行海外消费。根据商务部的统计，2015 年我国居民的境外消费总额达 1.5 万亿元，其中至少 7000 亿元用于购物消费（毛中根和武优勐，2018），这反映了我国目前消费升级的内在需求。因此，通过降低消费品关税，引导海外消费回流，不仅可以促进国内高端消费市场的形成，还对我国的经济高质量发展具有重要作用。

此外，消费品关税削减引起的进口增长还会通过带动相关服务业的发展来促进国内产业结构的优化。这是因为当进口消费品进入国内市场后，一方面，需要经过必要的物流、批发、零售等环节才能到达国内消费者手中，对于许多非技术性产品，服务环节的附加值往往高于制造环节（高超和黄玖立，2019）；另一方面，进口产品在国内流通过程中还可能借助广告与营销等途径扩大销量，因此，两者的共同作用会促进国内服务业的发展，实现产业结构的优化升级。

进一步地，最终品关税削减所带来的进口竞争效应也不容忽视。一方面，进口扩大引起的国内市场竞争加剧会抢占国内企业的市场份额，挤压企业获取利润的空间（余淼杰和智琨，2016），从而削弱国内企业进行研发与提升自主创新的能力；另一方面，进口扩大还可能通过市场机制的优胜劣汰使得低效率企业退出市场，并且激励高效率企业进行研发投入，促进高效率企业实现技术提升，进而推动整个行业资源配置的优化与转型升级（简泽等，2014；周茂等，2016；Ding et al.，2016；盛斌和毛其淋，2017）。当然，由于最终品关税削减会淘汰部分低效率企业，因此，还可能对国内就业产生不利影响，即在部分低效率企业退出市场的同时，一些低技术水平的劳动力在短期内也可能面临失业与收入下降的风险。当然从长期来看，这种不利影响可能促使人们加大对教育的投资来提高自己的技能水平，从而有助于提升我国的人力资本积累（赵春明等，2020）。从这一角度来看，消费品关税削减有利于我国在长期实现产业结构的转型升级与经济高质量发展。

20 世纪 80～90 年代，为了保护与扶持国内汽车行业的发展，我国对汽车进口制定了很高的关税，较高的贸易壁垒使得国外的大型汽车集团选择通过直接投资的形式进入国内市场，到 20 世纪 90 年代初期，通用、福特、大众等全球汽车工业的主要汽车集团都已在中国进行了大规模投资，并同国内汽车制造商建立合资汽车制造企业。而由于当时的汽车产业政策的核心目标在于解决"重复建设"问题，并希望通过集中资金以尽快实现规模经济，政府对民营资本进入汽车制造行业做出了严格限制（赵昌文等，2016），这导致国内汽车制造商的竞争压力十分有限。

在这样的背景下，我国的高贸易壁垒无形中为外资企业提供了保护，并且导致国内汽车行业形成了外资企业所主导甚至垄断的局面，而由于缺乏足够的市场竞争，外资企业对国内的技术转移与产品更新速度十分缓慢（江小涓，2002），这种低竞争、低效率的市场环境直到我国加入 WTO 之后才发生改变。2001 年，我国正式加入世界贸易组织，随后我国对汽车及其零部件进口关税进行了大幅下调（如图 10 - 3 所示），汽车进口关税的大幅降低直接加剧了国内汽车市场的竞争程度。这导致我国的汽车跨国公司加快了对中国的新技术和新产品的转移速度，不仅纷纷在中国设立研发中心，甚至将一些新车型在中国"全球首发"，以增强自身的竞争实力（刘世锦，2008）。"入世"后，汽车市场的开放，对我国汽车行业的改革和发展起到了促进作用，技术升级的速度也明显加快，各大汽车制造商的重组也加快了我国汽车行业的结构调整，这说明关税削减在一定程度上提升了我国汽车行业的竞争力（谢国娥，2004）。而另一方面，汽车行业进口关税的下调使得国内消费者可选择的汽车种类增加，汽车的销售价格也随之降低，从而促进了消费者的福利的提升（向洪金等，2019）。

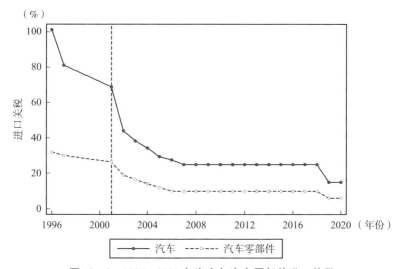

图 10 - 3 1996 ~ 2020 年汽车与汽车零部件进口关税

根据以上分析不难发现，进口关税调整需要根据产品类型以及国内相关产业发展的实际情况来进行。从国际经验来看，世界上的主要发达经济体在实现工业化与工业现代化的过程中都经历了从保护到逐渐开放的历程，总体来说，对于国内具有国际竞争力的产业可以扩大开放，降低关税，而对于国内尚未形成竞争力的产业，则需要进行一定的保护与扶持。当然，由于各国经济发展的实际情况与世界经济形势都在不断发生变化，对于如何通过降低关税来促进经济发展，仍需具体问题具体分析。对我国而言，经过不断地融入国际分工体系，并且通过学习、吸收国外的先进技术，在许多中低技术行业已经形成了较强的产业竞争力，因此对于这些行业的产品，可以进一步降低关税，充分引入进口竞争，从而倒逼国内相关企业进行研发创新，进一步实现转型升级。而对于我国整体上还缺乏竞争力的少数高新技术行业以及部分高端产品，则仍需要提供适当保护（杨正位，2011）。

三、提高关税水平与经济发展

在经济发展过程中，外贸政策的变化趋势并非朝着一个方向，对我国来说，全面扩大开放是在经济转型时期促进国内市场改革的有效途径，也是经济全球化演变的必然趋势。然而，在不断扩大整体开放程度的同时，也要积极应对来自外部环境的阻力和冲击，并结合国内发展的实际情况对外贸政策做出相应调整。因此，我国既要通过不断扩大开放实现经济高质量发展，促进产业竞争力与综合国力的提升，同时也要维护我国企业公平参与国际竞争的市场环境，进而完善保障国内经济安全的体制机制。

具体到关税制度来说，在确保整体关税不断下降和符合国际规则的基础上，暂时提高部分产品的进口关税，可以为国内相关企业提供适当保护，降低进口产品的竞争力，同时也有助于国外企业在中国投资设厂，从而带来先进技术的转移。2012 年，在国内液晶面板生产企业的呼吁之下，我国取消液晶显示板 3% 的暂定税率，恢复实施 5% 的最惠国税率。彼时，我国的液晶面板制造业还仍处于起步阶段，并且整体处于亏损状态，进口关税的上调为国内液晶面板制造商提供了一定的保护，防止了国外液晶面板企业以过低价格进入国内市场，进而对国内液晶面板企业造成负面冲击（王耀翠，2012）。在进口关税的保护与相关扶持政策的支持下，京东方、华星光电等国内自主品牌逐渐崛起，不仅迅速抢占液晶面板的国内市场份额，并且在国际市场上也形成了较强的竞争力。

关税不仅可以作为一种政策工具为国内相关行业提供一定保护，在与其他国家发生贸易摩擦时，关税也是一种用作反制对方、维护贸易公平的有效措施。

2018 年 5 月 31 日，美国宣布对从加拿大进口的铝制品和钢制品征收 10% 和 25% 的关税。同日，加拿大政府宣布 7 月 1 日起，对从美国进口的铝制品、钢制品和其他产品（食品和酒类等）征收报复性关税，该措施将持续实施，直到美国政府停止对加拿大征收关税为止。美国是加拿大最大钢铁产品进口来源国，加拿大将钢铁产品列在报复清单首位，实现了对美国的精准打击。加拿大对从美进口约128亿美元商品征收报复性关税，预计未来一段时期内将造成美国向加拿大出口下降33亿美元，出口增加值减少29亿美元，拉低美国GDP约0.015个百分点，减少美国1.8万个就业岗位。虽然加拿大对美国的报复性关税会对美国造成一定影响，但总体影响有限，加拿大反制美国的同时，为与美国谈判预留了较大空间（薛啸岩，2018）。2019年5月，美国、加拿大和墨西哥达成协议，作为更新北美自贸协定谈判的一部分，美方同意取消对加墨两国钢铝产品加征关税，以换取加墨取消对美国的报复措施。

四、本章小结

关税是外贸制度中应用广泛并且十分灵活的政策工具，在我国致力于推动形成以国内大循环为主体、国内国际双循环相互促进的新发展格局的大背景下，如何利用关税调整实现更高水平的对外开放，并助力我国经济高质量发展，是一个值得深思的重要问题，本章从理论与实践两个角度对这一问题进行了分析。总的来说，关税调整可以从以下四个方面来影响国内经济发展。

第一，关税削减可以补充国内短缺产品的供给。尽管我国已经成为世界第一制造大国，但一些高端机器设备与核心零部件的国内供给仍然不足，难以满足高端制造业发展的现实需求。在这些行业崛起之前，我国仍需要通过进口来解决供给短缺问题，同时结合相关的产业政策，充分发挥进口产品的技术溢出效应，推动对高端产品的进口替代。

第二，关税削减可以引入进口竞争，激励国内企业转型升级。经过数十年的快速发展，目前我国在许多中低技术行业已经形成了较强的产业竞争力，因此，通过降低这些行业的进口关税，充分引入竞争，可以促进高效率企业进行自主创新，实现转型升级，进一步提升我国企业的国际竞争力。

第三，降低优质消费品关税可以促进消费升级，提升国内消费者福利。随着我国经济的持续增长与人民收入水平的不断提高，人们对优质消费品的需求也随之增加，然而我国过去的出口导向型发展模式更加注重国外市场，造成国内生产与消费之间的匹配度较低。通过降低优质消费品进口关税，不仅有利于增加国内产品供给种类，降低产品价格，提升消费者福利，更重要的是可以促进国内高端消费市场的形成，从而带动国内投资向高端领域流动，形成差异化的高质量产业供给结构。

第四，提高关税可以为国内相关行业提供适当保护，并维护公平竞争与经济安全。一方面，对于我国尚处于起步阶段、竞争力不足的行业，在我国承诺义务范围内，符合相关协议和承诺的，可以暂时提高关税，降低进口产品对相关国内企业的负面冲击；另一方面，当与其他国家产生贸易摩擦时，也可以通过提高关税来进行反制，防止恶意侵害，以此保证对外贸易的公平，保障我国的经济安全。

第十一章 全球价值链与中国关税有效保护率

2008 年金融危机以来，国际贸易保护主义抬头，全球价值链分化趋势比较明显，多边机制的发展受到限制，区域性贸易机制更加活跃。在全球产业融合发展的态势下，一国关税水平的上升势必沿生产链条蔓延，从而影响各国的生产成本。本章利用经济合作与发展组织（organisation for economic co-operational and development，OECD，以下简称经合组织）2018 年版的世界投入产出表计算关税有效保护率，绝大多数国家关税有效保护税率高于加权平均关税税率，总体上看，发展中国家加权平均关税税率和关税有效保护率高于发达国家。这意味着，根据产品和产业上下游关系确定阶梯型关税税率，以提高关税有效保护率是国际通行做法。2005～2015年，中国加权平均名义关税税率下降，但关税有效保护率总水平基本稳定，某些行业的关税有效保护率上升，中国的结构性关税政策对某些行业提供了有效保护。

一、全球价值链发展趋势

（一）多边贸易协定及关税减让促进全球价值链发展

在过去的 50 年中，多边国际贸易架构是主流，经过多次谈判，GATT演变为 WTO，促成了规模庞大的关税减让。新的国家加入 WTO，国际贸易市场规模不断扩大，全球贸易结构发生深刻变化，主要特点就是双边贸易关系演变成更具国际性的全球生产网络。另外，除了多边协定以及相应的关税降低，国际运输成本实际上一直在稳步下降，更大的船只和更有效的移动（集装箱化）大大节省了运输成本。进入 20 世纪 90 年代，随着全球价值链开始发挥作用，在产业链分工更加细化和链条拉长的同时，产业空间布局开始围绕细分产业展开，不同细分生产环节依托的要素优势更加多元化。

在最近的几十年中，跨国公司利用特定国家/地区的竞争优势，通过全球资源配置，将生产的每个阶段分解成最佳子集，充分利用规模经济效应，导致生产系统变得异常复杂和分散。然而，意外飓风、洪水、地震等自然事件，以及劳资纠纷、罢工和报复性贸易战等人为事件，使得碎片化生产系统更容易受到破坏，效率最优的、独特的、单点供应链可能受外部事件冲击导致全球组装线中断。

全球价值链（GVC）模式的变化不仅影响贸易，而且还影响生产要素如劳动力和资本流动，同时影响参与价值链分工的经济体的收入分配、碳排放和污染排放。全球价值链对劳动力市场的影响通过生产持续满足国外需求，培养了该国劳动技能。

（二）2008 年国际金融危机后，全球价值链发展出现分化

跨国产业转移推动形成亚洲区域产业分工网络。自 2010 年国际金融危机复苏以来，人们对世界主要经济体内部更多的保护主义运动，甚至是减少对外依存度的计划政策对贸易的影响程度进行了大量讨论。早在 2002 年，经合组织（OECD）就根据统一的世界投入产出表（inter-country input-output，ICIO）建立了以总出口或最终需求的增加值来源为基础的全球供应链多国贸易数据库，2016 年和 2018 年 OECD 又更新了两次 ICIO。

采用外国增加值占总出口的份额作为衡量全球价值链中后向联系的指标，根据 OECD 在 2018 年版 ICIO 数据计算，2010 ~ 2015 年，面向全球的价值链发展趋势开始出现下降趋向，并越来越多地向区域性分工转移，主要经济体国外增加值占总出口比重出现总体下降趋势（Guilhoto J. et al.，2019）。一批后起的亚洲国家对中国产业转移的承接能力快速提升，未来将可能形成以中国为核心、覆盖南亚和东南亚区域的全球制造业生产体系。与此同时，中国与日本、韩国等处于价值链相对高端国家的产业分工合作关系也不断加强，形成了覆盖多数东亚区域的制造业基地。中国处于两个生产体系的空间交汇地，是整个体系的主体和主导力量。

制造业全球价值链的快速发展与中国制造业国际竞争力的全面提升互为因果。从利用全球价值链的机遇实现发展，到引领全球价值链的深化与

提升，中国一直是全球价值链当中的重要驱动力量。20 世纪 80 年代中后期，中国依托低成本优势，承接发达国家劳动密集型产业转移。随着全球范围制造业分工不断细化，产业进入壁垒明显降低，越来越多的资本技术密集型环节开始向中国扩散，使得中国获得了更多参与全球分工的机遇。把握这些历史性机遇，中国较快建立了相对完整的制造业生产体系，并在多数领域确立了明显的规模优势。

加入 WTO 之后，特别是 2008 年国际金融危机以来，中国制造业价值链开始向更多国家和地区拓展，并在电子等全球化特征突出的产业形成了以中国为核心的全球生产体系。据统计，中国多数产业的生产规模都超过全球的 30%，电子电器等产业的规模甚至超过全球的 40%，加上为中国提供各种配套并形成稳定分工关系的其他生产能力，总体规模占到全球的 60% 以上。中国在制造业全球价值链的多数领域都占据生产主体地位。在融入全球价值链方面，各国在最近的发展中存在着相当大的异质性。一些国家（如法国、德国和韩国）出现了下降，而另一些国家则正在经历增长（如澳大利亚和挪威），还有些国家（如俄罗斯联邦）则表现出波动性。经合组织（OECD）从 2005 年开始进入全球价值链的一体化增长，2008 ~ 2009 年国际金融危机打断这一进程；2009 ~ 2012 年，OECD 曾有过一段明显的增长时期，但在 2013 ~ 2015 年，全球价值链一体化增长的曲线再次出现了下滑。其他主要地区，如欧洲联盟和北美，经历了与经合组织作为一个整体类似的趋势。东亚和东南亚在 2012 年之前的情况相似，但此后的增长一直在持续，几乎没有迹象表明经济一体化出现下滑。

区域内和区域间的贸易来源变化很小，只有东亚和东南亚例外，中国在区域和全球贸易中扮演着重要角色。东亚和东南亚经济体之间依赖性和一体化程度的提高，是区域内组织生产商品和服务以满足中国日益增长的地区外需求和国内需求的结果。在欧盟和北美，区域内贸易的变化相对较小（Guilhoto J. et al. ，2019）。

国际贸易的特点因部门而异。对于纺织和服装行业，欧盟在全球最终需求和增值额中所占份额分别下降大约 10 个百分点和 13 个百分点；北美在全球最终需求和增值额中所占份额分别下降 7 个百分点和 6 个百分点。欧盟和北美地区在全球最终需求的下降基本上被中国（涨幅分别为 7 个和 15 个百分点）和其他地区（涨幅分别为 7 个和 3 个百分点）的需求所替代。随着日本和韩国的下降，中国在东亚和东南亚区域内最终需求中的比重从 49% 上升到 70%。

化工和制药行业的变化要小得多。北美占全球最终需求的份额从 36%下降到 33%，而占全球增加值的份额从 32%下降到 29%。欧盟的下降更为明显，最终需求份额从 32%降至 20%，相应的增加值份额从 33%降至24%。化工和制药行业最终需求的增长主要来自中国（占比从 6%上升到16%）和世界其他地区（占比从 11%上升到 15%）。中国相应的增加值占比从 6%上升到 16%，而世界其他地区的增加值占比从 16%上升到 17%。

对于计算机、电子和光学产品来说，各区域的变化此消彼长。美国对计算机、电子和光学产品的最终需求快速增长，来自美国国内的附加值占其计算机、电子和光学产品最终需求的比重从 81%增加到 85%。同期，中国这一比例从 59%上升到 70%；欧盟这一比例从 82%下降到 79%。对美国来说，外部增加值来源的构成变化更为明显，日本的份额下降（从12%下降到 5%），而中国的份额则从 18%上升到 28%。

总的来说，应用全球价值链分解 GDP 有助于我们理解跨国生产共享活动在全球宏观经济周期中的作用。1990~2009 年，全球经济经历了三个经济周期，与经济全球化过程相适应的全球价值链分工是这三个周期中经济增长主要的驱动力。但是自 2012 以来，经济复苏缓慢，全球生产呈现不同的结构性变化趋势。相比于以往的三个经济增长时期，全球价值链分工，尤其是复杂分工显著变缓。这是否会成为未来的永久性趋势仍待进一步观察。这很大程度上取决于世界各国是否有能力共同来解决由过去 20多年生产全球化及全球价值链快速发展所带来的分配不公问题。

贸易保护对一国经济的影响是复杂的。一方面，本国关税水平上升，将提高同类进口产品价格，从而在一定程度上保护国内厂商免受国外厂商的竞争，并因此为国内企业带来一定的利润；另一方面，上游产品关税水平的上升将导致进口中间产品价格上升，从而增加了下游国内生产厂商的生产成本，因此将在一定程度上降低国内厂商的利润水平。在全球价值链深入发展的背景下，一个产品的生产过程被分割为分布于不同国家的不同生产阶段，世界各国的生产紧密联系，共同成为世界市场不可分割的一部分。因此，一国关税水平的上升也势必沿生产链条蔓延至各个国家，从而影响各国的生产成本。下面从全球价值链数据计算关税有效保护率，评估中国的关税政策效果。

二、关税有效保护率

巴拉萨（Balassa，1965）定义关税有效保护率（effective rate of protection，ERP）是指由于关税的存在使得产品的价格高于无关税时的价格带来的收益，再减去进口中间品关税导致的额外成本。ERP 不仅考虑了关税对最终品价格的影响，也考虑了关税对上游中间品价格进而对最终品成本的影响。它计算了相对于自由贸易，整体关税制度为国内生产者带来的增加值的增长率。ERP 的大小反映了该国对某一行业实际保护程度的高低：若 ERP 为正，表明该国关税整体上对该行业起正向保护作用；反之，则说明该国关税不仅没有有效保护本国企业，反而使其增加值受到损害。

（一）传统关税有效保护率的测算

为分析同一产业内不同产品的关税差异对产业整体的关税保护程度，巴拉萨（1965）和巴塞维（Basevi，1966；1968）定义了最原始的关税有效保护率理论，假设一个新古典主义的经济体，各国使用相同生产技术选择最适合其资源禀赋的生产组合。在一个无摩擦的贸易环境中，假设国产产品与进口产品完全可替代。假设某行业生产最终产品 j，使用 n 种中间投入（用 i 表示），并且这些中间投入的生产仅需劳动与资本投入，不使用其他中间投入。假设进口最终品与中间品的关税分别为 τ_j 和 τ_i，用直接投入系数 a_{ij} 表示生产单位 j 产品所使用的中间投入 i 的值，因此为了生产单位 j 产品，本国对所进口的中间投入品征收的关税为 $\sum_{i=1}^{n} a_{ij}\tau_j$。假设最终产品世界价格为 p_j，在自由贸易时，最终产品 j 的增加值为 $v = p_j(1 - \sum_{i=1}^{n} a_{ij})$。在存在关税的情况下，增加值为 $\hat{v} = p_j(1 - \tau_j) - \sum_{i=1}^{n} p_j a_{ij}(1 + \tau_j)$。则传统的关税有效保护率测算公式为：

$$ERP\_ALL_j = \frac{\hat{v} - v}{v} = \frac{\tau_j - \sum_{i=1}^{n} a_{ij}\tau_i}{1 - \sum_{i=1}^{n} a_{ij}} \qquad (11-1)$$

公式（11-1）可以进一步表示为：

$$ERP\_ALL_j = \tau_j + \frac{(\tau_j - \bar{\tau}_j) \sum_{i=1}^{n} a_{ij}}{1 - \sum_{i=1}^{n} a_{ij}} \qquad (11-2)$$

其中 $\bar{\tau}_j = \dfrac{\sum_{i=1}^{n} a_{ij}\tau_i}{\sum_{i=1}^{n} a_{ij}}$，表示投入 j 行业中间投入品的加权平均关税税率。

根据式（11-2），ERP_ALL_j 与最终产品关税的关系存在三种情况：

推论 11-1：如果加权中间品投入关税税率与最终品关税税率相等，行业 j 的有效保护率等于最终产品关税税率。

推论 11-2：如果加权中间品投入关税税率小于最终品关税税率，行业 j 的有效保护率高于最终品的关税税率。如果所有中间品投入关税为零，则有效关税税率将达到最大值 $\dfrac{\tau_j}{1 - \sum_{i=1}^{n} a_{ij}}$。

推论 11-3：如果加权中间品投入关税税率大于最终品关税税率，行业 j 的有效保护率小于最终产品关税税率；当最终品关税税率小于加权平均关税税率与中间投入品占最终产品增加值比重的乘积时，有效保护率就出现负值（这意味着该行业的国内生产被征收了税收）。

（二）基于全球价值链的关税有效保护率测算

在 GVC 背景下，一种产品的生产被分割为分布于不同国家的多个生产环节，最终品的生产需要中间进口产品的投入，同时中间进口产品的生产也进一步需要更上游的中间进口品投入。因此，最终品中的关税成本包括全部生产链条中产生的关税成本。同时，最终品中的关税成本不仅取决于本国的关税水平，还取决于其贸易伙伴的关税水平。在考虑全球生产网络以及贸易伙伴关税水平的情况下，利用一个两国模型可以清楚阐明关税有效保护率的计算（段玉婉、刘丹阳、倪红福，2018），下面关税有效保护率用字母 ERP_GVC 表示。

假设世界有 N 个国家 K 个行业。用 r 或 s 代表国家，i 或 j 代表行业；利用 (s, j) 表示第 s 国家的第 j 个行业。定义 $a_{(r,i)(s,j)}$ 为直接消耗系数，表示 s 国 j 行业生产单位产品所需要的 r 国 i 行业的产品的价值量。定义世界投入产出系数矩阵为：

$$A = \begin{pmatrix} A_{11} & \cdots & A_{1N} \\ \vdots & \ddots & \vdots \\ A_{N1} & \cdots & A_{NN} \end{pmatrix} (NK \times NK \text{ 维})，其中 A_{rs} = \begin{pmatrix} a_{(r,1)(s,1)} & \cdots & a_{(r,1)(s,K)} \\ \vdots & \ddots & \vdots \\ a_{(r,K)(s,1)} & \cdots & a_{(r,K)(s,K)} \end{pmatrix}$$

（$NK \times NK$ 维）表示第 s 国各行业产品对第 r 国各行业产品的直接消耗系数

矩阵（$K \times K$ 维）。定义 $A_0 = A - \begin{pmatrix} A_{11} & 0 & 0 \\ 0 & \ddots & 0 \\ 0 & 0 & A_{NN} \end{pmatrix} = \begin{pmatrix} 0 & \cdots & A_{1N} \\ \vdots & \ddots & \vdots \\ A_{N1} & \cdots & 0 \end{pmatrix}$（$NK \times$

NK 维）为进口系数矩阵。

采用 s 国 j 行业为例探讨 ERP_GVC 的计算。假设 j 行业的世界价格是唯一的且为 p_j。各国是该唯一价格的被动接受者。现在假设世界各国可以对本国产品进行关税保护，用 $\tau_{(r,i)s}$ 表示 s 国对 r 国 i 行业产品所征收的从价关税税率，并假定该关税完全传递给下游生产商或消费者。因此如果用 $p_{(r,i)}$ 表示 r 国 i 行业产品的国内价格，那么该商品在 s 国的销售价格为 $p_{(r,i)}(1 + \tau_{(r,i)s})$。同时，假设 $\tau_{(j)s}$ 表示 s 国对 j 行业产品所征收的平均从价关税税率，因此 j 行业产品在 s 国的价格为 $p_j(1 + \tau_{(j)s})$，如果不考虑中间投入成本的变化，此时该行业增加值相对于自由贸易情境下增加了 $p_j \tau_{(j)s}$。

当 s 国对 j 行业的上游行业征收关税时，将同时增加 j 行业的进口中间品成本，同时也将通过国内生产链的传导，将该生产成本的上升传递至 j 行业生产所需的其他国内中间品价格中，也将进一步通过 GVC 提高生产 (s, j) 所需的其他上游产品的价格，提高 (s, j) 的生产成本上升，降低 (s, j) 的增加值。同理，当 s 国之外的其他国家也征收进口关税时，这些关税成本也将通过 GVC 传递至生产 (s, j) 的上游进口中间品价格中，从而进一步降低 (s, j) 的增加值。

为了计算关税对 (s, j) 的有效保护率，利用 $\tau_{rs} = \begin{pmatrix} \tau_{(r,1)s} \\ \vdots \\ \tau_{(r,K)s} \end{pmatrix} (K \times 1)$ 维

表示 s 国对 r 国各行业产品所征收的关税税率，其中 $\tau_{(s,i)s} = 0$。定义：

$$\tau = \begin{pmatrix} \tau_{11} & \cdots & \tau_{11} & \cdots & \tau_{1N} & \cdots & \tau_{1N} \\ \vdots & \ddots & \vdots & \ddots & \vdots & \ddots & \vdots \\ \tau_{N1} & \cdots & \tau_{N} & \cdots & \tau_{NN} & \cdots & \tau_{NN} \end{pmatrix}$$

为 $NK \times NK$ 维的全球双边关税税率矩阵，其中 $\begin{pmatrix} \tau_{1s} \\ \vdots \\ \tau_{Ns} \end{pmatrix}$ 表示 s 国对所有国

家各产品征收的关税税率。

生产单位 (s, j) 产品所直接使用的上游进口品被征收的关税（直接投入关税）为 $\sum_{r=1}^{N} \sum_{i=1}^{K} \tau_{(r,i)s} a_{(r,i)(s,j)}$。根据矩阵运算，可将世界各国各行业的直接投入关税一般化表示为 $u(\tau * A_0)$，其中 $*$ 为矩阵对应元素相乘，u 为所有元素均为 1 的 $1 \times NK$ 的向量。

为生产 (s, j) 的上游中间品，也需要消耗来自各国的进口品；因此在生产 (s, j) 产品过程中，除了直接消耗上游进口中间品外，还将通过消耗国内或进口中间品，间接消耗来自国外的中间投入；因此各国对各行业产品征收的关税，也将通过这种间接方式影响 (s, j) 的生产成本。不妨称 (s, j) 通过一次上游中间投入而消耗的进口品为一次间接消耗，那么一次间接消耗所包含的关税成本可以表示为 $u(\tau * A_0)$，其表示为了生产 (s, j) 的中间投入品而消耗的进口中间品带来的关税成本，经多次中间投入加总成本后，关税有效保护率可以表示为：

$$ERP\_GVA_{(s,j)} = \frac{\tau_{(j,)s} - \mu_{s,j}}{1 - \sum_{r=1}^{N} \sum_{i=1}^{K} a_{(r,i)(s,j)}} \quad (11-3)$$

三、基于全球价值链计算的关税有效保护率比较

OECD 2018 年更新了世界投入产出表（inter-country input-output, ICIO），它提供了 2005～2015 年涵盖 36 个行业 69 个国家和地区分项的 ICIO 数据表，其中包括 64 个国家和地区的汇总表[①]，外加中国被分为中国（扣除出口加工贸易）和中国（出口加工贸易）、墨西哥被分为墨西哥（扣除全球制造）和墨西哥（全球制造），以及除 ICIO 中 64 个国家或地区

---

① 包括：澳大利亚、奥地利、比利时、加拿大、智利、捷克共和国、丹麦、爱沙尼亚、芬兰、法国、德国、希腊、匈牙利、冰岛、爱尔兰、以色列、意大利、日本、韩国、拉脱维亚、立陶宛、卢森堡、墨西哥、荷兰、新西兰、挪威、波兰、葡萄牙、斯洛伐克、斯洛文尼亚、西班牙、瑞典、瑞士、土耳其、英国、美国、墨西哥（扣除全球制造）、墨西哥（全球制造）、阿根廷、巴西、文莱、保加利亚、柬埔寨、哥伦比亚、哥斯达黎加、克罗地亚、塞浦路斯、印度、印度尼西亚、中国香港、哈萨克斯坦、马来西亚、马耳他、摩洛哥、秘鲁、菲律宾、罗马尼亚、俄罗斯联邦、沙特阿拉伯、新加坡、南非、中国台湾、泰国、突尼斯、越南、中国、中国（扣除出口加工贸易）、中国（出口加工贸易）、世界其他地区。

以外的世界其他国家加总（ROW）这额外的五项 ICIO 表。相对于其他世界投入产出表，ICIO 表的一个显著优势是其考虑到中国和墨西哥加工贸易比重较高的特点，将中国和墨西哥的加工贸易生产和其他生产清晰区分出来，因为中国和墨西哥对用于加工出口生产的进口原材料实施零关税政策。

本章的双边关税税率来自世界银行（WITS，UNCTAD – TRAINS）收录的数据。该数据库提供了 ISIC 版本 4（ISIC4）四位行业编码分类的双边关税税率与双边贸易量。为了与 ICIO 表的国家和行业分类一致，本章采用实际关税税率（effectively applied rates），按照段玉婉等（2018）的方法，对关税税率按照国家和行业分类进行相应合并。首先，WITS 提供了64 个 ICIO 国家（地区）之间按照 ISIC4 分类的双边关税税率。其次，本章计算了 64 个 ICIO 国家（地区）与 ROW 间的双边关税税率。本书将 64个 ICIO 国家与每个 ROW 国家（地区）的双边关税税率，利用对应的进口额为权重，加权平均得到 ROW 整体与 64 个 ICIO 国家（地区）间的按照 ISIC4 分类的关税税率。然后，我们将双边的关税税率由 ISIC3 四位行业分类转化为 ICIO 表的行业分类，利用 ISIC4 四位编码分类的进口额为权重，对关税税率进行加权平均得到 36 个行业中货物行业（1 ~ 26）的关税数据。服务行业（27 ~ 36）的关税为 0。最终我们将 WITS 中的关税数据合并为按照 ICIO 表中的国家与行业分类的双边关税税率。

（一）绝大多数国家（地区）关税有效保护率高于加权平均关税税率

表 11 – 1 列出了各国（地区）各行业的加权平均关税税率和有效保护率的基本统计信息，65 个国家和地区的加权平均关税税率均值 7.1%，关税有效保护率均值为 13.2%。2015 年，美国、英国、德国、法国和日本的加权平均关税税率分别为 3.0%、4.1%、3.5%、3.7% 和 3.9%，同期关税有效保护率分别为 6.0%、7.5%、6.3%、6.6% 和 7.8%；中国、俄罗斯、印度、巴西、南非的加权平均关税税率分别为 5.4%、6.0%、7.1%、9.0%、6.3%；同期这些国家关税有效保护率分别为 12.4%、14.3%、16.4%、13.0%。总体上发展中国家加权平均关税税率和关税有效保护率高于发达国家。根据推论 11 – 2，如果加权中间品投入关税税率小于最终品关税税率，行业 j 的有效保护率高于最终品的关税税率。

表 11 - 1 和表 11 - 2 的计算表明，国际上绝大多数国家有效保护率符合这一推论，这意味着，根据产品和产业上下游关系确定阶梯型关税税率，以提高关税有效保护率，是国际通行做法。

表 11 -1　　　　关税有效保护率描述性统计结果　　　　单位：%

类别	样本数量	均值	标准差	最小值	25%分位数	50%分位数	75%分位数	最大值
加权平均关税税率	19734	7.1	4.6	0	4.4	5.9	9.1	33.4
关税有效保护率	19734	13.2	21.4	-130.9	6.8	10.1	17.3	243.2

表 11 -2　　　65 个国家（地区）的加权平均关税有效保护率　　　单位：%

国家（地区）	2005 年		2015 年		国家（地区）	2005 年		2015 年	
	加权平均税率	关税有效保护率	加权平均税率	关税有效保护率		加权平均税率	关税有效保护率	加权平均税率	关税有效保护率
中国	6.1	13.6	5.4	12.4	斯洛伐克	5.4	6.5	4.2	5.3
中国（出口加工贸易）	0.0	-1.0	0.0	-2.8	斯洛文尼亚	6.7	9.8	4.7	7.2
中国（扣除出口加工贸易）	6.1	14.6	5.4	15.2	新加坡	9.2	22.4	3.7	7.7
中国台湾	0.0	-1.1	0.0	-0.8	新西兰	3.6	6.8	2.5	5.0
中国香港	0.0	-4.0	0.0	-2.7	日本	4.0	8.0	3.9	7.8
丹麦	3.9	7.2	3.4	5.7	智利	4.0	7.5	4.1	7.6
以色列	0.0	-0.8	0.0	-0.5	柬埔寨	9.2	12.4	8.2	12.5
俄罗斯	8.3	16.8	6.0	14.3	比利时	4.4	8.4	3.7	4.9
保加利亚	7.6	12.9	5.9	11.9	沙特阿拉伯	3.6	6.9	3.9	5.8
克罗地亚	3.9	7.1	3.7	6.6	法国	4.1	8.0	3.7	6.6
冰岛	6.8	12.4	7.0	13.6	波兰	5.9	11.0	3.9	7.1

续表

国家（地区）	2005 年		2015 年		国家（地区）	2005 年		2015 年	
	加权平均税率	关税有效保护率	加权平均税率	关税有效保护率		加权平均税率	关税有效保护率	加权平均税率	关税有效保护率
加拿大	4.2	7.1	4.3	7.3	泰国	9.0	21.3	9.7	20.9
匈牙利	4.8	8.2	2.7	3.2	澳大利亚	3.4	6.8	3.0	6.3
南非	7.9	18.2	6.3	13.0	爱尔兰	3.8	7.2	5.0	7.8
卢森堡	0.0	-1.0	0.0	-0.9	爱沙尼亚	4.6	8.7	4.4	6.0
印度	10.8	25.8	7.1	16.4	瑞典	3.8	7.2	3.2	5.5
印度尼西亚	5.6	11.3	5.1	12.1	瑞士	4.8	8.0	4.9	8.3
哈萨克斯坦	5.4	9.0	6.0	9.8	秘鲁	7.1	13.5	4.5	7.9
哥伦比亚	8.1	16.1	6.3	11.9	突尼斯	13.8	23.5	15.0	24.7
哥斯达黎加	6.7	10.0	5.7	10.3	立陶宛	6.6	10.3	3.7	5.2
土耳其	8.5	18.6	6.9	15.5	罗马尼亚	7.1	14.6	4.6	9.1
塞浦路斯	4.3	5.1	4.3	6.9	美国	3.3	6.8	3.0	6.0
墨西哥	8.2	8.2	6.3	6.3	芬兰	3.9	7.2	4.2	7.8
墨西哥（全球制造）	0	-1.4	0	-1.8	英国	4.0	7.5	4.1	7.5
墨西哥（扣除全球制造）	8.2	19.2	6.3	11.2	荷兰	3.7	6.8	3.5	6.9
奥地利	6.4	9.4	6.0	7.3	菲律宾	4.3	7.4	4.5	8.2
巴西	8.2	19.4	9.0	21.2	葡萄牙	4.4	5.9	4.3	6.5
希腊	4.3	4.8	3.7	5.9	西班牙	4.3	8.1	3.7	7.0
德国	4.3	8.1	3.5	6.3	越南	10.8	21.2	7.7	19.8
意大利	5.0	10.1	4.0	7.6	阿根廷	8.2	15.7	9.2	17.4
拉脱维亚	4.3	8.0	5.0	8.3	韩国	0.0	-0.8	0.0	-0.8
挪威	12.0	22.9	12.1	23.7	马来西亚	9.3	17.9	8.8	19.3
捷克共和国	4.5	8.2	3.7	5.9	马耳他	5.0	9.0	5.0	8.4
摩洛哥	14.8	24.9	6.8	11.5	世界其他地区	7.1	14.9	6.9	14.2
文莱	0.0	-0.6	0.0	-0.9					

资料来源：笔者根据 OECD，ICIO 2018，WITS 关税数据库的数据估算。

（二）我国关税有效税率总水平基本稳定

我国在加权平均名义关税税率下降的背景下，关税有效税率总水平基本稳定，关税政策对某些行业提供了有效保护。从时间趋势看，2005 ~ 2015 年，我国经历多次关税改革，降低了加权平均名义关税税率，但关税有效税率总水平基本稳定，部分产业有些小幅下降，另有部分产业有效保护率略有上升（见图 11 - 1，图 11 - 2，表 11 - 3）。2005 ~ 2015 年，我国加权平均名义关税税率从 6.1% 降至 5.4%，但关税有效保护率从 13.6% 降至 12.4%。如果剔除海关监管的出口加工区的影响，同期我国关税有效保护率从 14.6% 升至 15.2%（表 11 - 2）。这些数据表明我国降低平均名义关税税率时，调整优化了关税结构，在关税政策上对特定产业和行业提供了有效保护。

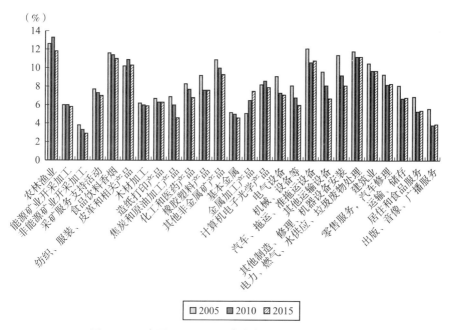

图 11 - 1 中国 2005 ~ 2015 年加权平均名义关税税率

资料来源：笔者根据 OECD，ICIO 2018，WITS 关税数据库的数据估算。

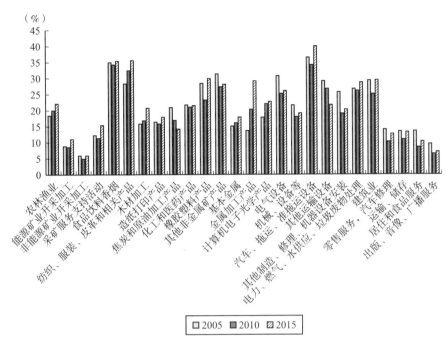

图 11 - 2　中国 2005 ~ 2015 年加权平均关税有效保护率（扣除出口加工贸易）

资料来源：笔者根据 OECD，ICIO 2018，WITS 关税数据库的数据估算。

表 11 - 3　中国（扣除出口加工贸易）的加权平均关税有效保护率　单位：%

行业分类	2005 年	2007 年	2009 年	2011 年	2013 年	2015 年
非能源矿业开采加工	5.9	6.3	5.1	4.8	5.1	5.9
出版、音像、广播服务	9.5	7.9	5.4	6.3	6.6	7.1
居住和食品服务	13.5	10.8	8.1	8.9	9.8	10.3
能源矿业开采加工	8.8	9.7	8.3	7.8	8.6	11.0
零售服务，汽车修理	14	12.5	10.7	10.1	11	12.6
运输、储存	13.4	12.1	10.9	11.1	12.3	13.2
焦炭和原油加工产品	20.9	20.8	15.3	13.7	15	14.2
采矿服务支持活动	12.2	13.4	12.3	11.6	12.3	15.4
基本金属	15.1	16.3	16.9	15.9	17.6	17.9
造纸打印产品	16.4	18.1	16.8	15.7	17	17.9
机械、设备等	21.6	20.6	17.6	17.7	18.7	19.1

行业分类	2005 年	2007 年	2009 年	2011 年	2013 年	2015 年
其他制造、修理、机器设备安装	25.7	23.7	20.3	18.2	20.5	20.3
木材加工	15.8	15.9	18.8	18.5	18.4	20.7
化工和医药产品	21.7	24.2	22	19.1	20.8	21.5
其他运输设备	29.1	25.1	24.4	23.1	22.5	21.7
农林渔业	18.4	24	18.7	16.1	18.2	22.1
计算机电子光学产品	17.8	17.7	15.6	22	21.9	22.7
电气设备	30.7	29.2	28.2	24.8	24.4	26.1
其他非金属矿产品	31.3	29.2	27.1	26.4	27.6	28.1
电力、燃气、水供应、垃圾废物处理	26.7	27.3	27.8	25.7	29.8	28.7
金属加工产品	13.6	15.1	18.7	19.1	25	29.1
建筑业	29.3	29.7	27.5	25.3	25.8	29.4
橡胶塑料产品	28.4	28.8	25.4	23.5	25.4	29.9
食品饮料香烟	34.9	37.8	37.1	35.5	34.4	35.4
纺织、服装、皮革和相关产品	28.3	32.9	32.7	33	33.5	35.6
汽车、拖运、准拖运设备	36.5	35.8	36.2	34.5	40.3	40
均值	20.8	21	19.5	18.8	20.1	21.4
方差	8.6	8.8	9	8.4	8.8	8.9

资料来源：笔者根据 OECD, ICIO 2018, WITS 关税数据库的数据估算。

剔除出口加工贸易区的影响，与 2005 年相比，中国 2010 年焦炭和原油加工产品、化工和医药产品、电气设备、机械设备等、其他制造修理和机器设备安装、其他运输设备、零售服务和汽车修理、居住和食品服务、出版音像和广播服务等行业的关税有效保护率有所降低，但 2010 年以后，多数行业的关税有效保护率下降趋势被扭转。到 2015 年，中国只有焦炭和原油加工产品、其他运输设备等行业的关税有效保护率低于 2010 年（图 11 - 2）。另外，2005～2015 年，农林渔业、纺织、服装、皮革和相关产品、木材加工、基本金属、金属加工产品、计算机电子光学产品等行业的关税有效保护率一直保持上升。

从各产业间的比较看来，表 11 - 3 显示，2015 年，中国（扣除出口加工贸易）有效保护率最高的前五个产业是建筑业、橡胶塑料产品、食品饮料香烟、纺织服装皮革和相关产品、汽车拖运准拖运设备，其有效保护率分别为 29.4%、29.9%、35.4%、35.6%、40.0%。有效保护率最低的五个产业是非能源矿业开采加工、出版音像广播服务、居住和食品服务、能源矿业开采加工、零售服务和汽车修理，其有效保护率分别为 5.9%、7.1%、10.3%、11%、12.6%。由于有效保护率的相对大小反映了关税的资源配置效应，可以推知，中国 2015 年的关税结构对建筑业、橡胶塑料产品、食品饮料香烟、纺织服装皮革和相关产品、汽车拖运准拖运设备等行业提供了客观的有效保护，为这些产业提供了远高于无关税情景的增加值盈利能力。

根据本章第二节关税有效保护率部分的推论 11 - 2，如果加权中间品投入关税税率小于最终品关税税率，行业 j 的有效保护率高于最终品的关税税率。表 11 - 3 的计算表明，我国各个行业有效保护率均符合这一推论。最终品关税的下降是导致中国各产业有效保护率出现下降的主导因素，中间品关税的下降对各产业的有效保护率具有提升作用，而中间投入结构的变化在大多数产业对有效保护率具有提升作用（谢锐等，2020）。中间品降税速度高于最终品降税速度时，一国可以在实现总体关税水平下降的同时对各产业维持高的有效保护率。

四、本章小结

根据以上分析，可以得出如下启示：

第一，一国在制定关税政策时，考虑到产业链上下游的影响，实施梯度关税税率以提高关税有效保护率是国际通行做法。经济全球化正在遭遇逆风，全球价值链的发展正在分化，梯度性关税需要掌握本国企业参与价值链分工的详细信息。在 GVC 背景下，提高某行业的关税水平会提高对该行业的关税有效保护率，但将通过价值链效应，对上下游行业或国家的关税有效保护率产生负面影响。贸易政策政策制定者应充分考虑国家间和行业间的生产网络传递效应，以及产业链各环节的国际竞争力，建立有梯度的关税水平，例如，对本国生产高度依赖的位于价值链上游的行业征收较低的关税，以提高下游行业的生产竞争力；对部分生产过程位于我国，通过复杂生产链产出的最终产品征收较低关税，以保护中上游行业；对生产链位于国外的最终产品可征收较高关税，以平衡生产链位于国内、最终产品位于国外的替代品之间的关税水准。制定关税政策时，应考虑关税政策的溢出效应。在 GVC 背景下，不仅本国关税水平将对本国经济带来重要影响，其他国家的关税以及其他贸易政策也将通过价值链的传递效应影响本国的经济发展。在 WTO 等全球关税谈判的框架下，政策制定者应综合考虑各国的情况，统筹全局，充分考虑 GVC 和其他国家的关税政策。

第二，对于关税保护而言，应充分发挥梯度型关税对国际和产业本地化的促进作用。对最终产品的关税高于中间产品，有利于最终产品的组装制造业在本国发展。我国应根据劳动市场的特点和经济发展阶段，确定多高水平和多长时期的有效保护最有利于幼稚产业的发展，研究应用新的非关税壁垒和产业补贴政策对相关产业的有效保护效应。中国落实更高水平对外开放政策时，应当以中间品降税而非以最终品降税为主导。对中间品加征关税将给下游产业带来成本压力，从而具有更多的负面效应。在贸易自由化的进程中，对最终品进行降税也会拉低各产业的有效保护率，对中间品降税则可以通过降低中间品投入成本提升有效保护率。从关税对产业的保护功能来说，中间品降税是比最终品降税更好的选择。

第十二章　美欧贸易和关税政策改革经验

一、美国贸易及关税政策改革的回顾与启示

在美国历史上，贸易政策的地位举足轻重，可以说是"美国外交政策中最持久的内容之一"①。在美国历史的不同时期，根据产业结构、社会结构、利益结构、政治结构的动态发展，美国国内就关税和贸易政策展开博弈。美国不断变革贸易政策的历史，其实就是美国在国际市场竞争中的力量演变史，也展示了美国方式对世界发展进程的影响。

美国学者道格拉斯·埃尔文将美国的贸易政策目标概括为三个"R"，即：增加财政收入（revenue）、对国外商品进行限制（restriction）、促进贸易公平（reciprocity）。1776～1789 年之前美国尚未形成统一的国家对外贸易政策，1789 年美国第一部关税法是美国第一次以统一的政策对外交往，在贸易政策史上具有划时代的意义。此后，根据美国贸易政策目标重要性排序的不同，美国的贸易政策大致分为三个时期，分别是美国关税政策的贸易保护时期：1789～1934 年；美国关税政策的自由贸易时期：1935～1973 年；美国关税政策的公平贸易时期：1974 年至今。

（一）美国推行贸易保护主义的时期：1789～1934 年

第一个时期是以贸易保护为主要特征的时期（1789～1934 年）。这一时期是以美国 1789 年第一部关税法《互惠贸易协定法》的出台为标志，

---

① 金灿荣. 国会与美国贸易政策的制定——历史和现实的考察 [J]. 美国研究, 2000
(2): 7.

关税是美国贸易保护的主要手段。以政策优先目标的不同来划分，这一时期又分为两个阶段：

第一个阶段是 1789～1860 年，从北美殖民地时期到美国南北战争之前，政策的优先目标是获取财政收入。这是由于在建国之初，关税是美国联邦政府的主要收入来源，比重一度达到90% 左右，不仅可以维持联邦政府的开销，偿还债务利息，还可以保护国内行业。按照法律，货物在抵达美国港口之前，需要由联邦财政机构收取进口税。在这一阶段，美国关税税率的高低起伏较大，主要源于主张贸易保护的北部和主张自由贸易的南部在关税问题上的激烈交锋。美国平均关税税率从 19 世纪第一个 10 年早期的 20% 左右提高到 19 世纪 20 年代后期的近 60%，是因为当时北方某些州试图利用关税进行保护；后来这一企图最终被南方各州击败，南方主张征收"仅用于增加政府税收的关税"，并为此爆发了一场严重的政治危机——南卡罗来纳州威胁退出联邦。最终 1833 年双方达成妥协解决了分歧，使关税税率转入下降轨道，直至南北战争爆发（那时已经降到 20% 以下）。按照这一阶段的关税政策，全部进口产品和应税进口产品的平均关税税率水平很接近，因为当时几乎所有进口产品都需要缴纳关税。

第二个阶段是 1860～1934 年，贸易政策的主要目标变成了限制进口保护特定产业免受外国竞争。实现上述贸易政策转变的重要原因是，南北战争使得政治权力由主张低关税的南方民主党人转移到主张高关税的北方共和党人手中，同时贸易政策的目标由关税收入转向进口限制。贸易政策的变化导致应税进口产品的平均关税税率从 1859 年的不到 20% 提升至内战期间的约 50%，并在此水平维持了数十年。在此时期，保护性关税政策成为国家政治生活的主要议题之一：赞成派认为它促进了国家成长与工业化步伐；反对派则指责它缺乏效率，以牺牲其他人的利益为代价保护某些产业部门。这一时期，虽然应税进口产品的平均关税税率居高不下，全部进口产品的平均关税税率却在下降，因为某些消费品（咖啡和茶叶）与原材料产品（锡和橡胶）获得了免税待遇。同时，因为引入了其他税种，进口关税对政府收入的重要性则有所下降。1860～1913 年，关税收入约占政府收入的一半；而在 1913 年引入所得税以后，关税在政府收入中只占小部分。

美国贸易政策的第一个时期是美国历史上的高度贸易保护时期，同美国近代历史基本同步。这一时期的贸易政策是在自由贸易与保护贸易的思想和政策激烈交锋中形成的，贸易政策具有"高关税"特征。高关税的形成既是美国近代工业化发展的内在要求，也离不开国际政治经济环境的影响。建国初期，美国还处于农业占主导地位的经济形态，尚没有形成相对完整的制造业体系，工业生产不仅总量较小，而且竞争实力相对较弱。面对欧洲工业强国的竞争和对美国商品的歧视政策，美国自然会实行同等贸易政策。在这一时期的贸易政策主要服务于实现并扩大财政收入的任务，幼稚产业保护理论下的美国贸易政策展现了贸易保护的特点，是为了获得同欧洲工业强国竞争时的竞争优势的均衡，其根本目的也是要扩大对外贸易。

美国第一阶段实行的高关税贸易保护政策，促使美国完成了工业化这一主要的产业结构调整。贸易保护政策为美国国内实施自由放任的经济政策提供了保证，为国内自由竞争创造了良好的环境，并且有效地保护了美国成长中的民族工业，促进了美国工业的迅速发展。南北战争以后，在高关税政策的保护下，美国北部的工厂开始向南部和西部扩展，美国工业结构和外贸结构都发生重大的转变，使美国从一个农业国迅速成长为世界头号工业强国。到1890年，美国的工业产值几乎等于英、德、法三个主要工业国工业产值的总和。高关税政策也间接地促进了美国劳动力的就业，促进了劳动力从农村到城市的转移，加速了美国的城市化。20世纪初美国在工业上的优势更为突出，1913年工业产品已占世界工业总产品的1/3以上，比英、法、德、日四国工业产品总量还多。从1897年开始，美国出口超过进口，成为国际经济体系中的贸易顺差国。美国逐渐从半个世纪前国际经济体系中一个无足轻重的后发国家，成长为20世纪初世界的头号经济强国。同时，高关税政策也有负面影响：促成了美国工业的集中和垄断，促进了卡特尔的形成；严重地损害了美国的农业部门；对工业"幼稚产业保护"也削弱了美国工业品在国际市场的竞争力。

（二）美国推行自由贸易的时期：1934～1973年

第二个时期是美国推行全球自由贸易的时期（1934～1973年）。全球经济大萧条打破了美国的政治平衡。1932年大选后，美国政治权力重新交给了主张低关税的民主党，关税和贸易政策的目标从限制进口逐步转向互惠贸易。以1934年美国国会通过"互惠贸易协定法"为标志，自由贸易政策开始了在美国40多年的主导地位，该法形成的1934年体制对美国贸易政策的决策产生了重要影响，美国贸易政策制定主体由立法机构转到了行政机构，象征着新时代的开始。自此开始，美国参与达成了大量自由贸易协定，例如1947年签订的《关税与贸易总协定》（GATT，以下简称关贸总协定），1993 年签订的《北美自由贸易协定》（NAFTA）等。受这些贸易协定的影响，美国的关税降至历史新低。应税进口产品的平均关税税率从 20 世纪 40 年代初的 40% 以上大幅下降，到 20 世纪 50 年代早期至 10% 左右企稳，20 世纪 70 年代后期再跌至约 5%，迄今一直维持在该水平。随着 1974 年美国《贸易改革法》的出台，标志着美国自由贸易时期的结束。

在这一时期，美国大力推动建立全球多边自由贸易体制。在美国的倡导之下建立的关贸总协定（1994 年以后发展成为世界贸易组织）与世界银行和国际货币基金组织成为三大国际经济与贸易发展的支柱。美国主导进行了七轮全球多边贸易谈判，世界贸易的自由化程度显著提高。也正是在这一时期，美国开始从经济层面介入世界政治事务，开始了对由其主导的世界经济秩序的探索。自由贸易的背景是美国在世界经济中的强大竞争优势和独一无二的综合国力，自由贸易对国家安全和国际秩序的作用也促使美国推动全球的自由贸易。不仅如此，世界性贸易组织的建立和发展极大地改变了传统贸易政策，也改变了各国协调和解决贸易争端的方式。以自由贸易协定为平台的美国自由贸易战略使得贸易政策发生了历史性的变革，贸易更加紧密地同国际政治联系在一起。二战以后的互惠思想首先是一种战略互惠，是美国具有主导优势条件下，为打开外国市场而采取的一系列措施，其政策表现为推行自由贸易的战略。1948 年关贸总协定实施以来，美国一直倚仗其超级强国的实力，利用全球多边贸易谈判，在国际贸易领域主导着游戏规则的制定，迫使其他国家降低关税，为美国产品进入外国市场创造有利条件。除在贸易领域具有强大优势外，美国还从世贸组织推动的全球资本流动自由化中获得巨大好处，成为吸收外国直接投资最多的国家。美国企业凭借产品技术上的优势，在全球赚取了最大限度的利润，成为当今国际贸易体系内最大的受益者。战后 20 多年，美国的对外贸易持续增长。1946～1973 年是美国对外贸易高速发展阶段。出口额由 1946 年的 690 亿美元上升到 1973 年的 2423 亿美元，增长 251%，年均增长 5%；同期进口额由 420 亿美元上升到 2738 亿美元，增长 551.9%，年均增长 7.2%。这个时期，美国的国民生产总值（GNP）也在持续增长。1947～1967 年，美国的国民生产总值以年均 4% 的速度增长，国民生产总值增长了 45%。其中，国民生产总值在 1957～1967 年增长了 48%[①]。

---

① Kenwood G., Lougheed A. The Growth of the International Economy, 1820 – 1990 [M]. New York: Routledge, 1992: 289.

在这一时期，美国互惠贸易思想和相关政策措施得到了充分的发展，而贸易保护的手段也从以关税为主转变为以非关税壁垒为主的新阶段。同时，必须看到，美国的自由贸易政策是有保留的，在抨击高关税的同时，第一没有放弃保护国内市场，第二具有冷战战略性质。

这一时期美国贸易政策的背景是美国工业化发展的历程和美国不断扩张的历史，是美国自由资本主义的充分发展时期，也是逐步确立工业资产阶级的统治地位，并成为世界首屈一指的工业大国时期。第一个时期和第二个时期也是以关税政策为主的传统贸易政策时期。

（三）美国推行"公平"贸易目标的时期：1974 年至今

第三个时期是以公平贸易为主要目标的政策时期（1974 年至今）。1974 年美国国会通过的《贸易改革法》标志着美国贸易政策进入"公平贸易政策"时期，互惠思想被美国以"公平贸易"政策的名义加以实施，形成了一次贸易政策的全面历史性变革。美国逐渐从多边自由贸易政策转变为多轨并进的自由贸易政策，表现出对全球多边自由贸易体制的不信任和无奈，在对外贸易政策方面广泛推行单边的贸易保护主义、双边的贸易开放协定和区域性的自由贸易组织，同时也不放弃建立和维护全球多边"自由"贸易体制。这一时期，美国实行的公平贸易政策是以美国利益为中心的，其核心是要求各国相互开放市场，目的是维护美国国际收支的基本平衡。与此同时，互惠思想还被提升为世界贸易的基本原则，互惠贸易、公平贸易以及战略贸易政策的实施，使美国保持了巨大的全球影响力。公平贸易政策的制定和实施使得美国和世界贸易政策进入了一个全新的规则经济时代，深刻影响了各国的外贸战略和相关制度选择，以及世界贸易政策的取向、秩序规则和体系结构，并给国际争端带来了新的内容和新的解决途径。

在这一时期，因为有了"公平贸易"的说法，美国的贸易政策从全面的自由贸易转而成为以自由贸易为基调的有限贸易保护政策。美国在 20世纪 30 年代以前实行的高关税保护政策中，关税手段为最主要的贸易手段。而随着世界对贸易自由化重要性认识的不断深化，关税壁垒变得越来越不合时宜，贸易保护主义的政策工具便越来越多地使用非关税手段。具体而言，这一时期，美国贸易政策和关税政策的突出变化是：

1. 美国贸易保护方式从单边的、显性保护发展为"合法"的、隐性的"人文"保护

显性非关税措施如进口许可证制、自动出口配额、出口补贴和进口配额等受到世界贸易组织规则的约束越来越严，隐蔽性的技术壁垒便成为最佳选择。美国凭借其科技优势与竞争优势，利用 WTO 协议的某些例外规定，大肆提高各种技术壁垒，并由流通领域扩展到生产加工领域；不仅包括货物方面，还延伸到金融信息等产业，形成复杂庞大的技术壁垒体系。而区域经济一体化加剧了成员国间的垄断性竞争，降低了集团外国家的竞争地位，造成发展的不平衡，并对多边贸易体制形成消极影响，是一种更深层次、更高意义上的贸易壁垒。与此相配套，美国建立了一整套严格、复杂的技术法规体系。美国标准体系是按不同产品细分形成的众多专业协会，美国私营标准机构就有 400 多个，涵盖技术法规和政府采购细则等在内的标准有 5 万多个，私营标准机构、专业学会、行业协会等制定的标准也在 4 万个以上，其中不包括一些约定俗成的事实上的行业标准。美国标准多，要求高，再加上评定系统复杂，使外国企业进入美国市场的难度和贸易成本增加。

2. 美国的贸易技术壁垒形式合法、名目繁多、范围广泛、手段灵活

美国的技术壁垒都以《世界贸易组织/技术性贸易壁垒协定》（Agreement on Technical Barriers to Trade of the World Trade Organization，简称"WTO/TBT 协定"）、《世界贸易组织/实施卫生与植物卫生措施协定》（Application of Sanitary and Phytosanitary Measures，简称"WTO/SPS 协定"）等为依据，形式合法、名目繁多、范围广泛、手段灵活。这种"新贸易保护主义"以保护生命、健康、环境和资源以及经济可持续发展为由，实现其贸易保护名义上的合理化。具体而言，美国以保护公平贸易为由，滥用 WTO 反倾销、反补贴和保障措施条款，通过征收高额的反倾销税或者激励企业实行反倾销的方式，达到限制进口的目的；以保护消费者安全和健康为由，通过建立新的动植物检验检疫措施、环境技术标准等削弱对方优势产业的国际竞争力；以维护劳动者的基本权利为由，通过建立新的社会责任国际标准认证，削弱发展中国家在劳动密集型产品的国际竞争力。这些措施借口以国际公约或多边规则为依托，具有"合法"的外衣。

"公平贸易"思想还由贸易政策延伸到对方国家的经济竞争政策，甚至社会政策。如：以"公平贸易"为由，要求扩大市场准入，消除企业垄

断地位，反对政府的出口补贴等等。譬如，2009 年以后，美国激烈批评中国政府操纵"人民币汇率"，要求人民币升值，以减少中国的出口。美国强制推广的 SA8000 标准认证，将劳工权利与订单挂钩，要求出口产品到美国的企业在赚钱的同时也要承担对环境和利益相关者的责任，是全球第一个将贸易保护政策扩展到社会责任认证标准的国家。美国贸易保护的范围呈现出无所不包的态势，涉及范围不仅包括传统的货物贸易，还逐步延伸到服务贸易、投资、竞争、知识产权、汇率政策等。新贸易保护主义在实施上具有极大的技术歧视性，而在国际贸易中遭遇技术性贸易壁垒的主要是发展中国家。

3. 美国贸易救济措施体系完整、功能强大

这主要体现在反倾销、反补贴和保障措施三个方面，并在《1988 年综合贸易与竞争法》中有明确规定。该法第 1301～1310 节标题为"实施美国依贸易协定所享有的权利和回应外国政府的某些贸易做法"。"301 条款"最早始于 1962 年的《贸易扩展法》，包括一般 301 条款、特别 301 条款和超级 301 条款三部分。"超级 301 条款"主要针对与美国贸易摩擦严重的国家；"特别 301 条款"的目的是保障美国的知识产权在国外得到有效的保护，保障依于知识产权保护的美国人公平而有效地进入外国市场。《1988 年综合贸易与竞争法》增强了贸易报复的力度，规定美国政府有权对外国从事的"不公平贸易活动"进行调查，而且贸易谈判代表即可决定对其报复。报复范围从贸易顺差到侵犯劳工权利，从政府采购到知识产权保护，几乎包括了双边贸易的所有方面。美国的反倾销法律规定可以追溯到《1897 年反补贴法》《1916 年税收法案》《1921 年反倾销法》以及《1930 年关税法》，现行的反倾销法主要体现在《1988 年综合贸易与竞争法》中。2000 年美国通过了《持续倾销和补贴抵消法》，以国内立法的形式鼓励美国企业通过寻求贸易救济来排斥进口产品。自 WTO 成立以来，美国 1995～2020 年向 WTO 发起的反倾销诉讼高达 817 起，涉及金额也最大[①]。因此，尽管这一时期美国的平均关税一直维持在较低水平，但是美国对国内企业的保护以更隐蔽、更富有针对性的方式进行。

4. 美国采用出口贸易自由与进口贸易保护的双重标准

美国以双重政策标准实现国家利益的最大化。一方面美国坚持以其强大的政治经济优势为后盾，极力要求其他贸易伙伴打开市场推动贸易自由

---

① WTO 官方数据，https：//www.wto.org/english/tratop_e/adp_e/adp_e.html.

化；另一方面则以其高技术优势采取多种非贸易壁垒措施实施贸易保护。当然美国的这种贸易保护也遵从了世界贸易规则以及美国签订的多项区域和双边自由贸易协定，没有突破世界自由贸易的基本框架制度。出口贸易自由与进口贸易保护的结合是美国贸易政策的显著特征。美国公平贸易政策致力于最大限度地打开别国市场：一是政策手段由注重消除关税壁垒转向消除非关税壁垒；二是在政策的产业关注上，美国极力提倡农产品和服务贸易出口的自由化；三是通过加强出口信贷、出口信贷国家担保制、出口补贴、外汇倾销等措施，向出口厂商提供各种优惠待遇，以鼓励其扩大出口。同时，美国这一时期的进口保护政策也具有不同于以往的特点和政策形式。一方面美国实施以"公平贸易"为贸易理念，以"报复"和"特殊保护"为借口的保护措施；另一方面美国以非关税手段为主，管理政策、威慑政策和单边制裁政策等多种手段并用，覆盖面不断扩大，保护对象从传统产业扩展到高技术产业。1985 年，美国就曾迫使日本采用自动出口限额，限制向美国出口汽车的数量。美国加强立法推行单边措施，加大制裁力度，主要有《1974 年贸易法案》《1984 年贸易关税法》以及1985 年后产生的《詹金斯法案》《盖哈特法案》《丹佛斯法案》等，1988年《综合贸易与竞争力法案》强化了美国单方面采取报复行为的能力，扩大了报复措施的目标和范围，尤其是该法案中的"301 条款"，对美国的贸易伙伴造成相当大的威胁。

5. 区域主义在贸易自由化的谈判中起着主导的作用

美国于 1988 年就通过《综合贸易竞争法案》，确定了通过双边、多边和区域贸易等多种方式开展国际贸易以推动国内经济增长的战略。按照美国国际经济研究所的费希洛（Albert Fishlow）解释，区域贸易自由化战略的最终意图是实现贸易自由化，但突出了美国国家利益的特性，也就是说，美国要借助多种手段去实现贸易自由化。小布什入主白宫后，"竞争性的自由化"被明确提升到战略高度。2006 年 6 月，美国国会研究局在向国会提交的报告中明确指出，布什行政当局已把双边和区域自由贸易协定视为美国贸易政策的重要因素，这也就是众所周知的"竞争性自由化"战略，该战略将在双边、区域和多边领域推动贸易自由化。美国已经签署了一系列贸易协定，如：美以贸易协定（1985 年生效）、北美自由贸易协定（1994 年生效）、美澳双边自贸协定（2005 年生效）、美韩自由贸易协定（2007 年生效）等。另外，同约旦、摩洛哥、巴林和阿曼缔结了自贸协定，同时开展亚太地区贸易谈判（TPP）、与南部非洲关税同盟（SACU）

缔结次区域自由贸易协定等。

从本质上来看，美国公平贸易具有两面性的特征：一方面主张完全公平，即无论各国发展状况如何，都应该无条件地实行自由贸易的互惠政策，实行关税、非关税壁垒、市场准入的完全对等，而由于美国在国际贸易中受到了不公平待遇，其他国家就更应该加大实行自由贸易政策的力度；另一方面主张对他们认为的不公平的做法进行对抗，美国可以单方面采取各种贸易制裁办法来对抗"不公平"贸易行为。"公平"有着不同的标准，出于国家利益的考虑，"公平"往往带有有利于本国的色彩，所以美国主导的世界贸易从来没有出现过真正的公平。

（四）新贸易保护主义

特朗普总统上台后，主张"美国优先，就业至上，重构美国的中产阶级，重建伟大的美国"为政策主线。在这个政策基调影响下，开始在"美国优先"原则下对新型国际贸易规则体系的建构，其一系列关税贸易政策凸显了单边主义倾向。美国先后提出了退出跨太平洋伙伴关系协定（TPP），重谈北美自贸协定（NAFTA），对钢铝产品进口开展"232调查"，对中国开展"301调查"等贸易议题和政策，与奥巴马时期相对自由化的贸易政策相偏离，呈现出崇尚贸易保护主义、反对全球化、从区域主义转向双边主义、拒绝无偿或低成本提供有效的全球公共产品政策取向。拜登上台后，美国政府改变特朗普四面出击、"退群"的做法，与欧盟、日本、印度、澳大利亚等建立盟友关系，与中国展开"战略性竞争"，在该竞争的领域竞争，在该合作的领域合作。拜登政府继续沿用甚至强化特朗普时期美国对中国执行的贸易制裁措施，这对全球贸易体系与全球治理体系构成了严重挑战。

二、欧盟贸易与关税政策改革的回顾与启示

（一）欧盟经济发展简况

从表12-1可以看出，欧盟的整体经济体量与美国相当，大约是日本

的 2～3 倍。近十年来，随着发展中国家尤其是中国的崛起，欧盟在世界 GDP 中的比重有所下降。然而，作为发达经济体，欧盟的人均 GDP 一直处于世界前列，如表 12－2 所示，欧盟人均 GDP 在 2000 年时就已经超过 30000 美元，到 2015 年时超过 35000 美元。

表 12－1　　　　　2001～2018 年主要经济体 GDP 及占世界比重

年份	GDP（万亿美元）				GDP 占比（%）			
	中国	欧盟	日本	美国	中国	欧盟	日本	美国
1995	1.5	12.8	5.1	10.2	3.5	30.3	12.0	24.2
2000	2.2	14.8	5.3	12.6	4.5	29.6	10.7	25.3
2005	3.6	16.3	5.7	14.3	6.1	28.0	9.8	24.7
2010	6.1	17.0	5.7	15.0	9.2	25.8	8.6	22.7
2015	8.9	18.0	6.0	16.7	11.7	23.7	7.9	22.0
2018	10.8	19.2	6.2	17.9	13.1	23.3	7.5	21.6

资料来源：世界银行数据库（2010 年不变价美元），下同。

表 12－2　　　　　2001～2018 年主要经济体人均 GDP　　　　单位：美元

年份	中国	欧盟	日本	美国
1995	1224.8	26379.1	40368.7	38369.2
2000	1767.8	30269.1	42169.7	44727.0
2005	2732.2	32770.8	44393.6	48499.8
2010	4550.5	33729.2	44507.7	48466.8
2015	6484.4	35303.7	47102.6	52099.3
2018	7755.0	37397.9	48919.6	54541.7

（二）GATT 时期欧共体的对外贸易和关税政策

尽管在缔约《罗马条约》之初，欧盟各成员国就将建立经济联盟作为最终目标，但欧洲一体化的起点却是关税同盟，关税同盟建立之后，欧洲一体化进程才开始不断地深化。《罗马条约》规定的过渡期结束之后，各成员国实施了所谓的共同贸易政策（common trade policy），或称之为共同商业政策（common commercial policy），制定、管理相关政策的权力完全转移到欧共体（欧盟成立之后该功能随之转移，具体而言则是由欧洲委员会负责），并且各国在没有欧共体机构具体授权的情况下，在共同商业政策领域，既不能缔结国际协定，也不能制定有关的国际贸易政策。这样的安排使得欧共体在国际贸易舞台上成为一个真正独立统一的贸易实体，并通过欧委会与其贸易伙伴进行协商，或者参与 GATT 等协定的谈判。

　　不过，在欧共体成立初期，国际贸易议题范围比如今狭窄很多，各国所关注问题主要是关税等边境措施（at the border）。正因如此，《罗马条约》第113 条规定的属于欧共体机构独享管辖权的共同贸易政策仅包括关税、反倾销和补贴，尤其是对关税政策的统一管理。之后在东京回合（1973～1979 年）多边贸易谈判议程中，首次增加了非关税壁垒，而在乌拉圭回合（1986～1994 年）谈判过程中，则进一步扩大到服务业、环境保护、食品安全、动物福利等边境后措施（behind the border）（Bollen，2018）。

　　随着多边贸易谈判议题的增加，欧共体也将其共同贸易政策中独享管辖权进一步扩大到上述领域。具体而言，欧盟的进出口政策在 1999 年 5月生效的《阿姆斯特丹条约》（Treaty of Amsterdam）之前只包括货物贸易，此后《阿姆斯特丹条约》将其覆盖范围扩展到大部分服务贸易，而于2003 年 2 月生效的《尼斯条约》（Treaty of Nice）又将其扩及所有服务贸易和与贸易相关的知识产权。2009 年 12 月生效的《里斯本条约》（Lisbon Treaty）则重点在外国直接投资（FDI）与知识产权等领域进一步扩大了欧盟在贸易政策领域的权限。

　　1. 关税措施

　　实现关税同盟后，在 GATT 关税削减谈判框架的推动下，欧共体制造业的共同对外关税 1968～1983 年从 15% 下降至了 7.5%[①]。到 20 世纪 90年代，欧共体的平均关税水平已经相对较低，并继续积极参与 GATT 的多轮谈判，结果是：其制造业最惠国关税仅为 6%，如果考虑加权平均关税仅为 4%，并且 99% 的关税都受到约束。尽管部分发展中国家都对其关税进行了 100% 的约束，但从实际来看，发展中国家的约束水平往往比较高，

[①] Magee，Stephen P.，and Hak‑Loh Lee. "Endogenous Tariff Creation and Tariff Diversion in a Customs Union." European Economic Review，vol. 45，no. 3，2001，pp. 495‑518.

而且由于实际关税水平往往低于约束水平，因此存在较大的不确定性。而欧共体的实施关税一般接近其约束水平。尽管在东京回合谈判结束后，欧共体的关税水平整体要低于许多发达工业国，并且关税的分散程度也更小，但是，与其他发达工业国类似的是，欧共体的对外关税也呈现出结构性特征，其重点保护产品例如鞋和服装等产品的关税仍然较高（Greenaway et al.，1993），关税升级的特征十分明显。

2. 非关税措施

从 20 世纪 70 年代中叶开始，受欧共体非关税壁垒所影响的产品范围逐渐增加，并且非关税措施也是种类繁多。进入 20 世纪 80 年代，欧共体对通过非关税措施来保护其贸易的依赖越来越强，到 1989 年，欧共体对各行业实施了共 137 项自愿出口限制措施（VERs），这比其他任何国家或地区都要多，不过这些措施有很大一部分都是欧共体成员方与其各自贸易伙伴之间的双边措施，而《罗马条约》第 115 条也明确了"欧委会允许各成员国采取必要的贸易保护措施"的规定。这也意味着，尽管欧共体在 1968 年实现了关税同盟，但实际上各成员方在相当长的时间内仍保持了一定的非关税壁垒。与关税安排类似的是，欧共体对不同行业实施的自愿出口限制较大，具体而言，对消费电子、鞋类和纺织品服装行业的非关税措施要更多一些，这往往是出于比较优势或者国外竞争压力而做出的安排。除自愿出口限制外，数量限制（quantitative restrictions）也同样被成员方（主要是法国与意大利）所广泛使用，并且涉及钢铁、汽车、消费电子产品、集成电路以及纺织品服装等行业。数量限制的运行机制也较为复杂，进口配额先是划分给欧共体，然后再分配给各成员方，这些非关税措施主要针对日本以及新兴工业国。

3. 反倾销与反补贴措施

在欧共体的法律中，规定了当面临所谓的"不公平贸易"而导致本国遭受损害时，当局可以采取干预措施，这些干预主要通过反倾销和反补贴税措施来进行。20 世纪 80 年代，这些措施的广泛使用引起了许多争论，原因就在于，倾销或者补贴的认定较为容易，并且所谓的"国内损害"也可以是较轻的程度，因此使这两种措施更多地被用作贸易保护工具，而并非确保"公平贸易"。反倾销与反补贴措施的操作特点使得相关规则变得模糊，也给各国国内相关立法留有了一定的余地，同时也阻碍了贸易自由化的推进。在整个 80 年代，反倾销措施被普遍地使用，这种态势在 20 世纪 80 年代中期达到顶峰。1980～1989 年，在欧共体所有的 449 次反倾销诉讼中，有80%的案件是由欧委会提出的，而其中又有3/4的案件被实施了反倾销税或者做出了价格承诺，并且涉及的行业和国家与上述非关税措施所提及的十分类似（Greenaway et al.，1993）。欧共体的目的其实与美国、加拿大以及澳大利亚等其他发达国家类似，即利用反倾销措施来替代关税等相对透明的贸易政策工具。

4. 农产品贸易保护政策

欧共体在世界农产品贸易市场中扮演了重要角色，并且是世界上较大的农产品与食品的进口方。1990年，欧共体农产品进口量（不包括欧共体内部贸易）占世界总量的22.5%，而同期的日本与美国的比重分别为25%和13%。然而，20世纪80年代欧共体的农产品进口增长仅为15%，但是其出口却增长了近50%，到1990年时，欧共体的出口份额已经占到了世界总量的17.1%（美国为18.6%）。出口与进口增长趋势的显著差异也为欧共体招致了许多批评，因为许多国家认为这一现象并非源自其自身的比较优势，而是欧共体实施的共同农业政策（common agricultural policy，CAP）的保护作用。

根据《罗马条约》的规定，各成员国需要在共同农业政策的基础上建立一个有管理的农产品市场，其既定目标包括提高农业生产力、提升农业生产者的生活水平、保持市场稳定与农产品供应的安全以及保障消费者福利。这一思想从20世纪60年代开始不断地发展，但对大多数产品而言，共同农业政策的主要目标都是通过较高的市场价格来保障农业生产者的收入。为了实现这个目标，欧共体采用了关税、配额、关税加配额，甚至最低进口价格（minimum import prices，MIP）的措施来保护进口以及削减供给，对于最低进口价格，则主要通过征收进口税的方式实施，因此欧共体所谓的共同农业政策具有十分强烈的贸易保护色彩，当然这也反映了农业生产团体的游说力量。由于在农业发展上的保护和支持，加上农业的技术进步，欧共体一度成为许多农产品的净出口方。

（三）WTO时期欧盟的对外贸易和关税政策

WTO时期，欧盟的贸易自由化进程取得了很大的成果，关税水平出现大幅下降。但是，同美国一样，类似于保障措施、进出口标准与规范等非关税壁垒确仍然广泛存在。具体而言，除从价税之外，欧盟还对大约1/3的农产品实施从量税，并且在某些领域对其贸易伙伴实施了数量限制及配额制度。进一步地，欧盟还采取了反倾销措施、保障措施、反补贴措施、生产及出口补贴（主要针对农产品）等手段，一旦触发这些保护机制，欧盟可通过实施关税或数量限制来限制国外商品的竞争，更严重地，欧盟直接制定严格的标准和规范来提高进出口难度（例如对转基因食品的限制）（Messerlin，2012）。21世纪初期，WTO各成员之间开启了新一轮的多边贸易谈判，即多哈回合，但由于欧盟成员国认为谈判的内容可能会通过实现更广泛的自由贸易而削弱欧盟的作用，从而影响欧洲的进一步统一，因此欧盟对此轮谈判并不积极，这也是导致多哈回合谈判过程十分曲折的原因之一。

麦塞林（Messerlin，2010）通过利用欧盟的从价税、反倾销措施与进口数量限制来对其整体保护水平进行估算，发现1999年欧盟的整体保护水平大约在11.7%，而同时其平均关税却仅为6.9%，说明欧盟通过反倾销与数量限制这些不透明的措施对贸易采取了很好的保护，这些保护主要集中在农业、化学、纺织品服装等行业。

1. 整体贸易保护政策

随着世界范围内贸易自由化的不断推进，关税以及传统的非关税壁垒的实施空间已经受到了较大的限制，但欧盟仍然通过广泛使用非关税措施进行了新的贸易保护。从整体来看，欧盟对93.88%的进口产品实施了非关税措施，这些措施主要包括：

技术性贸易壁垒。在汽车、电机、机械和制药行业使用较多。欧盟采取技术性贸易壁垒的基础在于各成员国的技术标准水平较高，并且相关的法律法规较为严格，因此对国外尤其是来自发展中国家的产品构成了一道无形的贸易壁垒。

反倾销措施。由于欧盟共同贸易政策的影响，即便反倾销由单一成员国提出，也会通过欧盟立案而扩及其他成员国，因此保护色彩十分明显（曲如晓等，2001）。从表12-3可知，不管从进口额还是产品数量来看，欧盟都在其进口贸易中广泛地使用非关税措施，而从表12-4可以看出，受影响较大产品组的非关税措施覆盖率大多接近100%，并且对部分产品组（例如燃料、化学物品和机电产品）而言，尽管已经实行了零关税，却遭受到非关税措施的影响。

表 12-3　　　　欧盟最常使用的非关税措施（前十）　　　单位：%

非关税措施	覆盖率	使用频率	产品数量（个）
标签要求	72.8	70.4	3645
检验要求	60.0	42.4	2198
产品质量或性能要求	57.5	47.2	2445
认证要求	54.9	50.8	2633
进口商注册要求（TBT）	50.9	30.5	1580
禁止（TBT）	42.8	32.9	1705
授权要求（TBT）	37.5	34.8	1803
测试要求	36.6	35.4	1833
包装要求	34.2	24.7	1278
限制使用某些物质	30.7	29.3	1520

注：资料来源为 WITS 数据库，覆盖率表示受影响的进口额比重，而使用频率表示受影响的产品数量比重，最后（受影响）产品数量统计的是 HS6 位码水平，下同。

表 12-4　　　　欧盟的非关税措施（分产品组）　　　单位：%

产品组	覆盖率	使用频率	产品数量（个）	零关税产品比例
纺织品服装	100	100	796	1.3
动物	99.9	99.7	321	6.1
蔬菜	99.9	98.9	348	38.8
皮	99.8	98.6	68	4.8
化学物品	99.8	96.3	753	55.9
食品	99.8	99.5	210	33.8
机电产品	99.4	98.6	760	48.4
交通运输产品	98.4	93.9	122	0.8
鞋类	97.6	91.5	43	0.3
塑料和橡胶	95.4	93.8	198	4.1
燃料	94.8	66.7	26	74.0

注：资料来源为 WITS 数据库，零关税产品比例表示最惠国关税为零，但却受到非关税措施影响的进口比例。

对农产品的贸易保护。整体而言，欧盟对其非农产品的保护水平要低于其对农业品的保护水平，这一点可以从欧盟对两者所征收的关税看出。具体而言，欧盟对其农产品实施的最惠国关税为 10.9%，而对非农产品实施的关税仅为 3.9%[①]。卫生和植物检疫措施（sanitary and phytosanitary measures，SPS）旨在保护公民的健康水平，但欧盟却借此设置非关税壁垒来保护本国农畜产品市场，该项措施不管是对发展中国家还是发达国家，均能产生较大影响。

2. 技术性贸易壁垒

欧盟各成员国较早利用了技术性贸易壁垒（technical barriers to trade，TBT），并设置了一套严格的管理制度，尤其是针对机电产品。例如欧盟早在 1992 年就颁布了《家用电器能耗标签及产品信息标准的委员会指令》，要求在欧盟租售的家电产品必须附带能耗标签，而在 2003 年欧盟又向 WTO 发出了相关指令，进一步对家电产品的标签管理做出了规定。除此之外，欧盟还根据 TBT 协议制定了一套十分完善和统一的合格评定程序，对进入欧洲市场的产品进行抽样检测。通过采取产品安全认证、技术法规和标准等方面的措施，欧盟对来自其他贸易伙伴，尤其是发展中国家的产品设置了较高的贸易壁垒。根据 WITS 数据库的统计，欧盟对机电产品所采取的技术性贸易壁垒覆盖了 99.4% 的进口额以及 98.6% 的产品，并且对于所有的"零关税"产品均实施了该措施（见表 12 - 5）。

表 12 - 5　　　　　　　欧盟对机电产品的技术性贸易壁垒　　　　　　单位：%

TBT 措施	覆盖率	使用频率	产品数量（个）
认证要求	99.3	98.1	756
产品质量或性能要求	98.4	97.2	749
测试要求	84.6	90.3	696
检验要求	83.2	89.6	691
合格评估	76.3	78.1	602
标签要求	68.3	56.0	432
限制使用某些物质	66.7	55.4	427
进口商注册要求	65.4	53.3	411
生产或生产后要求	65.4	53.3	411
产品交付后的分销和位置	65.4	53.3	411

资料来源：WITS 数据库。

---

① USTR. National trade estimate report on foreign trade barriers. 2017.

除了直接的技术性限制措施外，欧盟还通过出台一系列的环保指令来进行贸易保护，这也被称为绿色壁垒（green barriers），或者环境贸易壁垒（environmental trade barriers），实质上也是对进出口贸易产生影响的一种技术性贸易壁垒。从表面来看，绿色壁垒旨在通过提高进口产品的技术标准，从而保护有限资源、环境以及人类健康，然而从客观上来说，这些"标准"却对外国商品进入欧盟市场起到了极大的阻碍作用，尤其是当欧盟可能蓄意制定严苛的、高于国际公认的或大多数国家无法接受的环保标准。

另外，技术性贸易壁垒也是欧盟化学品的主要保护手段。欧盟在全球的化学工业产值中一度占据约1/3，尽管近年来欧盟的化学品出口占世界比重有所下降，但仍然是世界上最大的化学品出口方，并且化学工业是欧盟的重要支柱性产业，2018年欧盟的化学品出口占其总出口的18.2%。此外，尽管化学工业从行业划分来看属于资本密集型行业，但仍吸纳了120万就业人口（占制造业工人的4%），因此化学企业对欧盟的就业也起到较大作用。就贸易保护措施而言，欧盟化学品进口关税的影响相对较小，欧盟对无机（HS 28）和有机化学品（HS29）的最惠国关税分别为4.2%和4.5%，而反倾销和反补贴措施的使用也相对较少，但是技术性贸易壁垒却在欧盟化学品进口中占据主要地位[1]。

3. 农产品保护政策

欧盟对农产品的贸易保护要高于其他发达经济体，主要表现为高关税、高补贴和严格的市场准入壁垒。具体来看：

首先，就关税而言，欧盟在加入WTO之后做出了一系列承诺，但其农产品的关税水平仍然较高，并且呈现出明显的结构性特征。例如2018年欧盟对谷物和小麦的平均进口税率分别在3.8%和4.3%，然而其对新鲜葡萄和葡萄酒的平均进口税率却分别为14.4%和32%[2]。

其次，对于农业补贴，欧盟对农产品的补贴在GATT时期就开始实施。在WTO成立后，欧盟调整了其农业补贴政策以适应WTO规则，例如，将农产品的价格补贴转变为直接补贴，采取支持性价格与根据种植面积进行补贴。从补贴范围来看，欧盟的补贴政策主要针对豆类、谷类和畜产品类等日常需求量较大的农产品（叶万全、黄远辉，2018）。在WTO农

① World Trade Organization（WTO）. Trade policy review：European Union，2020.

② 丁纯，强皓凡，杨嘉威. 特朗普时期的美欧经贸冲突：特征、原因与前景——基于美欧贸易失衡视角的实证分析［J］. 欧洲研究，2019，037（3）：1-37.

业补贴规则框架下，欧盟根据其实际情况的变化适时调整和优化农业补贴政策，并使之法律化和制度化。通过减少农产品价格补贴与出口补贴，并增加收入补贴和农业结构调整补贴，欧盟的农业补贴改革趋向市场化（见表12－6）。此外，通过建立农业补贴基本法规和专业法规相配套的完整法律制度体系，明确规定农业补贴的目标、具体项目、补贴范围、补贴标准等要素，保障和提高了农业补贴政策实施的有效性和权威性（高玉强、沈坤荣，2014）。

表 12－6   欧盟农业补贴政策变迁

时间	政策核心	背景	补贴工具
1962～1991 年	价格补贴	20 世纪 60 年代农产品短缺；80 年代农产品过剩	目标价格、门槛价格和干预价格
1992～2002 年	降低价格支持并增加收入补贴	内部财政限制和 WTO 规则限制	面积补贴；结构调整补贴；职业培训、创业补贴等
2003 年至今	价格支持转向直接补贴，挂钩补贴转向脱钩补贴	市场化进程加快	单一农场补贴；生态农业、粗放型草场使用、休耕补贴、放弃除草剂补贴等

资料来源：陈国权等. 发达国家农业补贴趋势及启示［J］. 中国金融论坛工作论文，2016 年第 6 期。

最后，由于各国在配额以及进口许可等传统非关税措施上产生了诸多争议，因此这些传统措施在新一轮世界贸易自由化趋势中越来越受到限制。如表12－7所示，传统的数量管制措施不管是覆盖率还是使用频率均相对较少，与此形成鲜明对比的是，SPS 和 TBT 措施却被广泛使用，几乎覆盖所有的进口动物和蔬菜类产品。与数量管制相比，SPS 和 TBT 措施的隐蔽性更强，并且影响程度更深，不符合检疫或技术标准的产品很可能被直接拒绝进口。

表 12 - 7　　　　　　　欧盟对动物与蔬菜采取的非关税措施　　　　　单位: %

产品组	非关税措施	覆盖率	使用频率	产品数量（个）
动物	卫生和植物检疫措施	99.9	99.7	321
	技术性贸易壁垒	99.3	97.5	314
	装运前检验和其他手续	6.4	9.6	31
	数量管制措施	9.8	9.9	32
	金融措施: 进口存款预交制	9.8	9.9	32
蔬菜	卫生和植物检疫措施	99.1	94.9	334
	技术性贸易壁垒	99.9	98.6	347
	数量管制措施	10.7	7.4	26
	金融措施: 进口存款预交制	10.2	6.0	21

资料来源: WITS 数据库。

在贸易协定的谈判中，欧盟在农产品贸易问题上与其贸易伙伴陷入了长期的僵持，然而出于保护农业生产以及保证农业人口就业等方面的考虑，欧盟很难在相关问题上做出让步，这也是近年来欧盟与美国之间解决贸易摩擦问题时，强调不应将农产品纳入谈判范围的原因，尤其是对于法国这个欧洲农业第一大国而言。

三、本章小结

（一）美国经验总结

美国对外贸易政策先后经历了保护贸易、自由贸易、公平贸易等多个阶段。回顾 200 多年的贸易政策，美国相对来说更偏向使用贸易保护主义政策，通过各种关税或者非关税手段限制进口、鼓励出口。美国贸易政策出发点首先还是本国利益，其重点是要求别国减少贸易壁垒，对外贸易政策先后呈现出多边主义、区域主义、双边主义以及单边主义等不同色彩。美国外贸政策的转变，实质上揭示了美国经济实力与国家竞争力先上升后相对下降的客观事实。

回顾美国关税和贸易政策发展史，可以发现，美国不仅利用贸易政策完成了自身工业化进程，还塑造着美国在国际制度领域的优势，美国在推进建立全球自由贸易体制的过程中扮演了发起人和主导世界贸易规则制定的关键角色，在推动关贸总协定和世界贸易组织职能转变中所发挥了主导作用。美国依靠强大的经济实力，把有利于自己的贸易思想、政策通过运用成熟的贸易规则贯彻到世界贸易体系中去，使美国的贸易政策与WTO贸易规则相协调，从而成功地利用了WTO为本国经济发展和经济利益服务。

美国通过主导多边贸易体系规则和区域经济一体化规则的制定，通过自由贸易协定在关税和非关税壁垒、投资、知识产权、农业补贴、劳工标准、贸易争端解决等领域把美国确立的规则延伸到其他国家，从而也确立了经济一体化中的美国模式。而全球贸易规则体系的建立，不仅改变了世界发展的历史进程，也确立了美国在国际贸易规则中的制度和体制优势，并由此带来了美国在世界贸易、经济乃至政治中的整体优势。

美国关税和贸易政策的发展史，展示了美国经济和社会发展的历史，展示了美国扩张和争霸的历史。随着时代的发展和社会的进步，尤其是就经历两次全球化，仅仅从经济是否繁荣决定贸易政策的走向似乎已经落后了，经济地位、技术变革、社会分工、社会结构和政治变革等多种因素交织，共同塑造着美国贸易政策，使得贸易政策的变化日益复杂。主要体现在以下几个方面：美国经济实力的变化，包括国内生产总值、进出口贸易总额、工业增加值占全球的比重；产业结构的升级调整，以及产业结构升级调整中不同产业链条的作用和价值增值程度的变化使得贸易政策的选择更加复杂；跨国公司的快速发展和国家间相互投资规模的不断扩大使得各国相互依赖程度加大，贸易政策的效果，尤其是贸易保护和贸易制裁的结果越来越难以评价；经济全球化的加快使得贸易内容不断丰富、贸易范围不断扩大、贸易理念不断发展、贸易方式不断更新，贸易政策正在经历着一场前所未有的革命性变化。

（二）欧盟经验总结

欧盟的贸易政策主要分为两个阶段，第一个阶段是欧共体时期，第二个阶段是欧盟时期。欧共体时期，各国贸易政策的重点在于推动欧洲一体化，这一点在最初的《罗马条约》中便被明确提出，并一直指导着各成员国制定贸易政策。欧洲一体化的起点是关税同盟的建立，此后各成员国至少在关税政策上保持了统一，尽管此时各国还保留着各种各样的非关税措施。

1947～1994 年，GATT 缔约方之间进行了多轮多边贸易谈判。欧共体在致力于推动一体化的过程中，也积极参与这些谈判议程，并发挥了重要作用。值得注意的是，GATT 多轮谈判的目标均是推动贸易自由化，欧共体也对此做出了较大贡献，例如，将其工业品关税维持在较低水平。然而，对于农产品等敏感领域，欧共体并未做出明显让步，原因在于欧共体的农业提供了大量的就业机会，尤其是对于部分农业大国（如法国）而言，欧共体在多边贸易谈判中与美国等其他发达国家进行了长期的争执。实际上，GATT 时期的贸易自由化进程展现出明显的"发达国家引领，发展中国家追赶"特征，而在农业领域，即使发达国家也互不相让。

欧盟成立之后，各成员国之间的联系更为紧密，贸易政策也基本统一。而随着 WTO 的成立，新一轮的贸易自由化逐渐展开，传统的关税与一般的非关税措施（如数量限制）的实施空间越来越小，此时的欧盟效仿美国开始凭借自身的技术优势，以环境保护、产品质量等为名义实施新的贸易保护措施。关税和数量限制较为透明，因此，很容易受到贸易伙伴的反制，TBT、SPS 等技术性措施具有较强的隐蔽性和不确定性，覆盖范围也更加广泛。从影响程度来看，TBT 与 SPS 可以使不符合标准或规定的产品难以进入欧盟市场，并且这些措施还可以通过提高出口商成本来实现与一般贸易壁垒相似的效果，而关税和数量限制仅仅是从价格和数量上对进口产品进行限制。

欧盟之所以能够采取 TBT、SPS 等非传统的贸易壁垒，最重要的原因在于其自身的技术优势。当广大发展中国家还在迫于多边压力努力削减关税时，欧盟早已采取新的形式进行贸易保护，从而维持自身竞争优势。因此，从结果来看，技术性贸易壁垒具有严重的不平衡性，这一点对于其他发达国家而言也是如此，因为即便是发达国家也很难完全满足欧盟的产品与技术标准。

第十三章 中国关税政策展望

未来五年，全球经济面临疫后重建，全球经济增长处于恢复过程，国际经济发展需要新的合作和治理模式。"十四五"时期，中国经济发展将以推动高质量发展为主题，以深化供给侧结构性改革为主线，以改革创新为根本动力，以满足人民日益增长的美好生活需要为根本目的，统筹发展和安全，加快建设现代化经济体系，加快构建新发展格局。按照"十四五"规划纲要等有关要求，我国关税政策需要聚焦推动高质量发展，立足自主扩大开放，统筹发展与安全，有效应对经贸摩擦，不断完善与我国经济发展水平相适应的关税制度，支持加快构建新发展格局。

一、2021～2025 年中国面临的国际国内环境与挑战

（一）全球经济面临疫后重建

1. 新冠肺炎疫情大流行对长期经济增长可能产生持久的负面影响

2020 年新冠肺炎（COVID－19）疫情暴发导致的公共卫生危机对经济的负面影响远超 2008～2009 年的国际金融危机。2020 年一季度我国经济负增长 6.8%，创下改革开放以来最低季度经济增长纪录；美国经济二季度负增长 9%，创下 1949 年以来的最低增速；欧盟、日本、印度、巴西、南非、马来西亚、菲律宾、新加坡和泰国等二季度经济负增长均超过 10%。国际货币基金组织（IMF，2020）在 2020 年 10 月曾预测 2020 年全球经济将负增长 4.4%，因下半年采取封锁的国家逐步放松管制，劳动力市场部分适应新的在线工作方式，2021 年 4 月 IMF 预计 2020 年全球经济负增长 3.3%，比前次预测值调高了 1.1 个百分点（IMF，2021）。

2021 年新冠疫苗接种人数逐步增加，各国新冠肺炎疫情得到控制，但病毒变异给疫情演化带来新的不确定性。由于疫情大流行对各国造成的破坏和救助政策存在差异，不同国家和行业的经济复苏也表现了极大的差异。2021 年 4 月 IMF 预测，2021 年和 2022 年全球经济增长 6% 和 4.4%，到 2025 年全球经济增长率将减缓至 3.3%（IMF，2021）。从更长远的时期看，全球经济增长可能会出现"令人失望的十年"（IMF，2020），在新冠肺炎疫情大流行之前，根据经济增长基本驱动因素的趋势预测，2020～2029 年，全球经济年平均潜在增长率将降低 0.4 个百分点，而新兴市场经济体的年平均潜在增长率将降低 1 个百分点（图 13 - 1）。新冠肺炎疫情大流行迫使许多国家采取大封锁（lockdown）措施，扩大社交距离，导致投资和消费增速下降，学校关闭，工商业活动受到冲击。叠加新冠肺炎疫情造成的破坏，根据经济增长核算（见图 13 - 2）除非采取果断的政策行动或取得重大技术进步，否则全球经济和新兴市场经济体及发展中国家未来十年的年均潜在经济增长率可能比疫情暴发前的预期再降低 0.3 个和 0.6 个百分点（World Bank，2021）。以总产出衡量，在疫苗顺利接种的基准情景下，预计 2025 年全球产出将比疫情暴发前的趋势预测值降低 5%，2020～2025 年累计损失大约相当于 2019 年全球产出的 36%。

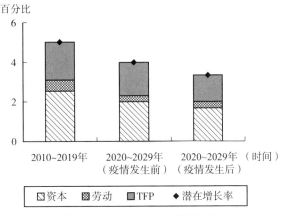

图 13 - 1　十年期全球经济预测

资料来源：全球经济展望（2021）。

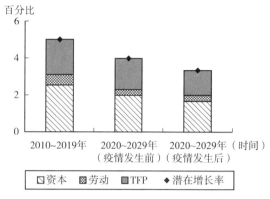

图 13 - 2　十年期新兴市场和发展中国家经济预测

资料来源：全球经济展望（2021）。

2. 债务负担攀升潜藏金融危机

为应对新冠肺炎疫情导致的经济衰退，各国采取了非常措施，通过财政减税、扩大财政赤字和发行政府债务，中央银行购买资产，扩大货币发行，救助企业和家庭。2020 年，各国政府的赤字占 GDP 比率平均将上升9%，而全球公共债务规模预计将达到 GDP 的 98.2%，发达国家、新兴市场和发展中国家公共债务占 GDP 比重分别为 124.2% 和 60.8%，均创历史新高（见图 13 - 3）。在经济活动稳步反弹、利率稳定维持低位的基线假设下，全球（除中国和美国）平均公共债务比率预计将在 2021 年稳定下来。新兴市场和发展中国家的债务自 1970 年以来，已经进入第四轮的债务积累，前三次都以金融危机的方式结束，最近 10 年的债务积累在新冠疫情的冲击下加快发展，虽然公共债务占 GDP 比重较低，但居民部门债务比重已超过 120%，而且债务占财政收入的比重比发达国家高出 90 个百分点以上（见图 13 - 4）。

在目前低利率环境下，发展中国家的债务可以付息维持，但因其财政和经常账户赤字增加，未来突然的全球冲击，例如利率急剧上升或风险激增溢价，可能导致较脆弱的经济体承受财务压力。因为债务迅速增加，国际投资人对中低收入国家的债务透明度和债务抵押品的担忧上升。大型新兴发展中经济体（EMDE）中的大规模债务可能会放大不利冲击的影响并触发这些经济体的低迷，给全球和 EMDE 增长带来风险。各国财政也面临着前所未有的风险。这些风险来自疫情前景的不确定性、经济复苏的形势、疫情长期影响的程度、所需的资源再分配情况、大宗商品价格和全球融资环境的前景、隐性/显性担保产生的或有负债等。

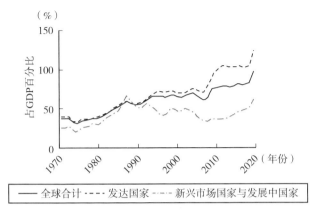

图 13 - 3　政府债务攀升

资料来源：全球经济展望（2021）。

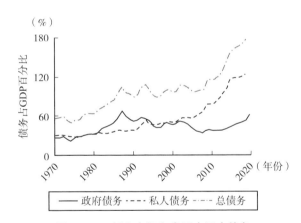

图 13 - 4　新兴市场和发展中国家债务

资料来源：全球经济展望（2021）。

3. 全球减贫任务艰巨

在经济全球化过程中，跨国公司发挥利润分配中心职能，全球产业链不断深化，产业外包导致发达国家部分产业空心化，中等收入群体收入增长缓慢，全球收入最高的1%的人（"全球富豪"）收入大幅增长，财富集中度上升；新兴经济体产业升级，中等收入群体收入快速增长。2008年金融危机后，发达国家量化宽松政策向企业注入了大量资金，债务规模急剧上升，家庭部门获利不多。2020年新冠肺炎疫情之后，全球将产生新的贫困人口，各国已采取措施减轻这种约束，但还远远达不到资金缺口的规模。根据人均收入下降情况的预测，全球预计将有1亿~1.1亿人陷入极端贫困，这将逆转几十年来极端贫困人数持续下降的趋势。增加社会援助（直接资助贫困人口并缓解经济衰退）预计将产生较小影响，这反映出一些国家的支持力度和支持能力有限。这些措施将使新增贫困人口维持在8000万~9000万人之间（IMF，2020）。

4. 全球治理向多极化方向加快重构

此次新冠肺炎疫情引发了国际社会的不信任和相互指责，部分国际航班停运，疫情影响全球供应链，各主要经济体更加注重本土供应链和生产链的安全，经济全球化遭遇"回头浪"。WTO等全球多边治理机制被削弱，区域和双边机制得到强化。全球公共产品的供给缺口可能会进一步加大。新冠疫情显现了市场在面对危机时采取有效的集体行动能力不足，进一步凸显了国家能力的重要作用。"大政府"时代可能回归，政府对市场直接干预将会更多，产业政策可能再次被重视。在新冠肺炎疫情发生后，中美经贸关系仍处于紧张状态，贸易对抗向科技领域蔓延。

5. 新的投资机会降临

新一代信息技术进一步深化了全球产业链网络化布局，全球产业链、价值链、供应链布局由成本至上转向成本、市场、安全等多因素并重。主要经济体、跨国公司预计将进一步调整其产业布局，在"市场开放优势"与"国家安全需要"之间找寻新的平衡，进一步增强其产业安全性和抗风险能力。全球产业链供应链分散化、多中心化趋势进一步加强，北美、欧洲、东亚三大生产网络的内部循环强化，原有的"大三角循环"分工格局将发生重大调整。基于跨国数据和40万家企业样本的实证估计表明，在高度不确定的时期，公共投资可以对GDP增长和就业产生巨大的影响——这是当前危机的一个显著特征。对于发达和新兴市场经济体，财政乘数将在两年后达到并超过2的峰值。在这些经济体中，公共投资增加GDP的1%将直接创造700万个就业机会。如果考虑对宏观经济的间接影响，其将总共创造2000万~3300万个就业机会。在应对卫生危机（通信、运输）或促进经济复苏（建筑、制造业）的关键行业中，公共投资引发的私人投资尤其强劲，但必须同时为其推出配套政策，帮助私企解决高杠杆和流动性约束等问题。在医疗行业、保障性住房、数字化、环境保护等方面的新投资，将为建立更具韧性、更加包容的经济奠定基础。适应气候变化的项目投资回报率通常大于 100%，国际社会需要加大应对气候变化项目的支持力度，官方支持资金需要增加一倍以上，即从现在的约 100 亿美元增加至 250 亿美元左右，以为低收入国家适应气候变化所需的公共投资提供资金（IMF，2020）。

（二）"十四五" 中后期中国将进入高收入国家行列

"十四五" 时期我国经济迈向新的高质量均衡发展，经济增长率有望保持在合理区间，目前比较一致的认识是年均增长 5% ~ 5.5%。"十四五" 时期我国将大概率进入高收入经济体行列。世界银行划定的 2019 年高收入经济体最低标准是人均国民收入（GNI per capita）达到 12535 美元，比 2015 年的最低标准提高 60 美元。考虑到 2020 ~ 2025 年全球经济增长速度可能比前五年更低，各等级的最低收入标准在 2020 年受到新冠疫情负面冲击之后有可能缓慢上涨，预计 2025 年高收入经济体门槛线为 12600 美元左右。2019 年我国人均国民收入为 10410 美元，据此测算，假设到 2025 年底我国人均国民收入达到 13000 美元，只需要 "十四五" 期间我国人均国民收入年均增长 4.2% 以上。考虑到疫情和其他结构性因素影响，"十四五" 时期我国经济将继续减速，预计 "十四五" 时期年均 GDP 增速将下降至 5.0% ~ 5.5%（课题组，2019①），在人民币汇率稳定、人口增长减缓的条件下，预计我国将在 2023 年或 2024 年达到世界银行高收入经济体最低标准，"十四五" 期末人均 GNI 有望超过 14000 美元（见图 13 – 5）。

如果 "十四五" 时期我国顺利进入高收入经济体行列，对于中国和世界经济发展都是一个历史性时刻：（1）高收入经济体人口大幅跃升。根据联合国预测的未来世界人口数据计算，如果 2024 年 14.55 亿中国人加入高收入经济体，将使高收入经济体总人口从 12.75 亿跳升至 27.3 亿，高收入经济体占世界总人口的比重将从 15.9% 升至 33%。（2）中美经济总量的差距继续缩小。根据 2020 年 10 月国际货币基金的《世界经济展望》（IMF，2020）计算，2025 年我国名义 GDP 将是美国名义 GDP 的 89%，比 2019 年提高 22 个百分点；以相对购买力（PPP）衡量的 GDP 将是美国的 1.39 倍。IMF 的这一测算对于中国而言可能存在一定的高估成分，经

---

① 中国社会科学院宏观经济研究中心课题组，"未来 15 年中国经济增长潜力与 '十四五' 时期经济社会发展主要目标及指标研究"，《中国工业经济》，2020 年第 4 期。

过调整后，我们预估 2025 年中国 GDP 可达美国名义 GDP 的 80% 以上。
（3）中国经济占全球经济比重进一步上升。2020 年 12 月底，英国实现脱欧，欧盟经济总量将减少 14%，预计"十四五"期间，世界经济总体上呈现中国份额明显提高、美国相对稳定、欧盟显著下降的格局（见图 13－6），中、美、欧经济占比将分别达到 19.6%、24.4% 和 17.2%。

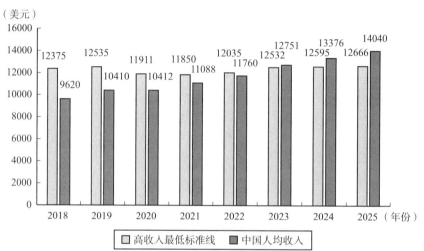

图 13－5　高收入经济体最低人均收入标准和中国人均收入（美元）
资料来源：笔者根据世界银行 WDI 数据库，国际货币基金组织数据估算。

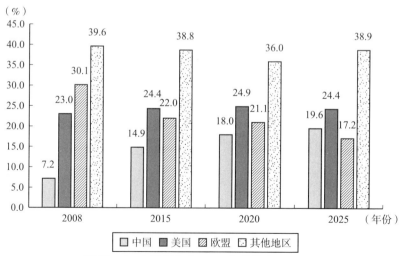

图 13－6　各地区名义 GDP 占世界比重（%）
资料来源：笔者根据世界银行 WDI 数据库，国际货币基金组织数据估算。

（三）"十四五"时期我国经济发展面临的硬约束

"十四五"时期，我国经济发展仍然处于重要战略机遇期，但经济发展存在硬约束。具体如下：

1. 经济增长速度存在下调压力

（1）"十四五"时期我国人口老龄化将进一步加剧，但老年人口负担率与发达国家相比仍有一段距离。我国 2019 年总人口 14 亿，工作年龄人口（15～64 岁）人口 9.89 亿人，老年人口（65 岁及以上）1.76 亿人（见图 13 - 7），老年人口负担率（老年人口/工作年龄人口）为 17.8%，老年人口负担率比 2010 年上升 5.9 个百分点[①]。据联合国人口署《世界人口展望（2019）》（United Nation，2019）的人口预测值[②]计算，至 2025 年，基准情景下我国老年人口负担率将上升至 20.3%。与美国和日本相比，2030 年以后，我国老年人口负担率处于加快上升阶段，但是"十四五"期间，我国老年人口负担率仍处于较低水平（见图 13 - 8），应该抓住这一窗口期，用好人力资源，促进经济较快发展。

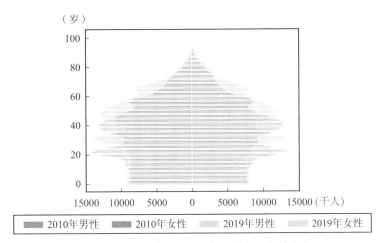

图 13 - 7　2010 年和 2019 年中国人口年龄分布

资料来源：世界人口展望（2019）。

---

① 根据国家统计局数据计算。

② 联合国估算的我国总人口数高于我国统计局公布的人口数，2019 年高出 3378 万人，大约为国内统计局公布数的 2.3%。为便于国际比较，我们仍然采用联合国估算的人口预测值。

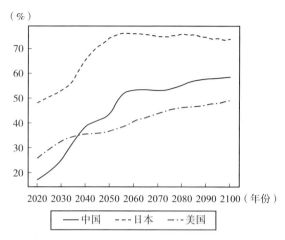

图 13 - 8 2020 - 2100 年中日美老年人口负担率

资料来源：世界人口展望（2019）。

（2）碳减排力度加大，迫切要求产业结构转型。2020 年 9 月习近平主席在联合国大会宣布中国二氧化碳排放力争于 2030 年前达到峰值，努力争取 2060 年前实现碳中和，这为中国应对气候变化工作明确了目标。过去十多年特别是"十三五"期间，我国加大生态文明建设力度，绿色发展取得了显著成绩。碳强度持续降低，非化石能源比重持续上升。截至 2019 年底，中国碳强度较 2005 年降低约 48.1%，非化石能源占一次能源消费比重达 15.3%，提前完成我国对外承诺的 2020 年目标。我国人均碳排放量较低，但是与发达国家相比，我国目前的碳强度仍较高，碳排放量居世界前列（见图 13 - 9、见图 13 - 10）。碳减排、碳吸收的任务仍十分艰巨，需要加大力度促进能源生产和消费结构转型、节能型产品的推广等，这对传统高耗能产业的发展形成约束。

（3）美国政府对中国部分企业和单位的经济制裁制约经济发展。特朗普政府执政时期，美国政府扩大了对中国部分企业和单位的制裁。一是技术禁运，主要由美国商务部工业安全局（BIS）实施，限制对中国部分企业、高校及科研单位出口高技术产品。截至 2021 年 1 月 14 日，被列入 BIS 实体清单的中国大陆实体（企业、个人、机构在内）共 381 个，被列入未经证实名单的大陆实体 28 个，被列入拒绝人名单的 14 个。二是限制投资，由财政部外国资产控制办公室（OFAC）列出特别指定国民和被隔离人员清单（又称"SDN 清单"），限制美国投资者对其投资。美国财政

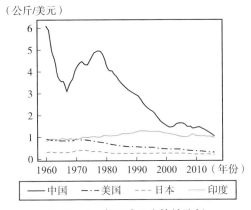

图 13 - 9　中国碳强度持续降低

资料来源：WDI 数据库。

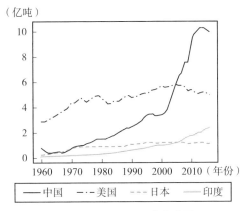

图 13 - 10　二氧化碳排放量

资料来源：WDI 数据库。

部共列出了多家中国企业进行财政金融制裁，这些企业及其关联实体不少是在中国香港，甚至美国上市的企业，或者是美国大型投资基金投资的企业，这些受到制裁企业的市场价值和融资受到冲击。三是军事出口管制，美国国务院国际贸易控制局（DDTC）根据《国际武器贸易条例》（ITAR），授权管理有关国防用品和国防服务的出口监管。由于美国对中国实行全面的武器禁运，因此任何向中国出口武器的企业均违反美国国务院有关规定，会被处罚。2020 年 12 月 21 日，特朗普当局将 58 家中国企业列入"军事最终用途"企业清单。美国政府的这些制裁措施严重干扰两国乃至全球正常的科技交流和贸易往来，全球产业链、供应链面临重大冲击。在乔·拜登（Joe Biden）总统执政的百日内，美国新政府基本上延续了特朗普政府对中国的鹰派做法。拜登新政府的对华方针是"该竞争的时候竞争，该合作的时候合作，该对抗的时候对抗"，"激烈的竞争"（stiff competition）决定了美中关系的定位。拜登政府重申了可以与中国在符合美国利益的领域进行协作和合作的愿望，这与特朗普政府最后一年"全面脱钩"（all - encompassing decoupling）的对华政策形成了鲜明对比。与特朗普"退群"的单边主义不同，拜登政府通过重新"入群"，在国际组织和机制内部与中国争夺影响力，在多边和区域舞台确保美国的规则主导权，通过加大与北约、G7、亚太国家等盟友战略协调，联合盟友在治理模式与价值理念上加强与中国的竞争力度。2021 年 2 月下旬，拜登签署一项行政命令，加强对美国在半导体、药品和其他尖端技术制造业供应链方面的保护。3 月，美国联邦通信委员会（FCC）先后宣布将包括华为在内的五家中国高科技企业列入不可信供货商的黑名单，撤销中国联通美洲公司和太平洋网络公司在美国提供电信服务的授权。美国商务部部长雷蒙多宣布已根据特朗普时期签署的一项行政命令向多家中国公司发出传票，要求这些公司提供在美的信息和通信技术服务数据，以确定它们是否对国家安全构成风险。3 月 24 日，美国证券交易委员会（SEC）通过《外国公司问责法》（Holding Foreign Companies Accountable Act）最终修正案，对在美上市的外国公司提出来更加严格的信息披露要求，如果连续三年不能满足信息披露要求，这些公司可能面临退市风险。

2. 经济安全存在风险隐患

（1）原油进口依存度持续上升。自从 2001 年加入 WTO 以来，中国逐渐强化的"世界工厂"地位，迫使中国必须在全球构建能源安全体系。分大类看，最主要的能源进口项目是石油。我国国内原油生产已于 2015 年见顶，增加的原油需求主要靠进口满足。2020 年中国进口了 5.4 亿吨石油，增长 7.3%，原油进口依存度上升至 73.5%。

（2）粮食安全需关注农产品供应链安全。2020 年，我国粮食生产实现历史性的"十七连丰"，全国粮食总产量为 13390 亿斤，比上年增加 113 亿斤，增长 0.9%，产量连续 6 年保持在 1.3 万亿斤以上。总体上，我国完全有能力保障粮食和重要农产品供给，但大豆、玉米等农产品需要重点关注。2018 年和 2019 年受中美贸易战影响，我国大豆进口量下降，但 2020 年我国大豆进口量升至 1 亿吨，创历史新高，大豆进口依存度达到 81.4%。目前中国粮食方面的良种覆盖率很高，主要由国家自己培育，但仍然存在部分粮食种子、蔬菜种子依赖进口，一些种源培育技术需要攻关的难题。

（3）财政收支平衡压力加大，金融风险隐患较多。第一，财政收支逆差扩大，财政收支差额占 GDP 比重上升。2020 年我国一般公共预算财政收支逆差 62693 亿元，政府性基金收支逆差 24510 亿元，二者合计 87203 亿元，比 2019 年扩大 25965 亿元。两本账收支差额占 GDP 比值持续扩大，2020 年达到 8.6%。第二，地方政府对债务依赖程度提高，疫情冲击导致企业债违约风险暴露，中小银行及其信用链条下游相关主体的债务风险和部分银行贷款不良率出现较快上升苗头。

（四）支持加快构建新发展格局

党的十九届五中全会通过的《中共中央关于制定国民经济和社会发展第十四个五年规划和二〇三五年远景目标的建议》确定了我国"十四五"时期经济发展的基本方针，对"畅通国内大循环"和"促进国内国际双循环"提出了明确要求。面向未来，我们要把满足国内需求作为发展的出发点和落脚点，加快构建完整的内需体系，加快构建以国内大循环为主体、国内国际双循环相互促进的新发展格局，培育新形势下我国参与国际合作和竞争新优势。

1. 深化改革开放，促进"十四五"时期我国经济增长速度运行在合理区间

我国经济增长仍有条件和潜力保持较快增长。"十四五"期间，我国人口总量仍在增长，人口老龄化指标与美日等发达国家相比仍有一段距离，应充分激发人力资源潜能，发挥人民群众创造力和市场活力。我国已经建立了全世界最为齐全、规模最大的工业体系，是全世界唯一拥有联合国产业分类中全部工业门类的国家，结合供给侧改革进一步发挥制造业供应网络产生的配套效应、规模效应、范围效应以及学习效应，完善我国产业链的自我循环能力。继续培育我国各经济主体的创新能力和创新动力，完善政府主导下的基础研究和技术赶超体系、大市场诱导下的商业创新体系，为中国经济增长注入自我创新的内生动力。在需求层面上，应完善需求侧管理，促进发挥我国全球最大最有潜力市场的需求引导作用，实现规模巨大的国内市场随着人均国民收入提高而不断升级。在国际经济循环方

面，应加快构建新的高水平对外开放格局，增强国际投资吸引力。对外推动 RCEP 和中欧投资协定生效实施，更好发挥 RCEP 和中欧投资协定平台作用，深化和拓展各领域务实合作，促进地区繁荣稳定发展。进一步拓展自由贸易区网络，推进其他自贸协定和中日韩自贸区谈判进程，研究加入CPTPP。对内进一步改善营商环境，落实负面清单管理，扩大和推广国内自贸区开放有益经验，在海关程序和贸易便利化、知识产权保护、贸易救济、电子商务、竞争、政府采购、中小企业和经济技术合作等广泛领域，提升自贸区建设水平。

2. 实施扩大内需战略，促进中国从"世界工厂"向"世界市场"转变

在新发展格局下，扩大内需成为战略基点。中国已经是世界第二大经济体，"十四五"时期中国经济占世界经济比重会进一步上升，人均国民收入有望达到高收入经济体最低标准。随着中国贸易顺差收窄和经济继续增长，内需作为中国经济主要引擎的作用会持续提升。实现持久有效扩大内需、畅通国内大循环是一项系统性工程。必须改变过度依赖出口、"两头在外"的生产模式，扩大国内生产、国内消费的规模，逐步提高我国居民消费占 GDP 的比重，这在我国国民经济核算恒等式上表现为缩小储蓄—投资盈余和经常账户盈余。首先，逐步降低居民储蓄率，这就要求我国政府逐步健全社会保障制度，实现基本公共服务均等化、完善收入分配制度，缩小收入分配差距，进一步壮大我国中等收入群体，让 14 亿人有能力消费、敢于消费。其次，从供给端看，需要通过加强产权保护，吸引全球商品和资源要素，打造我国新的国际合作和竞争优势，对高品质产品的厂商提供更多激励，提高国内消费品市场的质量，健全消费者保护制度，增加我国消费者对国内产品的偏好。最后，在国际贸易规则下，适当降低进口名义关税税率平均水平，改善营商环境，促进经常账户平衡。

3. 加快城乡协调发展，促进城乡均衡发展迈上新台阶

"十四五"时期我国城市化率将从 2019 年的 60% 上升至 65% 左右，新型城镇化和城乡区域协调发展深入推进。全面实施乡村振兴战略，强化以工补农、以城带乡，释放农村农民的需求。通过推动城乡要素平等交换、双向流动，增强农业农村发展活力。发挥中心城市和城市群带动作用，实施区域重大战略，建设现代化都市圈，形成一批新增长极。城市群、大湾区发展战略促进新的均衡发展格局，集聚效应和创新发展，开放包容，是城市化进一步深化发展的必然要求，避免恶性竞争，加强分工，

深化专业化发展，是促进民生改善、应对人口老龄化挑战的工具，更是促进绿色发展的重要抓手，也是促进经济保持合适增长速度的动力源泉。

4. 完善创新体制机制，促进自主创新取得突破

加快科技自立自强是畅通国内大循环、塑造我国在国际大循环中主动地位的关键。构建完整系统的国家创新体系，促进基础研究、应用研究、成果转化、人才培养、知识产权保护，完善政府和市场的创新资金支持体系、创新创业政策。大力发展数字经济，加大新型基础设施投资力度。我国数字经济发展已经形成强大市场和某些应用层面的比较优势，加大新型基础设施投资力度，可以进一步促进数字经济升级换代，增强国际竞争力。将数字经济发展与传统产业改造升级、促进农业、制造业、流通产业和服务业现代化紧密结合，实现产业融合发展。要强化数字经济领域反垄断和防止资本无序扩张。支持平台企业创新发展，完善数字经济税收制度，积极参与数字经济国际规则和国际税收制定。完善平台企业垄断认定、数据收集使用管理、消费者权益保护等方面的法律规范。要加强规制，提升监管能力，坚决反对垄断和不正当竞争行为。

5. 继续深化供给侧改革，推动产业结构持续升级

推动供给创造和引领需求，着力优化供给结构，改善供给质量，实现产业结构升级和消费结构升级良性互动。坚定不移建设制造强国、质量强国、网络强国、数字中国、健康中国、绿色中国。遵循人口结构老龄化的社会发展规律，推动医疗卫生和养老产业发展；按照"力争 2030 年前碳达峰，2060 年前实现碳中和"的战略部署，加快调整优化产业结构、能源结构，推动煤炭消费尽早达峰，大力发展新能源。促进能源结构转型，用可再生能源、核能等清洁能源替代煤炭、石油、天然气等化石能源。优先改造传统产业，发展战略性新兴产业，加快发展现代服务业。充分发挥微观市场主体活力，让市场在优化供给体系中发挥基础性的核心作用，政府发挥引导和服务作用。

6. 多方位完善收入分配制度，促进补齐民生短板

首先是需要推动新型城镇化和城乡区域协调发展，缩小我国城乡区域经济发展差距。其次是把住房消费当作决定民生发展的核心要素，要坚持房子是用来住的、不是用来炒的定位，坚持租购并举、因城施策，完善长租房政策，土地供应要向租赁住房建设倾斜，促进房地产市场平稳健康发展，防止过高的房价挤压居民的其他消费，挤占企业在其他实体经济的投资。最后要推动扩大就业和提高收入水平。要坚持经济发展就业导向，扩

大就业容量，提升就业质量，促进更充分就业。改善收入分配格局，扩大中等收入群体，努力使居民收入增长快于经济增长。健全多层次社会保障体系，支撑投资和消费。完善按要素分配政策制度，多渠道增加城乡居民财产性收入。

7. 推动高水平对外开放，营造良好外部环境

持续实施更大范围、更宽领域、更深层次对外开放，全面提高对外开放水平，推动贸易和投资自由化便利化。建设更高水平开放型经济新体制，持续深化商品和要素流动型开放，稳步拓展规则、规制、管理、标准等制度型开放，推动构建与国际通行规则相衔接的制度体系和监管模式。高水平建设各类开放平台，打造开放层次更高、营商环境更优、辐射作用更强的开放新高地。推动共建"一带一路"高质量发展，推进战略、规划、机制对接，加强政策、规则、标准联通，以贸易大通道为骨架促进互联互通，推动与共建"一带一路"国家贸易投资合作优化升级。积极参与全球经济治理体系改革，以自主开放促进全球开放合作，深化多双边、区域、次区域经贸合作，促进国际经济秩序朝着平等公正、合作共赢的方向发展，为构建新发展格局营造良好外部环境。

8. 完善宏观经济治理，筑牢经济安全底线

"十四五"仍是我国金融风险易发多发期，地方政府隐性债务风险将进一步显现，风险释放的压力将持续增大。新发展格局下，宏观经济的新动态均衡将牢牢守住经济安全的底线。一是完善收入分配制度，促进中等收入群体不断壮大，化解因收入差距过大而产生的隐性社会矛盾。二是落实能源产业发展和碳减排战略规划，健全能源储备体系，加快新能源产业发展，继续完善多元化石油进口策略，保障能源安全。三是实施农业现代化战略，加快建设现代化农业生产和服务体系，保障重要农产品有效供给和促进农民持续增收，保障粮食安全。四是积极参与全球治理，坚持多边主义，反对单边主义，在国内建设更高水平的对外开放，促进区域经济合作，推进制造业补链强链，强化资源、技术、装备支撑，加强国际产业安全合作，推动产业链供应链多元化，保障产业链和供应链安全。五是中长期财政平衡奠定财政可持续性和财政安全的基础。"十四五"时期我国经济速度与潜在经济增长率一致，有助于合理安排财政收支，实现中长期财政收支平衡，避免财政债务负担过快上涨。六是金融稳定防范系统性金融风险，同时保持物价、股市、汇市、房地产市场稳定，推动金融供给侧改革，加强金融对实体经济的支持。持续推动经济高质量发展和国际收支均

衡，促进按购买力平价计算的人均国民收入进一步提升，从中长期促进我国人民币汇率趋向稳定。

二、"十四五"时期我国关税政策的基本原则

改革开放后，以 2001 年 11 月正式加入 WTO 为契机，中国成功地抓住了第二次经济全球化提供的产业国际转移战略机遇，充分参与了垂直专业化生产和全球价值链建设，实现了快速工业化的高增长，成为世界瞩目的中国奇迹。中国的关税政策沿着降低整体税率、优化关税结构的路径，在抓住产业国际转移战略机遇上发挥了至关重要作用。2001 年中国简单平均关税税率为 15.3%，2019 年降为 7.5%，同期美国简单平均关税税率从 4.0% 降至 3.5%；我国加权平均进口关税税率从 2001 年的 13.4% 降到 2019 年的 3.6%；同期美国加权平均进口关税税率从 2.9% 降为 2.3%。中国在降低平均关税税率的同时，还调整优化了关税结构，对特定产业和行业进行了有效保护。根据对全球价值链下关税有效保护率的计算，2005~2015 年，如果剔除海关监管的出口加工区的影响，我国关税有效保护率从 14.6% 升至 15.2%。

"十四五"时期，我国将逐步形成以国内大循环为主体、国内国际双循环相互促进的新发展格局。保守估计，至"十四五"末期我国人均国民收入有望超过 14000 美元，超过世界银行确定的高收入国家最低标准线。虽然我国简单平均关税税率仍高于发达国家，降低名义关税税率仍有空间；但与发展中国家比较，我国关税税率水平已经属于较低组别，降低加权平均关税税率的空间有限。

我国已经成为制造业大国，并进入后工业化时期，但是"大而不强"的特征明显。普遍的大范围关税保护政策已经不能适应我国实现产业保护的目标，也不符合"多边主义"理念。关税是透明的政策工具，我国关税政策应适应国际经贸发展的大方向，坚持系统性思维，加强顶层设计，健全部门间协调机制，整体上降低关税税率，继续沿用国际通行结构性关税政策，同时在多方面进行创新，深化配套性改革，更好发挥关税在策略性谈判、自贸区、自贸港、碳减排、数字贸易、两反一保一报、贸易救济等方面的作用，把关税作为战略性政策工具的作用拓展到推动经贸规则谈判上，积极参与国际经贸规则修订博弈和全球治理改革。遵循习近平总书记

的指示，努力"在危机中育新机，于变局中开新局"，为促进我国经济形成"双循环"新发展格局贡献力量。

关税政策处于国内和国际双循环的连接点，是改革开放大局中的一个棋子，根据前述"十四五"时期世界经济和中国双循环发展战略要求，我国关税政策应遵循以下基本原则：

第一，坚持党的全面领导，保证关税工作服务于改革开放大局。以习近平新时代中国特色社会主义思想指导关税政策和实践，不断完善党领导关税工作的制度和机制，为关税工作高质量发展提供根本政治保证。

第二，坚持以人民为中心，通过关税政策提高人民福利。把人民对美好生活的向往作为改革开放的奋斗目标，不断增强关税政策服务民生能力，全力做到关税工作为人民、依靠人民、商品进出口发展成果由人民共享，促进共同富裕。

第三，坚持新发展理念，提升关税政策实施效果。把新发展理念完整、准确、全面贯穿进口（出口）、国内消费、流通和生产全过程，促进国内生产转变发展方式，更好联通内外、贯通城乡、对接产销，促进循环畅通，加快形成新发展格局。

第四，坚持深化改革开放，拓展关税政策调控新领域。以高水平开放促进深层次改革、高质量发展，以深化改革促进形成更高水平开放型经济新体制，深化关税改革，扩大开放，促进国际商贸高质量发展。

第五，坚持系统观念，统筹关税政策安全。统筹利用国内国际两个市场、两种资源，准确把握关税政策和经济安全的关系，强化与部门的横向协作、与地方的纵向联动、与企业的信息沟通，应对国际经济新挑战。

三、"十四五"时期中国关税政策的调整方向和思路

（一）完善价值链上下游关税税率梯度设置，持续优化结构性关税

当前，我国经济发展进入新发展阶段，国内外形势都面临新的发展变化，关税处于国内国际双循环的中间联结处，具有统筹国内国际两个市场、两种资源的优势，应发挥好动态调控作用。我国是唯一拥有联合国产

业分类中所列全部工业门类的国家，产业链大而长是既有优势，关税政策要围绕推动产业链大而强、大而优目标任务，通过关税做到降低先进制造业的生产成本和提高有效保护的针对性与策略性，将名义关税税率的动态调控与支持重点产业发展有机结合，不断巩固我国在全球产业链、价值链中核心地位。纵向上要继续优化产业链上下游关税税率设置，横向上要以产业攻关为核心，细化和明确保护对象，突出从纵向和横向的网格化调控视角强化关税对产业升级的精准支持。要站在产业上下游发展"一盘棋"角度，适度降低部分中间品关税税率，切实改变我国制造业发展所面临的生产成本约束，扭转制造业份额下滑态势，提高制造业发展竞争力。同时，强化关税对攻关产业薄弱环节的保护力度，完善产业链供应链自主可控能力，增强产业体系抗冲击能力，突出关税的支持性、保护性和安全性等特征。

第一，适度降低部分中间产品关税税率，进而降低最终产品生产企业生产成本。受人口老龄化、全球化逆阻等因素影响，中国企业生产成本不断升高，利润空间不断压缩，通过关税工具可以减轻企业日渐加剧的成本约束。以生产成本降低空间换取企业技术进步时间，提高企业核心竞争力，将企业在全球价值链中地位不断前置，为中国制造业竞争力提升和产业链安全提供重要政策支持。

第二，不断优化最终产品关税税率水平和税率结构，提高重点产品、重点产业有效保护率。最终产品税率涉及范围广、目录多，一是对国内暂无法生产或无法满足需求的先进技术装备等，在一定期限内暂时降低关税鼓励进口。二是对国内具有较强竞争优势的产品，保持较低关税，通过适度竞争促进产业发展。三是对国内尚没有形成竞争优势的产品，在符合世贸规则的前提下，及时提高关税，支持塑造发展新优势。灵活运用关税政策工具，支持集成电路、新型显示器件、重大技术装备等关键产品和核心技术攻关，推动解决"卡脖子"问题，促进国家战略性新兴产业和未来转型主战场产业发展壮大。

第三，站在产业链一体化角度和产业转型升级的前瞻视角，持续跟踪产业链上下游发展阶段和全球价值链移动最新状态，及时完善和更新相关税则税目和关税税率，做到产业发展与关税有效保护有效对接，增强关税服务经济发展、产业转型和人民美好生活的职能作用。

（二）不断丰富贸易救济等策略性关税工具箱，提高应对国际贸易摩擦能力

总结历史经验可以发现，中国在历次应对国际贸易摩擦中都处于相对被动的地位，主要原因在于中国策略性关税工具箱内容较少，应对突发国际贸易摩擦能力较弱。新时代应当继续丰富关税调控工具箱，一方面，要在现有基础上不断降低总体名义关税税率，履行 WTO、双边、多边关税减让协定，充分彰显大国责任和担当；另一方面，要发挥关税对产业和自身利益的有效保护职能，充分彰显关税策略性、博弈性功能，加强国际经贸规则制定的话语权建设，增强主动应对国际经贸摩擦能力。借鉴美国等发达国家经验，将与关税相关的衍生政策工具，如贸易救济措施、关税配额等内容，不断丰富扩容，组成能够满足临时与持久、突发与常规、法规与法律相结合的完整工具箱，最终形成名义关税税率低但同时关税有效保护程度高的局面，关税工具与经济发展、转型总体相适应的格局。

第一，加强系统思维，建立财政部、商务部、海关总署协同合作平台，加大贸易救济力度，对外积极应诉，维护国内产业安全。

第二，关税税种设置上应继续扩围。从价税、从量税、选择性关税和复合税，以及反倾销税、反补贴税、临时关税、季节性关税和滑准税等国际通用的政策工具，也应在我国关税策略性工具包中进一步使用，改变我国目前关税税种以从价税为主体、工具比较单一的局面，带来的益处不仅可以扩大税基、提高关税调控能力，还可以在突发和关键情形下保护弱势产业免受冲击。

第三，灵活运用关税配额工具。关税配额是被 WTO 认可的关税调节、保护手段。我国农业农产品领域广泛存在关税配额较低现象，长期以来处于弱保护状态，不利于粮食安全和农业可持续发展。要借鉴国际经验，在粮食和重点农产品领域实施灵活的关税配额措施，适当提高关税配额，抵消突发事件对农业生产和人民生活的冲击，保障粮食安全和农业生产稳定。

第四，积极参与掌握、利用和制定国际经贸规则。善于从危中寻机，首先积极掌握运用国际贸易规则中的相关条例，在国际贸易摩擦应对中有理有据说明我国贸易政策的合法性、正当性，合理反驳西方国家发起的贸

易救济案。同时以子之矛，攻子之盾，我国应善于借助对方贸易规则中与贸易救济相关的内容，相应地加大向美国发起贸易救济的力度，作为有效的反制手段。其次要化被动为主动，以积极姿态参与国际经贸规则制定，为建立新的国际贸易规则贡献中国智慧、中国力量，实现从国际贸易摩擦被动应对向主动保护自身发展利益转变。

（三）推进海南自由贸易港建设，打造开放型经济新高地

海南正在成为新时代全面深化改革开放的新标杆，新时代中国特色社会主义生动范例。2018 年 4 月 13 日，习近平总书记在庆祝海南建省办经济特区 30 周年大会上向全世界郑重宣布，党中央决定支持海南全岛建设自由贸易试验区，支持海南逐步探索、稳步推进中国特色自由贸易港建设，分步骤、分阶段建立自由贸易港政策和制度体系。2018 年 4 月 14 日，《中共中央国务院关于支持海南全面深化改革开放的指导意见》正式公布，赋予海南经济特区改革开放新的重大责任和使命。2020 年 6 月 1 日，中共中央、国务院印发的《海南自由贸易港建设总体方案》（以下简称《总体方案》）正式公布并提出，到 2025 年初步建立以贸易自由便利和投资自由便利为重点的自由贸易港政策制度体系，到 2035 年成为我国开放型经济新高地，到 21 世纪中叶全面建成具有较强国际影响力的高水平自由贸易港。在海南建设自由贸易港，是推进高水平开放，建立开放型经济新体制的根本要求；是深化市场化改革，打造法治化、国际化、便利化营商环境的迫切需要；是贯彻新发展理念、推动高质量发展，建设现代化经济体系的战略选择；是支持经济全球化，构建人类命运共同体的实际行动。

在海南建设自由贸易试验区和中国特色自由贸易港，需要着力打造全面深化改革开放试验区、国家生态文明试验区、国际旅游消费中心、国家重大战略服务保障区。以贸易投资自由化便利化为重点，以各类生产要素跨境自由有序安全便捷流动和现代产业体系为支撑，以特殊的税收制度安排、高效的社会治理体系和完备的法治体系为保障，在明确分工和机制措施、守住不发生系统性风险底线的前提下，构建海南自由贸易港制度体系。

贸易自由便利是自由贸易港的根本特征之一，也是海南自贸港制度设计的重要内容。在货物贸易方面，海南将分步骤、分阶段实施"零关税"，

最终实现"一线放开、二线管住、岛内自由"为基本特征的贸易自由化制度安排。在海南自由贸易港与中华人民共和国关境外其他国家和地区之间设立"一线",制定海南自由贸易港进口征税商品目录,目录外货物进入自由贸易港免征进口关税,从海南自由贸易港离境的货物、物品按出口管理。在海南自由贸易港与内地之间设立"二线"。货物从海南自由贸易港进入内地,原则上按进口规定办理相关手续,照章征收关税和进口环节税。对鼓励类产业企业生产的不含进口料件或者含进口料件在海南自由贸易港加工增值超过30%(含)的货物,经"二线"进入内地免征进口关税,照章征收进口环节增值税、消费税。行邮物品由海南自由贸易港进入内地,按规定进行监管,照章征税。

《总体方案》公布后,财政部先后出台了一系列政策,促进海南自贸港建设。

一是支持国际旅游消费中心建设,完善离岛免税购物政策,出台中国国际消费品博览会(简称消博会)展期内销售的进口展品税收优惠政策。其中,离岛免税政策提高免税额度至每人每年10万元、商品种类为45种、取消单件商品免税限额及绝大多数商品单次购买数量限制,增加邮寄送达和返岛提取两种提货方式,新增6家离岛免税店。消博会进口税收优惠政策对展期内销售的规定数量和金额以内的进口展品免征进口关税、进口环节增值税和消费税,服装、家具、皮革制品、光学照相机、手表等多种类型的消费品均可享受免税待遇。

二是支持产业结构优化升级,出台原辅料、交通工具及游艇、自用生产设备3项"零关税"政策。其中,原辅料"零关税"政策,实行正面清单管理,对岛内进口用于生产自用或以"两头在外"模式进行生产加工、服务贸易过程中所消耗的清单内原辅料,免征关税、进口环节增值税和消费税;交通工具及游艇"零关税"政策,同样实行正面清单管理,对岛内进口清单内用于交通运输、旅游业的船舶、航空器、车辆等营运用交通工具及游艇,免征关税、进口环节增值税和消费税;自用生产设备"零关税"政策,实行负面清单管理,对岛内进口除法律法规和相关规定明确不予免税、国家规定禁止进口的商品,以及负面清单所列设备外,免征关税、进口环节增值税和消费税。

三是支持建设西部陆海新通道国际航运枢纽和航空枢纽,对以洋浦港作为中转港从事内外贸同船运输的境内船舶,允许其在洋浦港加注本航次所需的保税油;允许进出岛航班在岛内国家正式对外开放航空口岸加注保税航油，对其加注的保税航油免征关税、增值税和消费税。

"十四五"时期，海南自由贸易港"零关税"政策将根据海南实际需要和监管条件动态调整，逐步缩短负面清单，不断扩大正面清单，持续释放"零关税"政策红利，同时做好压力测试，及时补短板、强弱项，为条件成熟时实施全岛封关运作做好准备，最终实现贸易自由化制度安排，支持建设中国特色自由贸易港。

面对世界百年未有之大变局，在当前单边主义和贸易保护主义盛行，经济全球化遭遇逆风和回头浪的背景下，海南建设自由贸易港彰显了"中国开放的大门不会关闭、只会越开越大"的坚定立场，海南自由贸易港建设是主动服务和融入国家对外开放总体战略布局的重要举措。

（四）积极推动多双边谈判，促进高标准自贸区建设

在发达经济体对第二次经济全球化进行战略调整后，世贸组织谈判职能一度陷入瘫痪，有限多边谈判由此成为国际经贸谈判的主流。根据欧盟2018年提出的WTO改革方案，为了增强谈判方式的灵活性，在无法达成多边协商一致意见的领域，积极支持和进行部分成员参与的诸边谈判，这些谈判应继续向所有成员国开放，其结果将在最惠国待遇基础上得到应用。中国对此做出重要努力。

第一，2020年中国政府与东盟十国及日、韩、澳、新西兰的贸易部长共同签署《区域全面经济伙伴关系协定》，取得重要成果：（1）RCEP采用部门减让的关税谈判方式。对RCEP成员国而言，90%以上货物贸易，将最终实现零关税，且主要是立刻降税到零和十年内降税到零。（2）RCEP在货物贸易领域规定了区域内原产地累积原则，并对取消农业出口补贴做出共同努力。（3）RCEP在投资和服务贸易自由化上取得了突破性进展。RCEP投资规则禁止采用国产化比例、出口业绩要求和强制技术转让等所有投资前置条件。RCEP投资规则还严格限制投资股权比例使用，15个成员国全部改由对非服务业投资负面清单管理，并引入棘轮机制，明确规定负面清单修订不得降低与已有措施的一致性，提高投资自由化的不可逆。服务贸易开放同样引入禁止业绩要求，并最终实现以负面清单方式作出承诺的较高水平服务贸易自由化。

第二，中国和欧盟于2020年12月30日完成《中欧全面投资协定》（CAI）谈判。除了继承和发展RCEP在投资和服务贸易自由化方面的既有

成果外，CAI还要求提高补贴透明度和规范国有企业行为，并积极引入环保和劳工等利益相关者治理标准。

很显然，上述国际经贸协定规则上的发展可以为建设高标准自贸区提供有益借鉴。我们认为高标准自贸区应该但不限于如下内容：（1）关税减让，有些自贸区可实施更高的零关税水平；（2）货物贸易的区域内原产地累积原则；（3）不可逆的高水平投资和服务贸易自由化；（4）加强知识产权保护；（5）提高补贴透明度；（6）规范国有企业行为和实现竞争中性；（7）提高汇率政策透明度；（8）逐步引入环保、数字和劳工等利益相关者治理标准。

由于中国工业化尚未最终完成，发达经济体则早从1973年开始就已经探索后工业化转型，这就造成双方在以ESG为代表的利益相关者治理规则侧重点上存在较大差异。不过，随着中国更加激励多样性创新、推动实现可持续发展，与各国在利益相关者治理规则上的合作空间会越来越广阔。因此，有限多边谈判仍大有可为，可以在部分领域率先取得高标准自贸区建设突破，直至最终为推动全面的多边谈判创造良好条件。关税政策是我国改革开放政策的一部分，构建以国内大循环为主体、国内国际双循环相互促进的新发展格局，需要关税政策和配套的改革开放政策同时发力（见专栏13－1）。

专栏 13－1　与关税政策配套的改革开放政策

1. 深化国有企业改革

改革完善基础产品的市场化定价机制，推动国有企业改革"三年行动计划"，创新国有资本运营方式，充分发挥国有资本战略投资者职能，完善利益相关者治理，促进我国不同所有制企业竞争中性。

2. 推动民生领域改革

完善我国社会保障制度，健全我国劳动法，完善我国劳工争端解决机制，逐步提高我国企业劳工标准。

3. 持续推进高水平对外开放

全面提高对外开放水平，推动贸易和投资自由化便利化。建设更高水平开放型经济新体制，持续深化商品和要素流动型开放，稳步拓展规则、规制、管理、标准等制度型开放，推动构建与国际通行规则相衔接的制度体系和监管模式。不断完善外商投资负面清单管理，建设高水平自贸区自贸港，推动共建"一带一路"高质量发展。

4. 坚守安全底线

对食品、医疗等民生产业，能源交通网络等基础设施和高端制造等战略性产业实行保护性政策。

（五）"一带一路"沿线国家关税政策合作交流

"一带一路"倡议提出以来，我国与"一带一路"国家的合作领域不断拓展，合作模式日益丰富，贸易往来持续增长。据我国商务部的统计，截至 2020 年底，中国与 171 个国家和国际组织，签署了 205 份共建"一带一路"合作文件；2020 年全年，我国与沿线国家的货物贸易额达 1.35 万亿美元，同比增长 0.7%，占我国总体外贸的比重达到 29.1%[1]。

关税作为影响双边贸易往来的重要政策工具，对加强双边经贸发展意义重大。根据 WITS – TRAINS 数据库的统计，我国对"一带一路"沿线国家的简单平均进口关税水平由 2000 年的 17.93% 下降到 2019 年的 5.83%，降幅达 67.48%[2]；与此同时，据 Uncomtrade 数据库统计，我国对"一带一路"沿线国家的进口额由 2000 年的 423.23 亿美元增加到 2019 年的 5801.47 亿美元，2019 年是 2000 年的 13.71 倍。可以看出，我国对"一带一路"沿线国家进口关税下降的同时，进口规模也大幅提升。

"一带一路"沿线国家经济发展程度和比较优势存在较大差异，但是，大多出口初级产品或能源资源密集型产品，而中国则以工业制成品出口为主，双方的贸易互补性构成了"一带一路"的贸易合作的客观条件（王金波，2017）。贸易畅通是"一带一路"建设的核心内容，其不仅有利于促进中国与沿线国家经贸合作的深化，也是双方进一步构建自由贸易区网络的基石所在。

1. 基于签订自由贸易协定视角的关税政策调整思路

当前我国对"一带一路"沿线国家的整体进口关税水平仍有一定的下降空间，为此，下一步，我国加强与"一带一路"沿线国家的自由贸

---

① 中华人民共和国商务部. 商务部召开 2020 年商务工作及运行情况新闻发布会［EB/OL］.（2021–01–29）［2021–12–16］，http：//www.mofcom.gov.cn/xwfbh/20210129.shtml.

② WITS – TRAINS 数据库缺失 2012 年和 2013 年中国对各进口来源国的数据，同时缺失印度和塞尔维亚的进口关税数据。

易协定谈判，可以考虑通过签订自贸协定等方式，进一步降低双边关税政策的不确定性及关税水平，以此继续扩大我国自"一带一路"沿线国家的进口规模，打通与"一带一路"沿线国家的贸易屏障，促进我国与沿线国家的贸易往来。此外，还可以通过加强与"一带一路"国家间关税政策国际合作交流的方式，推动区域间多双边经贸往来更加便利互惠。

2. 基于中国进口视角的关税政策调整思路

根据国务院关税税则委员会发布的《2021 年关税调整方案》，我国已经对中国与新西兰、秘鲁、哥斯达黎加等国以及亚太贸易协定的协定关税进行了下调，此次协定税率下调所涉及的国家包含部分"一带一路"沿线国家，例如，巴基斯坦、孟加拉国、印度等，所涉及的部分产品也是我国对"一带一路"沿线国家进口依赖较大的产品，并且其中大部分产品的协定关税税率低于最惠国关税，一些产品的协定税率甚至降低为 0。例如，2019 年鲜榴莲（HS：081060）的最惠国税率为 20%，而目前中国与巴基斯坦、格鲁吉亚的协定税率分别为 16% 和 0；天然橡胶烟胶片（HS6：400121）的最惠国税率为 20%，而目前中国与亚太贸易协定成员国、巴基斯坦的协定税率均为 17%；未去内壳的鲜椰子（HS：080112）的最惠国税率为 12%，而目前中国与亚太贸易协定成员国、巴基斯坦和格鲁吉亚的协定税率分别为 6%、4% 和 0①。

为了更好地发挥关税政策对"一带一路"倡议的服务作用，加强中国与"一带一路"沿线国家的经贸往来，下一步关于"一带一路"沿线国家最惠国关税政策调整的思路之一是，针对"一带一路"沿线国家是中国进口产品主要进口来源地的产品，即中国进口产品全部来自或者绝大部分来自"一带一路"沿线国家的产品，中国政府可以考虑重点降低这类产品的进口关税。

本书对中国进口产品全部来自或者绝大部分来自"一带一路"沿线国家的产品及其关税税率进行了统计分析，部分产品的情况见表 13 - 1。从表 13 - 1 可以看出，我国进口产品 80% 来自"一带一路"沿线国家的产品主要包括鲜榴莲（HS6：081060）等 28 种 HS6 位码产品。这些产品的关税税率在 8% ~ 20% 之间，具有一定的调整空间。

---

① 协定税率数据来源于国务院关税税则委员会公布的《2021 年关税调整方案》。

表 13 - 1　　　　　　　　可进一步下调关税的 HS6 位码产品类别

序号	HS6 位码	产品名称	占中国同类产品进口总额的比例（%）	进口额（亿美元）	MFN 关税（%）
1	081060	鲜榴莲	100.0	16.04	20
2	080112	未去内壳的鲜椰子	100.0	1.96	12
3	071410	木薯	100.0	6.42	8.3
4	110814	木薯淀粉	100.0	10.31	10
5	090421	未磨干辣椒	100.0	3.08	20
6	090931	未磨的枯茗子	100.0	1.00	15
7	151319	其他椰子油及其分离品	99.6	1.51	9
8	400129	其他初级形状的天然橡胶	99.4	3.33	20
9	400700	硫化橡胶线及绳	99.1	2.54	14
10	080132	鲜或干的去壳腰果	99.1	1.64	10
11	382311	工业用硬脂酸	98.9	2.14	16
12	081340	龙眼干、肉，柿饼等其他干果	98.8	1.48	24
13	510219	动物细毛	98.7	1.35	9
14	080450	鲜或干的番石榴、芒果和山竹果	98.1	8.07	15
15	041000	燕窝、鲜蜂王浆及其他食用动物产品	96.7	3.20	19.2
16	430211	已鞣未缝制的整张水貂皮	96.5	5.30	12
17	850811	功率不超过 1500 瓦、集尘容器容积不超过 20 升的电动真空吸尘器	95.8	5.95	8
18	382319	其他工业用单羧脂肪酸；精炼酸性油	95.8	2.87	16
19	081090	鲜荔枝、龙眼、红毛丹等其他鲜果	92.5	8.50	20.3
20	620343	合纤制男式长裤	87.6	1.51	10
21	382370	工业用脂肪醇	87.5	4.42	13
22	640419	橡胶或塑料外底和纺织材料制鞋面的鞋	82.9	14.76	10
23	640299	橡胶或塑料制外底和鞋面的鞋	81.5	3.87	10

续表

序号	HS6 位码	产品名称	占中国同类产品进口总额的比例（%）	进口额（亿美元）	MFN 关税（%）
24	290545	丙三醇（甘油）	81.5	1.61	8
25	640411	纺织材料制鞋面的运动鞋靴	81.4	2.06	10
26	670300	经梳理、稀疏等方法加工的人发及假发材料	80.4	2.06	8
27	121221	适合供人食用的海藻及其他藻类	80.3	1.98	15.8

资料来源：UN. Comtrade 数据库和世界银行 World Integrated Trade Solution （WITS） 数据库。

3. 基于"一带一路"沿线国家出口视角的关税政策调整思路

中国要加强与"一带一路"沿线国家的经贸往来，不仅要看中国从"一带一路"沿线国家进口的主要产品，还要考虑"一带一路"沿线国家对中国的主要出口产品，增加"一带一路"沿线国家主要出口产品的进口，也是有效的策略。基于此，为了更好发挥关税政策对"一带一路"倡议的服务作用，加强中国与"一带一路"沿线国家的经贸往来，下一步关于"一带一路"沿线国家最惠国关税政策调整的思路可以是，针对"一带一路"沿线国家主要出口的产品，我国政府可以考虑重点降低这类产品的进口关税，从而促进我国增加从"一带一路"沿线国家进口这些产品。

针对"一带一路"沿线国家对中国的主要出口产品[①]及其主要进口来源地[②]、中国进口关税税率进行了统计分析，部分产品的情况见表 13 - 2。从表 13 - 2 可以看出，共有 18 个"产品—进口来源地"，这些产品主要为初级产品。这些产品的进口额对中国而言并不大，但是，却在"一带一路"国家的出口中占据较大比重。例如，2019 年，"初级形状比重≥0.94 的聚乙烯"（HS6：390120）为伊朗向中国出口第二大产品，占其向中国

---

① 在产品筛选上，仅统计某一沿线国家向中国出口的前五大产品，中国对该产品的有效实施关税（Effectively Applied Tariff）高于 5%，并且该产品占该国向中国总出口比重大于 10%。

② 2019 年中国与"一带一路"沿线国家之间的"产品—进口来源地"共 44079 个，但由于数据缺失，在将进口额数据与关税数据相匹配时，仅有 35013 个"产品—进口来源地"匹配成功，因此该统计结果存在一定偏差。

总出口的 10.8%，"机动车辆（1L＜气缸容量≤3L）"（HS6：870323）为斯洛伐克向中国出口的第一大产品，占其向中国总出口的 69.8%。因此，对于这些产品，如果通过对有关国家实施关税优惠安排等方式，适当降低关税，就可以促进该国对中国出口，扩大双边贸易规模，加强双边贸易联系。

表 13－2　　　　　　　2019 年"一带一路"沿线国家向中国
出口的主要产品及其关税

序号	出口国	排名	HS6 位码	中文名称	AHS 关税（％）	出口比重（％）	进口额（百万美元）
1	伊朗	2	390120	初级形状比重≥0.94 的聚乙烯	6.5	10.8	1450.8
2	斯洛伐克	1	870323	机动车辆（1L＜气缸容量≤3L）	15.0	69.8	4163.1
3	斯洛伐克	2	870360	机动车辆（可充电）	15.0	11.3	675.5
4	乌克兰	2	100590	其他玉米	33.0	19.9	896.3
5	乌克兰	3	151211	初榨葵花油或红花油及其分离品	9.0	13.8	619.8
6	罗马尼亚	1	853710	电气控制或配电用板、柜及类似的设备组合	6.3	12.6	293.9
7	巴基斯坦	3	100630	半粳米或全粳米	33.0	10.3	186.6
8	柬埔寨	2	100630	半粳米或全粳米	25.5	11.9	171.2
9	埃及	2	080510	鲜或干橙	11.0	12.6	126.0
10	斯洛文尼亚	1	851220	机动车辆用照明或视觉信号装置	10.0	19.5	100.9
11	约旦	2	290819	苯酚或酚醇的仅含卤素取代基的衍生物及其盐类	5.2	27.7	120.1
12	斯里兰卡	1	090240	红茶及部分发酵茶	7.5	13.5	53.5
13	塔吉克斯坦	2	520100	未梳的棉花	13.7	14.8	12.5

序号	出口国	排名	HS6 位码	中文名称	AHS 关税 （%）	出口比重 （%）	进口额 （百万 美元）
14	吉尔吉斯斯坦	2	410411	全粒面未剖层或粒面剖层湿牛皮或马皮革	5.7	12.6	8.3
15	摩尔多瓦	1	220421	小包装的鲜葡萄酿造的酒	14.0	25.2	11.8
16	摩尔多瓦	2	620293	化纤制女式其他防寒上衣	8.0	13.6	6.4
17	尼泊尔	1	830629	贱金属制小雕像及其他装饰品	7.0	18.9	6.3
18	阿富汗	1	080290	其他新鲜或干的坚果	24.4	67.3	19.7

注：表中"排名"表示该产品在该国向中国出口的所有产品中的出口额排名。
资料来源：UN Comtrade 数据库和世界银行 World Integrated Trade Solution（WITS）数据库。

4. 基于大宗商品进口视角的关税政策调整思路

我国要重点关注从"一带一路"沿线国家大宗商品的进口。大宗商品是我国与共建"一带一路"国家和地区之间携手合作的一个重要抓手，这些国家是大宗商品的重要产地之一，油气资源丰富，主要富集在中东、中亚和俄罗斯等国家及地区，除中国外，石油和天然气可采资源量分别为2512 亿吨和292 万亿立方米，分别占世界的 60% 和 63%[①]。为此，我国政府下一步还要优化便利贸易措施，这样既有助于降低国内生产成本，同时，还能够为"一带一路"沿线国家提供更多的市场机遇，在此基础上，与"一带一路"沿线国家携手打造互利共赢的经贸合作平台。

（六）探讨研究碳边境调节机制，助力实现"双碳"目标

低碳的环保标准是利益相关者治理核心内容之一。2020 年 9 月联合国大会，习近平向世界庄严宣布，中国二氧化碳排放力争于 2030 年前达到

---

① 戴稳胜. 建设"一带一路"期货市场，加强大宗商品保供稳价［EB/OL］. 中国一带一路网，（2021 - 07 - 15）［2021 - 12 - 16］，https：//www. yidaiyilu. gov. cn/ghsl/gnzjgd/180215. htm.

峰值，争取在 2060 年前实现碳中和。作为全球最主要的温室气体排放国之一，中国由此明确了碳中和的目标和时间表。"十四五"时期，我国要做好碳中和的前期准备工作，积极应对欧美国家可能推出的碳边境调节机制，为推动控制全球气候变化发挥更大的作用。

第一，跟踪研究国际碳边境调节机制的最新动态。欧盟在 2005 年开展碳排放权交易以后，就曾讨论碳边境调节机制。2021 年 3 月 10 日，欧洲议会投票通过设立"碳边境调节机制"（carbon border adjustment mechanism，CBAM）的决议。2021 年 7 月 14 日，欧盟议会通过了新的议案。我国应全面评估欧盟碳边境调节机制对我影响，在积极协调有关国家立场基础上，与欧盟加强磋商协调，有效规避对中国贸易产生重大负面影响，并通过加强国内碳交易体系建设、研究促进节能减排的碳税机制设计等，推动企业加快绿色低碳转型。

第二，调整能源结构，促进高排放企业转型，推动低碳经济的发展。根据技术中立原则，积极制定绿色电力、绿色燃料和绿色产品等各项碳排放标准，为征收碳税奠定坚实基础。国际上设立碳边境调节机制对我国产业影响最大的是高耗能产业，我国必须加大科技投入，积极引进低碳技术，使我国高耗能企业向低碳环保企业转型。

第三，我国应积极参与碳边境调节机制规则的制定，在国际上争取话语权和主动权。我国应当积极开展有关环境问题的外交，承担起适合自身能力的低碳减排的国际责任，同时根据 2060 年实现碳中和的远景目标，主动参与有关碳气体排放的规则制定，尽最大可能争取到我国的合法权利，最大限度地降低碳边境调节机制的实施对我国对外贸易产生的不利影响。

第四，积极参与巴黎气候协议、世界银行、联合国气候变化框架公约组织的各项碳减排行动，充分利用世界银行等国际机构的碳减排项目资金，积极引进国际低碳技术，在国内建设高标准的碳减排项目。

第五，完善碳交易市场建设，开展国内碳税试点。2011 年起，我国已经建立了七个碳排放权交易试点市场，截至 2019 年，七家试点市场的累计配额成交量超过 2 亿吨，总成交额超过 40 亿元。"十四五"时期，我国需要进一步加强碳排放市场建设，确定碳排放的总量规模，界定碳排放市场主体，健全碳排放监测技术规程，完善碳交易规则，研发碳交易衍生产品，通过碳交易市场确定碳价。为尽快适应未来碳边境调节机制的实施，减小对企业贸易的冲击力度，我国可以主动在国内征收碳税等绿色税种，基于国际贸易中"避免双重征税"原则，在出口环节，对于国内征收的碳税实施退税。国内碳税的使用可用于补贴减碳企业的资本支出。

（七）跟踪研究数字贸易关税，促进数字经济发展

互联网、云计算、3D 打印、区块链及人工智能等数字化技术广泛应用，对全球贸易格局产生重要影响，也使数字贸易的税收实践和谈判成为国际经贸谈判的热点。我国应密切跟踪数字贸易关税的国际动向，做好数字贸易关税研究的基础性工作，研究数字贸易关税作为贸易壁垒和贸易保护工具的可行性。

第一，参与研究数字贸易统计，做好数字贸易关税研究的基础工作。国际上对数字贸易的内涵和范围没有统一界定，而且对于数字贸易的统计仍处于研究和应用的初始阶段。2017 年，经合组织（OECD）、世贸组织（WTO）和国际货币基金组织（IMF）组成专家小组，研究数字贸易的概念框架，汇集和分享现有国家和国际组织测算数字贸易规模的机制。2020年 OECD 公开了《数字贸易测度手册》（第一版）的具体内容。该手册将数字贸易定义为：所有以数字方式订购和以数字方式交付的国际交易。许多以数字方式交付的服务也以数字方式订购，这两种形式重叠的部分需要避免重复计算。数字中介平台促进的国际交易是重要的重叠点。数字中介平台有收费和不收费之分，其中不收费而以广告和数据服务产生收入的数字中介平台，目前不在手册的统计范围之内。与 OECD 等组织侧重的数字贸易不同，联合国贸发会议信息与通信技术（ICT）服务统计，发布的《2020 年数字经济统计编制手册》总结了过去 10 年在获取和使用信息和药物使用方面发生的许多变化。与早期版本相比，它扩大了电子商务测量、信息和通信技术服务贸易以及支持信息和通信技术（或数字交付）服务贸易的覆盖范围。我国《电子商务法》中"电子商务"概念指基于互联网平台进行的跨境货物贸易及相关服务提供，其核心在于货物贸易。WTO 电子商务诸边谈判的"电子商务"范围比我国立法对"电子商务"的界定要宽很多。WTO 将"电子商务"定义为"通过电子方式实现生产、分配、营销、销售或交付商品与服务"。多边谈判中多数成员的议案并未对"电子商务"和"数字贸易"概念进行严格区分，而是同时涵盖利用平台的跨境货物销售和数字化内容及服务的跨境传输。美欧日等发达经济体用"数字贸易"概念，不仅包括商品在互联网上的销售以及在线服务的提供，还包括实现全球价值链的数据流动、源代码、实现智能制造的网络

平台和应用。美国推动谈判后又退出的《跨太平洋伙伴关系协定》（美国退出后协议名称改为《全面渐进的跨太平洋伙伴关系协定》，以及 2020 年签署的《美国－墨西哥－加拿大协定》（U. S. － Mexico － Canada Agreement，简称《美墨加协定》或 USMCA）中对数字贸易的界定充分反映了美国推动制定高标准和更开放数字贸易规则的目标。由于测算跨境数据流动货币价值的方法尚不成熟，各国在统计数字贸易规模时，往往采用更窄的口径，主要覆盖电子商务和数字交付服务贸易两部分内容。其中，数字交付服务贸易分为信息通信技术服务（ICT）和信息通信技术支持或潜在支持的服务（ICT－enabled），涵盖了除旅游、运输等外的几乎所有服务门类，如通信、计算机服务、商业服务、通信服务、销售服务、金融保险、环境服务、健康、教育等。

　　第二，评估我国免征数字贸易关税的影响。1998 年 WTO 成员在《电子商务工作计划》中明确了对电子传输延迟征收关税，即电子传输的免关税承诺。其后 WTO 部长级会议多次对该承诺延期。2017 年 WTO 部长级会议，2019 年 1 月，76 个 WTO 成员签署《关于电子商务的联合声明》，2021 年 11 月 10 日澳大利亚、日本和新加坡电子商务谈判的共同召集人报告了在电子开票、网络安全、电子传输关税、开放互联网接入和无纸化贸易等领域所完成的工作，在第 12 届 WTO 部长级会议上将讨论数字贸易关税议题。

　　在 WTO 电子商务议题多边讨论中对免关税及延期的争议讨论涉及 4 个方面：免关税及延期对成员所产生的收入影响、电子传输的范围和界定、对电子传输征收关税的技术可行性及免关税和延期对贸易和产业的更广泛影响。在免关税及延期对成员关税收入影响的计算和评估方面，印度和南非认为不能采用数字产品的物理贸易量为依据计算，比较客观的依据为数字化产品的在线贸易额。印度和南非将数字产品关税视为政府的潜在收入来源，他们认为免关税严重侵蚀成员财政收入。联合国贸易与发展会议（UNCTAD）在此基础上用平均约束关税以 2017 年为例计算出成员的潜在关税损失，按保守估算发展中和最不发达成员的关税损失累计是发达成员的近 50 倍。同时，由于互联网公司逃避税做法和对其根据传统规则征税的困难，免关税所致损失难以通过征收其他税弥补。但实际上根据不同计算方法和假设，免关税对成员方关税收入影响的结果差别很大，由此得出的结论和建议也非常不同。例如，经济合作与发展组织（OECD）研究报告指出，免关税对关税收入影响的机会成本很低。各成员方需考虑征收关税的影响及成本，且这种成本常被转嫁给消费者，导致数字贸易市场萎缩和消费者福利损失（石静霞，2020）。

第三，研究数字贸易关税作为贸易壁垒和贸易保护工具的可行性。目前 WTO 发达国家（地区）成员和发展中国家（地区）成员在免关税及延期问题上的讨论分化为两个阵营，在基本的立场观点和具体的计算方法等方面均比较对立，这表明数字贸易政策和主张与一国数字经济的发展水平和阶段有密切关系。中、美、欧等主要成员目前均支持对电子传输免关税，但主张有差异。美国和欧盟提案均规定，成员方不可对电子传输征收关税，包括对通过电子方式传输的内容。加拿大、新西兰等成员主张，成员方不应对电子传输的数字产品施加关税、费用或其他收费，但不阻碍对这类产品征收国内税费。新加坡主张基本与加拿大相同，但在提案中明确电子传输应包括传输内容。巴西建议成员方不对电子传输征税，但可在非歧视基础上对电子传输内容征收关税和国内税。我国提案建议将免关税延至下届 WTO 部长级会议召开。从这些提案看，关于免关税及延期最彻底的支持者是美国，即永久化免关税，无须再通过部长级会议延期，且免关税对象包括传输内容。欧盟支持永久化免关税，但援引文化多样性理由，对视听产品不作承诺。加拿大、新西兰、新加坡等成员方支持免关税永久化，且包括传输内容，但明确保留对电子传输征收国内税的权力。巴西将免关税对象仅限于传输媒介，且保留征收国内税权力。

对于小型的数字经济自贸区，中国占有数字经济优势，可以实施数字贸易零关税。2021 年 10 月 30 日，习近平主席在出席二十国集团（G20）罗马峰会发表重要讲话时宣布，中方已经决定申请加入《数字经济伙伴关系协定》（DEPA）。同年 11 月 1 日，商务部部长王文涛代表中方向 DEPA 保存方新西兰正式提出申请加入 DEPA。目前 DEPA 缔约方为新加坡、新西兰和智利，DEPA 的协议文本第 3 章（电子产品及相关服务的处理）第 2 条（关税）明确了缔约方之间实施数字贸易零关税，但在出现严重国际收支失衡和金融困境时，可以采取另外措施。DEPA 第 15 章（例外条款）第 6 条（保护国际收支平衡的工具）允许缔约方在符合 1994 年《WTO 关税和贸易总协定（GATT）》《服务贸易总协定（GATS）》以及 1994 年《WTO 关税和贸易总协定关于国际收支条款的注解》和《IMF 协议》等国际条约的情况下，对商品贸易、服务贸易和金融投资三个部门实施临时的限制措施以改善国际收支。

在大型经济体的多边谈判中，我国是否支持免关税及永久化，需依据更多的统计数据、更客观的计算方法以及更全面的视野进行综合决策。印度和南非报告将我国列为免关税所致税收损失最严重的六个成员方之一。随着物联网、3D 打印、人工智能等新技术发展，非农产品贸易将越来越多地转为在线方式，免关税有可能使 GATT 约束关税形同虚设。新技术的发展给我国的中小微企业带来更多商机，免关税及延期有利于这些企业参与国际贸易。我国在免关税及延期问题上的表态应结合数据隐私和数据安全、数据跨境流动、数据存储本地化等议题多维度考虑，并综合评估国内消费者福利和我国电商企业出口竞争力。我国在未来一段时间内电子商务仍具有较强的国际竞争力，可继续支持延期免关税，但不宜轻易表态永久化免关税。另外，也可以研究对数字资产征税，并做好数字资产税与数字贸易关税的协调（杨志勇，2020）。

参 考 文 献

［1］奥利费·E. 威廉姆森. 资本主义经济制度：论企业签约和市场签约［M］. 段毅才，王伟，译. 北京：商务印书馆，2002.

［2］埃利诺·奥斯特罗姆. 公共事物的治理之道［M］. 余逊达，陈旭东，译. 上海：上海译文出版社，2012.

［3］艾里克，霍布斯鲍姆. 工业与帝国：英国的现代化历程［M］. 梅俊杰，译. 北京：中央编译出版社，2016.

［4］安迪·马里诺. 莫迪传［M］. 杨敏敏，译. 北京：新世界出版社，2018.

［5］安格斯·麦迪森. 世界经济千年史［M］. 伍晓鹰，许宪春，叶燕斐，施发启，译. 北京：北京大学出版社，2003.

［6］查尔斯·P. 金德尔伯格. 西欧金融史：第二版［M］. 徐子健，何建雄，朱忠，译. 北京：中国金融出版社，2007.

［7］查尔斯·P. 金德尔伯格. 世界经济霸权 1500 - 1990［M］. 高祖贵，译. 北京：商务印书馆，2003.

［8］陈国权等. 发达国家农业补贴趋势及启示［J］. 中国金融论坛工作论文，2016（6）.

［9］陈继勇，胡艺. 中国互利共赢的对外开放战略［M］. 北京：社会科学文献出版社，2014.

［10］陈雯，苗双有. 中间品贸易自由化与中国制造业企业生产技术选择［J］. 经济研究，2016，51（8）.

［11］陈霞昌. 重磅！美国拟砸13万亿搞基建，拜登：这是"一代人仅能看到一次的投资［N］. 证券时报网，2021 - 04 - 01.

［12］大卫·兰德斯. 解除束缚的普罗米修斯：1750 年迄今西欧的技术变革和工业发展：第二版［M］. 谢怀筑，译. 北京：华夏出版社，2007.

［13］戴维·霍夫曼. 寡头：新俄罗斯的财富与权力［M］. 冯乃祥，

李雪顺，胡瑶，译．上海：上海译文出版社，2018.

［14］戴稳胜．建设"一带一路"期货市场，加强大宗商品保供稳价
［EB/OL］．中国一带一路网，（2021 - 07 - 15）［2021 - 12 - 16］，https：//
www．yidaiyilu．gov．cn/ghsl/gnzjgd/180215．htm.

［15］道格拉斯·欧文．从美国的贸易政策看大选［N］．比较，2020 -
11 - 10.

［16］道格拉斯·欧文．贸易的冲突：美国贸易政策 200 年［M］．余
江，刁琳琳，陆殷莉，译．北京：中信出版社，2019.

［17］丁纯，强皓凡，杨嘉威．特朗普时期的美欧经贸冲突：特征、
原因与前景——基于美欧贸易失衡视角的实证分析［J］．欧洲研究，
2019，37（3）.

［18］杜荣．建国 60 年我国对外贸易发展回顾与启示［J］．国际经贸
探索，2009，25（10）.

［19］段玉婉，刘丹阳，倪红福．全球价值链视角下的关税有效保护
率——兼评美国加征关税的影响［J］．中国工业经济，2018（7）.

［20］弗朗索瓦·沙奈等．金融全球化［M］．齐建华，胡振良，译．
北京：中央编译出版社，2001.

［21］弗雷德里克·米什金．下一轮伟大的全球化：金融体系与落后
国家的发展［M］．姜世明，译．北京：中信出版社，2007.

［22］高超，黄玖立．进口、企业绩效与国民福利——文献回顾及对
中国贸易强国建设的启示［J］．中南财经政法大学学报，2019（1）.

［23］高玉强，沈坤荣．欧盟与美国的农业补贴制度及对我国的启示
［J］．经济体制改革，2014（2）.

［24］格泽戈尔兹·W．科勒德克．从休克到治疗：后社会主义转轨
的政治经济［M］．刘晓勇，应春子等，译．上海：上海远东出版社，
2000.

［25］古祖雪，揭捷．《TRIPS - plus 协定：特征、影响与我国的对
策》［J］．求索，2008（8）.

［26］郭凯．走向碳中和——盖茨新书读书笔记［N］．中国金融四十
人论坛，2021 - 3 - 7.

［27］郭晔旻．南非真的曾是发达国家吗？［N］．澎湃新闻，2017 -
12 - 22.

［28］国务院关税税则委员会．国务院关税税则委员会关于 2021 年关

税调整方案的通知 ［EB/OL］. （2020 － 12 － 21）［2021 － 12 － 16］，ht-tp：//gss. mof. gov. cn/gzdt/zhengcefabu/202012/t20201223_3636573. htm.

［29］国务院关于进一步深化对外贸易体制改革的决定（国发〔1994〕4 号）［A/OL］. （2010 － 11 － 15）［2021 － 12 － 16］，http：//www. gov. cn/zhengce/content/2010 － 11/15/content_1429. htm.

［30］汉斯－尤根，雅各布斯. 谁拥有世界：全球新资本主义的权力结构 ［M］. 吕巧平，译. 北京：中信出版社，2020.

［31］郝璐. 中国对外贸易制度研究 ［D］. 长春：吉林大学，2017.

［32］赫尔曼·M. 施瓦茨. 国家与市场：全球经济的兴起 ［M］. 徐佳，译. 南京：江苏人民出版社，2008.

［33］德怀特·帕金斯. 东亚发展：基础和战略 ［M］. 颜超凡，译. 北京：中信出版社，2015.

［34］黄玖立. 中国为什么要主动扩大进口 ［J］. 人民论坛，2019（22）.

［35］贾根良. 扩大进口战略的隐忧与国民经济平衡增长新论 ［J］. 当代经济研究，2012（12）.

［36］简泽，张涛，伏玉林. 进口自由化、竞争与本土企业的全要素生产率——基于中国加入 WTO 的一个自然实验 ［J］. 经济研究，2014，49（8）.

［37］江小涓. 跨国投资、市场结构与外商投资企业的竞争行为 ［J］. 经济研究，2002（9）.

［38］杰拉尔德·M. 梅尔，詹姆斯·E. 劳赫. 经济发展的前沿问题：第 7 版 ［M］. 黄仁伟，吴雪明，译. 上海：上海人民出版社，2004.

［39］金灿荣. 国会与美国贸易政策的制定——历史和现实的考察 ［J］. 美国研究，2000（2）.

［40］西拉，蒂利，托特拉. 国家、金融体制与经济现代化 ［M］. 吕刚，译. 成都：四川人民出版社，2002.

［41］拉尔夫·戈莫里，威廉·鲍莫尔. 全球贸易和国家利益冲突 ［M］. 文爽，乔羽，译. 北京：中信出版社，2018.

［42］拉尔斯·马格努松. 重商主义经济学 ［M］. 王根蓓，陈雷，译. 上海：上海财经大学出版社，2001.

［43］拉古拉迈·拉詹，路易吉. 津加莱斯. 从资本家手中拯救资本主义：捍卫金融市场自由，创造财富和机会 ［M］. 余江，译. 北京：中信

出版社，2004.

　　［44］李钢，叶欣．新形势下中国关税水平和关税结构的合理性探讨［J］．国际贸易问题，2017（7）.

　　［45］李钢：中国对外贸易史（下卷）［M］．北京：中国商务出版社，2015.

　　［46］李计广，张汉林，桑百川．改革开放三十年中国对外贸易发展战略回顾与展望［J］．世界经济研究，2008（6）.

　　［47］李建萍．贸易自由化的福利研究新进展［J］．经济学动态，2021（1）.

　　［48］李健：外资企业：中国外贸出口新的增长源［J］．国际贸易，1996（10）.

　　［49］李岚清：坚定不移地沿着改革开放的道路前进：展望90年代我国对外经贸事业的发展——谷牧副总理答本刊记者问［J］．国际贸易，1991（2）.

　　［50］李岚清：中国对外经贸发展的形势与任务［J］．国际贸易，1992（6）.

　　［51］李明倩．英国航海法的历史变迁［J］．河南教育学院学报，2011（2）.

　　［52］李维城、何静：我国进口体制改革与九十年代进口发展趋势［J］．国际贸易，1992（12）.

　　［53］李鑫茹，孔亦舒，陈锡康，祝坤福，田开兰．中国对美国贸易反制措施的效果评价——基于非竞争型投入占用产出模型的研究［J］．管理评论，2018，30（5）.

　　［54］李杨，张汉林．完善进口体制机制促进产业转型升级［J］．国际贸易，2012（4）.

　　［55］理查德·富兰克林·本塞尔．美国工业化的政治经济学1877－1900年［M］．吴亮，张安，商超，田启家，译．长春：长春出版社，2008.

　　［56］林毅夫，蔡昉，李周．中国的奇迹：发展战略与经济改革：增订版［M］．上海：上海三联书店，1999.

　　［57］林钰．战后美国对外贸易政策［M］．昆明：云南大学出版社，1995.

　　［58］刘睿雯，徐舒，张川川．贸易开放、就业结构变迁与生产率增

长 [J]. 中国工业经济，2020 (6).

[59] 刘世锦. 市场开放、竞争与产业进步——中国汽车产业 30 年发展中的争论和重要经验 [J]. 管理世界，2008 (12).

[60] 刘怡. 莫迪与他的"第三印度"蓝图 [N]. 三联生活周刊，2017-8-29.

[61] 罗伯特·戈登. 美国增长的起落 [M]. 张林山，刘现伟，孙凤仪等，译. 北京：中信出版社，2018.

[62] 罗纳德·W. 琼斯，彼得·B. 凯南. 国际经济学手册. 第 1 卷：国际贸易 [M]. 姜洪等，译. 北京：经济科学出版社，2008.

[63] 马克思，恩格斯. 共产党宣言 [M]. 中共中央马克思、恩格斯、列宁、斯大林著作编译局，编译. 北京：人民出版社，2014.

[64] 曼德拉. 漫漫自由路：曼德拉自传 [M]. 谭振学，译. 桂林：广西师范大学出版社，2014.

[65] 毛克疾. 莫迪的"印度梦"：印度国家能力建设的三重任务 [J]. 文化纵横，2019 (1).

[66] 毛中根，武优勐. 积极创造条件　引导海外消费回流 [N]. 经济参考报，2018-08-01 (6).

[67] 尼尔·弗格森. 帝国 [M]. 雨珂，译. 北京：中信出版社，2012.

[68] 丹尼·罗德里克. 相同的经济学，不同的政策处方：全球化、制度建设和经济增长 [M]. 张军扩，侯永志等，译. 北京：中信出版社，2009.

[69] 诺姆·马格尔. 伟大的转型：美国市场一体化和金融的力量 [M]. 刘润基，译. 北京：中信出版社，2019.

[70] 潘宏，陈戈：论中国对外贸易体制改革的 60 年历程 [J]. 管理学刊，2009，22 (6).

[71] 裴长洪. 中国贸易政策调整与出口结构变化分析：2006—2008 [J]. 经济研究，2009，44 (4).

[72] 皮埃尔·理查德·阿根诺，彼得·J. 蒙蒂尔. 发展宏观经济学：第二版 [M]. 陶然，史育龙，曹广忠，译. 北京：北京大学出版社，2004.

[73] 曲如晓，潘爱玲. 论欧盟对外贸易政策的保护性 [J]. 国际贸易问题，2001 (12)：23-27.

[74] 让梯若尔. 创新、竞争与平台经济 [M]. 寇宗来，张艳华，译. 北京：法律出版社，2017.

[75] 塞巴斯蒂安·爱德华兹. 掉队的拉美 [M]. 郭金兴，译. 北京：中信出版社，2019.

[76] 商业周刊. 金砖光彩重生（巴西、俄罗斯）（中文版）[M]. 杭州：浙江出版集团数字传媒有限公司，2017.

[77] 盛斌，毛其淋. 进口贸易自由化是否影响了中国制造业出口技术复杂度 [J]. 世界经济，2017，40（12）.

[78] 盛斌，钱学锋，黄玖立，东艳. 入世十年转型：中国对外贸易发展的回顾与前瞻 [J]. 国际经济评论，2011（5）.

[79] 盛斌、魏方：新中国对外贸易发展 70 年：回顾与展望 [J]. 财贸经济，2019，40（10）.

[80] 施炳展，张雅睿. 贸易自由化与中国企业进口中间品质量升级 [J]. 数量经济技术经济研究，2016，33（9）.

[81] 石静霞. 数字经济背景下的 WTO 电子商务诸边谈判：最新发展及焦点问题 [J]. 东方法学，2020（2）.

[82] 世界银行. 东亚奇迹——经济增长与公共政策 [M]. 财政部世界银行业务司，译. 北京：中国财政经济出版社，1995.

[83] 孙东：我国的关税与非关税保护 [J]. 国际贸易，1994（11）.

[84] 托马斯·皮凯蒂. 21 世纪资本论 [M]. 巴曙松，陈剑，余江，周大昕，李清彬，汤铎铎，译. 北京：中信出版社，2014.

[85] 汪红驹，李原. 美国关税和贸易政策研究 [R/OL]. 中国社会科学院财经战略研究院，2019.

[86] 王飞. 从"去工业化"到"再工业化"——中国与巴西的经济循环 [J]. 文化纵横，2018（6）.

[87] 王金波. "一带一路"经济走廊贸易潜力研究——基于贸易互补性、竞争性和产业国际竞争力的实证分析 [J]. 亚太经济，2017，4（4）.

[88] 王然. 试析南北美洲经济发展差异产生的根源——以美国和巴西为例 [J]. 生产力研究，2005（12）.

[89] 王喜文. 工业互联网：中美德制造业三国演义 [M]. 北京：人民邮电出版社，2015.

[90] 王耀翠. 液晶产业全球亏损　我国欲提高进口关税渡难关 [N].

中国高新技术产业导报，2012 - 02 - 13（C07）.

[91] 威廉·阿瑟·刘易斯. 增长与波动：1870 - 1913 年 [M]. 梁小民，译. 北京：中国社会科学出版社，2014.

[92] 威廉·鲍莫尔. 创新：经济增长的奇迹 [M]. 郭梅军，唐宇，彭敏，李青，译. 北京：中信出版社，2016.

[93] 威廉姆·B. 邦维利安和彼得·辛格. 先进制造：美国的新创新政策 [M]. 沈开艳等，译. 上海：上海社会科学院出版社，2019.

[94] 魏浩. 积极扩大进口的战略意义与政策建议 [J]. 人民论坛，2020（23）.

[95] 魏浩，熊豪. 巴西的对外贸易政策与经济发展 [R/OL]. 北京师范大学经济与工商管理学院，2020.

[96] 魏陆. 改革开放四十年中国税制改革回顾与展望 [EB/OL]. 搜狐网，（2019 - 03 - 15）[2021 - 12 - 16]，https：//www. sohu. com/a/301419738_100000139.

[97] 巫强，刘志彪. 中国沿海地区出口奇迹的发生机制分析 [J]. 经济研究，2009，44（6）.

[98] 吴弦. 从"共同贸易政策"看"欧洲模式"——谈谈一体化中的"欧洲化"取向及其法律保障体系 [J]. 欧洲研究. 2008（1）.

[99] 向洪金，邝艳湘，徐振宇. 全球视角下中国主动扩大进口的行业层面福利效应研究 [J]. 数量经济技术经济研究，2019，36（4）.

[100] 晓先. 关于我国进口体制改革若干问题的思考 [J]. 国际贸易，1992（3）.

[101] 谢国娥. 入世后我国汽车业的状况及对策 [J]. 国际贸易问题，2004（2）.

[102] 谢锐，陈湘杰，陈黎明，倪红福. 中国关税有效保护率的动态变迁 [J]. 管理科学学报，2020，23（7）.

[103] 徐忠，邹传伟：金融科技. 前沿与趋势 [M]. 北京：中信出版社，2021.

[104] 许自强. 论关税的适度减让与我国"复关"关税谈判 [J]. 国际商务研究，1994（5）.

[105] 薛荣久：50 年的探索——对建国以来中国外经贸理论的回顾与思考（续）[J]. 国际贸易，1999（11）：3 - 5.

[106] 薛啸岩. 加拿大反制美国贸易保护主义措施与影响分析 [J].

中国经贸导刊, 2018 (24): 61-62.

[107] 亚历山大·格申克龙. 经济落后的历史透视 [M]. 张凤林, 译. 北京: 商务印书馆, 2009.

[108] 杨正位. 扩大进口的国际经验和对策 [J]. 国际贸易, 2011 (3).

[109] 杨志勇. 数字资产税征收的国际实践与我国的政策建议 [J]. 经济纵横, 2020 (11).

[110] 姚坚. 加工贸易 20 年: 中国融入世界的晴雨表 [J]. 国际贸易, 1998 (7).

[111] 叶万全, 黄远辉. 发达国家和地区农业补贴政策对中国的启示 [J]. 世界农业, 2018, No. 470 (6).

[112] 伊斯特凡·洪特. 贸易的猜忌: 历史视角下的国际竞争与民族国家 [M]. 霍伟岸, 迟洪涛, 徐至德, 译. 南京: 译林出版社, 2016.

[113] 易纲. 实现碳中和需要百万亿级巨量资金, 要用好正常货币政策空间 [EB/OL]. (2021-03-21) [2021-03-30]. http://www.biee.org.cn.

[114] 印德尔米特·吉尔和霍米·卡拉斯. 东亚复兴: 关于经济增长的观点 [M]. 黄志强, 余江, 译. 北京: 中信出版社, 2008.

[115] 余本林. RCEP 总体解读 [C]. 商务部国际经贸关系司, 2021-01.

[116] 余淼杰, 李乐融. 贸易自由化与进口中间品质量升级——来自中国海关产品层面的证据 [J]. 经济学 (季刊), 2016, 15 (3).

[117] 余淼杰, 智琨. 进口自由化与企业利润率 [J]. 经济研究, 2016, 51 (8).

[118] 约翰·鲁杰. 多边主义 [M]. 苏长和等, 译. 杭州: 浙江人民出版社, 2003.

[119] 张杰. 进口对中国制造业企业专利活动的抑制效应研究 [J]. 中国工业经济, 2015 (7).

[120] 张杰, 郑文平, 陈志远. 进口与企业生产率——中国的经验证据 [J]. 经济学 (季刊), 2015, 14 (3).

[121] 张小欣. 西欧经济一体化发展对关税同盟理论的影响 [J]. 欧洲, 2002 (2).

[122] 张玉环. WTO 争端解决机制危机: 美国立场与改革前景 [J].

中国国际战略评论，2019 (2).

[123] 张哲. 从欧盟扩大看 GATT/WTO 关于关税同盟补偿谈判的规定与实践 [J]. 现代法学，2004 (4).

[124] 张宗成，王骏. 世界铁矿石的生产与贸易和我国铁矿石供需的经济学分析 [J]. 国际贸易问题，2005 (9).

[125] 赵昌文等. 新时期中国的产业政策研究 [M]. 北京：中国发展出版社，2016.

[126] 赵春明，李震，李宏兵. 主动扩大进口对中国人力资本积累的影响效应——来自最终品关税削减的长期证据 [J]. 中国工业经济，2020 (11).

[127] 赵新泉，卫平东，刘文革. 新时期主动扩大进口的理论机制及政策建议 [J]. 国际贸易，2020 (7).

[128] 中国服务贸易指南网. 中华人民共和国对外贸易法 (1994) [A/OL]. (1994 – 05 – 16) [2021 – 12 – 16]，http：//tradeservices. mofcom. gov. cn/article/zhengce/flfg/201808/68321. html.

[129] 中国社会科学院宏观经济研究中心课题组. 未来 15 年中国经济增长潜力与"十四五"时期经济社会发展主要目标及指标研究 [J]. 中国工业经济，2020 (4).

[130] 中国政府网. 国务院关于加快和深化对外贸易体制改革若干问题的规定 (国发〔1988〕12 号) [A/OL]. (1988 – 02 – 26) [2021 – 12 – 16]，http：//www. gov. cn/zhengce/content/2012 – 02/21/content_5165. htm.

[131] 周福基，陈炳华. 中国的关税政策与关税税法 [J]. 国际贸易，1985 (12)：12 – 13.

[132] 周茂，陆毅，符大海. 贸易自由化与中国产业升级：事实与机制 [J]. 世界经济，2016，39 (10)：78 – 102.

[133] 周晓波，陈璋. 主动扩大进口的战略内涵及其经济影响 [J]. 现代经济探讨，2020 (2)：58 – 63.

[134] 邹加怡. 发挥财政关税职能作用，支持全面建设社会主义现代化国家 [J]. 中国财政，2021 (16).

[135] Acharya R C，Keller W. Technology Transfer through Imports [J]. Canadian Journal of Economics，2009，42 (4).

[136] Akamatsu，K. A Theory of Unbalanced Growth in the World Economy [J]. Weltwirtschaftliches Archiv Bd，1961 (86).

［137］ Akamatsu, K. Historical Pattern of Economic Growth in Developing Countries ［J］. The Developing Economies, 1962（1）.

［138］ Alwyn Young. The Tyranny of Numbers: Confronting the Statistical Realities of the East Asia Growth Experience ［J］. Quarterly Journal of Economics, 1995（110）.

［139］ Amiti M, Konings J. Trade Liberalization, Intermediate Inputs, and Productivity: Evidence from Indonesia ［J］. American Economic Review, 2007, 97（5）.

［140］ Balassa, B. Tariff Protection in Industrial Countries: An Evaluation ［J］. Journal of Political Economy, 1965（73）.

［141］ Barber, William J. From New Era to New Deal: Herbert Hoover, the Economists, and American Economic Policy, 1921 – 1933 ［M］. Cambridge: Cambridge University Press, 1985.

［142］ Basevi, G. , "The Restrictive Effect of the U. S. Tariff," American Economic Review, 58（Sept. 1968）.

［143］ Basevi, G. The U. S. Tariff Structure: Estimates of Effective Protection of U. S. Industries and Industrial Labor ［J］. The Review of Economics and Statistics, 1966（48）.

［144］ Bas M, Strauss – Kahn V. Does Importing more Inputs Raise Exports? Firm-level Evidence from France ［J］. Review of World Economics, 2014, 150（2）.

［145］ Bentil J. Kodwo. Attempts to Liberalize International Trade in Agriculture and the Problem of the External Aspects of the Common Agricultural Policy of the European Economic Community ［J］. Case Western Reserve Journal of International Law, 1985（17）.

［146］ Bernhofen, Daniel M. , Zouhier El – Sahil, and Richard Kneller. Estimating the Effects of the Container Revolution on World Trade ［J］. Journal of International Economics, 2016（98）.

［147］ Bhagwati, Jagdish. India's Economy: The Shackled Giant ［M］. Oxford: Claredon Press, 1992.

［148］ BIPP（Bennett Institute for Public Policy）. The Value of Data ［OL］. 2020. https: //www. bennetinstitute. com. ac. uk/research/research – projects/valuing – data.

［149］ Bollen, Y. (2018). EU Trade Policy. In Huber Heinelt & S. Münch (Eds.), Handbook of interpretive approaches to the EU (pp. 191 – 206). Cheltenham: Edward Elgar Publishing.

［150］ Bollen, Y. EU Trade Policy ［M］. In Huber Heinelt & S. Münch (Eds.), Handbook of interpretive approaches to the EU. Cheltenham: Edward Elgar Publishing, 2018.

［151］ Bown, Chad P. , and Douglas A. . The GATT's Starting Point?: Tariff Levels Circa 1947 ［G］. National Bureau of Economic Research, 2016.

［152］ Brewer, J. The Sinews of Power, War, Money and the English State, 1688 – 1783 ［M］. Cambridge: Unwin Hyman Press, 1989.

［153］ Carl Shapiro and Hal R. Varian. Information Rules ［M］. Cambridge, MA: Harvard Business School Press, 1999.

［154］ Caves, Richard. Multinational Enterprises and Economic Analysis, 2nd ed ［M］. Cambridge: Cambridge University Press, 1996.

［155］ Charles R. Frank Jr. , Kwang Suk Kim and Larry Westphal. Foreign Trade Regimes and Economic Development: South Korea ［M］. New York: NBER, Columbia University Press, 1975.

［156］ Chenrey, H. B. and A. Strout. Foreign Assistance and Economic Development ［J］. American Economic Review, 1966 (56).

［157］ Danny Yagan. The Enduring Empolment Impact of Your Great Recession Location ［J］. Working Paper, University of California – Berkeley, 2016.

［158］ David Autor, David Dorn, and Gordon H. Hanson, Gary Pisano and Pian Shu. Foreign Competition and Domestic Innovation: Evidence from U. S. Patents ［R］. Cambridge: NBER Working Paper 22879, 2016.

［159］ Dietzenbacher, E. , Romero, I. , Bosma, N. S. Using Average Propagation Lengths to Identify Production Chains in the Andalusian ［J］. Estudios de Economia Aplicada, 2005 (23).

［160］ Di Giovanni, J. , Et Al, The Global Welfare Impact of China: Trade Integration and Technological Change ［J］. American Economic Journal: Macro Economics, 2014 (6).

［161］ Ding S, Jiang W, Sun P. Import competition, dynamic resource allocation and productivity dispersion: micro-level evidence from China ［J］. Oxford Economic Papers, 2016, 68 (4).

[162] Dornbush, Rudiger W. , Stanley Fisher, and Paul A. Samuelson. Comparative Advantage, Trade and Payments in a Ricardian Model With a Continuum of Goods [J]. American Economic Review, 1977 (67).

[163] Draft, J. International Trade Statistics, 1900 – 1960 [R/OL]. NewYork: UN, 1962.

[164] Eichengreen, Barry. Globalizing Capital: A History of the International Monetary System [M]. Princeton, NJ: Princeton University Press, 1996.

[165] Ellison T. The Cotton Trade of Great Britian [M]. London: Frank Cass press, 1886.

[166] Engerman, Stanley L. , and Kenneth L. Sokoloff. Factor Endowments, Inequality and Paths of Development among New World Economics [J]. Economia, 2002 (3).

[167] Escaith, H. and Inomata, S. Geometry of Global Value Chains in East Asia: The Role of Industrial Networks and Trade Policies [M]. in Elms, D. and Low. P. (eds), Global Value Chains in a Changing World, Fung Global Institute, Nanyang Technological University, and World Trade Organization, 2013.

[168] Ethier, W. J. National and International Returns to Scale in The Modern Theory of International Trade [J]. American Economic Review, 1982 (72).

[169] EU Commission. UNSPECIFIED, The development and future of the CAP [R]. 1991.

[170] Falkus, M. E. United States Economic Policy and the ' Dollar Gap' of the 1920s [J]. Economic History Review, 1971 (24).

[171] Farell, Franklin. Global Europe: Competing in the World [Z]. European Union Regulations | European Encyclopedia of Law, 2014.

[172] Finger, J. Michael, Merlinda D. Ingco, and Ulrich Reincke. The Uruguay Round: Statistics on Tariff Concessions Given and Received [DS]. World Bank, 1996.

[173] FISHLOW A. Brazil: FTA or FTAA or WTO? //Jeffrey J. Schott, Free Trade Agreements: US Strategies and Priorities [J]. Washington DC: Institute For International Economics, 2004 (4).

[174] Gatt Secretariat. Trade Policy Review of the European Communities [J]. Foreign Trade Review, 1993, 27 (4).

[175] Goldberg P K, Khandelwal A K, Pavcnik N. Imported Intermediate Inputs and Domestic Product Growth: Evidence from India [J]. Quarterly Journal of Economics, 2010, 125 (4).

[176] Grampp, William, D. The Third Century of Mercantilism [J]. Southern Economic Journal, 1944 (10).

[177] Greenaway, D., and R. C. Hine. "Trade Policy and Protection in the European Community." Open Economies Review, Vol. 4, No. 4, 1993.

[178] Guilhoto, J., et al. "Exploring changes in world production and trade: Insights from the 2018 update of OECD's ICIO/TIVA database", OECD Science, Technology and Industry Working Papers, No. 2019/04, OECD Publishing, Paris, https://doi.org/10.1787/6f9a10dc-en.

[179] Heita Kawakatsu. International Competition in Cotton Goods in the Nineteenth Century: Britain versus India and East Asia [M]. in Fischer et al. (eds), The Emergence of a World Economy 1500 – 1914, Vol. II, Wiesbaden: Franz Steiner Press, 1986.

[180] Henry J. Frundt. Toward a Hegemonic Reslolution in the Banana Trade [J]. International Political Science Review, 2005 (26).

[181] Hernando De Soto. The Mystery of Capital [M]. New York: Basic Books Press, 2000.

[182] Hicks, J. R.. An Inaugural Lecture [J]. Oxford Papers, 1953 (5).

[183] Hicks, Michael J., and Srikant Devaraj. The Myths and Realities of Manufactuing in America Muncie [M]. IN: Center for Business and Economic Research, Ball State University, 2015.

[184] Hirschman, Albert O. A Dissenter's Confession: The Strategy of Development, In Pioneer in Development [M]. London: Oxford University Press, 1984.

[185] Hsieh, C. T., R. A. Ossa. Global View of Productivity Growth in China [J]. Journal of International Economics, 2016 (102).

[186] Hymans, S. H., F. P. Stafford. Divergence, Convergence, and The Gains from Trade [J]. Review of International Economics, 1995 (3).

[187] IMF, Fiscal Monitor: Policies for the Recovery [M]. International Monetary Fund, 2020.

[188] IMF, World Economic Outlook [M]. International Monetary Fund, October, 2021.

[189] Irvin, Douglas A. The Aftermath of Hamilton's Report on Manufactures [J]. Journal of Economic History, 2004 (64).

[190] Irving Fisher. The Theory of Interest: As Determined by Impacting to Spend Impatience and Opportunity to Invest It [M]. New York: Macmillan, 1930.

[191] Irving Kravis, Alan Heston and Robert Summers. International Comparisons of Real Product and Purchasing Power [M]. World Bank: John Hopkins Press, 1978.

[192] James, Scott C. , and David A. Lake. The Second Face of Hegemony: Britain's Repeal of the Corn Laws and the American Walker Tariff of 1846 [J]. 1989, International Organization 43.

[193] Johann Heinrich von Thunen. The Isolated State [M]. Peter Hall, ed. , New York: Pergamon Press, 1966.

[194] John H. Dunning. The Future of The WTO: A Socio – Relational Challenge? [J]. Review of International Political Economy, 2000 (7).

[195] Johnson, G. E. , and F. P. , Stafford. International Competition and Real Wages [J]. American Economic Review, 1993 (83).

[196] Jones. Tariff Retaliation: Repercussions of the Hawley – Smoot Bill [M]. Philadelphia: University of Pennsylvania Press, 1934.

[197] Jong – Il Kim and Lawrence J. Lau. The Sources of Asian Economic Growth [J]. Canadian Journal of Economics, 1996, 29 (special issue).

[198] Joseph Schumpeter. Business Cycles: A Theoretical, Historical and Statistical Analysis of The Capitalist Process [M]. Cambridge, Mass. : Harvard University Press, 1939.

[199] Kaoru Sugihara. Patterns of Asia's Interation into the World Economy 1880 – 1913, in Fischer et al. (eds), The Emergence of a World Economy 1500 – 1914, Vol. Ⅱ [M]. Wiesbaden: F. Steiner Press, 1986.

[200] Kenwood G, Lougheed A. The Growth of the International Economy, 1820 – 1990 [M]. New York: Routledge, 1992.

［201］ Kiminori Matsuyama. Agricultural Productivity, Comparative Advantage, and Economic Growth ［J］. Journal of Economic Theory, 1992 (58).

［202］ Kojima, Kiyoshi. A Macroeconomic Approach to Foreign Direct Investment ［J］. Hitotsubashi Journal of Economics, 1973 (14).

［203］ Kojima Kiyoshi. International Trade and Foreign Direct Investment: Substitutes or Complements ［J］. Hitotsubashi Journal of Economics, 1975 (16).

［204］ Koopman, Robert, Zhi Wang, and Shang-jin Wei. Estimating Domestic Content in Exports When Processing Trade Is Pervasive ［J］. Journal of Development Economics, 2012 (99).

［205］ Koot, Gerard M. English Historical Economics, 1870 – 1926: The Rise of Economic History and Neomercantilbm ［M］. New York: Cambridge University Press, 1987.

［206］ Kravis, Irving B. Trade as a Handmaiden of Growth: Similarities Between the Nineteenth and Twentieth Centuries ［J］. Economic Journal, 1970 (80).

［207］ Krugman, P. R.. Incresing Returns, Monopolistic Competition, and International Trade ［J］. Journal of International Economics, 1979 (9).

［208］ Lancaster, K. Variety, Equity, and Efficiency ［M］. New York: Columbia University Press, 1979.

［209］ Leddy, James M. United States Commercial Policy and the Domestic Farm Program ［M］. Chapel Hill: University of North Carolina Press, 1963.

［210］ Levchenko, A. A. , J. Zhang. The Evolution of Comparative Advantantage: Measurement and Welfare Implications ［J］. Journal of Monetary Economics, 2016 (78).

［211］ Levison, Marc. Container Shipping and the Decline of New York, 1955 – 1975 ［J］. Business History Review, 2006 (80).

［212］ Lewis, W. A.. Aspects of Tropical Trade 1883 – 1965, Almqvist and Wiksell, Stockholm. An Inaugural Lecture ［J］. Oxford Economic Papers, 1969 (5).

［213］ Lewis, W. A. Economic Development with Unlimited Supplies of Labour ［J］. Manchester School, 1954 (21).

［214］ Macdougall, Donald, and Rosemary Hutt. Imperial Preference: A

Quantitative Analysis [J]. Economic Journal, 1954 (64).

[215] Magee, Stephen P., and Hak – Loh Lee. "Endogenous Tariff Creation and Tariff Diversion in a Customs Union." European Economic Review, Vol. 45, No. 3, 2001.

[216] Magee, Stephen P., and Hak – Loh Lee. Endogenous Tariff Creation and Tariff Diversion in a Customs Union [J]. European Economic Review, 2001 (45).

[217] Marcello de Cecoo. The International Gold Standard: Money and Empire [M. New York: St. Martin's Press, 1984.

[218] Markusen, James. Multinational Firms and Theory of International Trade [M]. Cambridge, MA: MIT press, 2002.

[219] McKinnon, Ronald I. Money and Capital in Economic Development [M]. The Brookings Institution, 1973.

[220] McKinnon, Ronald I. The Order of Economic Liberalization, 2nd ed [M]. Baltimore, Md., The Johns Hopkins University, 1993.

[221] Meckstroth, Dan. The Manufacturing Value Chain Is Bigger than You Think [J]. Washington, DC: Manufacturers Association for Productivity and Investment (MAPI) Foundation, Arlington, VA, 2016.

[222] Mesquita Moreira M. Brazil's Trade Policy: Old and New Issues [R]. Inter – American Development Bank, 2011.

[223] Messerlin P A. The European Community commercial policy [M]//The Oxford Handbook of International Commercial Policy. 2010.

[224] Messerlin, P. A. (2012). The European Community Commercial Policy. Sciences Po Publications.

[225] Myrdal G. Economic Theory and Underdeveloped Regions [M]. London: Methuen Press, 1963.

[226] Notter H A. Postwar Foreign Policy Preparation, 1939 – 1945 [M]. US Government Printing Office, 1949.

[227] Paul A. Samuelson. Where Ricardo and Mill Rebut and Confirm Arguments of Mainstream Economists Supporting Globalization [J]. Journal of Economic Perspectives, 2004 (18).

[228] Phyllis Deaen. Capital Formation in Britain Before The Railway Age [J]. Economic Development and Culture Change, 1961 (9).

[229] PlatON: A High – efficiency Trustless Computing Network",
2018, https://www. platon. network/static/pdf/en/PlatON _ A% 20 High –
Efficiency% 20 Trustless% 20 Computing% 20_ Network WhitePaper_EN. pdf.

[230] Prebisch, R. The Economic Development of Latin America and Its
Principal Problems [J]. Economic Bulletin for Latin America, 1950 (7).

[231] Ragnar Nurkse. Problems of Capital Formation in Underdeveloped
Countries [M]. Oxford: Oxford University Press, 1953.

[232] Rediff. com (Rediff Business), Economic Freedom in 20 Indian
States, Gujiarat is No. 1 [N]. 2012 – 11 – 12.

[233] Ricardo, D. The Works and Correspondence of David Ricardo
[M]. Sfaffa, ed. , Cambridge: Cambridge University Press, 1951.

[234] Riccardo Parboni. The Dollar and It's Rivals [M]. London: Verso
Press, 1981.

[235] Rorbini, N. , X. Sala – I – Martin. Financial Repression and Eco-
nomic Growth [J]. Journal of Development Economics, 1992 (39).

[236] Samuel Saul. Myth of the Great Depression 1873 – 1896 [M].
London: Macmillan Press, 1985.

[237] Shaw, E. Financial Deepening in Economic Development [M].
Oxford University Press, 1973.

[238] Spraos, J. The Statistical Debate on The Net Barter Terms of Trade
Between Primary Commodities and Manufactures [J]. Economic Journal, 1980
(90).

[239] Stanwood, Edward. American Tariff Controversies in the Nineteenth
Century. 2 vols [M]. Boston: Houghton, Mifflin Press, 1903.

[240] Sturmey, S. G. British Shipping and World Competition [M].
London: Oxford University Press, 1962.

[241] The Economic Times, India Bureaucracy Rated Worst in Asia,
Says a Political & Economic Risk Consultancy Report [N]. 2012 – 1 – 11.

[242] Thomas Oatley. International Political Economy: Interests and Insti-
tutions in the Global Economy [M]. New York: Pearson and Longman Press,
2004.

[243] Timothy Mckeown. A Liberal Trade? The Long Run Pattern of Im-
ports to the Advanced Capitalist States [J]. International Studies Quarterly,

1991 (35).

[244] United Nations, Department of Economic and Social Affairs, Population Division. World Population Prospects (2019).

[245] U. S. Bureau of the Census. Historical Statistics of the United States: Bicentennial Edition [M]. Washington, DC: Government Printing Office, 1975.

[246] U. S. Department of Commerce, Bureau of the Census. Historical Statistics of the United States [M]. Washington DC, 1960.

[247] U. S. Tariff Commission. Operation the Trade Agreements Program, July 1934 to April 1948, Part I, Summary [M]. Washington, DC: Government Printing Office, 1948.

[248] USTR. National Trade Estimate Report on Foreign Trade Barriers, 2017.

[249] USTR. National Trade Estimate Report on Foreign Trade Barriers [J]. DIANE Publishing, 2017.

[250] Vanek, J. General Equilibrium of International Discrimination: The Case of Customs Unions [M]. Cambridge: Harvard University Press, 1965.

[251] Venables A J. Shifts in economic geography and their causes [M]. Centre for Economic Performance, London School of Economics and Political Science, 2006.

[252] Wade, R. Governing the Market: Economic Theory and the Role of Government in East Asian Industrialization [M]. NJ: Princeton University Press, 1990.

[253] Williamson, John. Latin American Adjustment: How Much Has Happened? [J]. Washington, D. C. : Peterson Institute for International Economics, 1990.

[254] Wolff, A. The Need for New GATT Rules for Safeguard Actions [J]. Working Paper at a Conference on Trade Policy in Eighties, Institute for International Economics, 1982.

[255] World Bank. Doing Business: Measuing Business Regulations [R/OL]. 2012. http://www. doingbusiness. org/reports/Global – reports/doing – business – 2012.

[256] World Bank. Global Economic Prospects, January 2021 [M]. The World Bank, 2021.

[257] World Trade Organization. Trade Policy Review: European Union [J]. Geneva: World Trade Organization, 2020.

[258] World Trade Organization (WTO). Trade Policy Review: European Union 2020.

[259] WTO. Trade Policy Review, Report by the Secretariat, United States, WT/TPR/S/160 [N/OL]. (2006 – 04 – 15) [2010 – 04 – 08]. http: //www. wto. org/english/tratop_ a/tpr_a/s160 – 0 e. doc.